四国山地から世界をみる

ゾミアの地球環境学

内藤直樹・石川 登■編

昭和堂

四国山地から世界をみる――ゾミアの地球環境学

目　次

序章　ゾミアの地球環境学とは何か

――四国山地から世界をみる

内藤直樹・石川　登

山で暮らすこと

私たちは過疎化がすすみ、いまや草木山川のなかに埋没しそうな現代日本における山村景観の動態を注意深く見ることを通じて、何を学ぶことができるのか。現在の都市に生きる人々から見れば、アクセスが悪く、大規模な農業・工業生産用の土地も確保しにくく、地すべりなどの災害が多い四国山地の「山で暮らすこと」は奇異に思える。人々が、そうした厳しい環境に身をおいてきた理由は、何なのだろうか。

「秘境」と呼ばれるような山村には、しばしば平家の落人伝説が語り継がれている。鎌倉時代に源氏との争いに敗れた平家一門が、「国家から逃れて」暮らした地域であるという。こうした伝説は、山村を訪れる観光客にエキゾチックな雰囲気を提供している。ここでは、こうした伝説の真偽は問わない。だが、こうした伝説が語り継がれてきた背景には、「山」が平地の国家からの介入を拒絶する物理的障壁として働くため、山村は国家からの監視や介入からの避難地になってきたという考え方が横たわっていることに注意を向けてほしい。私たちが、山村の険しい景観に憧れや逆に近寄りがたさを感じるのは、「平地に暮らすことが当然である」という、私たち自身の価値観が影響しているのかもしれない。

このように山村を平地に栄えた「国家からの避難地」として捉えるという視点の妥当性については、東南アジアの山岳地域を対象にした地域研究（ゾミア論：スコット　二〇一三など）や日本史（山村の日本史論：米家　二〇〇二・二〇〇五、後藤・吉田編　二〇一〇、後藤　二〇一二、白水　二〇一八など）で盛んに議論されてきた。これらの研究は、対象とする地域や時代は異なるが、山地の特性や国家との権力関係についての論点が類似している。

例えば、本書のタイトルにもなっているゾミア（*zomia*）とは、ヒマラヤから東南アジアそして中国西南部にひろがる山地に分布する高い標高、痩せた土壌、少数民族の居住地等の共通点をもつ地域（スコット 二〇一三、van Schendel 2002）で、国家による統治から逃れようとする人々の生活圏となってきたという。「ゾミア論」に代表される東南アジア大陸部の社会や文化に焦点をあてた研究では、山地社会は移動性の高い焼畑耕作（逃避的農業：escape agriculture）によって平地の国家による徴税の対象から逃れたり、時には力でもって斥ける（国家を寄せ付けない：state-repelling）ような、「国家からの逃避地」として議論されてきた。このような山地社会の性格規定については、①ゾミアの分析が現地語資料の分析に基づいたものではないこと、②ボルネオなどの東南アジア島嶼部の山地社会では焼畑が平地国家の権力に対する防衛機制であったことはないこと、③平地国家の権力基盤の史資料的精査を欠くこと、④山地と平地を結ぶ交易ネットワークへの注目がないことなどの指摘がなされている（ダニエルス編 二〇一四、Liberman 2009, Ishikawa 2019）。

日本における山村研究でも、かつては近世・近代の山村を平地村落と比べて生産力が低位な後進地域、または石高制の貫徹しない特殊な地域として捉えてきた（福田 一九八八）。だが、山地を国家の外部や平地に比べて遅れた特殊な地域として捉える視点は、一九九〇年代後半以降に修正された。そして山村の生業や生活の多様で固有な構成論理に注目する研究が展開し、国家の外部で遅れた「山村」という概念自体が、幕藩権力や平地の側が歴史的に形成した観念であることが明らかにされ、あわせて中世～近世前期の山村での生業や空間利用の実態が詳細な資料的裏付けとともに解明された（米家 二〇〇二）。そのような山地景観分析の新しい方法論の中では、「山里（後藤・吉田編 二〇一〇）」＝山村景観は、人間と自然の共生の理想像を投影させた狭い意味での里山論でもなければ、平地社会との対比による「内なる異地域」でもなく、人々が取り持つ社会的諸関係の総体として理解されている。

四国山地の山村もまた、近世の幕府や藩による統治や徴税、そして貨幣経済化および地域内外の商品流通と無縁ではない。そして近代以降も、林業や商品作物生産という産業の拠点として栄えていた時代がある。だとすれば現在の私たちが見ることができる四国山地の山村景観も「国家の外部」ではなく、過去の藩や幕府、近代国家といった外部の権力そして域外の市場との関わりのなかで生成したといえる。また、四国山地の山村景観の成り立ちを理解することは、日本の山村景観はもちろん、遠く離れた東南アジアの山村景観の成り立ちを理解することにも繋がっている。

ゾミア的空間としての四国山地

本書は、四国山地の山村景観の成り立ちを理解するために、人間や生物の活動だけでなく造山運動のような地質環境のダイナミクスに注目する。山地には、ゾミアのような国家による統治から逃避した人々による自治の空間が形成されることがある。ただし、国家による統治からの逃避的性格を有しているように見える場所における自治は、そこで生産される商品の流通がもたらす得られる富（を媒介にした国家や市場との関わり）によって支えられている面がある（Bey 2004, ヘンスラー 二〇一〇、スコット 二〇一三など）。そこで本書では、①国家による統治からの逃避的性格を有するが、それだけではなく、②資源や商品の生産地でもあり、③様々な地質・生態環境や時代において、④一定期間創出される場所を「ゾミア的空間」として定義する。そしてゾミア的空間の一つとしての四国山地の山村景観の動態にかかわる地質・生態学的、社会・経済的、歴史・文化的要素の連関を検討する。

そうすることで本書は、日本の山村景観が様々な人間・異種生物・物質の存在や活動の積み重ねによって形成されてきた（そして現在および将来にわたって形成されつつある）歴史的動態を捉える視点や方法論を養うことを目的にしている。一般的に景観とは「すでにそこに在るもの」であり、「変わらないもの」というイメージがあるかもしれない。それに対して本書では、景観を「生きており」、「変わりつつあるもの」として捉えなおす。そのために、四国山地の山村景観に関わる自然科学と人文社会科学分野の研究成果を組み合わせて、山村景観の動態を複眼的に捉える視点や方法論を提示する。ここでいう「景観」とは、人間・異種生物・物質の存在や、それらによる活動といった複数要素の集合体である。そこには、同時代の存在だけでなく、別の時代に生きる特定の人間の価値観や利害に基づくに景観への働きかけが、予想外の結果を生み出すことも含まれうる。そのような、過去や未来に属するものも含めた複数の存在からなる「生きた」、「変わりつつある」景観を捉え、その動態に関わるためには、分野を超えた広い視点や協働が必要となる。

景観に関わる様々な存在を可視化する

「景観」とは、私たち生物としての人間が生を営む場所であり、また故郷といったアイデンティティや生物多様性や文化的多様性といった価値が想起されたり、表象される場所でもあり、日常的な生活実践や産業的な実践あるいは都市計画や遺産保全といった活動の影響をうけながら生産される物理的形態である。したがって景観とは、自然あるいは人工的な環境と人間の関係について考える研究において欠かせない対象である（鳥越　一九九九）。景観は、様々な人間、生物、物質等から構成されており、それらを特定の存在の価値観やそれに基づく活動によって一元的に管理し続けることは困難である。言い換えれば景観とは不変で価値と関わりない物質というよりも、それを創り、棲まう人間と非人間そして主観と客観との動的な混成物である。それは、四国山地の景観も同様である。

本書では、四国山地の景観生成に関わる多様な存在が、それぞれの立場や価値観から、よりよい世界を創り出そうとしておこなう働きかけの積み重ねを捉え、その力学や動態を捉えようとしている。そして、①景観生成に関わる様々な人間や非人間の存在、②過去（や未来）の存在による活動と景観との関係、③地理的に離れた空間の存在による活動と景観との関係、④物理的な景観生成をめぐる政治への関与に注目する。そうすることで本書は、物理的な景観の生成に関する様々な存在への配慮やそのあり方に対する、私たちの想像力を拡張することを目指している。

そのために本書では、人間の生物的な存在様態（ゾーエー）を蔑視し、社会・文化的な存在様態（ビオス）を称揚する近代以降の人間例外主義的な価値観を批判する視点に注目する（Helmreich 2009, Kirksey & Helmreich 2010: 545）。異種間の関係性に注目した近年の人類学的研究は、他の生物種が人間と関わることで、それらが別の形態・生態に生成変化し、そのことによって人間の細胞・身体・文化・科学・技術・経済・歴史・政治もともに変化する相互関係を描いてきた。また科学技術に注目することで、これまでに人文・社会科学者が扱いにくかったような微生物や馴染みのない生き物といった対象を人間の歴史や活動と関連づけたり、それらを時間的・空間的に異なるスケールで考えたりすることを可能にしている（Raffles 2010, Helmreich 2009, Tsing 2015）。こうした人間と非人間による相互関係の動態としての人間観の重要性は、ダナ・ハラウェイ（二〇一三）

の「人間が人間だけであったことはない」という言葉にあらわれている。ハラウェイは、人文科学が人間の社会や歴史しか取り扱わない「人間中心（例外）主義」に陥っていることを批判した。この批判は、人文科学と自然科学の境界を再考し、いかに両者が共同で新しい学問領域を開拓できるかという対話や協働の問題をも提示している（鈴木　二〇二〇：二二）。

そのような人間以外の諸存在との絡み合い（entanglement）に関心をもつ「生の人類学」を提唱したエドヴァルド・コーン（二〇一六）は、様々な生物の暮らしがいかに政治的、経済的、文化的な影響力を形づくり、またそれによって形づくられるのかという問いに重心をおいている。こうした問いのポイントは、単に人間と非人間が混淆していることよりも、それらの間の政治—経済的な利害関係をめぐる関心にある。この点に関してカークセイとヘルムライヒは、絡み合った生ある者たちによる統治を「共生政治（symbiopolitics）」の問題として考えることを提案した。そこでは人間が非人間に加えている搾取から、時として思いもよらない生産的な関係が生まれることもあるという点に注目している。それは複数種による政治—経済的な利害は、必ずしも資本や西欧的な人間の論理によって限定されないことを意味する（Kirksey & Helmreich 2010）。本書も、景観を複数種による共生政治の動態として捉えることで、従来の景観研究では注目されなかったようなアクターによる諸行為が、誰の利益になり、いかなる景観の生成を実現してきたのかを明らかにしたい。

ただし本書では、人間以外の生物や物質に主体性を認めようとする認識論からは注意深く距離をおく。なぜなら人間、文化そして精神に主体性を与えてきた西欧近代の認識論批判は、非人間、自然そして物質に主体性を与えることによって解決する訳ではないためである。むしろ本書は、これまで所与のものとして考えられてきた人間的な主体性に対して懐疑的な立場をとる。それは特定の人間だけでなく生物や物質を含めた複数の存在による行為の積み重ねが思いもよらない形で出会ったり、無意図あるいは意図とは離れた形で作用し合う過程に注目する非主体中心的なアプローチである。

景観と時間

日本における山村景観の動態を注意深く見る上で、本書では時間スケールに関する新しい分析アプローチを提示する。日本の山村景観を構成する様々な大地・異種生物・人間は、それぞれが異なる「時間」をもつ。たとえば大地の時間は非常に長いため、その上で暮らす人間の目には「不変のもの」に見えるかもしれない。あるいはスギやヒノキの植林事業は、木のゆっくりした生長時間と人間による商行為の時間を摺り合わせることである。そして植林事業にともなった山村集落に道を通すということは、大地の動きという「不変のもの」にもみえる時間と人間の時間をすりあわせることである。こうした点に注目すれば、日本の山村景観は様々な存在がもつユニークな時間やリズムがすりあわせられるなかで形成されてきたと見なすこともできるだろう。本書を構成する四つの部は、それぞれ大地とインフラストラクチャー、ヤマチャや微生物とのかかわり、森林とそのマネジメント、山村景観の未来に関わるトピックによって構成されている。他方で、各部を構成する論考は、それぞれ視点や方法論が異なる。そうすることで部全体としては、景観生成に関する複数の存在による時間的なすりあわせについて論じている。そうすることで、国家や資本の論理による大地や異種生物および人間の管理や操作と、そうした関係性を無化しようとする活動のせめぎ合いのなかで、物理的な山村景観が形成される動態を捉えようとしている。ここでは、特定の人間の意思や活動だけで景観が形成されることは無いという考えから、本書全体としては人間と生物や物質といった人間以外の存在の活動をあえて区別せずに論じる。ただしそれは、人間以外の存在に人格や主体性を見いだすこと（擬人化）によってというよりも、逆にすべての人間が人格や主体性を備えているという信念を疑うことに基づいている。

そのために全体を通じて本書は、①景観形成に関わる諸存在の可視化：これまで顧みられなかったような異種生物や物質を含めた諸存在による、しばしば空間を越えた諸活動や、②存在間の時間の調整：人間と環境の相互作用から、環境の物質的特性が生産される動態に注目し、日本における山村景観の生成に関わる力学や動態を捉える視点や方法論を提示する。

異分野との対話をもとに、人新世の景観を読む

本書では、地質学、林業史、建築史、日本近世史といった異分野との協働と対話を通じた、景観を読む新たな方法論を模索する。ツィンら（Tsing, Mathews & Bubandt 2019）は人類学と歴史学、生態学、生物学による協働にもとづき、「人新世」という惑星的な規模で展開する人間の存在論と異種生物の生存をめぐる議論への新たな介入方法を示そうとしている。そして、しばしば思弁的・抽象的な議論に陥りがちな人新世に関する人文社会科学的な議論に対して、観察可能な個別具体的な場所と

しての「パッチ状の人新世（patchy anthropocene）」的な景観に焦点をあてることで、人新世の問題を帝国主義や産業資本主義の拡大以降の景観史の問題へと読み替えようとしている。

パッチ（patch）とは、人間と非人間による集合体としての景観の形態学的なパターン（morphological pattern）が歴史的に形成される動態を観察するために、景観生態学（landscape ecology）から借用した用語である（Tsing, Mathews & Bubandt 2019: 188）。あえてパッチのような景観構成要素に注目することで、私たちが個別具体的な景観の形態やその構成に関わる様々な存在に気づき、それを読みとる能力としての景観リテラシー（landscape literacy: Tsing, Mathews & Bubandt 2019: 188）を高めることを提案した。そうすることで、私たちが場所に関する多種多様な存在が絡まりあう歴史について想像し、語りかける能力を高めようとしている。

具体的にはチェルノブイリ原子力発電所事故後による放射能汚染がもたらした景観構成要素の変化を理解するために、人間へのヒアリングだけでなく植物の形態を観察することの重要性（Brown 2019）への気づきがある。あるいはハワイにおける樹上性カタツムリの生態学的な研究と保全に関する遠く離れた米国本土での政治運動や研究者と南太平洋の歴史や文化との個人的なつながりが、いかに特定の景観生成と関わってきたのかということへの気づきも重要である（Hadfield & Haraway 2019）。これらは特定の景観生成に関わる人間の意思や価値の働きにあえてカッコを入れるという実験的な民族誌である。こうした思考実験は、生物や物質を擬人化するのではなく、景観生成に関わる人間の能力を相対化することを目的としている。

本書もまた、人新世における人間と非人間による「非意図的な」働きかけの連鎖が、予想外の景観生成をもたらす様を捉えようとしている。景観リテラシーを高めるとは、しばしば「とるにたらない」と考えられてきたような、様々な存在による「非意図的な」働きかけのダイナミクスや、そうした働きかけの網の目に自分自身も参与している可能性に気づくことに他ならない。そこで本書では、人新世における個別具体的な景観構成要素やその歴史的動態の理解や介入をめぐる自然科学や歴史学との対話と協働を通じて、人間と環境の相互関係についてのものの見方や介入の潜在力への気づきを得ようとしている。

ツィンら（Tsing, Mathews & Bubandt 2019）が借用した景観生態学における「景観」とは、任意の空間スケールで認識されるパッチ・コリドー・マトリックスといった景観構成要素が「相互に関係しあう生態的システム」を形成している状態（鎌田 二〇二二）である。景観構成要素とは、任意のスケールで景観を見たときに内部が均質だと認識できる最小の空間単位である。このうち面的な空間（森林や草地）をパッチ、線的な空間（河川や並木）をコリドー（corridor）、パッチやコリドーを浮かび上がらせる背景的空間（広大な森林や草原あるいは耕作地）をマトリックス（matrix）と定義する（Forman & Godron 1986）。これにより、どのような空間スケールであっても、景観のパターンをパッチ・コリドー・マトリックスという三種の景観構成要素の面積・形状・個数・隣接関係等で記述することができる。

次に景観構成要素が「相互に関係しあう」とは、たとえば日本の農村地域の代表的な景観である里山が山地の森林・平地の森林・草地・河川・ため池・用水路・耕作地・宅地等の景観構成要素がモザイク状に配置されることで形成されていることを意味する（鎌田 二〇二二）。たとえば里山の耕作地でよく栽培されるソバの結実量は、花粉を媒介するハナバチの個体数によって決まる。だが、ハナバチの個体数はソバ畑というパッチ周辺の森林の面積と質で決まる（Taki et al. 2010）。このようにハナバチは、ソバ畑と森林という二つのパッチを結びつけて、里山景観に影響を与えている。つまり景観生態学では、特定の景観構成要素だけをとりあげるのではなく、それを外部の景観構成要素とのつながりのなかに位置づけて考えている。また、そこでは人間がハナバチと同じレベルの存在として対象化されている。

こうした景観生態学的な方法論は、帝国主義や産業資本主義による惑星スケールの影響としての人新世の問題を、個別具体的な景観生成をめぐる様々な存在による活動の問題として読み替えることを可能にする。景観生態学は、景観構成要素をその外部の様々な景観構成要素との関係を捉えて――人類学的にいえば文脈化しながら――全体的に理解しようとしてきた。「パッチ状の人新世」は、プランテーションや鉱山のような景観構成要素に依存したかつての植民地主義的なシステムや、化石燃料を使用する工場生産やコンテナ輸送によるグローバル資本主義的な景観構成要素の結びつきに焦点をあてている。

山村景観のひろがり

日本の山村景観へのグローバルな政治経済的影響を理解しようとする際に、ブバントとツィンが提出した「手に負えないランドスケープ（景観）(feral landscape: Bubandt & Tsing 2018)」に注目する。それは「人間のエンジニアたちの意図によってだけでなく、人間以上の存在（more -than-human）との交渉から連鎖的に起こる影響によって動き出す人為的な景観（Bubandt & Tsing 2018: 1)」のことである。またそれは、物理的な景観をコントロールしようとする権力に抗するのではなく、それを無化するような実践のことである。

そしてブバントとツィンは福祉国家における資本主義的な生産インフラの跡地における異種間の絡み合いが新たな景観を創り出す潜在力についての考察をおこなった。二〇世紀半ばにデンマークのエネルギー産業を支えたＡＬＦＤフォスターホルト炭鉱は閉山して廃棄物処理場になり、さらに自然・文化遺産保護区に認定された。そこでは微生物、アザミ、アカシカといったアクターが周縁的利益（marginal gain: Hoag, Bertoni & Bubandt 2018: 88-89）を得るために様々な活動をおこなっている。これは資本家による利益形成活動の周縁でおこなわれる資本の原理とは別種の利益形成活動である。この事例は特定の人間による意識的な働きかけだけが景観を構成しうるという前提に対する反証となっている。

科学技術と社会の関係に注目するようになった近年の文化人類学的研究では、しばしば科学技術を媒介にした人間と環境との関係が焦点化される。ＡＬＦＤフォスターホルトにおける廃棄物処理では、労働者が温度計や金属棒を認知・操作することで木材の堆肥化をおこなっている。堆肥化は微生物の活動によっておこなわれているのだが、労働者が向き合うのは制御盤や機械である。ここでは異種との間に、人間による認識や理解の外側ではあるが欠かせないという意味での「外密的（extimacy: Lacan 1992, Hoag, Bertoni & Bubandt 2018: 100)」な関係が成立しているという。本書が焦点化したいのは、このように非人間を含めた存在による、外密的な働きかけや応答の結果として景観が生成する動態である。本書においても様々な存在の間に主観的には「相互行為」が成立していない状態における景観生成の動態に注目する。

また、ブバントやツィンによる「手に負えないランドスケープ」プロジェクトは産業革命以降の人間活動の跡地におけるエンジニアのコントロールを無化するような異種の活動をアンドメスティケーションと位置づけている。それは景観生成における人間のエージェンシーを相対化する上で非常に重要である。その際にあえて福祉国家の中心をフィールドにしている点にも留意する必要がある。本書も、福祉国家としての日本の、かつて産業社会の一部として組み込まれ、いま過疎化しつつある地域社会における景観生成の動態に注目する。その際に、近世（early modern）を分析の射程に含める。帝国主義や産業資本主義の拡大が景観構成要素に与える影響を検討する上で、日本においては近世に起こった統治や生産および流通の変化やグローバルヒストリーとのつながりを捨象することができないためである。たとえば現在の徳島や佐渡における世界農業遺産の景観を、過去の統治や流通による影響を考慮せずに「読む」ことは困難である。

本書では日本の山村景観が、江戸時代を含めた近代における統治システムや社会体制、経済状況、（科学）技術の大きな変化の積み重ねと「手に負えないものの増殖」との関連のなかでいかに生成してきたのかを明らかにする。

ゾミアの地球環境学——山村景観の動態を描く

全体を通して本書が描こうとしているのは、日本の山村に暮らす人々と、生物や物質といった人間以外の諸存在との間の微細な働きかけの積み重ねである。それは例えば、山道の法面に整備された自主的な水道のパイプを木の枝で半固定しかしないような、人々の意図しない実践である。このような木の枝は安定性に欠けるため頻繁な点検と補修が必要になるが、この地域は大地の動きが激しいため、仮に簡易水道を山に固定しても位置がずれて水道管が破断してしまう。これは可塑性があるポリエチレン製水道管のメンテナンスをめぐり、人々が「動く大地」に対しておこなう働きかけである。本書が焦点をあてるのは、こうした様々な存在による日常的で微細な働きかけの連関である。あえて「働きかけ」という言葉を用いているのは、それが「相互行為」とは異なる性質のものである可能性を含みこんでいるためである。こうした働きかけは、山村を対岸から眺めるときに拡がる面や総体としての景観の生産やその意味づけを捉えるだけでなく、ときには山道の法面（のりめん）の一ヶ所といった個別具体的な場所を構成する様々な存在間の微細な働きかけの連関や動態を丹念に捉えていくことによっても達成される。

こうした現場での微細な働きかけの連関は、近世や近代の国家による統治や商品の生産・流通・消費といった市場経済にも関係する。本書では、現代日本における山村景観への国家や市場の影響を捉えるために、生産システムの集約化が起こる近世から現代にかけてのプランテーション的な生産様式が景観生成に与えた影響に注目する。たとえばハラウェイら（Haraway et al. 2015）や石川（Ishikawa 2019）らは、人間社会が地球の変容を促す主要な要因がプランテーションになった時代をプランテーション新世（plantationocene）と名付けた。ここでいう「プランテーション」とは、人間と植物コミュニティを移動させながら、生態環境や景観を急速に変化させる自然－社会的な現象の一種であり、資本や国家権力の介入を必要とする。プランテーション新世という概念には、人間と非人間との関係性の質的転換の起源を国家や市場と結びつけて考えやすいというメリットがある。かつての日本の山村ではプランテーション的な生産システムが稼働していた。だが戦後の高度経済成長期に、地方が都市の労働力供給源として再定位されたことを契機にそれらは衰退したり、廃棄されたりしている。私たちが現在見ることができる過疎化した山村は、かつての資本主義的な生産システムの廃墟である。だが、プランテーション化に関わる集約的な商品生産や流通、マクローミクロな政治といった人間－非人間による活動の絡まりあいは、特定の社会や価値観を創り出したり、景観として環境に刻みこまれることがある。本書では、プランテーション化をグローバル経済と関係する収奪的な生産システムとしてではなく、近世から存在する集約的な生産システムの一種で、生産物の商品としての流通をともなう現象として考える。

とりわけ本書では、現在の日本各地に存在する山村景観が、過去の国家や市場との関係の中で生まれたプランテーションの跡地に展開してきた側面に焦点をあてる。日本における産業資本主義の廃墟的な景観の一つとして、過疎化がすすむ山村の景観がある。社会学者の大野晃（一九九一）は、山村集落の存続可能性の区分として「限界集落」という概念を提唱した。限界集落とは、単なる人口減少ではなく、六五歳以上人口が大半で将来的な集落の担い手の確保と社会的共同生活の維持が困難な集落を意味する。日本の山村では、農業や薪炭材の伐採といった人為的介入の結果、二次的自然としての里山景観が維持されてきた（武内・鷲谷・恒川編　二〇〇一、原田・鞍田編　二〇一一）。だが、山村における限界集落や消滅集落の増加によって、こうした里山景観の維持が困難になっている（福井　一九七四）。他方で、限界集落化した山村を抱える地域でかつて営まれてきた文化的実践や景観が文化遺産や農業遺産として枠づけられることも多い（内藤　二〇二二）。その意味で本書は、福祉国家における産業資本主義の廃墟で生まれつつある、人間や非人間の思いがけない絡まりあいに焦点をあてた先行研究への、日本のフィールドからの応答である。

このように本書は、異分野との協働や対話を通じて、日本における山村景観の動態を時空間的に広い範囲に再文脈化することで、山村景観の新しい捉え方を提出しようとしている。本書を構成する異分野の研究者との協働や議論に基づく各章は、対象や文脈および方法論的な差異はあるものの、景観を社会―生態学的な集合体として捉えなおそうという点に関しては共通した問題関心がある。そして本書は、現代の過疎地域に暮らす人々に直接焦点をあてるのではなく、各部を構成する「地質」、「微生物」、「森林」、「時間」といった人間以外の存在に光をあてることを通じて、山村景観の有り様を動態的に描きだすことを目指している。またそれは、様々な存在による活動の積み重ねによって成立している四国山地の山村景観というフィールドが、異分野との協働的な研究や実践の沃野にもなりうることを示している。

〔追記〕本稿は内藤・石川(二〇二三)に加筆修正を加えたものである。

参考文献

大野晃　一九九一「山村の高齢化と限界集落」『経済』七：五五―七一。
鎌田磨人　二〇二二「景観生態学とは」日本景観生態学会編『景観生態学』共立出版、一―一五頁。
コーン、E　二〇一六『森は考える――人間的なるものを超えた人類学』奥野克己・近藤宏監訳、近藤祉秋・二文字屋脩共訳、亜紀書房。
後藤雅知・吉田伸之編　二〇一〇『山里の社会史』山川出版社。
後藤雅知　二〇一二「近世後期岩槻藩房総分領における真木生産と炭焼立」『歴史学研究』八九三：二―一二。
米家泰作　二〇〇二『中・近世山村の景観と構造』校倉書房。
――　二〇〇五「『山村』概念の歴史性――その視点と表象をめぐって」『民衆史研究』六九：三―二〇。
白水智　二〇一八『中近世山村の生業と社会』吉川弘文館。
スコット、ジェームズ・C　二〇一三『ゾミア――脱国家の世界史』佐藤仁監訳、池田一人ほか訳、みすず書房。
鈴木和歌奈　二〇二〇「実験室から『相互の係わり合い』の民族誌へ――ポストーアクターネットワーク理論の展開とダナ・ハラウェイに注目して」『年報　科学・技術・社会』二九：三―二九。

武内和彦・鷲谷いづみ・恒川篤編　二〇〇一『里山の環境学』東京大学出版会。
ダニエルス、クリスチャン編　二〇一四『東南アジア大陸部山地民の歴史と文化』言叢社。
鳥越皓之　一九九九「花のあるけしき」鳥越皓之編『景観の創造――民俗学からのアプローチ』昭和堂、五一一六頁。
内藤直樹　二〇二一「ジンルイガクのトリセツ――世界農業遺産が生まれる現場から」清水展・小國和子編『職場・学校で活かす現場グラフィー――ダイバーシティ時代の可能性をひらくために』明石書店、一〇三―一二四頁。
内藤直樹・石川登　二〇二三「〈特集〉景観の力学を記述する――日本の山村を対象にした異分野との協働研究をもとに　序」『文化人類学』八八（二）：二三〇―二四二。
ハラウェイ、ダナ　二〇一三『犬と人が出会うとき――異種協働のポリティクス』高橋さきの訳、青土社。
原田信男・鞍田崇編　二〇一一『焼畑の環境学――いま焼畑とは』佐藤洋一郎監修、思文閣出版。
福井勝義　一九七四『焼畑のむら』朝日新聞社。
福田アジオ　一九八八「近世初期山村一揆論――北山・椎葉山・祖谷山」『国立歴史民俗博物館研究報告』一八：三五―五四。
ヘンスラー、オルトヴィン　二〇一〇『アジール――その歴史と諸形態』舟木徹男訳、国書刊行会。
Bey, H. 2004 TAZ: *The Temporary Autonomous Zone, Ontological Anarchy, Poetic Terrorism*. Autonomedia.
Bubandt, N. & Tsing. A. L. 2018. Feral Dynamics of Post-Industrial Ruin: An Introduction. *Journal of Ethnobiology* 38（1）: 1-7.
Forman, R. T. T. & Godron, M. 1986. *Landscape Ecology*. John Wiley & Sons.
Hadfield, M. G. & Haraway, D. J. 2019. The Tree Snail Manifesto. *Current Anthropology* 60（S20）: 236-250.
Haraway, D. J., L. A. Tsing, N. Ishikawasa, G. Scott, K. Olwig & N. Bubandt 2015. Anthropologists are talking about the Anthropocene, *Ethnos* 81（4）: 1-30.
Helmreich, S. 2009. *Alien Ocean: Anthropological Voyages in Microbial Seas*. University of California Press.
Hoag, C., Bertoni, F. & Bubandt, N. 2018. Wasteland Ecologies: Undomestication and Multispecies Gains on an Anthropocene Dumpling Ground. *Journal of Ethnobiology* 38（1）: 88-104.
Ishikawa, N. 2019 "Locating Zomias Wet and Dry: Stateless Spaces in Maritime and Mainland Southeast Asia", Double Panel "Locating Zomias Wet and Dry: Stateless Spaces in Maritime and Mainland Southeast Asia", EuroSEAS conference 2019, 10-13 at Humboldt-Universität zu Berlin, Germany.
Kirksey, E. S. & Helmreich, S. 2010. The Emergence of Multispecies Ethnography. *Cultural Anthropology* 25（4）.
Lacan, J. 1992. The Seminar Book VII. *The Ethics of Psychoanalysis*, 1959-60. Translated by D. Porter. Routledge.

Liberman, V. 2009. *Strange Prallels Southeast Asia in Global Context, c.800–1830: Volume 2: Mainland Mirrors: Europe, Japan, China, South Asia, and the Islands.* Cambridge: Cambridge University Press.

Raffles, H. 2010. *Insectopedia.* Pantheon.

Taki, H. et al. 2010. Effects of landscape metrics on Apis and non-Apispolinators and seed set in common buckwheat. *Basic and Applied Ecology* 11: 594–602.

Tsing, A. L. 2015. *The Mushroom at the End of the World: On the Possibility of Life in Capitalist Ruins.* Princeton University Press.

Tsing, A. L., Mathews, A. S. & Bubandt, N. 2019. Patchy Anthropocene: Landscape Structure, Multispecies History, and the Retooling of Anthropology: An Introduction to Supplement 20. *Current Anthropology* 60 (S20) : S186–S197.

van Schendel, W. 2002. Geographies of knowing, geographies of ignorance: jumping scale in *Southeast Asia, Environment and Planning D: Society and Space* (20) 6: 647–68.

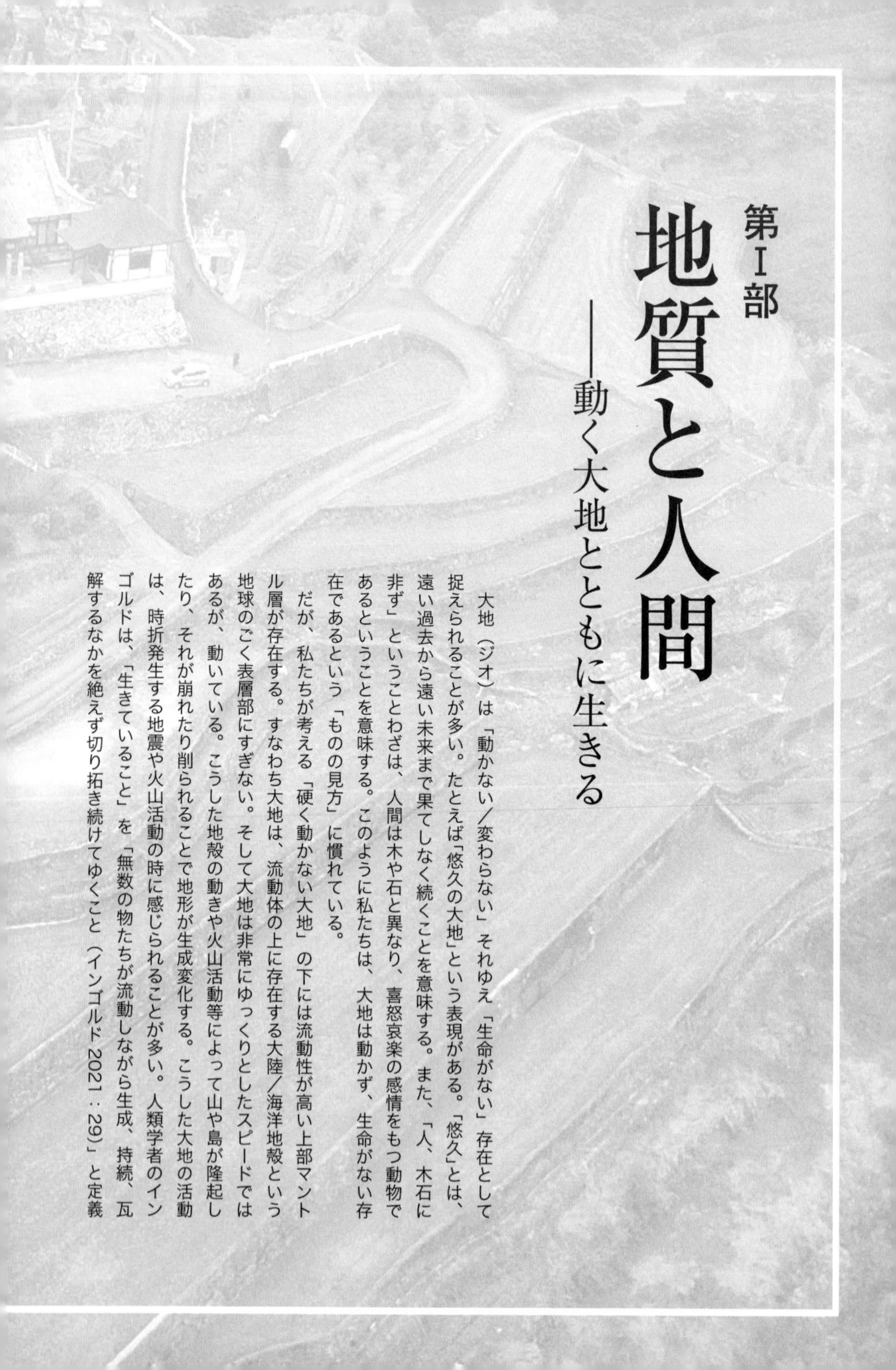

第I部 地質と人間

——動く大地とともに生きる

大地（ジオ）は「動かない／変わらない」それゆえ「生命がない」存在として捉えられることが多い。たとえば「悠久の大地」という表現がある。「悠久」とは、遠い過去から遠い未来まで果てしなく続くことを意味する。また、「人、木石に非ず」ということわざは、人間は木や石と異なり、喜怒哀楽の感情をもつ動物であるということを意味する。このように私たちは、大地は動かず、生命がない存在であるという「ものの見方」に慣れている。

だが、私たちが考える「硬く動かない大地」の下には流動性が高い上部マントル層が存在する。すなわち大地は、流動体の上に存在する大陸／海洋地殻という地球のごく表層部にすぎない。そして大地は非常にゆっくりとしたスピードではあるが、動いている。こうした地殻の動きや火山活動等によって山や島が隆起したり、それが崩れたり削られることで地形が生成変化する。こうした大地の活動は、時折発生する地震や火山活動の時に感じられることが多い。人類学者のインゴルドは、「生きていること」を「無数の物たちが流動しながら生成、持続、瓦解するなかを絶えず切り拓き続けてゆくこと（インゴルド 2021：29）」と定義

している。そうであれば、「生きている」のは人間や生物だけであるとは言いきれない。

にもかかわらず、大地が動かない〃生命がない存在であるように見える理由のひとつは、私たちのリズム（時間）と大地のリズムの間に、大きな違いがあるためである。人生がせいぜい百年にすぎない人間には、百万年単位の大地のリズムを日常的に知覚することが困難なことが多い。そして大地は、人間活動がおこなわれる不変の外部条件であり、一方的な働きかけの対象となることが多かった（Povinelli 2016）。たとえば鉱山での採掘は、人間から大地への一方的な働きかけの一例である。私たちは特定の他者から一方的に物質を得ることを「搾取」と呼ぶ一方で、大地から一方的に物質を得ることを「生産」と呼んできた。それは、大地が動かない〃生命がない存在であるというものの見方を基盤にしている。

だが、大地を動かない〃生命がない存在とするものの見方は、必ずしも普遍的ではない。大地の動きを知覚し、さまざまな「相互行為」をおこなう人びとが世界各地に存在する。この部では四国山地を舞台にした、大地と人間による相互行為の有り様について考える。

石川登・祖田亮次・鮫島弘光　二〇一二「熱帯バイオマス社会の複雑系——自然の時間、人間の時間」柳澤雅之ほか編『講座 生存基盤論 二』京都大学学術出版会、二八三—三一五頁。

インゴルド、ティム　二〇二一『生きていること——動く、知る、記述する』柳澤田実ほか訳、左右社。

Povinelli, Elizabeth A. 2016. *Geontologies: A Requiem to Late Liberalism.* Durham, N.C.: Duke University Press.

第1章　四国山地の地質・地形と暮らし

――生活文化のベースを作る大地（ジオ）

殿谷　梓

1．地球の中で四国を見ると……

私たちは地球に生かされている

普段、地球という星のことを感じながら生活している……という人少ないかもしれない。他方で、地震、火山噴火、土砂災害、洪水などのような自然災害の現象を目の当たりにした時などには、地球活動に対して畏敬の念を抱くこともあるだろう。このように地球科学の研究者や自然災害を専門としている業種の方などの一部の人以外は、「地球」という星のことを常日頃から意識して生活していることが少ないだろう。

だが、私たちが普段何気なく見渡している風景や口にしている食物、そして地域で語り継がれている風習や生活文化や歴史などを紐解いていくと、長い年月かけて作り上げてきた地球の活動と深い結びつきがあって生まれたものだらけであることに気づかされる。そしてそれは、四国山地という大地においても同様である。

この章では、四国山地の大地にフォーカスするとともに、四国山地と人々の生活文化との関わりについて考える。

地球の中の日本列島、日本列島の中の四国

地球に生かされていることを感じるためには、地球のことを少し意識する必要がある。

たとえば私（殿谷）という人間を知るためには、体がどのようなものでできていて、どんな活動をしているのかを知る必要

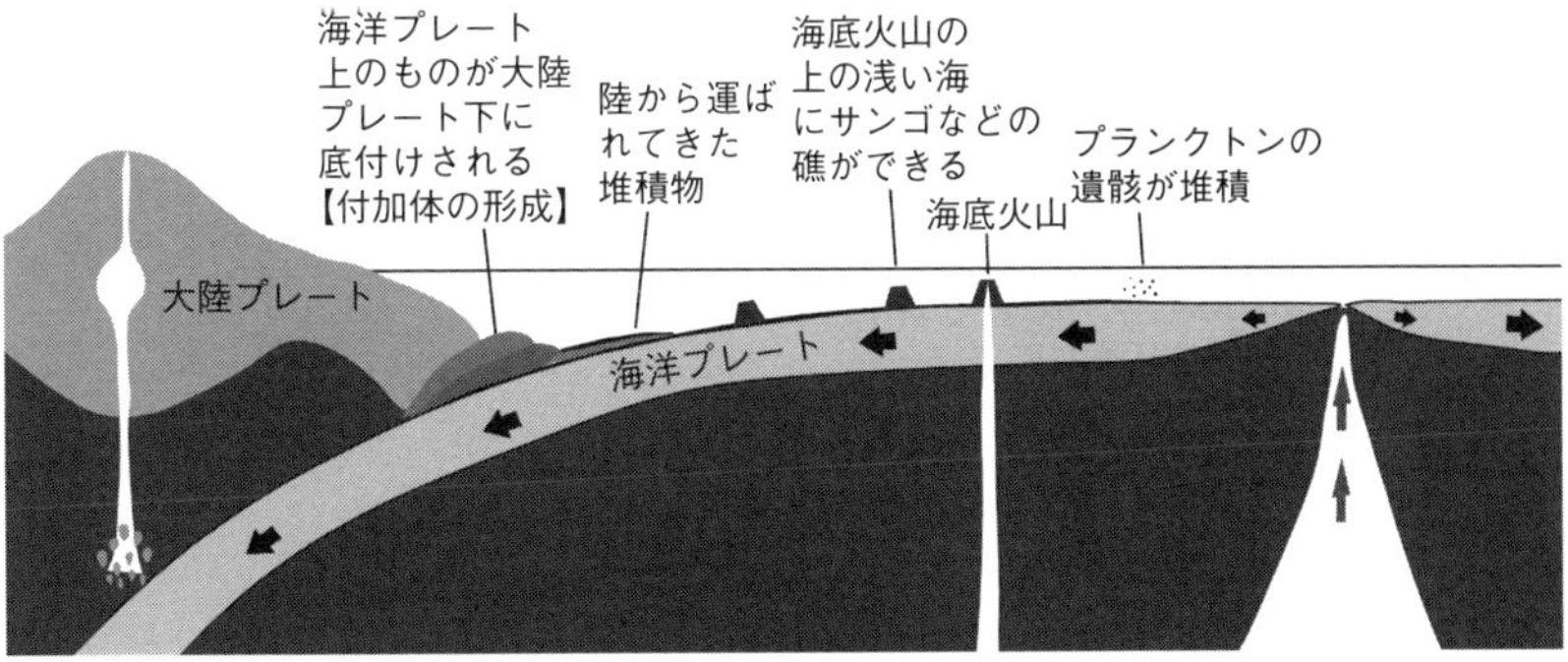

図 1－1　大陸プレートと海洋プレートの概略図

海洋プレートが大陸プレート下へ沈み込むことによって、付加体が形成する場合がある。

がある。それは地球も同じである。どのようなものでできていて、どんな活動をしているのかを知ることで、地球という星の理解を深めることができる。

地球科学に関する書物はあまたあるので、概説はそれらにお願いするとして、今回は四国山地にフォーカスする。

多くの方は「日本列島は自然災害の多い国」というイメージをもっているだろう。たとえば近年頻繁に発生している土砂災害や洪水をはじめ、地震や火山噴火等である。また、ヨーロッパにある安定大陸などと比べると、日本の大地の特徴の一つは山岳や急勾配の河川など、急峻な地形がある点にある。こうした自然災害や起伏ある日本の地形は、地球のある活動が大元となって引き起こされ、形成された。それはプレート運動である。

プレートは地球表面を覆っている厚さ数十km～数百kmの岩板で、現在十数枚のプレートが地球表面を覆っていることが認められている。プレートには海洋プレートと大陸プレートがある。海洋プレートは、海嶺と呼ばれる海の底に連なる嶺で誕生し、海水で冷やされ、地球表面に水平移動していく。プレートは移動の過程で、海中や海底でおこった溶岩の噴出や堆積などの地球の活動の痕跡を乗せている。その後別のプレートと衝突する（図1－1）。衝突されるプレートが大陸プレートであれば、海洋プレートは軽い大陸プレートの下に沈み込んでいく。大陸プレート同士の衝突であれば、軽さはほぼ同じであるので、どちらも地球深部に沈み込むことはなく隆起し、大山脈を形成する（例：ヒマラヤ山脈：ユーラシア大陸とインド大陸の衝突によって形成）。

話を日本列島周辺のプレートに戻そう。現在の日本は二つの海洋プレート（太平

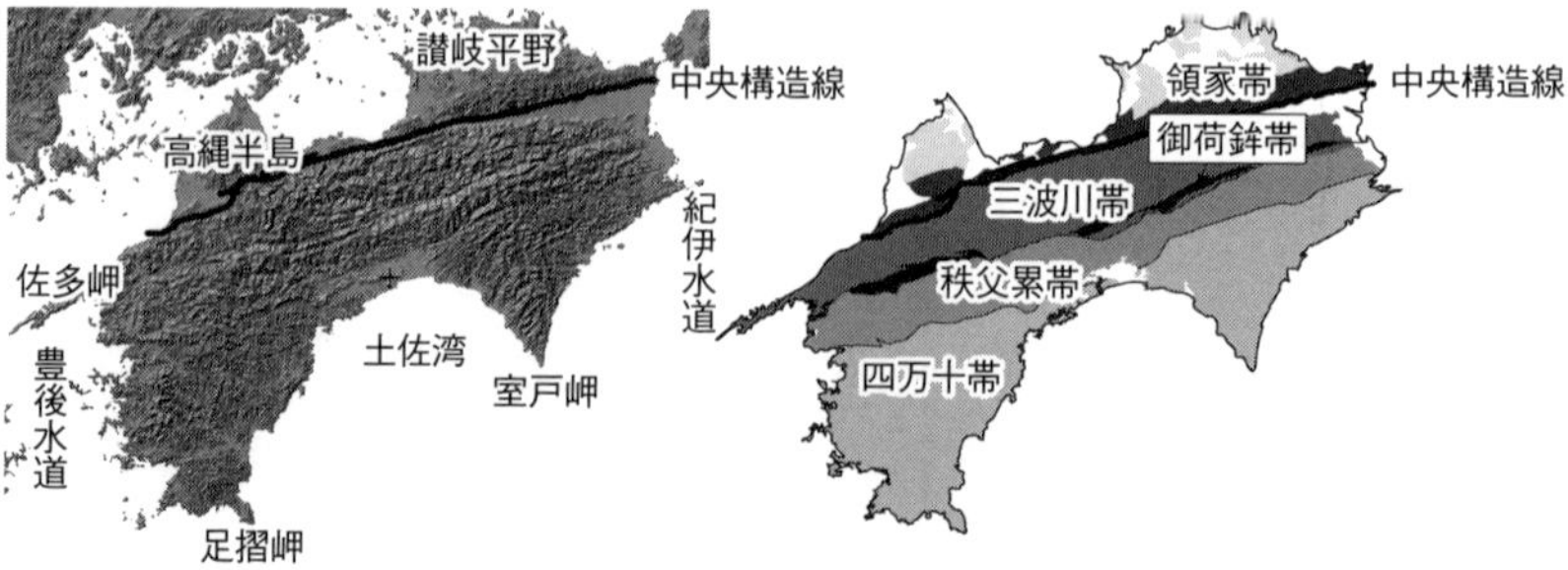

図 1−2　大四国の地形（左）と四国の主な地質帯（右）。四国山地は中央構造線の南側に位置する

（出典）左図は標高タイル（基盤地図情報数値標高モデル：国土地理院）上に筆者が一部加工。標高タイルオリジナルデータ URL：https://maps.gsi.go.jp/#9/33.536306/133.540964/&base=std&ls=std%7Cslopemap&blend=0&disp=11&lcd=slopemap&vs=c0j0h0k0l0u0t0z0r0s0m0f1

洋プレートとフィリピン海プレート）と大陸側のプレートで構成されている。そして、太平洋プレートやフィリピン海プレートは、それぞれ大陸側のプレートの下に沈み込んでいる。これらのプレート相互作用は、海溝型や内陸型の大地震や、火山噴火を起こしてきた。プレートは日本列島を作るそれぞれのパーツを運び寄せ集め、ある時には大陸からの離別を促した。そして、山岳や急勾配の河川などの起伏ある地形を育み、現在の日本列島の形をつくった。まさに過去から現代までのプレート運動がなければ、今の日本列島はなかったといえる。

　では日本列島の中の四国の大地には、どんな特徴があるのだろう？

　まずは四国の形に注目してみよう（図1−2左）。四国は、北は瀬戸内海、東を紀伊水道、西を豊後水道、そして南側は太平洋に囲われた地域である。四国南部では東は室戸岬、西は足摺岬が沖に向かって突出しているが、高知平野付近の陸地は湾曲した形をなしている。四国北部には西に高縄半島があり、東には讃岐平野が広がっている。高縄半島と讃岐平野はそれぞれ両サイドが灘で挟まれている。そして四国中央部には、ほぼ東西方向に尾根を連ねる四国山地がある。そして四国山地の北側には、東西方向に筋状の地形が見える。

　この筋状の地形は中央構造線と呼ばれる国内最大級の大断層によって生み出された。中央構造線は九州東部から関東山地まで伸びており、長さは約一〇〇〇㎞にもなる。その一部が四国の北縁を東西方向に貫いている。

　次に、四国の大地を作っている材料は一体何だろうか？　それは岩石や地層である。

岩石や地層の種類、できた年代、地質構造などに応じて区分された地質の塊を「地質帯」という。四国は、複数の地質帯からなる（図1-2右）。

中央構造線より南側の四国の大地を構成するいくつかの地質帯は、付加体である。付加体とは、海洋プレートが大陸プレートの下に沈み込む時に、海洋プレートの上にあった地層や岩石がはぎ取られて大陸プレートの下に付け加わった（底付けされた）ものである（図1-2）。海洋プレートの沈み込みは連続して起こっているので、付加作用はなんども起こってきた。底付けを繰り返していくことで、大陸プレートの末端は成長し、陸地が増えていく。

この海洋プレートの大陸プレート下への沈み込みと付加作用によって、四国山地を含む中央構造線の南側の大地の大部分が形成された。それは、四国の帯状の地質帯や四国山地の尾根の方向にも影響している。

2. 四国山地の大地の特徴

四国の背梁、四国山地

西日本で一番目、そして二番目に高い山がどこにあるか、ご存知だろうか？

一番目に高い山は石鎚山（一九八二m）、次に高いのが剣山（つるぎさん）（一九五五m）で、どちらとも四国山地にある。剣山から石鎚山の間には、三嶺（みうね）（一八九三m）、綱附森（つなつけのもり）（一六四三m）、野鹿池（のかのいけ）（一二九四m）、瓶ヶ森（かめがもり）（一八九七m）と一二〇〇〜一九〇〇m級の高峰が連なっており、急峻な地形をなしている。そして、その脊梁より南側に位置する四国山地の山々の標高は南下するにつれ徐々に低くなる傾向がある。

四国山地にある山々の尾根やその間を流れる谷の方向の大部分は東西方向である。その間を突っ切るように先行性の河川（例：大歩危小歩危峡（おおぼけこぼけきょう）、祖谷渓（いやけい））や著しく蛇行する河川（例：四万十川や肱川（ひじかわ））が流れているのも、四国山地の急峻さを特徴付けるものとなっている。

四国山地の大地の特徴――地質・地形

四国の地質は、中央構造線の南側と北側で大きく異なる。四国山地は中央構造線の南側にあり、前述した付加体でできている。つまり、四国山地を作った材料はもともと海洋プレート上（＝海底）にあったもの、ということになる。

四国山地を作っている地質は中央構造線側から順番に、三波川（さんばがわ）帯、秩父帯（秩父累帯（ちちぶるいたい）ともいう）、四万十帯があり、三波川帯と秩父帯の境界付近に薄く御荷鉾（みかぶ）帯がある。この地質帯の違いは四国山地の地形の違いにも深く関係している。ここで、四国山地の主要な地質帯である三波川帯、御荷鉾帯、秩父帯、四万十帯を作っている岩石やその特性を概観する。

三波川帯は地下十数～数十km近くまで運ばれた付加体であり、三波川帯より南側にある地質帯と比べて基本的に古い時代に付加したものと考えられている。三波川帯を作っている岩石の多くは結晶片岩という岩石で、火山噴出でできた岩石や堆積岩などが地下十数km～数十km深くに運ばれ、圧力を受けることにより変身（＝変成）した岩石（＝変成岩）である。変身の度合いは運ばれる深さによって異なる。また、変身する前の岩石や変身の度合いなどよってさらに区分される。例えば、砂質片岩はもともと砂岩、泥質片岩はもともと泥岩、緑色片岩はもともと火山噴出物（玄武岩や凝灰岩）であった。

写真 1－1　結晶片岩の片理
（2021 年 12 月 17 日）

結晶片岩の特徴は、筋のように見える片理である（写真1‐1矢印）片理とは地下で圧力を受けた際に岩石内の鉱物が伸長されてできる線状・面状の構造である。片理は岩石の剥がれやすさと関係する。例えば、泥質片岩は片理に沿ってペラペラと剥がれやすい特徴を持っている。一方で、砂質片岩にも片理はあるが、泥質片岩と比べると剥がれにくい。このような岩石の特性の違いは、地形に反映されることがある。

御荷鉾帯は、三波川帯の南域や南側の境界に沿って分布している狭小の地質帯である。御荷鉾帯を構成している御荷鉾緑色岩は、名前のとおり緑色をしており、約一億五〇〇〇万年前に海底に大量噴出した溶岩がもともとの姿であり、その後地下に運ばれて変成した。この岩石もまた、特徴的な地形を生み出す材料となる。御荷鉾緑色岩が雨水や河川水などによって風化・侵食されると、保水性のある鉱物（粘土鉱物）が多くできる。このことが地すべりを起こす要因の一つとなっており、他の地質帯と比較して御荷鉾帯の山間部では緩やかな地形となっている箇所が多い。

秩父帯は、三波川帯のものと比べると、変成度合いは低い。そして様々な種類の海洋プレート上に乗っていた岩石がこの地質累帯を作っている。たとえば砂岩や泥岩やチャートと呼ばれるプランクトンの遺骸が降り積もって石化した岩石などがある。秩父帯の中で特徴的な岩石の一つに、石灰岩という白くて硬い岩石があり、四国カルストや鳥形山鉱山、龍河洞、剣山山道などに分布している。そしてその石灰岩とセットのように玄武岩という溶岩が急冷してできた岩石が露出している。この石灰岩は、もともと約三億年前に暖かくて浅い海で生育していたフズリナやウミユリなどの生物の遺骸なのである。

四万十帯は、秩父帯の南側に位置する地質帯で、砂岩や泥岩など、陸から運搬されて堆積し石化した岩石が主流である。足摺岬や高月山などには、砂岩泥岩を貫いた花崗岩のブロックがあり、室戸岬にはハンレイ岩と呼ばれるブロックが露出している。花崗岩とハンレイ岩は組成こそ異なるものの、溶岩が地下深部でゆっくりと冷えて固化した岩石である。

動き続ける大地――盛り上がる大地、崩れゆく大地

付加体からなる四国山地の大地は、プレート運動によって地下から盛り上がり、山地を形成していった。もともと山地になる前に存在していた河川の存続も隆起によって淘汰されていき、水量豊富な河川は山地の隆起に打ち勝つように大地を削り続け、四国山地の東西に伸びる尾根群を遮る流れを残してきた。

このように山地では、雨水や河川水などの侵食が起こる。侵食により山地斜面の裾野は削られ、山地斜面は不安定になる。そして、山地は崩れていく。四国山地は過去から現在までのプレート運動による付加体が隆起し、崩れゆく地なのである。

日本列島の中でも、四国山地は有数の地すべり地帯である。その四国山地の中でも非常に多くの地すべり地形がみられる地質帯がある。それは三波川帯と御荷鉾帯である。中央構造線より南側の地質帯と大規模崩壊地形の発生の関係が示されており、一〇〇㎢あたりの大規模崩壊地形の数で圧倒的に多いのは御荷鉾帯で四〇・七ヶ所、続いて三波川帯で一七・八ヶ所となってい

る（寺戸一九八六）。つまり、四国山地の北域部分は、地すべりという自然災害ときっては切れない関係にある。

3．動き続ける四国山地、大地に寄り添い生きる人々

過去に起きた斜面災害の上に住む人々

四国山地の地すべりと地質と山の斜面にある集落（＝傾斜地集落）には関係がある。その関係の理解を深めるために、三波川帯と御荷鉾帯の二つの地質帯にフォーカスして話を進めようと思う。

徳島県西部にある美馬市、つるぎ町、東みよし町、三好市は「にし阿波」と呼ばれる地域で、山間部には傾斜地集落が点在している。にし阿波の四国山地側は大部分が三波川帯からなる。ここで三好市西祖谷山を例に、傾斜地集落と地すべりと地質との関係について検討する。図１‐３左は西祖谷山村の祖谷川周辺の簡易空中写真（標高タイル：国土地理院）である。図１‐３中央は、この簡易空中写真に地すべり地形分布図（J-SHIS Mapデータ：防災科学技術研究所）を重ねたものである。そして図１‐３右は地すべり地形分布図と地質図を組み合わせた地図である。左図の簡易空中写真の白く写っている部分が傾斜地の集落群である。中央図を見ると、点在する傾斜地集落の大部分が、過去に地すべりが起こった場所であることがわかる。つまり、傾斜地集落は山間部のどこにでもあるわけではない。地すべりが起こることで山の斜面の形が変化し、緩やかな地形が作られる。そして地すべり地の側面や頭の部分（滑落崖）では湧水が発生する。つまり、地すべりによってできた緩やかな地形や湧水が、人の住む傾斜地集落の土台となったのである。

さらに図１‐３右をもう少し詳しく見てみると、地すべり地はどこにでもあるわけではないことに気づくだろう。西祖谷山村は三波川帯からなる地であるが、同じ三波川帯の中でも砂質片岩や礫質片岩からなる大地（図中の黒く着色した部分）ではさほど多くない。つまり、結晶片岩の中でも岩石の種類によって、地すべりの引き起こされやすさが違う。

２．で述べたように、泥質片岩は片理にそって剥がれやすい特性を持っている。この剥がれやすい方向と山の斜面の方向が合致すると、地すべりを起こしやすい流れ盤構造となる。西祖谷山村の善徳地区・今久保地区は泥質片岩が多く分布している

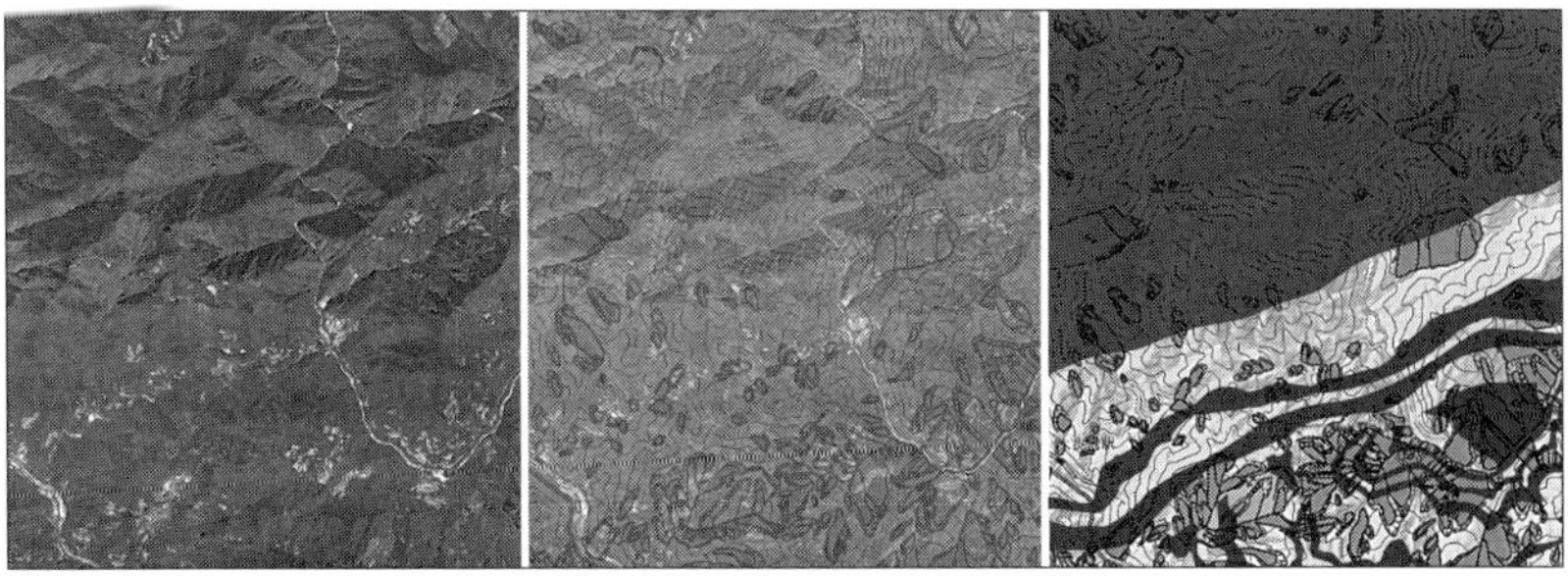

図 1－3　西祖谷山村を流れる祖谷川周辺の簡易空中写真（左）と簡易空中写真と地すべり地形分布図を重ねた図（中央）と地すべり地形分布図と地質図を重ねた図

（出典）左図と中央図は、簡易空中写真（2019 年 7 月～ 11 月撮影、国土地理院）を筆者が加工して使用。うち、中央図は簡易空中写真に同エリアの J―SHIS Map データ（防災科学技術研究所）を重ねたもの。右図は同エリアの J―SHIS Map データ上に筆者が地質図を加筆。
簡易空中写真①オリジナル URL：https://maps.gsi.go.jp/#14/33.925636/133.802768/&base=ort&ls=ort&disp=1&vs=c0j0h0k0l0u0t0z0r0s0m0f1
簡易空中写真②オリジナル URL：https://maps.gsi.go.jp/#14/33.886556/133.803849/&base=ort&ls=ort&disp=1&vs=c0j0h0k0l0u0t0z0r0s0m0f1
J-SHIS Map オリジナル URL：https://www.j-shis.bosai.go.jp/map/?center=133.8391437,33.89760993&zoom=13&flt=0,0,0,0&transparent=1&layer=P-Y2020-MAP-AVR-TTL_MTTL-T30_I55_PD2&epoch=Y2020&ls=1&lang=jp

上、流れ盤構造をしている。そのため、国の直轄地すべり対策事業が行われるほどの地すべり地である。

次に、御荷鉾帯の地すべり地について検討する。2．で述べたように、御荷鉾緑色岩類が風化侵食されると、保水性の高い鉱物が生成される。御荷鉾帯の地すべり地の特徴は、保水性の鉱物からなる粘土層が厚く岩盤の上を覆っており、この粘土層自体が地すべりを起こす「すべり面」となっていると考えられている。このことが、地すべり地の外へ出る地下水の浸透を遮断し、粘土層自体の地下水位を上げるため、地すべりが起こりやすくなっている（鈴木　一九九八：七〇）。

動き続ける大地に寄り添って暮らす

四国山地の中でも、三波川帯は結晶片岩、御荷鉾帯では緑色岩が風化して保水性のある粘土鉱物が生成しやすいことなどの地質特徴があり、さらにそれらが流れ盤などの特徴ある地質構造も合わさることにより、他の地質帯よりも地すべりが起こりやすい。

これらの地域で起こってきた過去の地すべりは、山の斜面の形状の変化をもたらしてきた。地すべりが起こった地では、周辺の地形と比べて緩やかな地形を呈したところが多い。また地すべり地の周辺（側面や滑落崖など）では、しばしば湧水が伴うことがある。このように特徴ある地形、そして湧水に恵まれた土地は、山の斜面に住む人々の生活環境の場を与えてきた。また、地すべりという「山が崩れる」という現象は、過去だけでなく現在も、そしてこれから先も大なり小なり起こり続けるものである。そのため、「崩れる土地」、そして「動く土地」という認識が四国山地内に住む人々の中に、当たり前の感覚として溶け込んでいるのである。

◎四国山地の中の異なる食文化

例えば三波川帯の地すべり多発地域は結晶片岩からなる土地なので、岩盤が風化しても保水性のある土壌にはならない。だが、礫を多く含んだ土壌は水はけがよい。徳島県西部の傾斜地集落の畑（＝傾斜地畑）では、雑穀や小ぶりのジャガイモ（「ごうしいも」又は「ほどいも」とも呼ばれている）、そして日射がよく霧がたち込める地域では茶の栽培が行われている。日照があまり良くなかったり傾斜がきつい畑では、ゼンマイの栽培が行われていることもある。傾斜地畑の土壌の深さは五〇cmもないところがほとんどである。土壌はとても貴重なものであるが、雨水によってすぐに下方へ流出してしまうめ、上方へ掻き戻すための作業がしばしば必要となる。そして掻き戻した土壌を肥えたものにするため、カヤ（ススキ）を干して乾燥させた「コエ」をまいて耕している。そういった工夫の上で栽培された農作物は、特徴ある郷土料理と深く関係している。たとえば「でこまわし」と呼ばれる味噌田楽や「そば米雑炊」と呼ばれるそばを使った雑炊、米が貴重であったために誕生した豆腐を餅に見立てた「うちちがえ雑煮」（写真1‐2）など独自の食文化が築かれてきた。

その一方で、御荷鉾帯の地すべり地は地下水の水位が高く、保水性のある土壌からなるので、三波川帯の土壌に比べると稲作に適している。現に、高知県本山町をはじめとする嶺北地方の御荷鉾帯では棚田が多く築かれており、本山町はこれらの棚田で栽培された米をブランド米として販売している。

◎四国山地に対する畏敬

三好市西祖谷山村善徳地区には、国の重要無形文化財に指定されている「神代踊（じんだいおどり）」という舞がある。毎年旧暦の六月一五日に執り行われる雨乞踊である。過去には四国山地のあちらこちらで雨乞踊は行われていたが、現在ではほとんどなくなってしまっている。この雨乞踊は、傾斜地集落での暮らしに欠かせない風習の一つであった。つまり傾斜地畑の土壌を下方へ流してしまう雨水は悪者でなく尊ばれている、ということになる。それだけ、雨の存在が大切であったことがうかがえるが、それは三波川帯のような地質帯の土壌は水はけが良いため、水を貯めておくことが難しいためである。

また、傾斜地集落での暮らしは険しい地形で危険と隣り合わせであったため、そこで暮らすための工夫が口頭伝承という形で残されている。三好市山城町では「妖怪話」や「たぬき話」などの伝承がある。妖怪話の多くは川の淵や崖など人に危険を警鐘するためのもので、なかには土石流などの自然災害の出来事を物語ったようなものなどもある。「地すべりで緩やかになった地で暮らしている」とはいえ、傾斜地集落で暮らすということが危険と隣り合わせであったことを口頭伝承からもうかがうことができる。

写真 1－2　そば米雑炊（左）（2019 年 6 月）とうちちがえ雑煮（右）（2020 年 9 月 7 日）

◎崩れる大地に寄り添う暮らし

過去に崩れてできた土地の上は、必ずしも安全で不動な土地ではない……という感覚は傾斜地集落の人々にとっては当たり前なのかもしれない、ことを感じさせられる情景が多々見受けられる。ここで傾斜地集落に今も残る土地の変動や自然災害との向き合い方をいくつか紹介する。

三好市西祖谷山村有瀬地区では、台風などで大雨の予報がでると、襲来前に集落の人たちで集落の上に赴き、「ノウズを切る」作業を行う。この作業は集落に大水が入ってこないようにするために集落の土壌に溝を掘って、集落の脇にある谷へ水を逃がす作業である。また岩盤の端っこ（集落の人は「ハナタレ」と呼んでいる）の部分に小規模の石積みを築き、その横にある側溝に崩れた石が入らないようにしている（写真１-３）。側溝に礫が入ると大雨時に水が路面に溢れかえってしまうので、事前にそうならないようにささやかな石積みを築いて防いでいる。

さらに、「ジグルイ」という言葉も祖谷地域で聞かれる。土地が変動して傾いたり崩れたりした時や、家の立て付けが悪くなったりした時に使用する言葉である。まさに「大地は動くもの」であることを表した言葉である。ジグルイが起きて家の立て付けが悪くなると、ジャッキを使って家を部分的に持ち上げて、部分的に修理する。もちろん修理できないほどジグルイが起きてしまう場合もある。いずれにしても、人々は土地が不動のものではないことを日常生活の中で認識している。

「ノウズを切る」、「ハナタレの石積み」、「ジグルイ」の事例の共通点は、崩れゆく大地に対して大造成や大開拓をせず、自分たちの暮らしているごく狭い範囲の土地の一部分だけ造成や開拓をしている点で共通である。つまり、人々は四国山地が急峻で危険であることは認識してはいるものの、その急峻さと大きく争うことはせず、そっと寄り添い暮らしている。

写真 1－3　有瀬地区のハナタレとその横に築かれた石積み（2020 年 11 月 21 日）

4．四国山地の移り変わりと人々の暮らしの行方

過去から読み取る四国山地のこれから

過去に起きた地すべり地の上に築かれた多くの傾斜地集落の上では現在進行形で土地が撓（たわ）み、崩れている。そしてその形状変化に対して人々は寄り添って暮らしている。

四国山地が出来始めた時期、というのは実は十分に明らかにはなっていない。だが、第四紀後半には山地の隆起が加速された可能性があると考えられており（太田ほか編　二〇〇四：七）、それに伴い現在のような四国山地特有の高峰や深い谷河川などが形成されていったと考えられる。四国山地は現在も隆起をし続けており、一説によると剣山山頂付近で約二・五㎜／年も隆起しているという学説もある（Ohmori, 1990）。またその四国山地を彫り込むように流れる吉野川や四万十川などの大河はこのまま水量が保たれ続けると、どんどん彫り込みを続け、より急峻な地形をもたらす役割を担うだろう。そして、彫り込みを続ける河川の周辺では、下方侵食が進み、地すべりなどの斜面災害が促されることも多々あるだろう。

今見ている四国山地の急峻な地形やそれに伴う人々の暮らしは、四国山地特有の風景である。そしてこの風景は不可逆的に変化し続けている。今見ている風景は地球時間でいうと一瞬の風景であり、不変な風景ではない。

これからも四国山地で暮らし続けるために

三好市では現在、ジオパーク構想エリアとしての活動を展開しており、筆者ジオパーク地質専門員という仕事を通して携わっている。ジオパークは本章の内容と密接に関係しており、特徴ある地質・地形やそれに付随する生態系、人々の生活文化や産業や歴史文化などを包括した「地球の記録」を守り、持続的な形で活用し続けるエリアのことである。このように大地は変わり続けるもの、その変動する大地の上で、どう人が寄り添って暮らしていくのかを、地域の方々や地域の民間団体や行政や研究者とともに議論しあって、活動に展開していくボトムアップ型の取り組みがジオパーク活動である。その取り組みを行う仲間は、日本や世界のあちこちにいて、彼らとネットワーク活動をしながら地球規模で「地球の記録」を守り生かす活動を模索している。三好ジオパーク構想（＝三好市と東みよし町）はそのネットワーク地域の一つである。

三好ジオパーク構想エリアは、四国山地をはじめ、吉野川の流路が東へ九〇度大きく変わり平野が形成され始める場所（池田町）や、中央構造線の活動の痕跡が見られる場所など、過去の大地の変動の記録が残されており、それが現在の人々の生活文化にも大きな影響を及ぼしていることが感じ取れる場所なのである。

今回フォーカスした四国山地という特徴ある大地は、各所で過去、現在、未来へ向けて刻一刻と変わり続けている。そしてその上で生きている人々の暮らし方も刻々と変化している。そして一瞬一瞬の四国山地の景観（＝Landscape）を作り出している。そして時が百年、千年、万年と変わるにつれて、異なる風景が各所に生み出し続け出されるだろう。そして年代の桁が大きければ大きいほど、より大地は現在の形状と大きく異なり、その上で築かれる人々の暮らしに大きな変化をもたらしているだろう。

百年後、千年後、万年後の、四国山地はどうなっているのだろう？

そして人々はどのように四国山地と向き合っているのだろう？
さらに私たちが四国山地の上で築いてきたものや向き合ってきたことは、どれだけ守られ、活かされているのだろう？

［追記］本稿は内藤・殿谷（二〇二三）に加筆修正を加えたものである。

参考文献

太田陽子・成瀬敏郎・田中眞吾・岡田篤正編　二〇〇四『日本の地形6――近畿・中国・四国』東京大学出版。

鈴木崇士　一九九八『四国はどのようにしてできたか』南の風社。

寺戸恒夫　一九八六「四国島における大規模崩壊地形の分布と地域特性」『地質学論集』二八：二二一―二三二。

内藤直樹・殿谷梓　二〇二三「崩れ続ける大地での暮らし――徳島県西部における産業資本主義の跡地としての山村景観の力学／動態」『文化人類学』八八（二）：二四三―二六三。

Ohmori, H. 1990. Geomorphogenetic crustal movement and the altitudinal limitation of peneplain remnants of the Shikoku mountains, *Japan. Bull. Dep. Geogr. Univ. Tokyo*, 22, pp.17-34.

第2章　四国山地の道の風景
——現象としての道、施設としての道路

石川　初

1．山道の近代

道路からの農村風景

本章では、私たちが最近調査に訪れている徳島県神山町を事例に「道（みち）」から眺めた四国山地のランドスケープについて述べる。「道」という語には様々な意味があるが、ここでは主に人が何らかの目的で通るために設けられた空間を指すこととする。

神山町は、吉野川の支流である鮎喰川（あくいがわ）に沿った人口五〇〇〇人ほどの町である。鮎喰川の流域をつくる標高一〇〇mから一〇〇〇mあまりの尾根が町の境界線となっていて、鮎喰川の流域と神山町の町域は重なっている。土地のほとんどは山に連なる傾斜地であるが、鮎喰川沿いの谷底に狭い平地があり、町域を縦断する主要道路がある。街の中心市街地はこの道路沿いに発達し、町役場をはじめとする公共施設もこの平地にある。小さな市街地には企業のサテライトオフィスや、新しいレストランやカフェなどが並んでいる。川沿いには「道の駅」や温浴施設、町営住宅などもあり、新しい高等専門学校の計画と建設も進められている（神山まるごと高専　二〇二二）。

しかし、初めて神山町を訪れた私たちが驚いたのは、そのような市街地の外側に広がる山あいの農村集落であった。急峻な地形に石積みの棚田や段畑が刻まれ、山の上の方にまで民家が点在する様子は、関東近郊の田園風景を見慣れた目には新鮮な風景であった。

私たちはそうした山の民家を観察することにし、まずは個別の集落や民家の調査をする前に、町の全域をなるべく広く見て回ろうと考えた。官製地形図に字名の記載があるものを集落と見なし、なるべく中心部から遠いものを選んでそれらを順番に回るようなルートの計画を立てた。神山町の面積は一七三・三㎢、山手線の内側の二・六倍の広さである。東西方向の長さは二五㎞近くある。バスなどの町内の公共交通は範囲も頻度も限られているため、移動には自家用車が必須である。私たちはレンタカーを借りてドライブすることにした。

実際に車を運転して町内を回り始めて私たちはいくつかのことに気づいた。

一つは、いくつもの集落が町域の外縁部近くから消えつつあるということである。地形図には標高六〇〇m付近にまで多くの字名が帰されている。しかしたどり着いてみると、地図上には何軒もの家が記されていても実際には人が住んでいる家が一軒しか残っていなかった集落や、すべてが空き家になっている集落、また家が一つも見当たらず集落そのものが消えてしまっているものもあった。それらは中心部から遠い、標高の高い地域で顕著だった。

また、多くの道が行き止まりで終わるということを知った。神山町を通る国道四三八号線や一九三号線などいくつかの幹線道路は町の境界を越えて外部につながっている。しかし、山の上の集落を目指していくときは、幹線道路から逸れてやや細い道路に入る必要がある。道路の多くは杉の植林に覆われた山の斜面を小刻みに蛇行しながら上って行き、枝分かれしながら次第に幅を狭め、最後には民家の庭先に突き当たって終わる。地図だけを頼りに集落の奥の民家を目指して進んだところ、道が細くなって舗装が途切れ、苦労して引き返したことも何度かあった。そして、道が行き止まっているために、次の別な集落に移動するときには来た道を引き返して山を下り、再び幹線道路に出る必要があった。これはなかなか面倒なドライブであった。

さらに気づいたこととして、ある集落から別な集落へと移動する際に目にする風景のほとんどが、ずっと同じようなものだということがあった。

移動中の周囲の様子を記録するために、私たちは広角レンズをつけた小型ビデオカメラを車のダッシュボードに取り付け、フロントガラスを通した光景をずっと録画していた。これは、このようなフィールドワークの際に私たちがしばしば行うやりかたである。写真の撮り忘れや撮り損ねを防ぐにも有効であり、また移動に伴う風景の移り変わりを概観することができる。

写真 2－1　同じような風景を呈する道路（2016 年 9 月）

そのようにして撮影した映像を見返してあらためて気づいたことが、移動中に写っていたもののほとんどがアスファルト道路やガードレールやカーブミラーなど、道路の施設であるということだった。私たちは道路を眺めながら移動し、たまに景色のいいところで車を停めて風景写真を撮っていた。手元のカメラには麗しい風景や訪れた民家の写真が残っていたが、それらの撮影地点の間に見ていた風景はおもに道路だった。そして、道路は神山町のどこで撮影されてもほとんど同じような風景を呈していた（写真2－1）。

また、道路がやたらと回り道をするということに気づいた。特に傾斜の多い山の上の地域では、道路は斜面を直登せずにつづら折りのヘアピンカーブを繰り返しながら進む。この特徴は、集落のどこかに車を停めてあるき始めるとさらに痛感することだった。目的の民家は斜面のすぐ上の方に見えているのに、そこへ行き着くまでの道のりでぐるぐる遠回りをさせられるということがしばしばあった。私達が最初に調査に赴いたのは八月の終わり頃のことだったが、夏の日に照らされながらアスファルト舗装の車道を延々と歩くのはなかなか辛い経験であった。神山町を歩き回ることは車道を歩くことであった。そして、車道を歩いている地元の住民はほとんどいなかった。ここは車で移動する地域であったのだ。

道路の形状は自動車という機械の性能によって決められている。固く平坦に舗装された路面、見通しが良くゆるやかなカーブや勾配といった道路の特徴は自動車を円滑に行き来させるための仕様である。自動車もそのような道路を前提に作られている。道路と自動車は一体となった規格を作る「道路／車両系」ともで呼ぶべきシステムである。このように書き出してみると、これがいかに神山町のような地形の急峻な地域に合わない施設であるかということがよくわかる。現在の道路／車両系の施設は山あいの土地には不向きである。

地形図に残された道路の近代化

とはいえ、もちろん神山町の道は昔からこのようであったわけではない。集落や田畑の多くは車道よりも古い。村が先にあって、あとから道路が建設されたのである。伝統的な道は車両のためではなく人が歩くためのものであった。近代以降に自動車が主な交通手段として普及するにつれて車道が建設された。

神山町の中心部を含む国土地理院の五万分の一地形図は一九一〇（明治四三）年発行の旧版まで遡ることができ、これを最近の地形図と比較することで土地利用の変遷を見ることができる。道については測量精度や地図への記載の基準などが時代によって異なるため厳密な比較はできないが、少なくとも官製地図に記載するに足ると考えられた道の変化を見ることは可能である（図2-1）。

旧版地形図に見られる道はほとんどが一本の点線で記された、徒歩のための道（人道）である。山あいに点在する集落をこの点線がつないでいる。谷に沿った道もあるが、多くの道は尾根をたどっている。道と道が複雑につながって行き止まりがなく、全体に網目状をなしていることが印象的である。

一方、現在の地形図を見ると、道の様子は大きく違っている。鮎喰川沿いの道路は現在でもほぼ同じ位置にあって幹線道路として使われているが、様子を大きく変えているのは山間部の道である。斜面を直登せずに、斜めに横切りながら激しく蛇行し、枝分かれしして行き止まりで終わっている。これが私たちが現地で経験した「行き止まりで終わる遠回りする道路」の形であり「次の集落へ移動するために谷底の幹線道路まで引き返さなければならない」形であった。

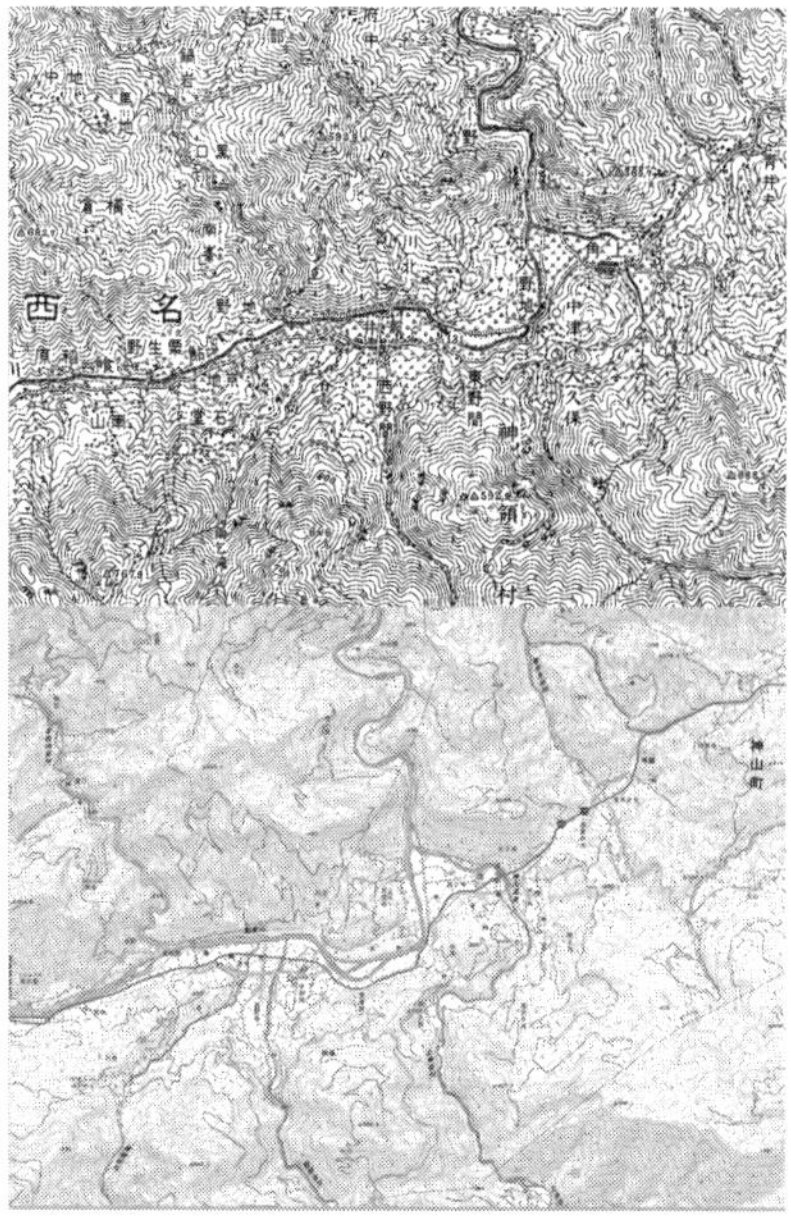

図 2−1　神山町主要部の地形図（上：明治 43 年発行旧版地形図、下：地理院地図）

（出典）上：国土地理院５万分の１地形図「横瀬」（明治 43 年）、下：国土地理院「地理院地図」（2022）。

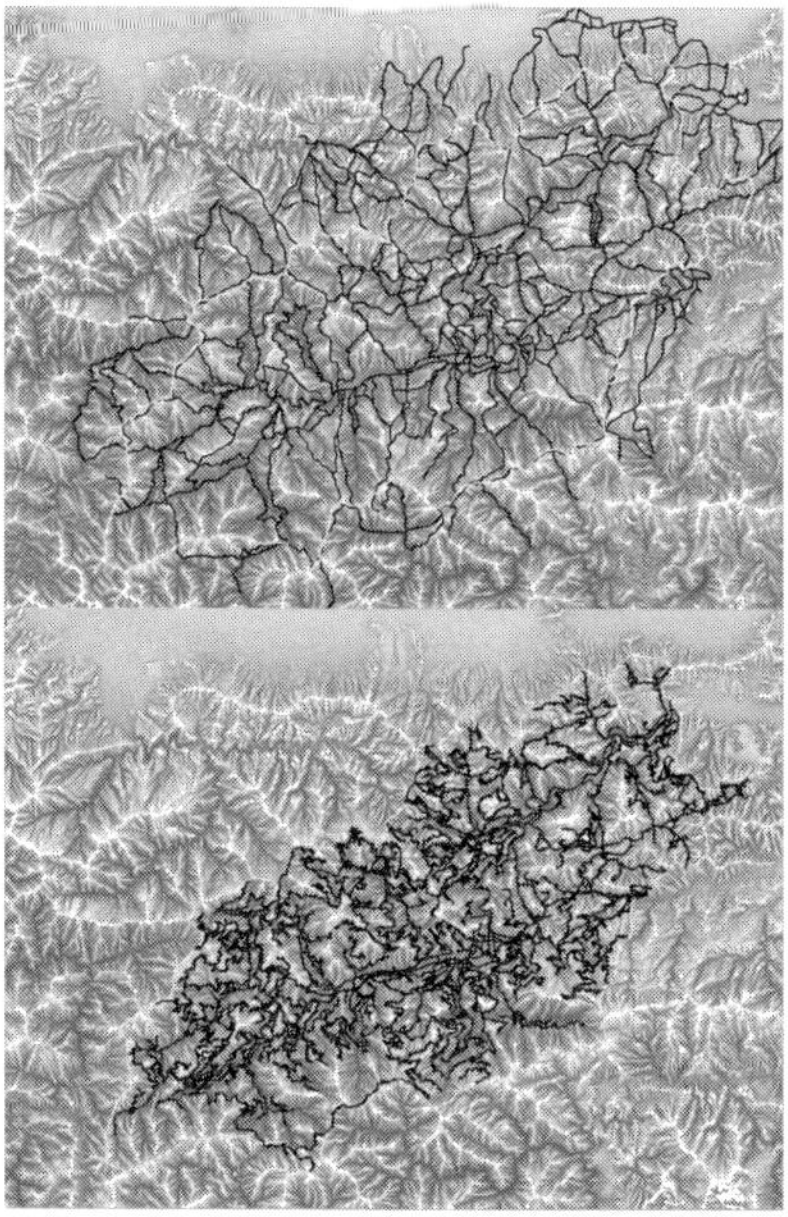

図 2−2　道路を強調した地図（上：明治 43 年の道、下：現在の道路）

（出典）石川初（2017：168）。

図２・２は、旧版地形図に記載された道の線形と、現代の道路の線形を抽出して地形段彩図に重ねたものである。尾根を直登しながら網目状をなしている人道と、斜面を蛇行しながら枝分かれする車道と、それぞれが描く道路網の違いはこのスケールで見るとさらに顕著である。

さらに詳細に昔の道を推測する手がかりとして「名西郡神領村絵図」という資料がある。神山町の大粟家に保管されていた江戸時代（文化～文政期）の絵図で、現在は徳島県立博物館に保存され、オンライン公開されている。江戸時代とはいえ、田畑の形状や位置は現代の地図にほぼ重なるほど精度の高い測量がなされている。

この彩色された絵図には山の斜面に広がる棚田や段畑、民家や社寺が一つひとつ描かれていて見飽きない。現在は市街地が発達している川沿いの平地に民家がほとんどない様子が印象的である。鮎喰川に注ぐ支流が作る扇状地に水田が発達し、それよりも標高が高い急傾斜地に段畑が作られ、民家が点在して集落をなしている。この様子からは、川沿いの平地が中心市街地と

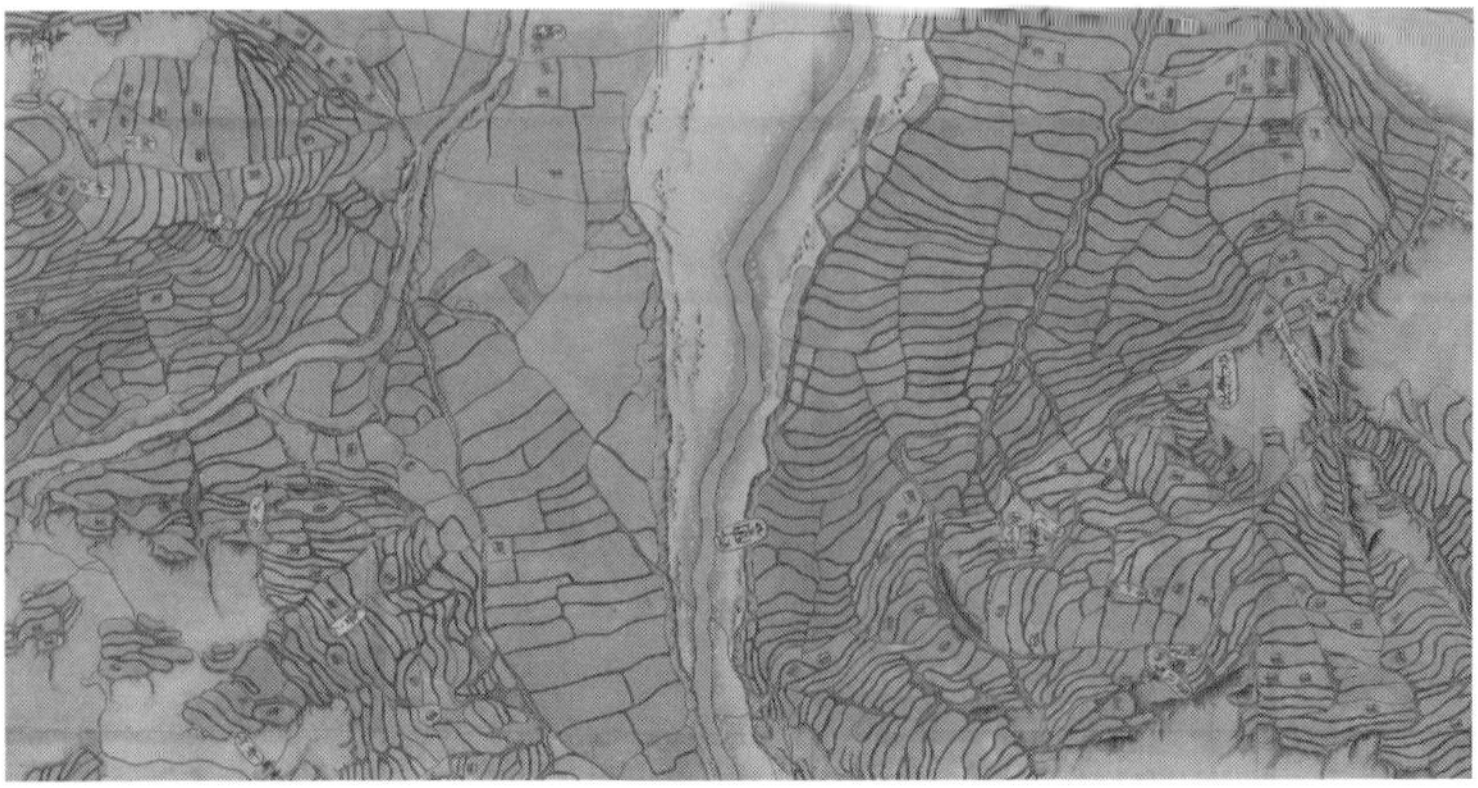

図 2-3　「名西郡神領村絵図」の一部
（出典）徳島県立博物館所蔵。

なったのは近代以降のことで、それまでは山の上の方に人が住んでいたということがわかる（図2‐3）。

この絵図に、赤い細い線で「道」が描かれている。絵図には地形の起伏の表現がないが、細かく描かれた棚田や段畑の形状に等高線が現れていて、地形と道の関係を見ることができる。多くの道が傾斜地を直登し、点在する民家をまんべんなく結ぶかのように、集落を文字通り「網羅」しているのが見える。谷の奥の一軒家や山頂の神社などを除けば、道に行き止まりがない。この道の分布からは、明治四三年の地形図が示す道の分布と同じ印象を受ける。それぞれの集落の中で道はネットワークをなし、家々を均等に接続しているように見える。伝統的な歩行路は、神山町全域のスケールで見ても、集落のスケールで見ても、同じような網目状のパターンを描き出している。

網目状の道には階層性が感じられない。集落の中では家と家が、広域では集落と集落が、道のネットワークの中でフラットに結ばれているように見える。そして道は町域を越えて外へつながっている。一方で、車道のレイアウトには、はっきりとした階層性が感じられる。川沿いの低地には市街地の中心を通る幹線道路があり、そこから枝分かれした細い道路が山を登っている。道路は枝分かれしながら細くなり、山の上のほうで行き止まりとなる。

この絵図が示す道の変化は近代以降の土地利用の変化を象徴しているように思われる。この地域では人々は山の上の方に住み、民家や集落は人道によって均等に結ばれていた。近代以降、治水工事が行われ、川沿いの低地が居住可能になり、社会の変化に伴って低地に市街地が発達した。車道の建設が進められ、山の上の集落や民家は道路の「枝先」に置かれることになった。集落や民家の位置は変わらないが、道路システムの変化によって、「中心」市街地に対して山の上は「辺境」となった。もちろん、道路の建設だけが過疎の要因ではないが、山あいの家を相対的に「不便」にしているのは車道の階層性にほかならない。現在でも、新しいトンネルや橋梁の建設によって谷底の「中心部の道路」の改良は進められていて、道路網が示す地域全体の階層性はさらに強化されている。

2. 道の集落

「名」の道との出会い

車道が普及する以前の村の道の面影に触れるような集落があった。神山町大字上分にある「名（みょう）」という集落である。神山町の西部にあり、町役場から車で二〇分ほど離れた、居住人口が一三人（二〇一九年時）という小さな農村集落である。

私たちはなにか特別なことを期待して訪れたわけではなく、その周辺のいくつかの集落を巡りながらたまたま行き当たった集落の一つだったのだが、集落の下に車を停め、村の中を歩き始めてすぐに、この村の道の風景に魅了された。

名は鮎喰川の支流の一つ、北谷川の西岸の斜面に位置している。集落は斜面に対して縦に細長く発達し、川沿いから集落の上までは二五〇mほどの標高差がある。集落の最高地点には神社がある。地すべり地形と思われる比較的穏やかな傾斜地が畑として利用され、それに沿った急傾斜地に民家が点在している。周囲には杉などの植林が行われ、集落は常緑針葉樹に囲まれている。畑では祇園祭の飾りとして京都に出荷されるヒオウギやスダチ、シイタケなどが栽培されている。段畑の所々には止水口など水田の痕跡が見られるが、現在は稲作は行われていない。

名に隣接して、斜面のさらに上に「中峯（なかみね）」という集落があり、また斜面の下の川沿いに「立岩（たていわ）」という集落がある。これらの集落をつなぐ道が斜面に縦に伸び、村の中心を貫いている。

この道沿いの風景は、それまで神山町のいくつもの集落で見てきた道の風景とはまったく違っていた。道幅は細く、傾斜は急で、まるで登山道のようであった。所々に軽トラックが通行可能な程度の舗装が施されていたが、明らかに道路の規格では

写真 2−2　名の道（2016年9月）

なく、この道が車道として建設されたものではないことを示していた。道と庭や畑は生け垣や低い石積みで緩く区切られ、沿道の家との距離が近く、道沿いには庭の草花がはみ出し、ここが日常的な生活の道として使われていることが見て取れた（写真2‐2）。

旧版地形図を見比べることで、名においても近代以降の道の変遷を追うことができる。一九〇七年の道は、川沿いを避け、斜面を直登するなど、近代以前の道の特徴がよくあらわれている。大きな変化は一九六〇年代に起きている。川沿いに車道が建設され、そこから枝状に道路が集落に向かって伸びている。この時点で、興味深いことが起きていた。名の周囲の集落では車道が集落内を横切るように敷設されたが、名に関しては集落の中を車道が横断せず、真ん中の人道が残された。その後、周囲にはさらに蛇行する車道が建設されていったが、名の中心の古い道はそのまま存続したようだ。車道の形状を見ると、川沿いの道から斜面を斜めに上った車道が隣の集落を抜けて回り込むように名の中心に到達し、そこからまた村の外側を遠回りしてさらに標高を上げている。おそらく、名の立地する斜面が急峻すぎて、もともと存在した歩行道のルートで車道を敷設することが困難だったのではないだろうか。このため、遠回りしながらも集落への自動車のアクセスは確保され、もともとの歩行道は集落の中の道として残ったようだ（図2‐4）。

庭としての道

名の道の特徴の一つは、民家と道との近さである。名の道を歩いていると、家の庭や畑にいる住民から声をかけられ、軒先でお茶やお菓子を振る舞われるようなことがしばしばあった。

また、場所によっては、道が庭のように使われているところがあり、そういうところでは他人の家の庭先を歩いているような気持ちになった。（図2‐5）は、そうした庭のような道の一つを実測した図である。道に接するのはTさんという七〇歳

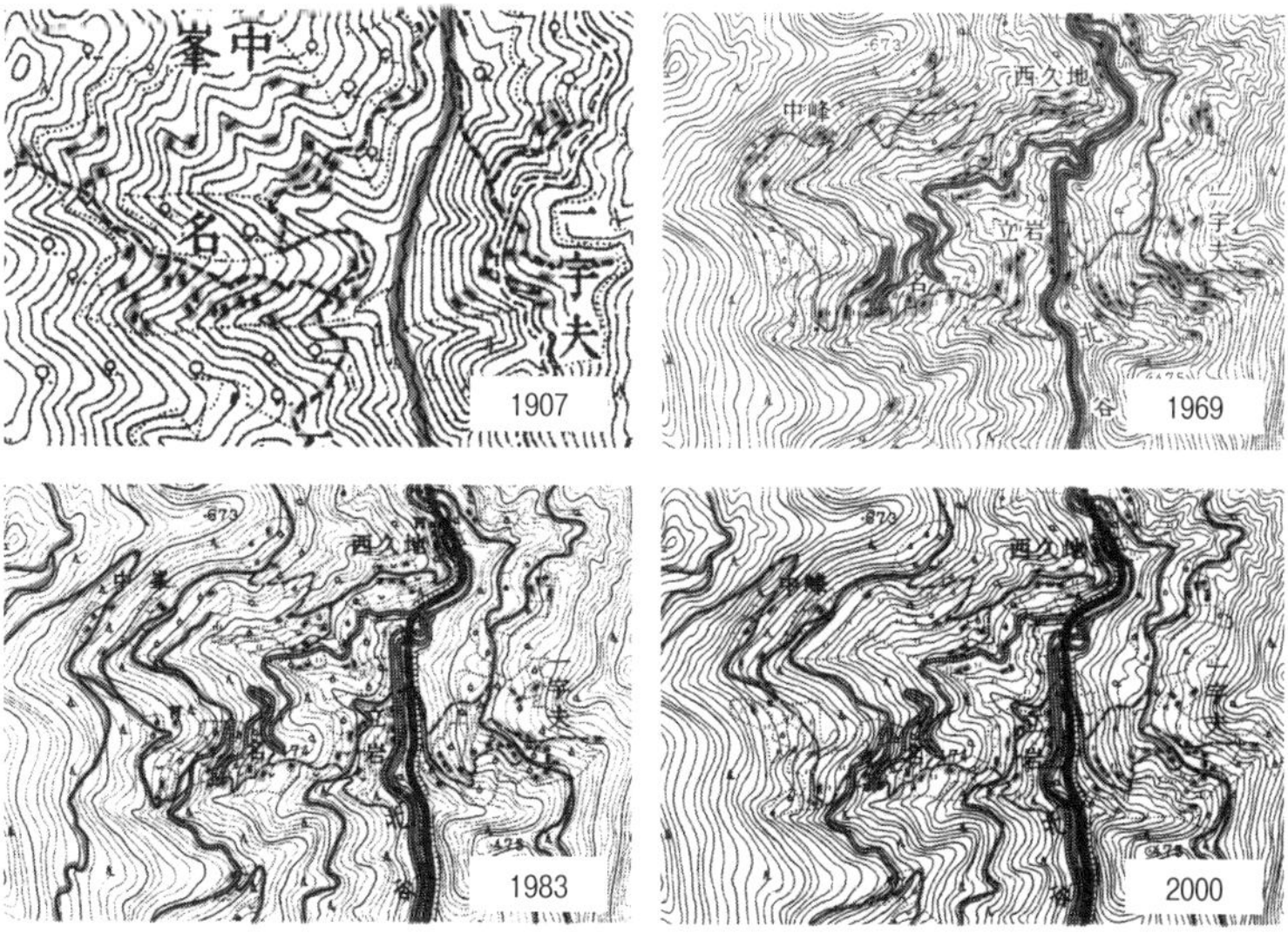

図 2-4　名の道の変遷

（出典）国土地理院５万分の１地形図「横瀬」（明治 43 年）、２万 5000 分の１地形図「阿波寄井」（昭和 46 年）、２万 5000 分の１地形図「阿波寄井」（昭和 59 年）、２万 5000 分の１地形図「阿波寄井」（平成 13 年）

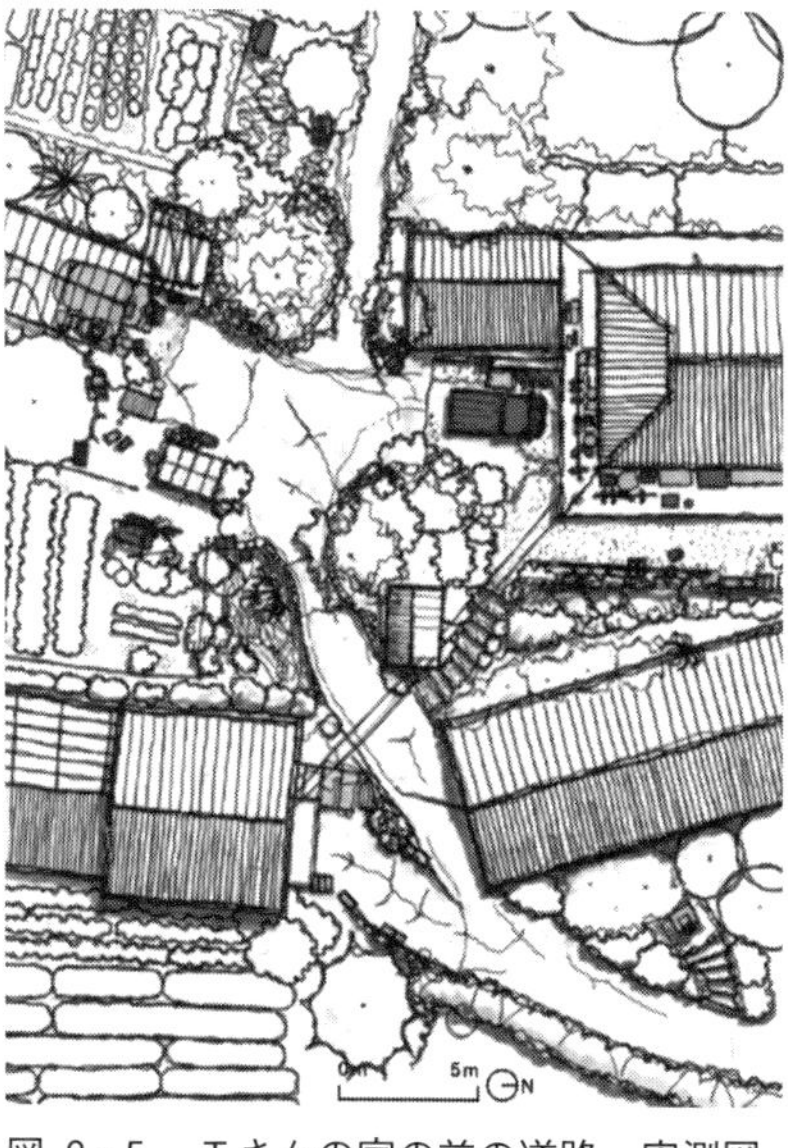

図 2-5　Tさんの家の前の道路、実測図
慶應義塾大学石川初研究室作成。

代の夫婦の家である。母屋はトタンを被せた茅葺屋根に下屋が回る、四方蓋造りと呼ばれるこの地域の伝統的な形式の民家である（阿波学会民家班　二〇〇〇）。母屋の周囲に、農機具を収納するガレージや納屋、使われていない古い便所、作業小屋などが道を挟んで点在している。集落の集会所から自宅の前まで、道が軽トラックがぎりぎり通れる幅に舗装されているのだが、これはTさんが町から支給されたセメントを使って自ら舗装したものだという。Tさんの軽トラックは、普段は道から少し入ったところに駐車されている。道はTさんの家の横を過ぎてさらに集落の上へと

つながっているが、軽トラックが来られるのはここまでである。ガレージの前も舗装されているために、この行き止まりの部分が車の転回スペースのようになっていて、Tさんはしばしばここで作業する。車両の通過交通がないために、庭のような使い方ができるようだ。また、道沿いにはTさんの私物があちこちに置かれている。私物には、農地や日用で使う道具や資材、植木鉢、使い終えたドラム缶などもある。これらは道を塞がないように片付けられているが、道の隅にそうしたものが並んで見えることもこの空間を庭のように見せているようだ。

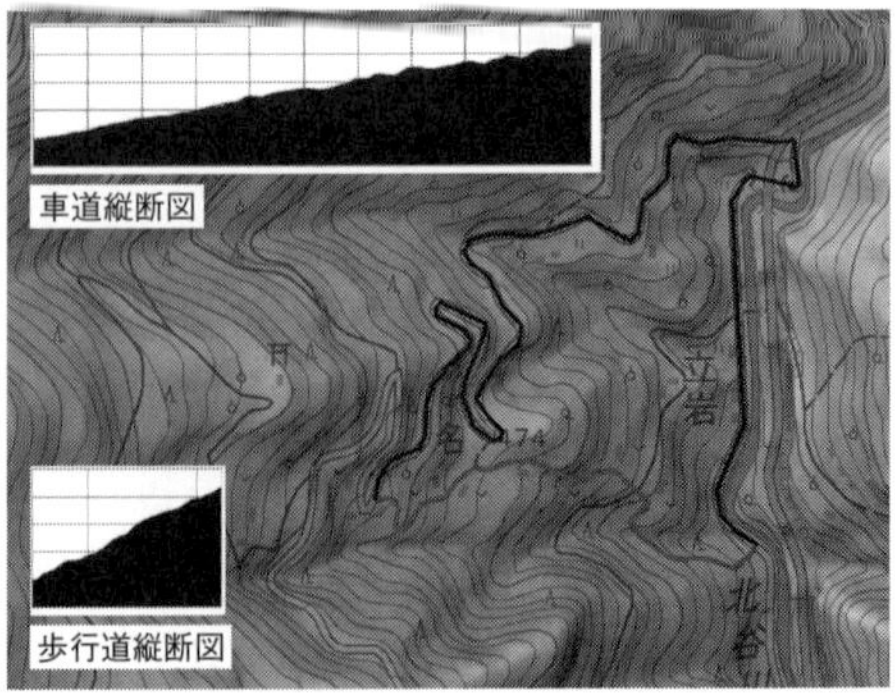

図 2-6　集落内の歩行道と車道の縦断図

国土地理院地理院地図、スーパー地形（杉本智彦）をもとに筆者作成。

名の道空間の特徴

名の道の特徴を捉えるために、いくつかの観点から計測した。

名の道は左右に振れながら斜面に小さなジグザグを描いている。そのジグザグは車道のような滑らかなカーブではなく、二〇m前後の直線が折れながら続くような形をしている。伝統的な農村集落の道はこうした二〇m程度の直線の組み合わせであることが知られている（大山二〇〇二）。平地の集落では道の折れ曲がりが五度から一〇度であるとされているが、名の道は二〇度から四〇度など、角度が大きい傾向があった。

傾斜の強さも特徴的である。名の道の大部分は勾配が一五度を超えていて、一般的には階段が設けられるような傾きをしている。勾配は一様ではなく、場所によって一〇度以下の部分や、三〇度を超える部分がある。伝統的な道の舗装は周囲の石積みと同じ石が並べられていたようだが、現在ではほとんどコンクリートで舗装されている。コンクリート舗装の仕上げは傾斜の強さによって、階段のようにステップが設けられたり、滑り止めとして荒く仕上げられたりといった工夫が見られる。集落の下から集会施設までの歩行道と車道の縦断図を比べると、同じ目的地に達するまでの距離が大きく異なるのがわかる。車道は、傾斜を緩くするために遠回りしている。公共施設の入り口に設けられた階段とスロープの関係に似ている（図2-6）。

歩行道は斜面を縦に上るため、見通しが利いて眺望がいい。坂道を上っている途中で後ろを振り返ると、思わず声が上がるほどの眺めが広がっている。谷方向を眺めると、道沿いに段々をなしている畑を下の方まで見通すことができる。それぞれの畑にはスダチやヒオウギや野菜など様々な種類の作物が育てられ、パッチワーク状の地面を作っている。畑の先には谷を挟んだ向かいの集落が遠望でき、奥行きのある風景をつくっている。

その集落、谷を挟んだ同じような標高地点にある一宇夫(いちゅうぶ)という集落は、名のどこからでもよく見える。昼間は道路や畑で人が動く様子が見え、夜は家や街路灯の灯りが見える。もちろん、向こうの集落からもこちらの様子が眺められている。地形データをもとに名と一宇夫のそれぞれの集落からの可視範囲を示してみると、それぞれ自身の集落よりも向かいの集落のほうが広く見渡せることがわかる。

Tさんによれば、一宇夫の街灯の明かりが消えかけていたり、いつもは明かりがついている民家が暗いことに気づくと、電話をかけて様子をうかがうことがあるという。谷を挟んだ一km先の家に対してまるでご近所のように接するこの態度は、平地に住む私たちには驚きであった。

動いている道

私たちは住民に、記憶している昔の道について聞き取りを行った。高度経済成長期に車道が建設された以前のことを覚えておられるのは七〇歳代、八〇歳代の住民である。名の中心の道は古くから使われていた村の道で、車道化されていないが「町道」に指定されているという。部分的に施されているコンクリート舗装はやはり住民自身の手によるものであった。この道の他にも、現在は杉の植林地となっている尾根や沢沿いなどにかつて道があった。農作物の出荷などのために荷物用のケーブルカーが運用されていたこともあった。ケーブルカーの土台は残っているが、杉林の中の道の痕跡を見つけることはできなかった。

集落には現在でも、それぞれの民家や畑を結ぶ細い未舗装の道が所々に見られる。これらの道はずっと変わらずにあるものではなく、農地の状況や暮らしの変化によって様子を変え、現れたり消えたりするものだという。ここでは、道は固定された施設ではなく「動的なもの」であり、歩く人が必要に応じて維持管理をし、仕上げたり補修したりする。いわば「生きている道」である。道が固定されたものとしてあらわれるのは、町道に指定されたり、車道として建設されたときである。人が通ることでできる「環境の状態」と、制度によって定められた「施設」との違いだとも言えるだろう。よく見るとしかし、施設として固定された道の周りにも、動的な道があらわれることもある。分断した道路と畑をつなぐ階段が住民の手で設けられているある箇所には、車道で使われていたと思しきガードレールが階段の構造材として転用されていて、私たちはこれを「リベンジ物件」と呼んだ（写真2-3）。

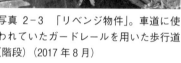

写真 2−3 「リベンジ物件」。車道に使われていたガードレールを用いた歩行道（階段）（2017 年 8 月）

古い歩行道が残された名では、伝統的な道の空間特性や、道の家との関係を観察することができた。車道は制度的にも空間的にも「固定された施設」としてあらわれるが、日常的な生活動線を支える小さな道は車道の周囲に現在でも動的に存在していた。車道を逸れて、畑の間や民家の庭先を通る細い「道」を歩いてみるのは楽しい経験であった。それは、自動車での移動時に経験した、車道が連続する風景とは全く異なるものだった。

3. サンセットウォーカーズ

失われた歩行道を探して

名の集落を歩き回って経験したような、小さな道を辿って歩く楽しさを他の地域でも味わえないだろうかと私たちは考えた。たとえその集落で伝統的な道が失われていても、細く小さな生きている道を見つけることはできるだろう。そのような道の歩き方や見つけ方を伝えることができれば、若い世代の町民や観光客にも道を通した神山町の風景の再発見を促すことができるのではないだろうか。これを思いついたとき、私たちの中では車道だらけの風景に辟易した後に名の道で心が踊った経験が強く共有されていたと思う。つまり、車道によって覆われ、分断されてしまった「歩く道」の復権である。

中心市街地に近い地域を対象に、通常の地図には載らないような小さな道を探すことにした。旧版地形図や絵図に見られる古い道の多くはその痕跡を見つけることができなかったり、道が車道に置き換わっていたりしたが、畑の間を抜ける道や、道路から民家までの坂道、といった場所に未舗装の細い道を見出すことができた。

車道を避け、古い道や細い道を探す過程でまた様々な「道」を発見した。たとえば用水路に沿って設けられた維持管理用の細い通路があった。用水路は清掃や補修をするため、水路沿いに人が通るための道が設けられ、定期的に草刈りなどの管理がされている。用水路は地形に沿ってなるべく遠くまで水を運ぶ目的で作られているため、等高線を描いていて、農道や車道とはまた異なる秩序が感じられる。他にも、水路や川にかけられた小さな橋、道路と未印加の庭先をつなぐために設けられている階段、車道のカーブをショートカットする踏み跡などもあった。畑や田の隙間の人道は、しばしばイノシシやシカなどの野生動物を排除するための電気柵や金属の格子フェンスなどで行き止まりになっていた。かつては通り抜けられたのかもしれないが、それぞれの農家が個別に獣害対策を施したために、土地の所有区分が物体となってあらわれ、道が断片化したのである。私たちはそのような、車道の隙間に散在している道をまずは集めて記録することにした。

サンセットウォーカーズとの出会い

そのような調査を進めていたとき、学生のひとりから「集落の人たちが夕方の同じ時刻に集団で散歩している」という報告があった。当初、私たちの多くはそのまま受け取ることができず、一笑に付していた。自動車道路が行き渡り、誰もがどこへ行くにも車で移動するこの地域にあって、集落の住民がこぞって「散歩」するというのは想像しにくいことだった。

ところが、その学生の案内で対象地の「谷(たに)」という集落に夕暮れ時に訪れて、私たちは驚くような光景を目撃した。谷の集落の中ほどの道を、村の住民が四、五人ほどの集団をなしておしゃべりしながら散歩していた。それ以外にも、その時刻には

写真 2－4　散歩するサンセットウォーカーズ（2018年9月）

村のあちこちにひとりや二人連れの散歩者が見られた。散歩者たちは八〇歳代のおばあさんから犬を連れた高校生まで様々であった。私たちが見聞きした範囲では、日暮れ時の散歩の光景が見られたのは神山町の中ではこの地域だけだった（写真2－4）。

谷は鮎喰川の南岸、山から延びた尾根に沿って民家が点在する集落である。古くから水田が発達していた地域で、名西郡神領村絵図には田が尾根の上まで覆う様子が描かれている。現在、水田は少なくなって果樹園や畑に転用されたりしているが、急傾斜地には棚田の跡がよく残存し、石積みの段々に刻まれた印象的な風景を保っている。

段畑の間には所々に細い道が見られ、現在でも農作業に使われているが、集落の主要な道は谷底の川沿いに敷設された車道である。この道路から枝分かれして、斜面を斜めに上るやや細い車道がある。散歩する人たちが主に利用するのはこれらの車道である。散歩集団は特定の場所に集合してから歩き始めるというわけではなく、村のあちこちから何となく合流してしばらく一緒に歩き、やがて三々五々分かれて戻っていくという様子であった。参加者は歩きながらお喋りに興じていたり、合流した人が挨拶したりしていて、まるで歩く寄り合いといった趣きである。毎日、日暮れ時にあらわれて歩くこれらの人々のことを私たちは「サンセットウォーカーズ」と呼ぶことにした。

私たちは、出会ったサンセットウォーカーズに聞き取りを行い、それぞれのルートを地図上に記録した。サンセットウォーカーズにはお年寄りから犬を連れた高校生まで幅があったが、多くは仕事を引退した七〇代、八〇代の高齢者であった。決まった時刻に散歩する理由は、「健康のため」「これをしないと一日中家に閉じこもってしまう」「知り合いが歩いていたので」といったもので、また散歩の楽しみとして「友人とおしゃべりする」「景色を眺める」などが挙げられていた。

聞き取りの過程で多くの人が「最初に歩き始めたのはTさん」と、特定の人を名指ししていた。谷には「第一サンセットウォーカー」が存在した。

Tさんは谷集落を流れる川の上流部に自宅がある。仕事は引退しているが、まだいくつかの農地で野菜や蕗などを栽培している。毎日、日が暮れる頃に決まった順路で歩いている。道沿いの自分の畑の様子を眺めるという目的もありつつ、歩き始めた動機は「医者に運動するよう勧められたから」ということであった。とても律儀な方で、毎日歩くと決めてから七年間、一度も休まずに雨の日も雪の日も歩き続けている。最初はひとりで歩いていたが、半年ほどして妻が同行するようになり、やがてTさんにつられるように何人もの住民が歩くようになったという。

Tさんらはまず自宅を出て、家の前の川沿いの道を上流方向に約六〇〇m歩き、舗装道路が切れるところで同じ道を引き返し、自宅前を通り過ぎて三〇〇mほどのところで谷沿いから分かれる坂道に逸れ、斜面を斜めに緩く登る道路を約六〇〇m歩いて尾根に出て、集落の簡易水道施設の周囲を一周して同じ道を戻る。往復で約三km、標高差は全体で約九〇mほどの経路である。

このルートにはいくつかの特徴がある。一つは、坂が緩やかであることだ。国土地理委員の標高データを用いて縦断勾配を見ると、傾斜は最大でも一〇%（約五・七度）を超えないことがわかった。谷集落のある尾根の地形は急峻で、横断勾配が五一%（約二七度）に達する斜面もある。それに比べればこの道路は穏やかな傾斜で歩きやすい。また、このルートは眺望が素晴らしい。特にTさんの散歩の後半、尾根に近い箇所では山が北東に向かって開け、神山町の中心市街地が一望できる地形となっている。ちょうど日暮れ時は太陽光を背にこの眺めを見られる。サンセットウォーカーズがTさんの散歩に合流する箇所、つまり多くの住民に散歩のルートとして共有されている箇所はこの尾根沿いの部分であった（写真2 - 5）。

写真 2-5　サンセットウォーカーズに共有されている見晴らしのいい道路（2018 年 9 月）

日暮れ時、鮎喰川の谷を一望する眺めのなかを談笑しながら散歩する村人たちの様子に、私たちは心打たれた。この道路は、名の急斜面を直登する人道とはまた異なるランドスケープを作っている。Tさんのルートには、川沿いの道路、斜面に設けられた農道、施設の維持管理のための小道などが含まれている。これらの道のほとんどが舗装された車道である。傾斜は緩く造成され、路面は固く滑らかに舗装され、表面排水が施されているためにいつも乾いている。凹凸がなく、見通しがよく、躓くような危険がない。これらはすべて、車道の特徴にほかならない。Tさんが散歩ルートとして選択し、さらに何人もの村人による共有を可能にしたのは車道が持つ「バリアフリー」な空間であった。サンセットウォーカーズは道の属性や意味に関係なく、歩きやすく気持ちのいい道を選び、歩くことでそれらの道をルートとしてつないでいるのだった。この気づきは、地域のランドスケープを享受する契機としての「車道」をいわば敵視し始めていた思惑を揺さぶるに充分な衝撃を私たちにもたらした。

道の地図をつくる

サンセットウォーカーズにあらためて道への態度を学んだ私たちは、それをもってこの地域の道の地図を作ることにした。まずは、「車道」や「歩道」といった道の属性を一旦忘れて、地域の道を眺め直した。それまで見つけていた様々な道はたしかに断片的なものだったが、サンセットウォーカーズはそのような道を「歩く」ことで横断的につなげていた。探索と議論のなかで浮上したアイデアは、小さな道の断片を、経路を作るための単位だと見なしてはどうだろう、ということであった。そこに実際に身をおいたときに、空間的な輪郭が感じられる範囲を道の一つの単位と捉えるならば、たとえば用水路沿いの一〇〇mの通路と、民家の入口の五段の石段とを等価に「道」と見なすことができ、またひとつづきの車道の中にもいくつかの道を見出すことができるのではないか。歩くことはこれらの道の単位をテクストのようにつなぎ合わせる、あるいは統合的

写真 2-6　パスカードとルートマップ（2019年3月）

に物語るような行為だと言えるのではないだろうか。

写真２‐６は、このアイデアに基づいて私たちが試作した地図である。折りたたまれた地域全体の道の地図と、カードの束とでセットになっていて、箱に入っている。カード一枚には、単位をつくっている道が一つ記載されている。私たちはこの道の単位を「パス」と呼んでいる。カードの表にはパスの地図が描かれ、裏にはパスの風景写真や特徴や魅力が解説文として記載されている。これを使う人は、パスカードの中から気になったものや好きなものを選び、それらを組み合わせて自分なりの「ルート」を作り、散歩に出ることができる。

この地図は神山町で行った発表会でお披露目し、好評を得たが、私たちとしてはまだ未完成で改良の余地があると考えている。地図の制作は、私たち自身の道への先入観を払拭する作業になったが、この地図のデザインが使う人に道の発見を促しているかは疑問である。位置情報を利用したオンライン地図との併用も考えられる。今後も探求を続けたい。

参考文献

阿波学会民家班（日本建築学会四国支部徳島支所）二〇〇〇「神山町の民家」『阿波学会紀要第』四六：一七三―一八九。

石川初　二〇一七「ものづくりのモデルとしての生活風景」『Keio SFC journal』一七（二）：一六二―一八四。

大山勲　二〇〇一「伝統的農村集落における道空間の形態と形成要因に関する研究――甲府盆地の平坦地に立地する集居農村集落を対象として」東京大学、博士論文。

神山まるごと高専　二〇二二「神山まるごと高専ウェブサイト」https://kamiyama-marugoto.com/（二〇二二年一月一〇日閲覧）。

徳島県立博物館「とくしまデジタルアーカイブ」二〇二二「名西郡神領村絵図」https://trc-adeac.trc.co.jp/WJ11C0/WJJS02U/360015100（二〇二二年一月一〇日閲覧）。

第3章　工作者の風景
──徳島県神山町の農家の生活空間

石川　初

1．農村風景を作る工作

日常の工作物

本章では、第2章と同じく徳島県神山町を対象にして、農村集落や農家の周囲に見られる工作物について述べる。民家や庭、田畑や道や植林された山まで、農村で目にするものはほとんど人の手によってつくられてきたものであり、農村風景はそれ自体が工作物であるとも言える。ただし、ここで取り上げるのは建築物や土木構造物ではなく、人の手で作られた身体的・日常的なスケールのものである。

農村では、たとえば道路の周囲に、道路と周囲の自然や田畑との隙間を埋めるように、橋や階段や手すりなどの手作りの工作物がしばしば見られる。また、農家の周囲には手作りの道具や改良が施された農機具などがよくある（農文協編　二〇一〇）。特に私たちが注目するのは、伝統工芸品のような美しいものではなく、ありあわせの建材や部品を巧みに用いて作られた装置や道具である。

あくまで実用的に作られているそうした物たちの多くは、何の飾りもなく素っ気ない様子をしていて、観光ガイドで紹介されることも、景観資源として取り上げられることもない。そういった日常的な工作物の様子にこそ、個々に住む人のこの土地の自然への態度や姿勢があらわれている、と私たちは考えている。

写真 3-1　コンクリートの破片が積まれた擁壁（2016年9月）

ハイブリッド石積み

棚田や段畑の石積み擁壁を見て回っていた私たちはあるとき、不思議な擁壁と出会った。それは山あいの農家のアプローチ道路の脇にあったもので、一見すると空石積み（からいしづみ）の壁のようだったが、よく見ると使われている石が自然石ではなく、コンクリートの破片なのだった。破片は厚さが六〜七㎝ほどに揃っていて、それらがまるで石のように積まれていた。写真3‐1はこれを見つけた際に撮影したものである。

ここは町道から分かれて民家の庭へ続く進入路で、私有地である。この壁の上は民家の前庭になっている。町道沿いには、公共工事だと思われるＰＣ（プレキャストコンクリート）ブロック積みの壁が設けられている。その壁が終わるところから引き取るようにしてこのコンクリート破片積みが始まり、敷地内の道路沿いに続いている。素材はコンクリートの破片だが、積み方がとても丁寧で的確である。目地の深さや所々に草が生えている様子などから、この壁が表層だけのものではなく、土留めの構造体として工作され機能していることがわかる。壁の下の部分には大きな破片が使われ、上に行くにつれて比較的小さな破片が使われている。馬目地（横方向は一直線に、縦方向は一つおきに半分ずらす）を基本にしながら、不揃いな部分や斜めの隙間などに細かい破片があてがわれている。壁は垂直ではなく、テーパー（強度を増すために寝かせた角度）がつけられ、きれいに面（つら）が揃えられている。壁の基部は地面の傾斜に合わせてあるが、天端は水平に作られている。ともかく様々な部分の様子が、これを作った人が高度な石積みのスキルを有していたことを示唆している（真田　二〇一八）。

この石積み（コンクリート破片積み）がある民家の住民にヒアリングすることができた。

写真 3－2　神山町のハイブリッド石積みの一部（2016年9月）

積み手は現在の世帯主の父親で、目の前の道路の改修工事で出たコンクリート舗装の破片をもらって利用したものだという。

私たちはこの擁壁の姿に魅了された。それまで私たちが見歩いていた伝統的な石積みも美しく心打たれるものだったが、それらは私たちの日常生活からはかけ離れた存在に思えていた。そこに、コンクリートという私たちにとって最も普通の素材で美しく積まれた壁があらわれた。この壁によって、神山町の石積みの風景と私たちの日常とが地続きにつながったような気がしたのである。

これ以降、私たちはいくつもの場所で似たような擁壁を見つけるようになった。コンクリートの破片ばかりではなく、色々な素材が積まれている混合石積みがあった。コンクリートのテストピース（コンクリートの品質管理のために制作される直径一〇cm、長さ二〇cmの塊）が積まれているものや、PCブロックが自然石に混ざって積まれているものもあった。このような擁壁の仕様を指す言葉がなかったため、私たちはこれらを「ハイブリッド石積み」と呼ぶことにした。ハイブリッド石積みはそこら中にあった。しかし、私たちはそれらにあまり気づかず、写真撮影も実測もしていなかった。うっかり見落としていたというよりも、コンクリートなどの「異物」が混ざった擁壁は本物ではないと見なして採集から除外していたようであった。一旦その無意識の制約が外れると、バリエーション豊かなハイブリッド石積みが目に飛び込んでくるようになった。学生たちからはそれぞれの「推しハイブリッド石積み」の報告が相次いだ（写真3‐2）。

ハイブリッド石積みの特徴は、積むための素材が区別なく等価に扱われていることである。それが地域で産する自然の石なのか、工業製品であるコンクリートブロックなのか、またはそのままでは産業廃棄物となる舗装の破片を再利用したものなのか、といったそれぞれの材料の意味が考慮されず、物体性だけで素材が選ばれている。石積み擁壁は、その土地にある、容易に手に入る石を使って積むためにその土地に固有のランドスケープとなる。そして、石積みは土木工事によるコンクリート擁壁のような固定された施設ではなく、補修や積み直しを繰り返しながら環境の変化に対応して存続する動的なものである（真田 二〇一八）。コンクリートブロックや破片が石積みの壁に混入することは、現在のその土地においてコンクリートがありふれた素材であるということ、そのために石積みの物質サイクルにコンクリートが「巻き込まれた」ということを示している。固有な環境の中での営農作業の一つとしてその土地の石を積むという技術がある。素材としてのコンクリートをむやみに称揚するものでは決してないが、コンクリートが混ざったハイブリッド石積みには営みとしての「石積み」の本質がわかりやすくあらわれていると言えるだろう。

パーソナルブリッジ

神山町の農村集落でよく目にするものに、人が歩いて渡るための小さな橋がある。

山間地で川沿いに市街地がある神山町は橋の多い地域である。町の中心を流れる鮎喰川やその支流の川には橋がいくつもかかっている。そのような公共事業で建設された道路の一部としての大掛かりな橋のほかに、農地の間にある用水路や道の脇の排水路、道路と水田の畦との段差部分など、跨いで渡る必要があるところに小さな橋がよく架けられている。私たちはそれらを「パーソナルブリッジ」と呼んでいる（写真3‐3）。

これも、ハイブリッド石積みと同じように、最初は誰もそれほど気にせず、写真も撮っていなかったのだが、あるときに誰

写真 3－3　神山町のパーソナルブリッジの一部（2016 年 6 月～ 2019 年 8 月）

かが「パーソナルブリッジ」と呼び始め、その呼称が共有された途端に私たちの間で前景化したものである。パーソナルブリッジという言葉は厳密に定義したわけではなく、農地や路上で見かけた、人がそこを渡るために架けられたと見られる小さな橋状のものをそのように呼んでいる。本章でも同じ意味で用いることにする。

神山町には様々なパーソナルブリッジがある。最も多いのは、道路の側溝や用水路に板を渡しただけのシンプルなものである。四国山地らしく、板状の片岩をそのまま置いたものをしばしば見かける。

写真3‐4はハイブリッド物件である。無垢の自然石が側溝の上を横断するように置かれているのだが、その上にモルタルが重ねられ、石の角や表面が滑らかに均（なら）されている。これは建築や造園の意匠からは決して出てこない仕上げのアイデアである。通常はコンクリートの構造体に薄い石を貼って仕上げる仕様となるだろう。自然石は高価であるし、コンクリートは構造体を造形する材料だと考えられているからである。しかし、それを

「通常」だと考えるのは、自然石が高価な材料とされている地域（都市など）の価値観に過ぎないことを、このパーソナルブリッジは示している。石が豊富な環境では、簡単な橋として石の板が使われるのは不自然ではなく、石がありふれているからこそ石の表面を見せることには価値はなく、むしろ段差や凹凸をコンクリートで均して滑らかにするほうが理に適っている。この異形の橋はこの場所の合理性に基づいた形なのである。

パーソナルブリッジの素材と形状のバリエーションは豊富である。木の板、丸太、車両の部品、コンクリート製の側溝の蓋など、様々なものが使われている。水路の両岸に高さの違いがあって橋に傾斜がついている場合には、滑り止めの木材が留められていたりする。

コンクリート製のパーソナルブリッジは水田の周囲に多い。傾斜地が多いこの地域では道路が傾斜していることが多いため、水平に作られている水田の畦との傾斜角度の差が生じる。道路からはトラクターなどの農業機械を田へ出し入れする必要があり、橋には路面と畦を滑らかにつなぐための捻れた形が必要である。そうした立体造形にコンクリートは適している。道路の傾斜が急な箇所では、まるで彫刻作品のように有機的な曲面を描く橋が見られる。

写真 3-4　無垢石にモルタル仕上げされたパーソナルブリッジ（2017 年 8 月）

写真3-5は、私たちの間でイチオシの物件として知られているパーソナルブリッジである。ブリッジの構造体は滑り止めの模様が付けられた縞鋼板、いわゆるチェッカープレートである。両脇にL字のアングルが補強部材として溶接されている。鋼板は田の畦と道路の高低差を斜めにつないでいる。ブリッジの幅はその先の畦道の幅に合わせられている。前後の先端部分が接地するように折り曲げられ、ボルトで固定されている。この土地は緩やかに傾斜しているため、坂道である道路の路面と水平面である田の畦との間にねじれが生じている。そのねじれは、道路への設置部分の折り曲げを丸くすることによって調整されている。ブリッジの傾斜は約三〇度であり、途中に踏面（階段の水平面）約二〇cmのコンクリートのステップが二段つけられている。その形状から、型枠を使った工事ではなく、練ったコンクリートを現場で載せて手で造形した、左官工事で

写真 3－5　イチオシのパーソナルブリッジ
（2021 年 9 月）

あっただろうことが想像される。

ブリッジが架けられているのは道路と田の間を流れる、幅六〇cmほどの水路である。周囲の水田には自然石積みが残っているが、水路に接する部分はコンクリートの擁壁になっている。道路から田に農業機械を入れるための車路は別な箇所に設けられていることから、このブリッジはあくまで人の通行のためのものであり、またこの水路の整備のあとで付け加えられたものであろうことが想像できる。

道路側への設置部分の鋼板の切断の角度や曲げ加工の様子から、このブリッジの製作者の環境の読み取り能力の高さが伝わってくる。曲げ加工は現地で地面に合わせて行われたものだろう。固定のためのアンカーボルトの打ち付けも既存の状況を見ながら行われたように思える。

使われている資材にはまったく無駄がなく、材の加工も最低限に抑えられていてある種の「工作者の矜持」のようなものさえ感じられるが、斜めの鉄板にコンクリートを載せて固定するという、エンジニアリング的計算からは導き出されない（剥がれる危険があるので公共工事では決して採用されない工法だろう）仕様が用いられてもいる。つまり、とても合理的な工作でありつつ、素人仕事のような「ゆるさ」がある。

また、意匠性へのこだわりが感じられない。デザインが駄目だと言いたいのではなく、ブリッジの構造や機能を越えた付加価値として見た目を良くしようというような意図が感じられないということである。鋼板は錆止めのためか、また注意喚起のためか、黄色く塗装されている。そしてそこにつけられたステップはコンクリート剥き出しのままである。実に素っ気ない。だがそのためにむしろ、表層的な見た目を良くしようというあざとさがなく潔く思える（あくまで筆者の主観であるが）。このブリッジは設置されてから数十年が経っていると思われるが、コンクリートのステップには用水路の壁に生えているものと同じ苔が生え、それなりに周囲の環境に溶け込んでいるようにも見える。

ここで紹介した「ハイブリッド石積み」や「パーソナルブリッジ」などは、もともとこのような括りがあるわけではなく、私たちが勝手に切り出した新しいカテゴリーである。

しかし、このような切り口で眺めることによって、個人のスケールでの工作や建設の様子から様々なことを読み取ることができる。改変の規模が小さいために、こうした工作にはこの土地の環境の特徴がよくあらわれる。パーソナルブリッジがそこら中にあることは、ここが傾斜地で水田地帯で、水路と道が入り組んでいることを反映している。個人のスケールでの建設は手近にあるありふれた素材を資材として使うため、地域の地理的な特性とともに、現代という時代の特徴も映し出している。ハイブリッド石積みが多くあることは、コンクリートがありふれた素材であること、つまり現在の農村地域には土木構造物が行き渡っているということが示されている。坂道と田の畦をつなぐブリッジが立体的な曲面であることや、自然石の表面がコンクリートで均されていることは、現在の農地における移動や運搬の主流が人や牛馬ではなく「車輪をもった機械」であることを示している。

これらの工作物を観察して回るほどに、それぞれの場所の固有な条件に対して発揮されている工夫の多様さに驚いてしまう。ハイブリッド石積みもパーソナルブリッジも工作や建設の規模が小さく、既存の環境を大きく改変することができない。そのため、既存の環境を前提に、それと折り合いをつけながら最大限に機能が発揮されるように作られている。これらの工作物に見られる素材の選択や作り方の多様性は、それが作られた際に現場で細かい検討と判断が行われたことのあらわれである。多様な環境条件に対する個別の応答が石積みや橋の多様さを作り出している。

その現地に特化した工作物や建設物がそこら中にあるという状況は、工作・建設の技術をもった人が現場にいることを示している。コンクリート舗装の破片が道路に積まれていたときに、それを擁壁の資材と見なすことができるのは経験を積んだ石積みスキルのある人だけであるし、水路をまたぐ用事があるときにそこに橋をかけることを思いついて、その周囲にある材料で間に合わせてつくることができるのはそのような知識と技術を持った人だけである。神山町に限らず、農村部では工作・建設のスキルをもった住民が遍在し、それぞれの環境と応答することで、個別の工作物は多様化し、集落や地域のスケールでは粒の揃ったランドスケープをつくっている。

2．FAB－G

サル追い装置

その装置に出会ったのは、神山町の鬼籠野という地域の山あいの農家の畑であった。車を停めて集落の道を歩いていた私たちの耳に、鉄板でハンマーを叩くような鋭い大きな音が響いてきた。音に誘われてお邪魔したのは、Sさんという農家であった。母屋の近くの畑にその装置「サル追い」があった（写真3－6）。

写真 3－6　サル追い全景（2016 年 9 月）

Sさんの家の周辺は崩壊危険地域に指定されているほどの急峻な傾斜地で、家屋の背後の斜面にはPCブロックの間知（けんち）石積み擁壁や排水溝など、徳島県による防災工事が施されている。住宅は母屋と隣接する納屋からなり、母屋の周囲には軽トラックが転回できる程度の平場が設けられている。母屋の屋根はトタン板を被せた茅葺きの入母屋で、周囲に瓦葺きの下屋が回っている、四方蓋造りと呼ばれるこの地域によく見られる形式の民家である。母屋と納屋の間、さらに納屋の山側の水場の上には簡易な波板の屋根がかけられ、雨に濡れずに作業をすることができるようになっている。水は上水道でなく山から引いていて、洗濯機は屋外にある。風呂は薪で沸かす。

八〇歳代前半の夫婦二人住まいである（この調査を行った二〇一六年当時）。以前は神山の特産品であるスダチやシイタケの栽培を手がけていたが、農作物を出荷することはすでにやめていて、現在では自家消費用の蔬菜畑のほか、果樹の手入れを行っているという。

多くの中山間地と同様に、この地区もサルやイノシシ、シカなどが農地を荒らす獣害に悩んでいる（農林水産省農村振興局二〇二二）。獣害対策の一環として、住宅の周囲の畑には電気柵が敷設されている。神山町の周辺部には、尾根と集落を行き来しながら山林を移動しているニホンザルの複数の群れがあり、サル対策が課題となっている。Sさんの家のある集落では、試験的に導入された、サルを追い払う訓練を施された飼い犬「モンキードッグ」が飼われているほどであった。

「サル追い」はこのような状況でSさんが考案して製作したものである。装置は母屋の先の石積み壁の下に設置されている。水の力で定期的に棒が跳ね上がり、それが重力で戻る際に金属板を叩いて大きな音を出す仕組みである。原理としては日本庭園の「ししおどし」と同じである。水は山の沢から引いていて水道代はかからず、そのためこの装置は二四時間ずっと作動している。

装置は、鉄製の軸と、水を受けて半回転する木の叩き棒とで構成されている。叩き棒は木の角材で、六〇㎜×四〇㎜ほどの一般的な建材である。棒の端には水受けが取り付けられているが、これは厚さ一〇㎜の合板である。そこに塩ビ管から水が流れ込む。水受けの箱は軸から遠い側が開いていて、水が溜まって水受けが下がると外へ流れ出て重量を失う。その瞬間に叩き棒が自重で半回転して戻る。叩き棒のもう一方の端には鉄製のボルトが取り付けられ、これが鉄板を叩いて大きな音を立てる。この鉄板は薄い鉄製のロッカーのドアが転用されたものである。回転の中心にある鉄製の軸は、ボルトで叩き棒に固定されている。軸は鉄製の部材によって、地面に立てられた太い木の柱に取り付けられている。おそらく、リヤカーの軸受ではないかと思われる部材である。それぞれの部材は鉄筋や鋼管などで個別に地面に固定され、お互いに紐や針金で縛り付けられて一体化している。

実際、この装置は結構な音を立てる。この効果は大きく、それまで屋根の上にまで乗っていたサルが、音を恐れて来なくなったという。

「サル追い」には余計な飾りが一切なく機能的な様子をしているが、何よりも印象的なのは部材がバラバラなことだ。ロッカーの扉、リヤカーの軸受け部品、木の角材や合板、塩ビ管や丸太、針金など、様々な資材が巧みに転用され、組み立てられている。部材に統一感がないことや、組み立て方が緩く見えるために、装置は仮設的に見える。しかし、私たちが継続的に観察した範囲でも六ヶ月以上休みなく稼動し続けていた。注意深く見れば、可動部には重さの軽い木材が使われ、軸や軸受けには鉄が使われるなど、機能性と耐久性に対する配慮がされていることがわかる。それぞれの部材の材質や規格が統一されていないことは、いずれの部材も、もともとこのサル追い装置のために用意されていたものではない、つまり関係のない資材同士が寄せ集められて作られたということ、そして部材の選択が「部材ごとに」行われた「ブリコラージュ」(レヴィ＝ストロース一九七六)であることを示している。個別の細かい判断の積み重ねが感じられるところが、パーソナルブリッジから受ける印象に似ている。寄せ集めの工作物ながら、ある造形的な強度を有しているのは、この部材の選択と配置の的確さによるのだろう。

「サル追い」の他にも、ウナギを捕らえる手づくりのヤスなど、大小様々な道具や装置をSさんは手づくりしていた。母屋や納屋の周囲をSさんご夫婦は快く案内して下さった。この、ものづくりの能力に長けたおじいさんのことを私たちはFabrication(工作)能力があるジイさん、略称して「FAB-G(ファブジイ)」と呼んだ。その後、いくつもの集落で何人ものFAB-Gにまた出会うことになった。

FAB-Gの工作

写真3-7は、Oさんという神山町北部の山あいの集落の農家で見られたものである。納屋の下屋部分を支える柱を取り替え、木の幹の曲がりを利用して軒下の空間を広く確保している。柱に使われているのは主幹が切られたか折れたかして、横に曲がるようにカーブした変形の樹木だが、その曲がりがそのまま使われている。Oさんはコンクリート工から木工まで様々な工作を器用にこなすFAB-Gで、家の周囲の工夫と修繕は見飽きない。

写真3-8は、Mさんという、鮎喰川沿いの市街地に近い農家にあったもので、枝分かれした木の二叉の部分を利用したフックとそれにマイカ線(ビニールハウスのビニールを固定するためのプラスチックの丈夫な紐で、農家の周囲では様々な工作に応用されている。マイカ線を知ると農家の周囲の工作への読解力はかなり上がる)で籠を取り付けた、果樹の収穫用の容器である。Mさんによると樹木の枝は山の雑木林から取るそうである。二叉のフックは、固い広葉樹が適しているという。

写真3-9は鉄筋を曲げ、先を尖らせた雑草取り道具である。硬い土に生えた雑草の根本に打ち込み、根こそぎにすることができる。カーブの形や、手持ちの部分も鉄筋を折り曲げて一体的に作っている造形も美しい道具である。作者は第2章にも

出てきたTさんである。Tさんは溶接など金属の加工が得意なＦＡＢ‐Ｇで、家の周囲にはドラム缶を転用・加工したかまどや、鉄パイプを溶接した物干しなどもあった。

ＦＡＢ‐Ｇの工作の特徴は、素材の意味が考慮されず資材として等価に扱われていること、またその多くの資材が他の何かの部材から転用されていることである。これはハイブリッド石積みやパーソナルブリッジの工作に見られた特徴と共通している。そして、ＦＡＢ‐Ｇの工作においてさらに興味深いのは、そのように転用されている資材もまた、もとは当のＦＡＢ‐Ｇによって導入されたと思われることである。つまり、読み替えられ転用されている鉄製のドアや軸受けや金属パイプなどは、最初からＦＡＢ‐Ｇの家の庭に「よくわからないが使えそうなもの」としてあったわけではなく、明確な用途のある装置を構成する部材として導入されたと考えられる。それらの部材の多くは農業機械の部品や農作業のための資材であり、農家の周囲に「ありそう」なものばかりだからである。もともと目的や意味をもった部材だったものが、サル追いの叩き板や雑草取りの鉄棒へと読み替えられている。つまり、部材の意味が一旦解除された上で、その形状や材質が資材として再発見されて用いられているように見えるのである。

写真 3‐7　曲がった木の柱を利用した軒下の空間（2017 年 6 月）

写真 3‐8　木の又を利用したフック（2016 年 12 月）

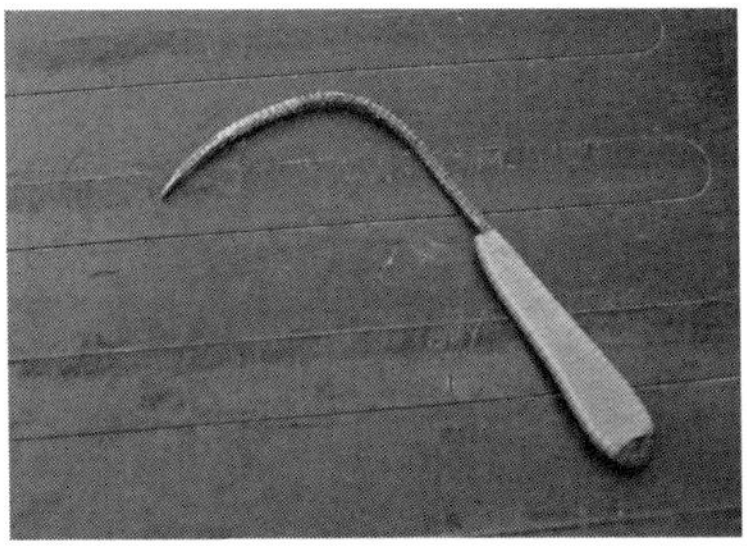
写真 3‐9　鉄筋を加工して作られた雑草取り（2018 年 8 月）

3. 工作を支える空間

緩い分類と保留

このプロセスはどのように起きるのだろうか。

Sさんの家は神山町のなかでも不便な立地にあり、また高齢の夫婦であることもあって、それほど頻繁に町にでかけている様子ではなかった。サル追いのようなものづくりのために、たとえばホームセンターなどに赴いて、何かに使えそうな木材や塩ビ管を購入する、といった行動は考えにくい（そもそもサル追いは機能が特殊過ぎて、そのための部品が存在しない。ホームセンターにもAmazonにも「サル追い用の金属軸受け」は売っていない）。そのために既に家の周囲にある様々なものが使われるわけだが、許可を得て家の周囲や畑を見て回ると、軒下や通路の脇や畑の隅などに、まとめて置かれた何かの部材の束やかたまりがあちこちにあることに気づいた（写真3‐10）。

Sさんの家の周囲では、ものの置かれ方に大きく二つの種類があった。一つは、形状や素材によって細かく分類され、収納されているものである。鍬や鋤、スコップなどの農機具は形状や用途で分類されて納屋の農機具置き場に収納されている。燃料の薪なども、長さと太さが種類分けされ、風呂の焚付口の横に積み上げてある。このような、いわば「強い分類と収納」に対して、軒下や農地の隅に集められている部材はそれとは異なる、「緩い分類と保留」とでも言うべき扱いを受けている。たとえば納屋の横の軒下には、塩ビ管と角材と竹がひとまとめに括られて立てかけられている。どれもある程度の長さが揃った細長くて固いものだが、「強い分類と収納」グループに比べるとかなり緩い集められ方に見える。畑の隅には鉄筋と塩ビ管と鉄の雨樋と樹木の枝が、母屋と納屋の間には丸く平べったい金属の切れ端がそれぞれ集められて置かれていたが、その分類も置かれ方も「似た様子のもの」という程度の分け方で「何となく捨てずにまとめておいた」という様子に見える。

この「緩い分類と保留」が、部材の意味を解除して資材として再発見し、それを等価に扱う工作を支えているのではないだろうか。

まず、見つけやすさである。ある程度整理されて置かれているために、必要なものを見つけやすいだろう。乱雑に積まれたゴミの山から目的物を探すのは骨が折れるが、緩く分類してあることで、たとえばサルを追い払う音を立てるものを探して鉄のドアを見つける、というような探索も容易になる。形状が似たものが束ねてあれば、複数の部材を現場であてがってみて、最適なものを選ぶというようなことも可能である。

さらに部材の意味の解除である。農事の道具や部品として、また既存の装置への補充や交換部品などとして導入される部材は強い意味を帯びている。それらが形状や材質で分けられて集められることによって、物体の形状が特徴としてあらわれ、転用を促すのではないだろうか。部材の形状や材質に注目することはその意味を希薄にし、物体性を顕在化するプロセスでもある。「緩い分類」の作業自体が意味を希薄にする行為だと言える。

また、その置かれ方である。部材や道具を収納することは、それらの意味を再確認することでもある。FAB‐Gは道具を決まった場所に収納することでその意味を更新し強化している。一方で畑の隅に仮置きされた棒の束はその意味のサイクルから外れている。かといってゴミではなく、いわば「寝かした状態」にされている。これが間に合わせやありあわせの工作を支えているようだ。

写真 3-10　緩い分類と保留がされている束（2016年8月）

保留を可能にする場所

実測の許可を得られたいくつかの農家で、住宅の周囲の外部空間に置かれた物の分布を調査した（図3‐1、2）。

置かれている物によって、植木鉢などの飾り物が集中している箇所、日常的な作業で使うものの範囲、そしてその周囲に「緩い分類と保留」が見られる範囲があった。農家は敷地が広いため、玄関周りや前庭に面した場所からはものを片付けても、家の横や裏にはものを置いておく空間が豊富に存在している。その空間的余裕が、「とりあえず捨てずにおく」という態度を可能にしているようだ。

樹木の自然な形状の一部を転用するOさんやMさんの場合はどうだろうか。Mさんの話では、こうした資材は、何か有用な形を求めて雑木林に入ることで見つけるというよりも、仕事をしながら植木や雑木の一部に何かに使えそうな形を「発見」する、ということである。おそらく、良さそうな木の叉が樹木のどの部分にありがちなのか、Mさんは経験的にわかっていることだろう。Oさんも、特定の形状の木を探しに山に入ることはなく、「普段からなんとなく見て知っている良さそうな木を、必要に応じて伐ってくる」「一つ、幹が直角に曲がっている木にずっと目を付けている」などと語ってくれた。

OさんやMさんが資材を収穫してくる雑木林は自然林ではなく農家の周囲にある雑木林である。彼らにとっては、山の雑木林は木材が「緩い分類と保留」されているストックヤードのように見えているのではないだろうか。逆に言えば、「緩い分類と保留」は、農家の庭に入ってくる様々な物体を雑木林のように扱うことだ、と言えるかもしれない。

本章で述べた事例はいずれも、地域に固有な美しい伝統的景観として紹介されるものではなく、ともすれば注意も払われず見逃されるものばかりである。しかし、コンクリートとアスファルトで舗装された道路と水田の隙間や、農家の庭に侵入してくる大量生産製品と農事との隙間にあらわれるこうした工作には、この地域の固有な環境とここに暮らす人々の営為があらわれている。これらは神山町の風景とそれを眺める現代の都市に住む私たちとの間をつなぐランドスケープである。

参考文献

真田純子　二〇一八『図解　誰でもできる石積み入門』農山漁村文化協会。
農文協編　二〇一〇『農家が教える便利な農具・道具たち――選び方・使い方から長持ちメンテナンス・入手法まで』農山漁村文化協会。
農林水産省農村振興局　二〇二二「「自分の農地は自分で守る。」農家を鼓舞し農家に寄り添った被害防止対策－徳島県神山町」https://www.maff.go.jp/j/seisan/tyozyu/higai/hyousyou_zirei/yuuryou_jirei/47kamisibai/attach/pdf/47zirei-50.pdf（二〇二三年一月一〇日閲覧）。
レヴィ＝ストロース、クロード　一九七六『野生の思考』大橋保夫訳、みすず書房。

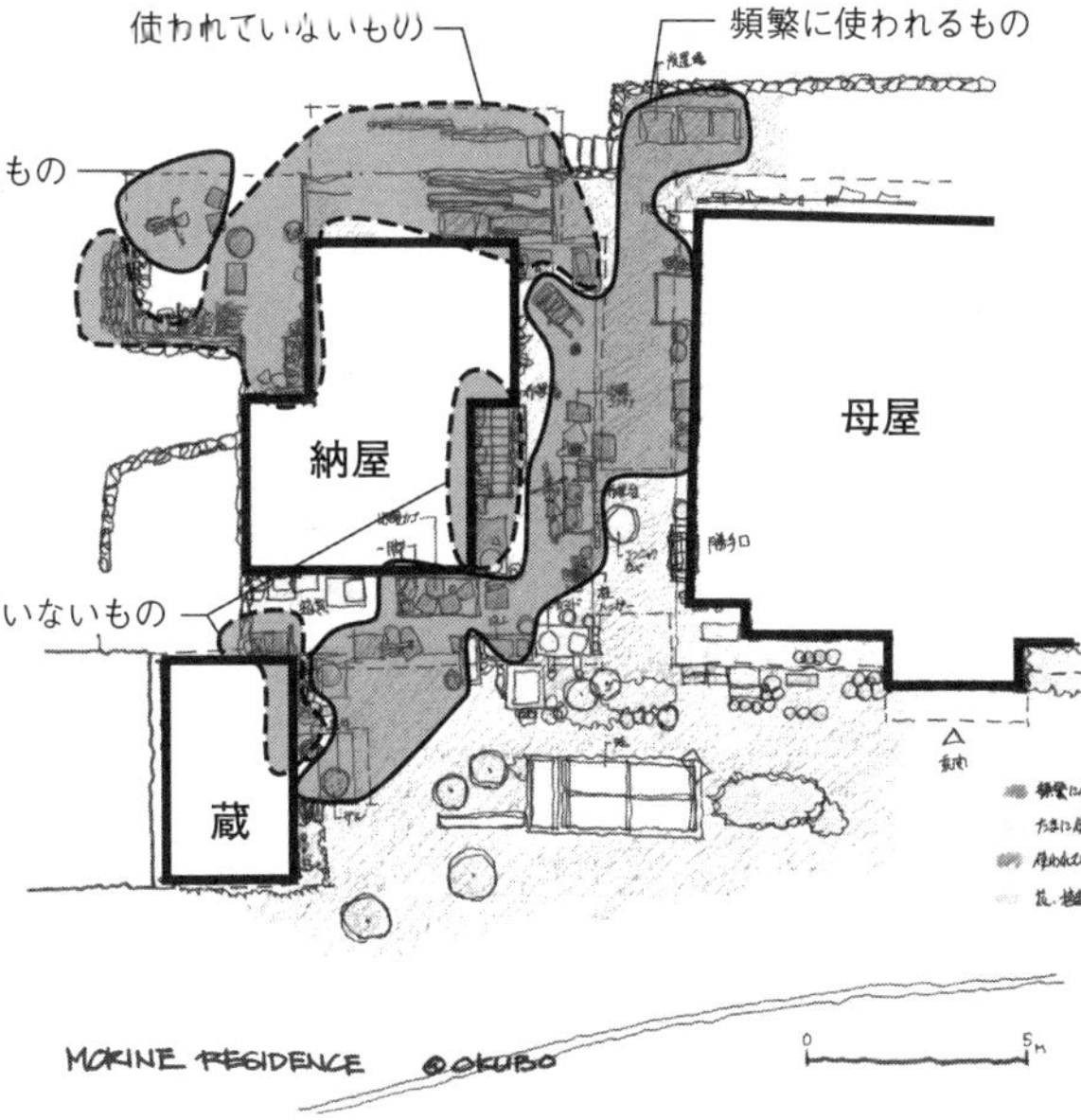

図 3-1　農家の外部空間に置かれたものを使う頻度で分類した図（1）

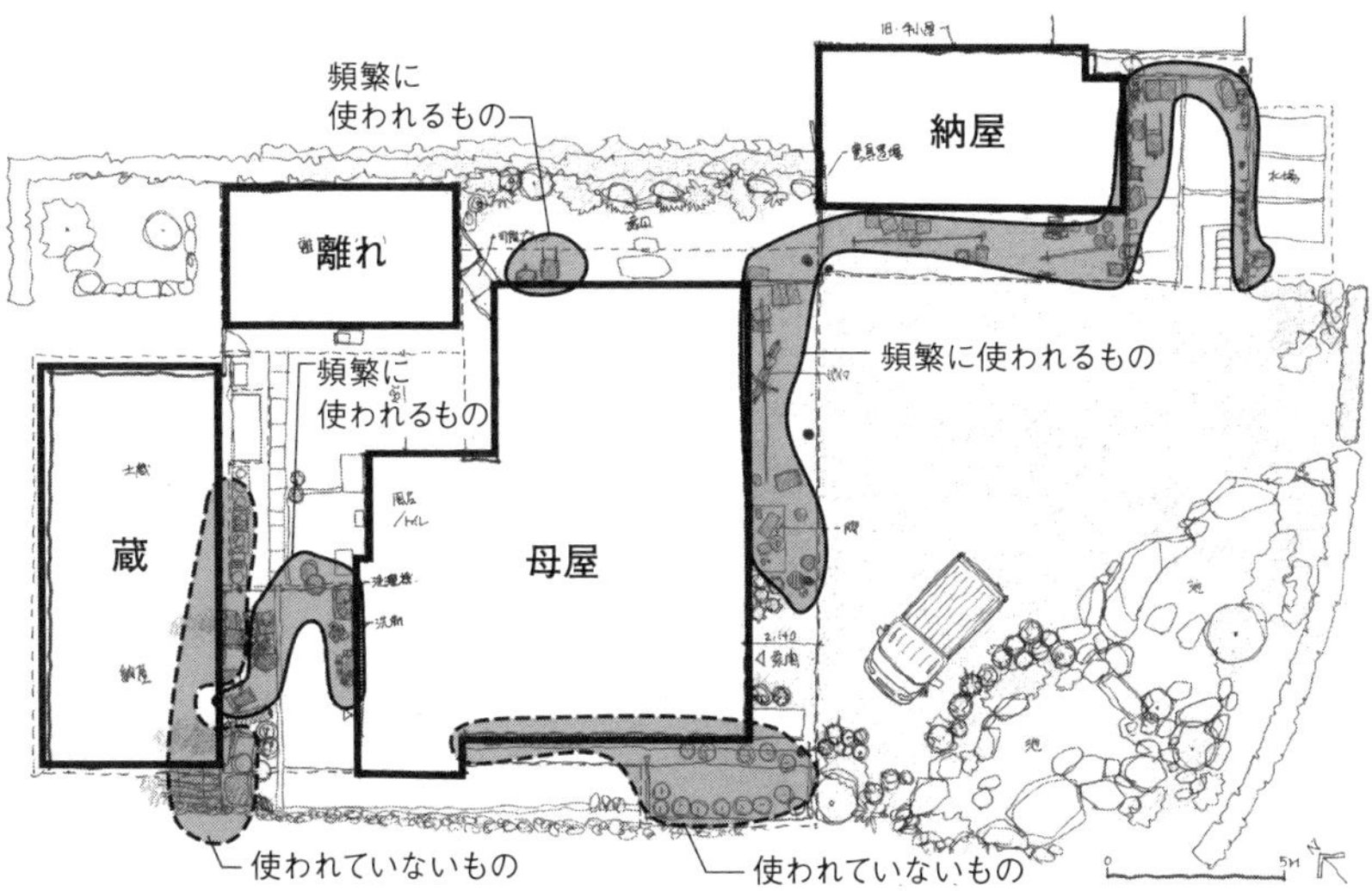

図 3-2　農家の外部空間に置かれたものを使う頻度で分類した図（2）

第4章　土地が生む石積みと石積み技術
——四国山地に見る生活技術

真田純子

1. 中山間地域の石積み

中山間地域の棚田や段畑と石積み

中山間地域の風景を特徴づけるものに、棚田や段畑などの階段状になった農地がある。これらが何のために作られたのかというと、住んだり耕作したりするために「なるべく」水平な土地を手に入れるためである。なぜ「なるべく」なのかというと、例えば宅地や水田では水平な土地をつくるが、畑では傾斜が残ったままのところも多いからである。もちろん、段をつけることによってもともとの土地の傾斜よりは緩やかになっているが、完全に水平にせずに使用しているところも多い。

本章で解説するのは、この棚田や段畑の「段をつくっている部分」、言い換えれば「立ち上がり部分」に使われることの多い石積みである。この段は大きく分けて二つの種類がある。石でできている石積み、石垣と呼ばれるものと、土でできている「土坡（どは）」と呼ばれるものである。下部を石積みでつくり上部を土でつくるハイブリッド型のものもある。

四国をはじめとする西日本では石積みの棚田や段畑が数多く存在し、それは中山間地域での人々の暮らしと密接しているため、中山間地域の歴史や暮らしを理解するのに重要な要素である。伝統的な石積みは石だけでつくられ、モルタルやコンクリートなどの接着剤の役割を果たすものは使用されていない。こうした石だけでできているものを「空石積み（からいしづみ）」と呼ぶ。対して、モルタルやコンクリートが使われているものは「練（ねり）石積み」と呼ばれる。本章では、一般的に石積みと呼ぶときは、伝統的なタイプの空石積みのことである。

では、いつごろから農地の石積みがつくられ始めたのかというと、これは実はよくわかっていない。傾斜地を利用した畑作については、縄文中期から後期に始まったとされる焼畑に起源をもつと考えられるが、そうした農地がいつごろから段畑になったのかは明らかにされていない。徳島県の西部の山間部に「にし阿波の傾斜地農耕システム」として世界農業遺産に認定されている地域がある。焼畑を起源とする傾斜した農地とその維持システムが認定されている地域であるが、そこでもところどころに低い石積みが作られている（写真4-1）。先に述べたような、石積みもつくりつつ耕作面を傾斜したまま使用している例である。ただし、世界農業遺産申請時に歴史について調べられているこの地域でも石積みがどの時代からつくられるようになったかはよくわかっていない。

一方で傾斜地に作られる水田は、耕作面を水平にする必要があるため、水田が傾斜地に作られることは棚田の整備を意味する。しかし、傾斜地に棚田が作られるようになった歴史もあまり明確にはなっていない。棚田という名称は一三三八（建武五）年の紀伊国志富田荘検注帳にあるのが初出だとされているが、一〇七〇（延久二）年の興福寺雑役免坪付帳に段状の水田が記載されており、平安末期には実態としては存在していたと考えられている。しかし、棚田の誕生をもって石積みの起源とは言えない。なぜなら、棚田の段が石だったか土だったかは判然としないからである。

写真 4-1　にし阿波の傾斜した農地（2017 年 7 月）

このように、農地の石積みの起源はおろか、棚田や段畑の起源さえもはっきりとしないというのが実情である。それは、農地の石積みが庶民の生活の歴史であり、書面などの記録に残されることがないことがその理由だろう。棚田の歴史がはっきりしないのも同様の理由で、田んぼの記録は徴税の資料や紛争の記録として残されることが多いが（棚田学会　二〇一四）、初期の小規模な棚田は徴税を免除されていたり、あるいは山間部の隠田として作られたものだったりしたため（古島　一九五六）、記録として残されにくかったと考えられる。

石積みの現状

棚田の風景を地域の資源にしようとしている地域はたくさんある。しかしながら、棚田の地域の人々からは、石積みを出来る人もいなくなってきて維持管理が難しいということをよく聞く。実際、重要文化的景観になっているような地域でも、モルタルを用いた練石積みが増えてきているし、そうでない地域では、崩れたところからパッチワークのようにコンクリートブロックや現場打ちの擁壁に変わっていっているのが現状である。

ここで、徳島県内の棚田や段畑を調査した結果を紹介しよう。二〇一二年から二〇一三年にかけて県内の国道、県道から見える棚田を調査したのだが、その総数は二五ヶ所であった。そのうち五ヶ所が全面、土坡(どは)だったため、石積みの調査対象としては二五二ヶ所である。この調査では、維持管理の状況を把握するため、コンクリート等の使用程度、草の生え具合、石の緩み具合の三点について調査した。

この三つの調査をしたのは、まずコンクリート等の使用については、空石積みがどの程度残っているかを知るためである。空石積みのみで構成されていたのは二〇〇地点あり、空石積みの農地が多く残っていることが分かった。

しかし、これは「良く維持されている」ことを意味しない。単に手を入れていない可能性もあるからである。そこで次に草の生え具合を調査した。石積みは草が生えると崩れやすくなると言われており、日常的な維持管理として草を抜かなければならない。したがって草の生え具合は、日常的な維持管理の程度を知る指標となるのである。擁壁面の過半が、草が「ない」、「石積みが少し隠れる程度」、「石積みがほとんど見えない」のいずれに当てはまるかを見たところ、草が生えていないのは五八地点、約半数は石積みが隠れる程度、残りの地点、全体の約三割は石積みがほとんど見えないくらい草が生えていた。灌木のようなものが生えているところもあり、手入れされていないところが目立っていた。

三つ目の調査は石の緩み具合である。石積みは崩れる前に積みなおすのが良いとされているため、この調査は、適切な修復がされているかどうかを知る指標となる。

崩れる前に積みなおすのが良いというのは、いったん崩れてしまうと修復が大変だからである。石積みの修復では、積まれている石を再び材料にする、「積み直し」をする。石積みは、表面に見えている比較的大きい積み石と、裏にある小さめの石であるグリ石の層で構成されている(図4-1)。積んであった石を再び材料として利用するためには、これらが適切に分別されているのが望ましい。しかし崩れてしまったら積み石もグリ石も背後の土も混ざってしまう。そのため、崩れる前に積み

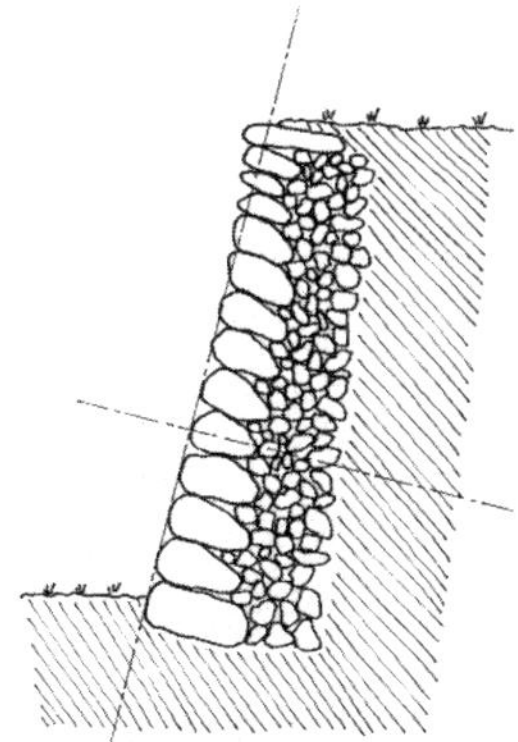

図 4-1　石積みの断面

なおすのが良いのである。

そうした視点で石積みを見たとき、かなり緩んでいる部分があるのが八〇地点、崩れた箇所があるのが四四地点であった。約半数の棚田や段畑で修復の時期を迎えたまま放置されていると言うことができる。

こうした三つの視点での調査から分かるように、積み直す労力はおろか、日常の維持管理もままならない状態であることが分かる。また、積み直す技術が継承されていないという問題もある。これは調査を行った徳島県のみならず、日本全国（もっというと、ヨーロッパでも）起こっている現象である。

石積みの再評価と価値

石積みを修復する労力が足りていないというのは、よく言われているように中山間地域の過疎化がその一因である。過疎化の要因は「棚田などの狭い農地では作業効率が悪いから若い人が跡を継ぎたがらないから」という理由がよく言われる。たしかにその通りではあるが、「効率が悪い」という評価の背景、評価をもたらす価値観に目を向けてみたい。

ここで注目したい時代背景は、大きく分けて二つある。一つは、一九五〇年代、六〇年代の高度経済成長期における工業の飛躍に連動した農業の効率化である。国は工業大国としての発展をめざしたが、その際、農業の成長も必要とした。というのも工業と農業の収入格差が広がることは社会問題であり、国としては避けなければならず、農業が工業発展の足枷にならないよう、農業の生産性高上も必要だったのである。しかし農業は土地に根差した自然物の栽培であり、工業のように簡単に経済規模を成長させることは出来ない。そのため当時の複数の経済計画で、農業人口を減らし、農地の拡大と機械化により効率化を図り、少ない人数で農業を支えることで農業の生産性を上げることが目指されていた。

二つ目は一九六〇年代に入ってからの農産物の安定供給である。一九六〇年代前半には物価の上昇もあいまって、野菜の価格高騰や価格の乱高下が問題になった。野菜価格の上昇の要因の一つが輸送コストの増大であった。都市の人口が増え郊外が宅地化されてくるにつれ、遠方から農産物を運ぶ必要が出てきたのに加え、工業の進展に伴って輸送にかかる人件費も高騰したことがその理由であった。そこで、生産や出荷における効率性が求められるようになった。一九六一年には農業基本法、一九六七年には野菜生産出荷安定法が制定され、農地の基盤整備や産地形成による共同出荷、効率的な出荷に向いた形や大きさのそろった品種への改良などが進められた。

つまり、工業化や大都市化という農村の外の事情で農業が変わらざるを得なかったのである。こうした外部的な要因により農業の評価軸が「効率」となった。中山間地域も効率化に向けて変化したが、しかしやはり効率の良し悪しが評価軸の社会では平地に比べて不利になるため、中山間地域の農村から過疎が広がっていった。中山間地域の労働力不足はこうした社会背景、価値基準の設定によるところも大きかったと言える。

ところが近年、世の中の価値観は大きく変わりつつある。持続可能な開発という考え方が広がって来て、農村においては、循環、生物多様性、文化、景観といった生産以外の価値も重視されるようになってきた。こうした考え方で農業政策が行われているのはEUである。EUも一九六〇年代から効率化を重視した農業を政策的に進めていたが、一九八五年に方針転換し、その後、補助金の出し方や守るべき環境基準などの整備を進め、二〇〇三年にだいたい今の制度が完成した。

その結果、二〇〇〇年代に入ってから段畑の価値を評価したり、石積みの保全を行ったりする活動や仕組みが増えてきた。国によって異なるが、イタリアやフランスでは、空石積みの保全にEUの資金が利用可能となっている。また、EUの研究費を得た段畑の研究も行われている。例えばALPTERプロジェクトは、二〇〇五年から二〇〇八年にかけて、アルプスを中心とするイタリア六地域、スイス、オーストリア各一地域が段畑について、現状把握やリスク評価、農業生産の改善などについて共同研究したものである。本プロジェクトの報告書の冒頭には、段畑や石積みを研究する目的として「生産物、斜面の安定のための工作物の作り方、維持の方法、ローカルエネルギーバランスなどの、人と土地との統合の仕方をわかりやすい形で表している」からであると書かれている。これからの持続可能な暮らしを考えるために、かつての持続可能な土地の利用方法を研究するという意志がそこにはある。二〇〇二年に開始された世界農業遺産も、環境と人間の活動の関係（システム）に着目するものであるが、このように、二〇〇〇年前後からの持続可能な開発という考え方が、農地の保全に大きな影響を与えている。

二〇一八年にはヨーロッパの八ヶ国が共同申請していた空石積みの技術が、ユネスコの無形文化遺産に登録された。登録理由を見ると、古くからあるなど歴史的な価値についても触れられているが、自然資源と人的資源によって空間をつくってきたこと、災害防止や生物多様性の強化に役立っているなどの理由も書かれている。「遺産」とは言われているが、これからの持続可能な社会をつくっていく価値に着目していることが分かる。

日本においても、棚田を守ろうという取り組みは、一九九五年の全国棚田サミット開始、一九九九年の農水省による棚田百選、二〇〇四年の文化財保護法改正による重要文化的景観制度の創設など多岐にわたっている。しかし、文化財になるような特別な棚田のみが対象になるなど、「特別に保存する」対象となっており、農業という経済活動の中で守る仕組みになっていないのが現状である。また、石積みについてはまだほとんど政策上の保護対象にはなっておらず、例えば重要文化的景観に選定された棚田地域の石積みさえ、コンクリートを使った練石積みで修復することも許されている。空石積みのまま残す場合は文化財事業の枠組みを用いる必要があるが、それは補助率が低い。補助率の高い農政事業で修復しようとすると「強度の保証ができる」という理由でコンクリートを用いることになってしまう。ちなみに、強度の保証が出来るとは、工学的に扱えるという意味であって、実際に強いかどうかとはまた別である。

練石積みも許されているというのは、棚田や空石積みが表層的な意味での「風景」、「伝統的」と評価されているからではないかと思う。こうした評価軸だと、「見た目」としての風景が大きく変わらなければ良いという考え方になりがちで、空石積みがコンクリート擁壁になるのは良くないが、練石積みになるのは良い、と判断されるのである。しかし、持続可能性という視点でみれば両者は全く別のものである。空石積みは、すべての材料がバラバラのまま使用されているために隙間が多く、擁壁内部と外がつながっていいて空気や生物の出入りができ、自然石である石を利用し壊れたらまた同じ材料で積み直せる。それに対し、練石積みは、地中と外が完全に遮断されており、コンクリートという工業的な材料を外部から投入して建設され、壊れたら元のものはがれきとして持ち出し、また新たに材料を投入しなければならないのである。

このように、物質、生態系的な環境で見ると、空石積みと練石積みは見た目が似ていたとしても全く異なり、それ故に近年、世界的には空石積みが再評価されているのである。一方、第1章でジグルイの話があったように、土地のシステム上からも空石積みの利点はあると考えられる。中山間地には地面が少しずつ動いているところが多く、マス（塊）でつくる構造物よりも土地の変化に合わせて少しずつ形を変えられる空石積みの方が合理的なのである。写真４－２は吉野川市美郷の石積みの段畑の中腹にある里道である。里道であるがゆえに、公共事業として道の中央に排水溝としてコンクリートのU字溝を入れたのだが、数年後にはU字溝が飛び出してきた。柔らかいところに固いものを施工することが適していないことがわかる事例である。

コンクリート擁壁は、材料が均質なため計算しやすい、マニュアルに沿って誰でも施工しやすいという利点があり、近代化の過程では重宝された。しかし、評価軸が変わればまた評価も変わる。コンクリート擁壁のような新しい材料による構造物の方が「進化」していて、古くからある空石積みのほうが遅れている、劣っているというわけではない。

写真 4－2　里道のＵ字溝が飛び出している様子（2019年１月）

大量生産、大量消費時代には、価値がないとされた棚田や石積みは、時代が変わってともに再評価されてきているのである。

2. 生活から見える石積みの風景

農業技術としての石積み

農村部にある石積みを観察し、理解するには、それがどのような文脈で存在するのかについて考える必要がある。本章の冒頭で説明したように、石積みをつくるのは、住んだり耕作したりするためになるべく水平な土地を手に入れるためである。つまり、石積みそのものは目的ではなくそこで生きることが目的となる。これはお城やお屋敷の石積みと比較するとわかりやすい。お城や屋敷の石積みは、権威やステイタスの象徴として使われることもあり、城のなかでも特に後期に平地に建てられた平城はその傾向が強い。とすると、石積み自体を立派につくるという目的が発生する。しかし、農村の石積みにはそうした目的はなく、生活の一部であり石積み自体が目的となることは、基本的にはない。

生活の一部としてつくられる石積みは、施工において「無駄な労力をかけない」ことが重要になる。それは具体的には、近場の石を使う、なるべく加工しない、という二点に現れる。地域の地質によって産出される石が異なり、硬さや重さ、割れる特性が異なる。石の世界では見た目が良い、強度が高いなど「立派な石」というのも存在し、お城などでは遠くから運んできたという話もいくつも残っている。しかし、今のようなダンプや道路がない時代、重い石を運ぶのはかなりの労力が必要であった。そのため、農地の石積みは石の質を選んで遠くから持ってくることはしない。

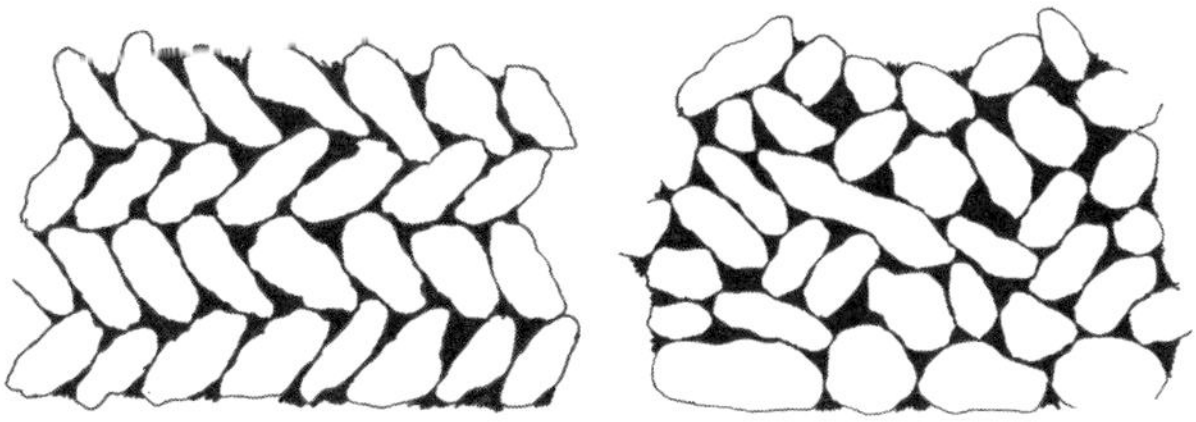

図 4−2　左：規則正しい積み方の例（谷積み）、右：不規則な積み方（乱積み）の例

また石積みには、大きさや形をある程度揃えて規則正しく積む方法と大きさも形もバラバラのまま積む方法がある。規則正しく積む方法のうち、石を水平に置いていく方法を布積み、石を斜めに置いていく方法を谷積みと呼ぶ。それに対して不規則な積み方は乱積みと呼ぶ。（図4‐2）。大きさや形を揃えても強度には関係しないため、農地の石積みでは加工の手間を省くために加工をしないのが普通である。するとしても、石の据わりをよくするために形を整える程度である。乱積みは加工の手間を省くだけでなく、運搬の手間を省くことにもつながる。というのも、大きさや形を揃えた石積みは、運搬中や作業途中で割れてしまった石は使えなくなってしまうが、乱積みでは運んできた石をすべて使うことが出来る。つまり、余分に持ってくる必要が無いのである。

石はその性質によって割れ方の特徴が異なる。石が層状になっていて自然に割れると板状になるもの、割れ方に規則性がなくブロック状になりやすいものなどである。石をあまり加工しないということは、その石質を反映した形のまま積むということでもある。石積みの構造的な基本は世界共通であるが、石の形によって少しずつ積み方の工夫のしどころが異なっている。

石質は地質に規定されるため、農地の「無駄な労力をかけない」という石積みは、使う石そのもの、石の形、積み方に地域性が出て、結果的に地域ならではの風景を創り出している。人間がつくりたいもののために材料を合わせるのではなく、そこにある環境や材料で暮らしをつくる、という発想が、地域ならではの風景を創り出してきたとも言い換えることができるだろう。

こうした石積みの生成原理は、日本だけでなくヨーロッパでも共通である。アンドレア・ボッコ／カヴァリアの『石造りのように柔軟な』でも、山間部の農地石積みや石造りの建物について、現地の石を利用していることが書かれている（ボッコ／カヴァリア 二〇一五）。

石積みや棚田・段畑の観察

かつての農地の石積みやその特長が生成する原理を見ると、その文脈では理解できないことも出てくる。これが地域を見る際に重要になってくるため、ここでは地域を見る手がかりとして石積みや棚田・段畑の見方を少し紹介したい。

◎材料と形状

石積みを観察していると隙間の多い積み方と少ない積み方があることに気づくだろう。これは石質の違いによる加工のしやすさが反映されていることが多い。一般的に四国中央部によくみられる結晶片岩は層状に割れるため、思った通りの形にはしにくく、隙間の多い積み方になる。一方で、吉野川の北岸など、四国の北側にみられる砂岩は、比較的隙間は少なめである。しかし、もし片岩なのにぴっちりと隙間なく積んである石積みを発見したならそれがなぜそうなのかというのを考えてみるのも良いだろう。農地の石積みがそのようになっている場合は、後述するように職人が積んだ可能性もある。また、ぴっちりと隙間が少なくなるように積んであるのが家の土台の場合もあるだろう。農村部でも敷地の擁壁だけは職人に頼んで積んでもらったという話もあり、上に支えるものの重要度の違いから、異なる技術が使われていることがある。あるいは、集落内にあるお墓だけは形のそろった石で積んであるのも見たことがある。「手間をかけている」というところに死者を弔う特別な思いを感じることができる。

ちなみに、第3章で出てきた「ハイブリッド石積み」は、身近な材料で積んだ例であり「無駄な労力をかけない」という文脈に沿った石積みである。石積みの生成原理を考えると、必ずしも伝統的な形状のものだけが地域の文脈に沿ったものとは言えないところが興味深い。

◎水路との関係

少し視点を引いて棚田という少し大きなスケールで見てみると、地域の成り立ちも見えてくる。棚田に限っての話だが、田んぼは天水（その場に降る雨水）やすぐ近くの谷や湧水から引いてくるのでなければ用水路やため池などを作らなくてはならず、大規模な棚田の開発はそうした技術の発展を待たなければならなかったからである。大規模な棚田が作られるのは、灌漑技術が発展した江戸後期から始まったと考えられている（吉村　二〇一四）。

代表的な例は、熊本県山都町にある白糸台地の棚田である。アーチの石橋である通潤橋は江戸末期の一八五四（嘉永七）年に建設されたもので一九六〇（昭和三五）年に国の重要文化財になったほど昔から有名だ。これは橋の中央から水が噴き出す姿でよく知られているように、水を通すための橋である。隣接する白糸台地に水を送る通潤用水の一部をなしており、その恩恵で白糸台地に棚田がつくられたのである。現在は通潤用水と棚田が重要文化的景観に選定されている。

四国の例では、徳島県上勝町の野尻用水は野尻地区に水を供給する総延長約一二㎞の用水路であるが、それが一七四〇年に開削された前後の記録では、水田の面積が倍ほどに増えている（上勝町誌編纂委員会　一九七九）。それ以外にも、棚田の場合には、用水との関係を把握すると見えてくるものが多くある。

◎農地の形状

水路などが出来、一気に開発された棚田には、造成の方法に特徴があることがある。一九二八（昭和三）年から一九三四（昭和九）年にかけて用水とともに作られた宮崎県日南市の坂元の棚田は特徴的で、非常に直線的で整った田んぼが並んでいる。昔に作られた棚田は技術や道具の制約から、もとの地形を大きく変更することなく作られることが多く、等高線にそった曲線的な畔が出来るが、造成技術が発達してくるにつれ直線的な畔を持つ棚田が作られるようになるのである。また曲線的な畦であっても途中で切れ目がなく一枚の田が長細いものは比較的新しい可能性がある。造成技術というところから、棚田をみることも出来る。

◎積み方の統一感

大正、昭和のころに一気に作ったようなところでは、積み方にも特徴が表れる。用水路とともに一気につくるため、公共事

写真 4－3　田んぼ一枚が長く、ぴっちりと積まれた石積みでできた棚田（2018 年 11 月）

業のように施工業者に発注して作っているところもある（写真４・３）。そうしたところは、石の整形が行われ隙間が少ないことが多い。農家の自前の技術ではなく、職人が「商品として培ってきた技術」による積み方になっていたりする。農地の形状や積み方から総合的に地域の成り立ちの違いを推測することが出来るだろう。

一方で、古くからある石積みは、時代ごとに積み直しも行われており、一地域の棚田や段畑に様々な積み方が行われているのが普通である。石積みは積み方の基本ルールは単純で世界共通なのであるが、積み手によって癖があったり時代によって道具の違いがあったりするため、積み方の違いがみられることがある。この違いは石積みを一～二回しなければなかなか見分けることが出来ないかもしれないが、見分けられれば地域をより深く見ることができるようになるだろう。

有名な棚田に行くと「ここの積み方の特徴は何ですか」と聞かれることがあるが、古ければ古いほど様々な積み方が使われているため、歴史が長い棚田ほど積み方の特徴は無かったりするのである。

◎農地の転用

これについては、何を見ればよい、という一つのものがあるわけではないのだが、いくつか転用された例を紹介したい。

例えば徳島県神山町で見つけた棚田（写真４・４）は、昔畑だったものが田んぼになったと思われる。なぜかというと石積みの擁壁が明らかに積み足されているからである。写真を見ると石積みの上部三段ほどの積み方が異なっているのが分かるだろうか。畑の場合、耕作面はある程度傾斜したまま利用することが多いが、田んぼでは水平であることが求められるため、谷側を積み足して畑を田んぼに改変したのだろうと思われる。このような変化の跡が分かる棚田はたまに見かける。ただ、通常、一番上の石は天端石（てんばいし）と呼ばれ、大きめの石を置いたり、石を立てて置いたり、その下までの積み方とは異なる様相であることが多いため、最上段だけが様子が違うのは積み足したわけではないので注意が必要である。

畑を水田に変えた理由は用水が出来たからなのか、社会が変化してお金になる作物を作る必要が出てきたからなのか、理由はいくつかあるだろう。石積みの様子からだけですべてが分かるわけではないが、調査のとっかかりとして活用することが可能である。

逆に、田んぼが畑になったところもある。例えば徳島県吉野川市美郷の「高開の石積み」と呼ばれる石積みで有名な集落では、耕作面が水平な畑と少し傾斜したままの畑がある（写真4・5）。現在、水田は一枚もない。しかし、耕作面が水平な畑はもともと田んぼだったという。集落の少し上の方にある水源につながる斜面が崩壊し、水が来なくなったため畑に切り替えたそうだ。

そのほか、宅地が農地に転用されていると考えられるところもある。写真4・6は、階段がつけられ、また擁壁の形状も角が多い。角をつくるには比較的形の整った石を使用しなければならず、角をつくらないほうが楽に積めるため、角を多くつくっていたのには特別な理由があったはずだ。さらにこの石積みは、他に比べて草が少ないことに気づく。先述したように宅地の

写真 4－4　上部が 3 段ほど積み足されている様子（2019 年 2 月）

写真 4－5　もともと田んぼの水平な畑（2016 年 8 月）

写真 4－6　階段がついていて角が多用されている（2016 年 9 月）

石積みだけはプロに頼んでいて裏にしっかりとグリ石が入っていたり、あるいは、自分で積んだとしても農地に比べて家という重いものが乗るためしっかりとグリ石を入れていたりすることがある。そのため、積み石の背後に土がないために草が生えにくいのである。こうした複数の要因から、かつて宅地だった可能性が高いと考えられる。

3. 技術継承としての石積み学校

本章の前半で紹介した石積みの現状調査の結果から分かるように、石積みやそれを維持するための技術は消滅の危機にある。といっても各地にたくさん現存するので、もしかしたら「消滅の危機ではないでしょう?」と思うかもしれない。石積みは耐用年数が非常に長く上手く積まれたものだと三〇〇年もつとも言われているので、修復する技術が途絶えてしまってもしばらくは現存する。技術の消滅と石積みの消滅には時差があるので、技術はほぼ途絶えてしまっていても、それが明らかになるのはずっと後なのである。

私は二〇〇九年に初めて石積みを行ってから、石積みの状態が分かるようになったり、いろいろな人に話を聞いたりして、各地の石積みが危機的な状況にあることを知るようになった。そのため、二〇一三年に「石積み学校」を立ち上げた。

農村の風景や文化を反映している空石積みは、かつては集落内で技術が継承されてきたと考えられる。もちろん、出稼ぎで公的な空石積み工事に携わり、そこから持ち帰った技術が集落内に反映されたこともあっただろうが、基本的には集落内で自分たちの農地を直すなかで技術が継承されていったのではないだろうか。石積み学校は、こうした集落内での縦の技術継承が難しくなった今、もう少し範囲を広げて横のつながりも活用しながら技術継承を行おうというものである。

教えられる人を先生とし、習いたい人を生徒、学ぶ場となる石積みを教室として、先生、生徒、教室の持ち主を結びつける仕組みとしてスタートさせた。固定の場所は持たず、困っている人のところに行ってワークショップを行い、技術継承と修復を同時に行うというものである。これまで、南は沖縄から北は東北まで、日本各地で石積み学校を開催してきた。参加者も、その開催地の近所の人だけでなく、いろいろなところから集まってくる。

現在では、当初想定していた「教えられる人」としての、かつて公共事業や農地の石積みをやっていた人がほとんど見つからなくなってきたため、自分たちで教える役割を担っている。また、場所や参加者が用意されたうえで「ワークショップを開いてください」という依頼もあったりして、当初考えていた「三者を結びつける」に限らない多様な活動に展開している。

石積み学校を始めるにあたっては、活動を継続的に行うために補助金に頼らない運営を目指した。最初に道具を買い揃えるなど、スタートアップの時点では補助金を活用したが、平時の運用は、参加者からの参加費で賄っている。始めた当初、こうした「農村の仕事」を肩代わりするような活動はボランティアで行われることが多く、石積み学校は少し珍しい形であった。参加した人に報酬が払われないだけでなく、逆に参加費を徴収する仕組みだからである。現在では、こうした農村の仕事であっても、それらの体験を価値にして農村部における経済活動の一つにすることは珍しくなくなってきた。農村の経済的多様性、持続性にとっての新しい展開が起こってきていると感じる。

石積み学校で教えている技術はどうかというと、地域によって石が違うこと、石積みは山間部での生活の手段であって目的ではないことを意識し、かっちりとした一から十まで決まっているような技術を教えているのではなく、基本となる石の置き方や原理、いかに体力消耗を減らすかという農村ならではの技術を教えている。というのも、石積み学校の狙いはかつての山間部の農村では農作業の一つだった石積みを再び普通の技術にすることだからである。石積み学校の参加者が、自分の農地で石積みを直したり、自分の活動する地域で石積み学校が開催する橋渡し役になったり、確実に横に広がって行っている。

参考文献

上勝町誌編纂委員会　一九七九『上勝町誌』。

棚田学会　二〇一四『棚田学入門』勁草書房。

古島敏雄　一九五六『日本農業史』岩波全書。

ボッコ、アンドレア／ジャンフランコ・カヴァリア　二〇一五『石造りのように柔軟な』多木陽介訳、鹿島出版会。

吉村豊雄　二〇一四『棚田の歴史』農文協。

第5章　鉱物資源から地域をみる
——別子銅山の街の消長

北野真帆・内藤直樹

1．鉱物と人間活動のかかわり

四国で操業中の金属鉱床は現存しない。それでも四国地域に生きる人々や環境の特性や歴史について考える上で、鉱物や鉱床という視点は欠かせない。たとえば日本有数の産出量を誇った愛媛県の別子銅山をはじめとする銅鉱床の多くは、四国山地周辺に分布している。なぜなら四国における鉱床の形成は、大陸プレートの運動という数千万年から数億年単位の時間で起こる現象と大きく関連しているためである。そして、四国のいくつかの街や地域の歴史は、鉱物資源利用の歴史と大きく関連している。たとえば愛媛県新居浜市は、日本最大級の銅山だった別子銅山の鉱山街として発展してきた歴史をもつ。つまり鉱山街は、大地のリズムと人間活動のリズムが一致した時に発展し、ズレたときに衰退する一時的なものである。資源利用がおこなわれなくなった鉱床の一部は、「明治日本の産業革命遺産 製鉄・製鋼、造船、石炭産業」の一部である長崎県の端島（はしま）炭坑（軍艦島）や島根県の「石見銀山遺跡とその文化的景観」あるいは新潟県の「佐渡島の金山」（申請準備中）のように世界文化遺産に認定（推薦中のものを含む）されている。四国では別子銅山産業群が国の近代化産業遺産に認定されている。私たちは、こうした鉱床の遺跡をみることを通じて、大地と人間活動の関わりあいの歴史に思いをはせることができる。

鉱床の消長は地域経済に大きな影響を与える。だが、鉱物資源利用の多くは地域を越えた国全体そしてグローバルな経済的結びつきのなかで発展してきた。たとえば日本の三大財閥の一つである住友財閥（現在の住友グループ）の発展は、江戸時代に開山された愛媛の別子銅山における銅生産と大きく関わっている。それは現在の住友金属鉱山㈱に引き継がれており、住友林業㈱の創業も別子銅山の操業によって破壊された森林を回復するためにおこなっていた事業に関係している。また、江戸時代に別子銅山で採掘された銅は、大阪で精錬された後で長崎の出島を通じてアジアやヨーロッパに輸出され、各地の貨幣に鋳造されることで東アジアの貨幣経済そのものを支えた重要な商品だった。

この章では、大地の活動によって形成されることが多い四国における金属鉱床の歴史を通じて、地域の人間活動の歴史を鉱物資源から捉えなおしてみたい。具体的には、江戸時代に開山され、当時は世界一の産出量を誇った愛媛県の別子銅山に焦点をあてる。とりわけ、別子銅山とともに発展した鉱山街としての性格をもつ新居浜市の沖合に浮かぶ工場の島・四阪島（今治市）が明治時代に当時の科学技術の粋を集めた都市として発展し、その後の銅生産の衰退とともに廃墟になっていった歴史を検討する。

2. 鉱床と人間活動

四国には、操業中のものは少ないものの、多くの鉱床が存在する。鉱床とは、地殻のなかで金・銀・銅等の金属や石灰・粘土・硫黄・ダイアモンド等の非金属、そして石油・天然ガス等の流体といった人類が利用可能な物質が凝集した集合体である。人類は鉱床から鉱物を採掘し、必要に応じて精錬して純度を高めて利用してきた。たとえば徳島県阿南市水井(すいい)町付近は、日本史のなかで二度、日本有数の辰砂(しんしゃ)（水銀）産地になった。一度目は弥生時代の終わりから古墳時代にかけて、同町の若杉山遺跡からは顔料として水銀が採掘・利用されていた跡が見つかっている（徳島県立博物館　一九九七）。ここから、四国における鉱山の歴史は少なくとも四世紀まで遡ると考えられる。二度目は江戸時代から昭和にかけて、最も栄えた明治時代には奈良県の大和水銀鉱山と肩を並べる国内有数の水銀生産地だった。

六〇〇を超える四国の金属鉱床のうち、代表的なものには日本有数の産銅量を誇った愛媛県新居浜市の別子銅山を代表とする銅鉱床、おなじく国内最大級を誇った愛媛県西条市の市ノ川鉱山を代表とするアンチモン鉱床、そして愛媛県北宇和郡鬼北町付近の一宝鉱山を代表とするマンガン鉱床等がある。現在はすべての金属鉱床からは採鉱されていない。他方で非金属鉱床

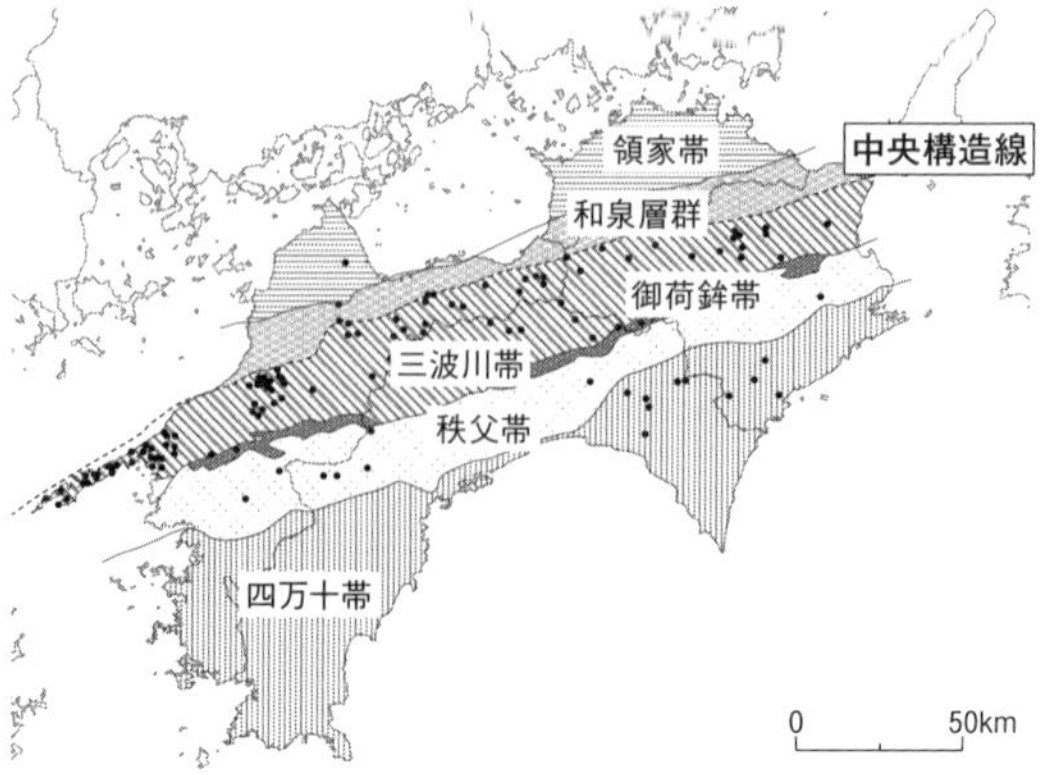

図 5－1　四国における銅鉱山の分布と地質

には、現在日本一の生産量を誇る高知県吾川郡仁淀川町の鳥形山石灰石鉱山を代表とする石灰鉱床等がある。また徳島県上勝町や香川県小豆島等には石炭鉱床があるが、これらも現在は採鉱されていない（日本地質学会編　二〇一六）。

こうした鉱床の分布は、大地の動きと関連している。ここでは、四国における銅鉱床の場所を確認してみよう（図5‐1）。これらの鉱床は、かつてキースラガー鉱床と呼ばれていた別子型含銅硫化鉄鉱鉱床である。キースラガーとは、ドイツ語でkies（黄鉄鉱）のlager（鉱脈）を意味する。火山性塊状硫化物鉱床の一種であり、銅・亜鉛型の鉱石からなる。西南日本の付加体である三波川帯、御荷鉾帯、四万十帯に広く分布しているが、秩父帯には少ない。その中でも三波川帯は、別子型含銅硫化鉄鉱鉱床が数多く点在している。これらの鉱床は、海洋プレートが生み出す海嶺の熱水活動によって生成した塊状熱水鉱床が変成作用を受けることで生成すると考えられている（日本地質学会編　二〇一六）。つまり第1章で検討したように、プレートの運動にともなってこうした海嶺が付加体となる過程で形成された四国山地には、海底での熱水活動を起源とする金属鉱床や石灰の鉱床が多い。そのいくつかは鉱物資源として利用されてきたため、四国には鉱山やその跡地が多くみられる。

ここで「鉱床」は単なる地質学的な概念かどうか考えてみてほしい。たしかに鉱床の形成には地殻に含まれる物質の移動や変化をともなう。だが、その物質を①有用なものとする文化的価値観や、②採掘・精錬を可能にする技術体系を必要とする。そう考えると、鉱床とは地質・文化・社会的な複合体であるとも考えられる。たとえば流体鉱床の一つである原油は、内燃機関の発明以降に、はじめて採掘するに値する資源になった。これと同様に四国最古の鉱床の一つである徳島県阿南市の辰砂（水銀）鉱床では、弥生時代には顔料としての辰砂が採掘されていた。だが、辰砂を顔料にする文化が無くなると、新たに水銀が工業原料として位置づけられるようになった江戸時代まで採掘されなくなる。そもそも鉱床の地殻に含まれる物質を精錬することは、人間が有用だと考える物質を純度高く抽出することに他ならない。その意味で鉱業とは、人間の価値観を濃縮する行為でもある。

鉱床の開発や持続は、採掘・精錬を可能にする技術や制度および経済的なコストにも条件付けられている。たとえば削岩機等の機械やダイナマイトといった掘削に関わる技術や新たな精錬技術の導入は採掘可能な鉱床の範囲や生産量を拡大するし、鉱山鉄道や道路の整備は生産や流通効率を上げる。採掘技術は、ときには海底油田やシェールオイル・ガス田といった新しい鉱床の開発を可能にする。そして新しい鉱床やそこでの採掘や精錬といった活動は、労働者の住居や道路・水道・電気・ガスといったインフラ、教育施設、福祉施設、娯楽施設等を含む鉱山街の発展を促すこともある。たとえば世界遺産に登録されている長崎県の軍艦島は、炭鉱労働者が暮らしていた鉱山街である。他方で、既存の採掘・精錬技術あるいはそのコストの限界によって採掘がおこなわれなくなる鉱床もある。たとえば鉱物資源がグローバルに流通するようになった結果、経済的な競争力を失った鉱床は縮小あるいは廃止される。そこで採掘がおこなわれなければ、鉱山街は維持されない。軍艦島をはじめとする鉱山街の多くが、現在では廃墟になっているのはそのためである。また、四国に多くの金属鉱床が存在するにも関わらず現在操業中のものが無いのも、鉱物が存在しないからではなく経済的な競争力を失ったためである。それゆえ、今後の採掘・精錬技術の進歩や鉱物資源の流通状況によっては、四国の鉱床での採掘が再開される可能性もある。

3．別子銅山の歴史

一六九〇（元禄三）年に、阿波（現在の徳島県）生まれの鉱夫・切り上り長兵衛が四国山地の赤石山系に位置する銅山峰（一二九四m）の南側に銅鉱床の露頭を発見した。そして一六九一（元禄四）年五月に幕府から住友家に採掘許可がおりた。同年九月には標高一二〇〇m地点の山中から採掘が、翌月からは精錬も始まった。別子の銅鉱床は世界的にも稀な大きさで、銅山峰山頂付近から鉱床が地下に向かって伸びていた。銅の採掘と精錬にともない、四国山地の山中に鉱山街が形成された。それは採掘や精錬に従事する多くの人々やその家族、そして彼らが必要とする食糧や物品を提供する商店、学校、病院、寺社等からなる山

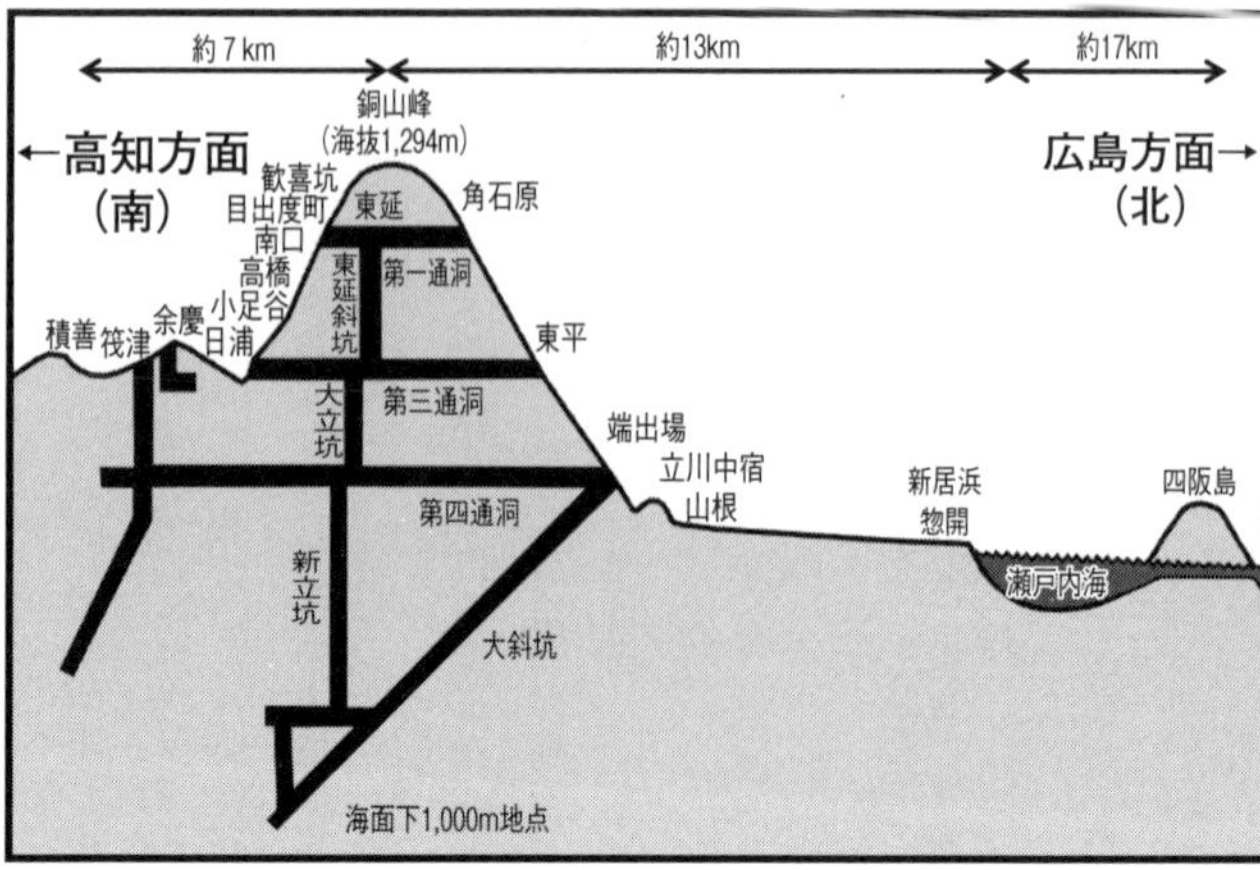

図 5-2　別子銅山全体断面図

（注）樋口（2013）をもとに筆者作成。

中の「都市」である。また、消費される食糧や物品および生産された銅を運ぶ道も整備されていった。現在の新居浜市別子山旧別子銅山日浦登山口から銅山峰に向けて登山すると、かつての鉱山や精錬施設および都市や道の跡を見ることができる。

銅は江戸時代の主要な輸出品目だった。別子銅山の開抗六年目の一六九七（元禄一〇）年には、日本の産銅高が世界一になった。この時日本は年間約六〇〇〇ｔの銅を輸出していたが、その約四分の一は別子で採掘されていた。別子で採掘・精錬された荒銅（純度九五％）は大阪に運ばれ、最終精錬をした上で棹銅（純度九九％）というインゴットに加工されて長崎に向かった。鎖国下にあった江戸時代は、長崎の出島という限られた場所を通じて、オランダ・中国といった限られた国と貿易をしていた。この時にオランダや中国が求めていたのは高純度が生み出すローズレッド（赤銅色）が美しい「ジャパン・カッパー」だった（村上　二〇〇七）。

そして、この当時の日本が輸出した銅は中国の銅銭になったり、ベトナムやＶＯＣ（オランダ東インド会社）の貨幣になった。それゆえ当時の長崎にいたオランダ商館長も、日本中の銅を集めて精錬する大坂の精錬所を見学に行っている。また、対馬藩を通じて行う朝鮮貿易で輸出される銅も別子産の銅に限るとされていたため、当時の朝鮮の貨幣も別子産の銅である可能性が高い。つまり元禄時代の四国山地の山中は、銅の道を通じて世界と繋がっていた。そして別子産の銅は地域経済を支えていただけではなく、日本経済および東アジアを中心とする世界経済を支えていた（島田　二〇一三）。

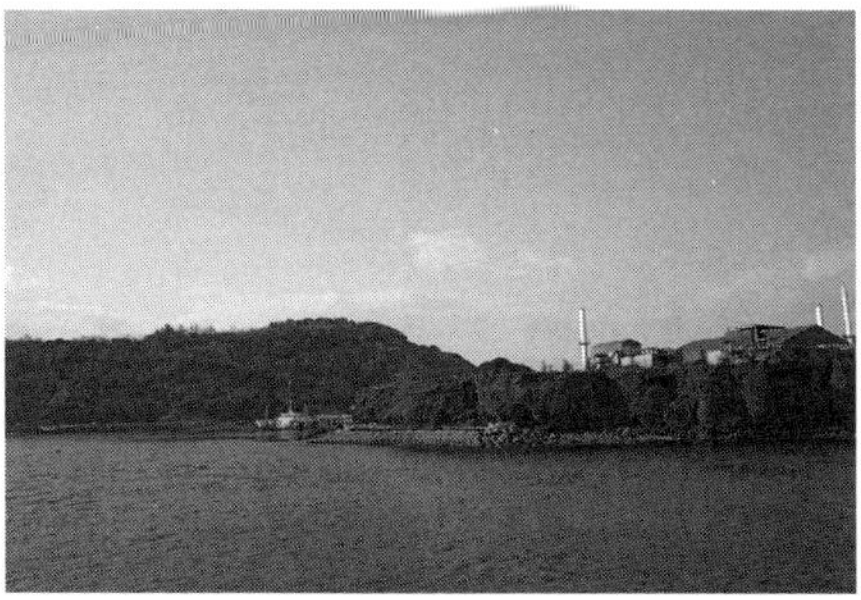

写真 5-1　現在の四阪島の外観（2022年）

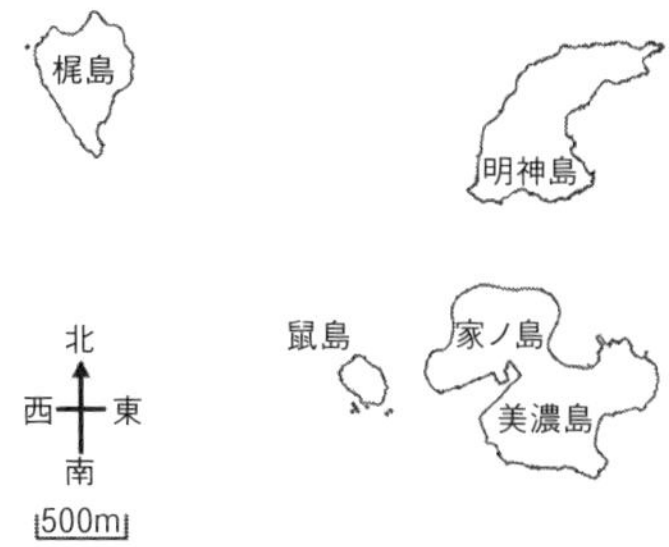

図 5-3　四阪島の位置

4. 銅精錬工場の島の消長

愛媛県新居浜市の沖合約二〇kmに四阪島（しさかじま）という島がある。四阪島は[1]、五つの島（家ノ島、美濃島、明神島、鼠島、梶島）をあわせた群島としての名称である（図5-3、写真5-1）。明治時代に美濃島と家ノ島との間が埋め立てられ、地続きの一つの島となった。

四阪島は江戸時代までは無人島だった。だが、明治時代に新居浜地区にあった惣開（そうびらき）精錬所が排出する亜硫酸ガスによる公害が深刻化したことを受けて、精錬所を四阪島に移設した。四阪島の人口は、最盛期の大正時代末期には五五〇〇人を超え、一九五五（昭和三〇）年代でも精錬所の労働者やその家族など約四〇〇〇人が住んでいた。四阪島で育った元島民（Aさん）は、「当時の四阪島は工場・街頭や住宅の灯などで一晩中明るい不夜城だった」と語る。しかし四阪島での銅精錬が廃止されてからは、四阪島に居住する人はおらず、精錬以外の経済活動もおこなわれていない。島全体が民間企業の社有地のため、関係者以外の立ち入りが禁止されている。行政区分としては今治市に属しているが、アクセスは新居浜市―四阪島を往復する連絡船に限られている。

四阪島に精錬所が建設された過程は、別子銅山の操業にともなう大気汚染や森林破壊に大きく関わっている。別子銅山での採鉱が開始された江戸時代の精錬は銅山峰付近でおこなわれていた。だが、精錬のために銅鉱石を熱する過程で亜硫酸ガスが発生し、周辺の杉の木が枯死してしまった。だが、当時の精錬所は都市部とは離れた山中にあったため、鉱山関係者以外の多数の人間に直接的な被害が及ぶことは少なかった。

一八八〇（明治一三）年に別子銅山と新居浜市惣開の洋式精錬所建設予定地を結ぶ幹線

道路が敷設され、一八八四（明治一七）年に惣開精錬所が完成した。この頃、鉱石運搬用の鉄道（住友金属鉱山下部鉄道）が整備されたことや、採鉱にダイナマイトが使用されるようになったことから、採鉱高が飛躍的に伸びた。そして一八八七（明治二〇）年頃から、精錬所が排出する亜硫酸ガスによる煙害が社会問題化した。具体的には惣開周辺の農地で、亜硫酸ガスによる麦の立ち枯れなどが発生していた。そして一八九四（明治二七）年には、集団抗議する農民と警備にあたる警察官とのあいだで衝突事件が起きた。この当時は亜硫酸ガスの回収方法が確立していなかったため、当時の住友総理事である伊庭貞剛は、煙害問題解決を目指して精錬設備を四阪島へ移転することを決めた（表5-1）。

『宮窪町誌』（宮窪町誌編集委員会　一九九四）によれば、もともと四阪島の所有者は今治市常盤町に住む竹内豊助であった。一九三二（昭和七）年九月一七日の『大阪朝日新聞』愛媛版の記事によると、彼は一八八七（明治二〇）年前後に四阪島を宮窪村友浦、弓削村、佐島村の村民に売った。その頃の四阪島は「生産性がない無用の土地」だと考えられていた。だが、だからこそ住友金属鉱山株式会社の支配人伊庭貞剛は、煙害問題解決のために一八九五（明治二八）年に四阪島を九三七三円七〇銭で買収した。[2] そして一八九七（明治三〇）年に、家ノ島で銅精錬所の建設が開始された。四阪島精錬所の建設費は約八〇万円だった。そのころの住友金属鉱山株式会社の年間収益が約一〇〇万円であったことを考えると、四阪島への精錬所移転が会社にとってどれほど大きな事業であったのかがわかる。そして一八九九（明治三二）年に、四阪島の所有権が伊庭貞剛から住友家に譲られた。

一九〇五（明治三八）年に、四阪島精錬所での操業が開始されたが、煙害問題の解決には至らなかった（写真5-2）。同年に当時の今治・越智郡・周桑群一帯の村から「煙害のため麦が枯れた」という抗議が相次いだのである。住友の職員たちは「遠く離れた島から濃いガスが沿岸に届くはずはない」と信じていた。しかし、四阪島から排出された亜硫酸ガスは年ごとに濃くなり、沿岸地域を覆い尽くすようになった。当時は銅精錬の排煙から亜硫酸ガスを取り除く技術が無かったため、排煙に外気をかき混ぜて濃度を薄めるなどの試みがなされた。だが一九一三（大正二）年には、四阪島精錬所の従業員とその家族約二〇〇〇人が息苦しさや喉の痛みといった亜硫酸ガスによる健康被害に苦しめられた。その後、排煙から亜硫酸ガスを除去したうえで、副産物として硫酸を生産する装置が開発された。[3] この装置は一九三〇（昭和五）年に稼働しはじめ、亜硫酸ガスの

表 5-1　別子銅山関連および四阪島の歴史

年	四阪島関連[*2]		別子銅山関連[*1]
1691(元禄 4)年			別子銅山開坑
1698(元禄 11)年			1521t という世界有数の産銅高を誇る
1874(明治 7)年			銅山経営の近代化を図るべく、外国人技師を雇い入れる
1884(明治 17)年			惣開精錬所が完成
1893(明治 26)年			別子鉱山鉄道竣工
1894(明治 27)年		無人島	4 村（新居浜・金子・庄内・新須賀）農民代表が、愛媛県に被害を訴え、精錬所に損害賠償を要求
1899(明治 32)年			別子大水害
1887(明治 20)年頃	・今治市常盤町に住む竹内豊助が、宮窪村友浦、弓削村、佐島村の村民に、四阪島（家ノ島、美濃島、明神島、鼠島）を売却[*3] ・生産性がない無用の土地だと考えられていた		
1895(明治 28)年	・四阪島を住友金属鉱山株式会社の支配人伊庭貞剛が買収[*3] ・四阪島への精錬所移転を発表		
1897(明治 30)年	・四阪島精錬所の建設工事着手、家ノ島と美濃島の間を埋め立てる		
1905(明治 38)年	・四阪島銅精錬所が操業開始 ・四阪島の人口は 3549 人（1 月） ・四阪島精錬所による煙害の発生		
大正末期	・人口が 5500 人を超える		
1930(昭和 5)年	・ペテルゼン式硫酸製造装置が稼働開始	工場と街の島	
1939(昭和 14)年	・アンモニアを触媒に排煙を中和する工場が建設		
1945(昭和 20)年	・梶島の半分が住友所有になる		
1971(昭和 46)年	・亜硫酸ガスが排出されない自溶鉱炉を備えた東予精錬所の完成により、操業縮小		
1973(昭和 48)年			別子銅山閉山
1976(昭和 51)年	・銅精錬の廃止		
1977(昭和 52)年	・酸化亜鉛製造開始 ・島民全員の島外移住が始まる		
1988(昭和 63)年	・工場は船による通勤制		
2012(平成 24)年	・工場関係者によってイノシシが初めて観察される[*4]		
2013・2014 (平成 25・26)年	・工場関係者からのイノシシ目撃情報が増加[*4]	工場と廃墟の街の島	
2015(平成 27)年	・島の工場の現職員（狩猟クラブYメンバー）から、狩猟クラブYのメンバーへ「イノシシを獲りに来ないか？」と声をかける[*4] ・会社からイノシシの捕獲を依頼される[*4]		
一現在	毎年 3 月頃に 1 回、狩猟クラブYが狩猟を行う[*4]		

＊1：住友金属鉱山史編集委員会（1991）
＊2：四阪工業創業百周年記念誌編集委員会（2005）
＊3：宮窪町誌編集委員会（1994）
＊4：聞き取りデータ
にもとづき筆者作成。

写真 5－2　四阪島精錬所（1906（明治 39）年頃）
（出典）吉村（2002：28）より転載。（住友資料館所蔵）

濃度は次第に減少していった。そして一九三九（昭和一四）年には、アンモニアを触媒に排煙を中和する工場が建設された。このため煙害問題は同年一二月に完全解決された。

一九七三（昭和四八）年に別子銅山が閉山したが、四阪島では海外で採掘された鉱石の買鉱精錬が引き続き行われていた。別子銅山が閉山した頃の四阪島精錬所の年間産銅高は一三万tを越えており、世界屈指の銅精錬所だった。だが、一九七六（昭和五一）年に四阪島での銅精錬は廃止された。それは、亜硫酸ガスを排出しない東予精錬所が一九七一（昭和四六）年に操業開始したことに起因する。排煙問題が技術的に解決したため、わざわざ離島に精錬所を建設する必要が無くなったのである。一九七六（昭和五一）年に四阪島での銅精錬が廃止されたことにともない、住民全員が新居浜などに移住した。ただ、亜鉛などの精錬は続けられており、新居浜市からの通勤体制に移行した。現在では、五〇人前後の社員が会社の船で通勤する島になった。

5. 離島の近代[4]

一八九七（明治三〇）年に四阪島精錬所が建設されたことに伴い、作業員とその家族が島に居住しはじめた。住民から通信や送金をおこなうための郵便局開設の要望が多数寄せられた結果、一九〇〇（明治三三）年に郵便受取所が開設された。そして事務量が増大したことにより、一九〇四（明治三七）年に郵便局が開設された。銅精錬所が操業開始した一九〇五（明治三八）年には、郵便局と住友病院四阪島出張所が開設された。銅精錬所が操業していた時の四阪島は、道路や水道、港、社宅、小中学校、神社・寺、病院、商店、クラブ、運動場・プール、映画館などが備わった「都市」であった。こうした都市機能やテクノロジーは、当時の新居浜市よりも進んでいたという。すなわち、一九世紀末から二〇世紀前半までの期間に一時的に存在した都市としての四阪島は、この地域におけるテクノロジーや近代の中心だったといえる。

Aさんによると、精錬所のシフトは四直三交代制で、土日関係なく働いていたという。非番の時には、仲間たちと一緒に釣りに出かけたりしていた。また、この頃には新居浜だけではなく今治や尾道への航路もあった。そして新居浜―四阪島―尾道間を往復する船が一日一便あったという[5]。

四阪島では水がほとんど湧かないため、新居浜から船で水が運ばれていた。水を積んだ船は港に建設されていた水揚げポンプ小屋の横に停泊し、そこから水を吸い上げて山頂の貯水タンクに送水された[6]。そのための水揚げポンプ小屋は、一九〇七(明治四〇)年に完成した。海水も水揚げポンプ小屋から吸い上げられ、山頂にある海水用貯水タンクに貯められていた。四阪島で精錬が開始された当初は、島内に設置した火力発電所で電気を生産していた。だが一九二二(大正一一)年からは、新居浜からの海底ケーブルによって送電されるようになった。一九五七(昭和三二)年には海底送電ケーブルが四本になり「四阪島はまさに不夜城」と称されたという。

従業員とその家族は社宅で暮らしていた。最盛期の総戸数は九六八戸におよんだ。社宅は職員用・準職員用・従業員用に分類されていた。職員用の家は一戸建てなど部屋がいくつもあるものだったが、従業員用の家は長屋でトイレと風呂は共同であった。Aさんによると、当時は長屋単位で頼母子講が行われており、島を出た今でも同じ長屋で住んでいた人々との繋がりがあるという。無料の共同浴場が島に三ヶ所あり、人々は自宅近くの浴場で入浴した。浴槽の大きさは四m四方ほどで、海水であった。それゆえ、身体を洗ったりあがり湯にするために、入り口でバケツ一杯の真水を汲んで浴場にむかったという。Aさんは「風呂が海水だったのは、今考えれば(温泉のようで)贅沢だった。家に帰るまでも、身体がぽかぽかしていた」と語る。

一九〇一(明治三四)年には、明神島に四阪島尋常小学校が開校されたが、計画変更となってほとんど使われることなく撤去された。そこで一九〇八(明治四一)年に、美濃島に私立住友四阪島尋常小学校が設立された。明神島からも子どもたちが船で毎日通っていた。一九一三(大正二)年には、私立住友四阪島尋常高等小学校となった。生徒数が最も多かったのは一九二〇（大正九）年で、一〇一二人であった。このように初期の四阪島の小中学校は、会社が経営する私立学校だったため、教員の給与が倍以上高かった。中学校のクラス数が最も多かった時期（一九六三～六四［昭和三八～三九］年）には九クラスあった。しかし、一九五五（昭和三〇）年代後半に銅価格が暴落し、リストラなどが相次いだ。その影響で学校の経営も困難になり、一九六一（昭和三六）年に宮窪町立四阪島小学校・中学校という公立学校になった。一九六七（昭和四二）年には給食センターが設立された。給食センターが建てられた場所には、一九五七（昭和三二）年の学校創立五〇周年記念事業として水族館が建てられていた。元島民は当時の学校の印象について「学校はとっても明るかった。新任できた先生が、校舎の明るさにびっくりしていた」と語るほど、ライトの数が多かったという。毎年四月には、小学生は船に乗って今治か新居浜へ遠足にいったという。また、学校行事として歌の発表会や陸上競技会などがあった。だが、宮窪町立四阪島小学校・中学校は一九八一（昭和五六）年に閉校した。

一九五一（昭和二六）年には、宮窪町立保育園が開設された。保育園は夜になると剣道場に使用されることもあったという。それ以前については、一九一二（大正元）年九月に婦人労働者のための小児預所が開設されたという記録がある。一九一二（大正元）年から一〇年ほどの間に、四阪精錬所では二〇〇名ほどの女性従業員が働いていた。このため昼夜を問わず小児預所が子どもを預かっていた。この小児預所は家ノ島の北側にあったが、一九二一（大正一〇）年に閉所した。それは精錬所のリストラにより、女性の従業員がほとんどいなくなったためである。

一九〇五（明治三八）年に、住友別子病院の分院が開設された。診療科目は、開設当初からあった内科と外科だけでなく、婦人科（明治末期）・眼科（明治末期から昭和初期）・歯科（昭和以降）も存在した時期もあった。病院のスタッフは、一五～二〇人だった。大正時代は煙害の影響で乳幼児死亡率が高かったことから、二歳になるまでは島を離れて暮らしなさいと指示していたこともあったという。従業員は無料で診察を受けることができた。銅精錬終了後もすぐに全島民が撤退したわけではないため、規模を縮小させながら一九八六（昭和六一）年まで診療が続けられた。

島には長さ約一〇〇mほどの商店街があり、配給所（のちの生協）や飲食店、雑貨店や、美容院、肉屋などがあったという（写真5‐3）。商店街には宮窪町役場の出先機関もあり、ここで役場での用事を済ますことができた。また、商店街にはクラブの建物もあり、[7]そこでは「早い頃からテレビを見ることができ、みんなで格闘技などを見て賑やかだった」という。一四〇〇人収容可能な娯楽場もあった。一九五三（昭和二八）年には映写機を備えるようになり、上映会が開催されるといつも満員だった。また、元島民のひとりは、従業員で結成されたマンダリンクラブの演奏を聴きに、娯楽場に行ったという。それ以外にも島民運動会が毎年開かれ、七つの地区を三つに分けた対抗戦をしていた。なかでも島一周マラソンが目玉イベントで、大いに盛り上がったという。また、Ａさんによると毎日の休み時間には従業員たちがバレーボールなどといったスポーツを楽しんでいた。

毎年五月には、島の神社で山神祭が行われた。島民の数が五〇〇〇人にのぼった大正時代の山神祭では、三日間の入場券を三種に色分けし、各家に配布するといった工夫が行われていた。神社の境内では相撲大会などもおこなわれ、その時には屋台が並んでいて賑やかだったという。また、島のお寺では毎年一〇月に無縁仏供養がおこなわれていた。そして四阪島の中で最も小さい鼠島という無人島は、精錬所建設当時から病死・事故死した親類縁者が不明の人々のための無縁仏墓地として利用されており、大正中期には火葬場と納骨堂も作られた。だが、一九六五（昭和四〇）年からは鼠島で火葬が行われることはなくなった。

写真 5－3　商店街跡地（2022 年）

戦前は採石場だった梶島は、一九四五（昭和二〇）年に半分が住友の所有になった。その後、食糧事情が悪化したことにより社員が交代で島を開墾した。新鮮な野菜類が大量に収穫できるようになったため、一九四六（昭和二一）年に移り住んだ農耕従事者五世帯と契約し、芋類や大根などを生産させた。その後、食糧事情が好転したことや孤島の不便さや孤独感から次第に退島し、一九七四（昭和四九）年に無人島になった。

明神島は、一八九五（明治二八）年に住友が買収した。美濃島の埋立工事中には住宅地として利用され、病院や学校なども建設されたが、工事終了後の一九〇九（明治四二）年には島民が明神島を去った。だが大正末期から昭和中期にかけてふたたび農家が居住して美濃島に食糧を供給していた。また、一九三六（昭和一一）年には海水浴場が開設され、明神島での海水浴が島民にとっての夏の風物詩となった。だが昭和中期以降は、今治や新居浜から野菜を売りに来る人が増えたため、明神島の野菜が売れなくなった。そして一九七〇（昭和四五）年に無人島となった。

6．近代の向こう側

こうして再び「人が住まない島」となった四阪島で、二〇一二（平成二四）年にイノシシの移入が確認された。元島民が四阪島で生活をしていた時代にイノシシを確認したことはないため、近年になって流入したと考えられる。イノシシは精錬所構内にも頻繁に現れるため、工業関係者による箱ワナの設置や狩猟がおこなわれている。四阪島に渡ってきたイノシシは、かつて人々が農業をしていた明神島で暮らし、そこからかつての「都市」がうち捨てられている家ノ島に渡ってくると、元島民でもある工場関係者はいう。だが、そこにはまだ精錬所が稼働しているため、その機能を維持するための草刈りやイノシシの駆除がおこなわれている（写真5－4）。

写真 5－4　林道では、年に数回草刈りが行われている（2022 年）

現在の精錬所は、銅精錬で栄えていた頃と比べると大幅に規模が縮小され、工場街があった美濃島の建物や道路は荒廃が進んでいる。だが、四阪島は単純に「自然に戻って」いるのではないかもしれない。現在、四阪島の建物や道路等のインフラは様々な植生で覆い尽くされようとしており、臨時雇用の職員がそれをかろうじて食い止めている状況である。そして、瀬戸内海の島嶼部で生息域を拡げつつあるイノシシも流入している。イノシシを脅威だと見做す精錬所は、四阪島の元島民や精錬所職員を媒介に、新居浜市の狩猟クラブに駆除を依頼するようになった。これに対して狩猟クラブYのメンバーは、「人がいないエリアでの狩猟」という楽しみを見いだしている。また、元島民のメンバーにとって、この狩猟は「里帰り」でもある（写真5－5・6）。つまり近年の四阪島でのイノシシ猟は、工場の職員にとっては脅威となるイノシシを排除してもらう機会、狩猟クラブYのメンバーにとっては狩猟の楽しみを味わう機会、狩猟クラブの中にいる元島民にとってはなかなか立ち入りが難しい故郷への帰省の機会である（写真5‐7）。このようにみると、四阪島でのイノシシ猟は多様な当事者の異なる思惑や実践が絡まりあう場となっている。

環境破壊や気候変動に関する従来の議論では、資本主義的な活動による生物多様性の減少などに危機感が示されてきた。だが近年では、そうした活動によって撹乱された生態環境である廃墟や荒廃地において人間と非人間が創発する新たな関係性やその可能性に焦点をあてる研究が増えてきている（Bubandt & Tsing 2018, Stoetzer 2018）。それらの研究が注目しているのは、大規模な産業活動によって撹乱された場所の歴史と未来である。

たとえばアメリカの文化人類学者ツィンは、プランテーションや工場といった資本主義的な活動によって荒廃した環境で新たな生きかたが生み出される可能性について考察した（Tsing 2015）。アメリカのオレゴン州での過伐採によって荒廃した森には、これまでとは別種の木が生い茂り、そこに偶然マツタケが生えるようになった。それはベトナム戦争時代に森での戦闘に巻きこまれた難民が摘み、生活の糧になっている。さらに日本に出荷されて、秋の味覚の構成要素になる。このように、今日

写真 5‐5　狩猟の際の目印となる貯水タンク跡（2022 年）

写真 5‐6　階段だった場所を登っていく猟師（2022 年）

写真 5‐7　イノシシを追うため、建物が崩れた場所を通る（2022 年）

では世界のあちこちに存在する「廃墟」的な環境は、必ずしも「世界の終わり」ではない。むしろ、そこで生まれる新たな出来事や関係性に目を向ける必要がある。それは「手つかずの自然（wildness）」と人間活動を二項対立的に考えてしまいがちな私たちの癖を批判している。廃墟とは、そのような自然／人間二項対立的な見方を超えた人間の営みを理解する上で重要な対象となり得る。

鉱床という場所は、大地の動きによって形成された鉱物に人間が価値づけをして利用することで生まれる。また鉱床は、大地のリズムと人間活動のリズムが重なる時間にのみ現れる。そして鉱床をめぐる人間活動は地域での暮らしの基盤になるし、それは時には地域を越えたグローバルな影響力をもつこともある。鉱業にはテクノロジーや資本というイメージあるいは公害や環境破壊というイメージがつきまとう。だが、「廃墟」になった鉱床の歴史を見なおすことを通じて、私たちは鉱物を通じて四国における人間と環境の歴史や将来について考えることができる。

注

（1）ただし、場合によっては梶島を除く四島を指すことがある。
（2）梶島は、第二次世界大戦後に住友金属鉱山株式会社の所有となった。
（3）ドイツ人のペテルゼンが考案したため、ペテルゼン式硫酸製造装置という。
（4）この節は、四阪工場操業百周年記念誌編集委員会（二〇〇五）に依拠する。
（5）管（二〇一九）による。
（6）二〇二二年現在でも、新居浜から一日二往復する船によって、約一〇〇〇ｔの水が運ばれている。島民がいない現在でも大量の真水が運ばれているのは、酸化亜鉛製造工場で酸化亜鉛から塩素を抜く工程で使用するためである。
（7）島内には合計三カ所のクラブがあった。

参考文献

四阪工場操業百周年記念誌編集委員会　二〇〇五『四阪島物語　四阪工場操業百周年記念誌』住友金属鉱山株式会社。

住友金属鉱山史編集委員会　一九九一『住友別子鉱山史〔別巻〕』住友金属鉱山株式会社。

島田竜登　二〇一三「海域アジアにおける日本銅とオランダ東インド会社」竹田和夫編『歴史のなかの金・銀・銅』勉誠出版、四八—六四頁。

徳島県立博物館　一九九七『辰砂生産遺跡の調査——徳島県阿南市若杉山遺跡』。

日本地質学会編　二〇一六『日本地方物質誌　7　四国地方』朝倉書店。

樋口博美　二〇一三「別子銅山の歴史と山を拓き支えた人々——別子銅山記念館訪問の記録から」『専修大学社会科学研究所月報』六〇一・六〇二：一八—三三、専修大学社会科学研究所。

宮窪町誌編集委員会　一九九四『宮窪町誌』。

村上隆　二〇〇七『金・銀・銅の日本史』岩波書店。

吉村久美子　二〇〇二「別子銅山産業遺産の残存状況について——四阪島」『愛媛県総合科学博物館研究報告』七：一三—八六。

管春二　二〇一九「調査記録——別子銅山製錬所の島　四阪島の暮らし」。

Bubandt, N. and Tsing, A. 2018. Feral Dynamics of Post-Industrial Ruin: An Introduction. *Journal of Ethnobiology* 38 (1): 1-7.

Kirksey, S. E. and Helmreich, S. 2010. The emergence of Multispecies Ethnography. *Cultural Anthropology* 25 (4): 545-576.

Tsing, A. 2015. *The Mushroom at the End of the World: On the Possibility of Life in Capitalist Ruins*. Princeton university Press.（ツィン　二〇一九『マツタケ——不確実な時代を生きる術』赤嶺淳訳、みすず書房）

第Ⅱ部 微生物と文化

――〈おいしい〉をつくるつながり

食品を放置すると、色や味が変化する。そうした変化のなかでも利用する人間にとって好ましいものを「発酵」、好ましくないものを「腐敗」という。発酵と腐敗の境界はあいまいである。納豆・クサヤ・臭豆腐・シュールストレミング等の発酵食品は、慣れ親しんだ人以外には腐敗としか思えない。

発酵／腐敗が生命による活動の結果だと考えられるようになったのは最近である。オランダのレーウェンフック（一六三二―一七二三）が顕微鏡を作成し、フランスのパストゥール（一八二二―一八九五）が乳酸発酵の観察をした。そしてパストゥールは、発酵や腐敗が微生物の活動によって起こること、そして微生物は自然発生せずに、他の生物と同様に増殖／死滅することを明らかにした。いま私たちは、世界には肉眼では見ることができない生物が存在しており、その活動が発酵／腐敗等の形であらわれるということを「当たり前のこと」として知っている（ラトゥール　二〇〇七）。このように科学技術の進展は、微生物や馴染みのない生き物による活動と人間活動を関連づけて考えることを可能にした（Helmreich 2009）。

人間と異種生物の関係史を見ると、家畜化や栽培化のように、人間と関わることで異種生物が別の形態や生態に生成変化することがある。他方で、二一世紀における新型コロナウイルスの世界的流行が各地に与えた影響や、欧州の産業革命とアフリカでの奴隷交易を引き起こした一七世紀以降のサトウキビ生産の拡大のように、異種生物による活動によって人間の細胞・身体・文化・科学・技術・経済・歴史・政治が変化した例も多い。このように人間と異種生物の関係史を見ると、両者の間に思いもよらない結びつきが生まれることがある。人間と異種生物とは利害が根本的に異なることが多い。すなわち人間が資源と考えないものも、異種生物には資源となる場合がある。そこから思いもよらない関係性が創発する。

人間はチャノキ（Camellia sinensis）を古くから加工・利用してきた。なかでも微生物による活動の力を借りた後発酵茶はおもに東南アジア、中国南部そして日本の四国で生産されている。かつて後発酵茶は庶民が日常的に利用するための商品として、あるいは自家消費用に生産されていた。だが、緑茶や紅茶の普及等にともない生産量が激減した。近年はアンチエイジングや肥満抑制等の健康機能が見なおされつつある。この部では後発酵茶を通じて、四国山地で暮らす多種（人間―植物―微生物）や物質（道具）のつながりの動態や歴史を見つめなおす。そうしたつながりは、「閉じた世界」にみえる四国山地の外にも広がっている。

ラトゥール、ブルーノ　二〇〇七『科学論の実在――パンドラの希望』川崎勝・平川秀幸訳、産業図書。

Helmreich, S. 2009. *Alien Ocean: Anthropological Voyages in Microbial Seas.* University of California Press.

第6章　地域伝統発酵食品としての後発酵茶
――阿波茶・碁石茶・石鎚茶・バタバタ茶

内野昌孝

1. お茶の分類

お茶の分類

チャは学名を *Camellia sinensis* (L.) Kuntzeとし、ツバキ科の多年生植物で中国種とアッサム種に分けられるが、別な種や交雑種なども見受けられる。日本では「やぶきた」という品種が主流で、各茶業試験場などが品種改良を行い、複数の品種が存在する。また、地域で古くから育てられたチャノキはヤマチャとも呼ばれ品種名がついていないもの多く見受けられる。お茶の製造法により異なるが、茶葉に含まれるアミノ酸などのうま味、カテキンなどの渋み、独特の香り（製造法で異なる）などで風味が形成される。

FAOによると二〇一八年の世界の茶葉誠生産量一位は中国（約四一％）、二位はインド（約二一％）、三位はケニア（約八％）でありその他多くの国で作られるため四位以下は五％と以下の国が多くある。

さて、チャノキから収穫された茶葉は製造方法の違いにより様々なタイプのお茶に変化する。そのタイプは細かく分けると一〇を超える種類となるが、ここでは代表的な不発酵茶、発酵茶（半発酵茶を含む）、後発酵茶に分けて説明したいと思う（図6-1）。

不発酵茶

製造過程で発酵を伴わないお茶の総称である。ただし、ここでの発酵とは微生物による発酵ではなく、製造工程における茶葉に含まれる内在酵素による反応を指す。不発酵茶は緑茶とも呼ばれ、行程中に加熱工程があり（殺青）、蒸気で蒸して過熱するタイプを「蒸製」と呼び、煎茶、玉露、かぶせ茶や番茶など、多くの日本茶が含まる。一方、釜で加熱する「釜炒製」と呼ばれるものは中国などの龍井茶（ロンジンチャ）、黄山毛峰（コウザンモウホウ）、日本の玉緑茶などが含まれる。茶葉を採取後に速やかに加熱し、内在酵素の失活をすすめるため、茶葉の多くの成分がそのまま残っているのが特徴で、旨味成分のグルタミン酸やテアニン、青草臭であるヘキサナールや2‐ヘキセナールを含む。また、葉緑体を分解する酵素も熱により失活するために緑色が長期間保持されることも特徴である。リラックス成分のカフェインも含まれており、特に玉露は収穫前に被覆栽培と呼ばれる日光をある程度遮断した形で栽培されるため、カフェイン量がほかの緑茶に比べて高いことが特徴である。釜炒製では釜香という香ばしい香りがつくことが特徴だ。

表 6－1　主な茶の種類

お茶のカテゴリー	お茶の種類
不発酵茶	緑茶（蒸製）：煎茶、玉露など 緑茶（釜炒製）：龍井茶など
半発酵茶	ウーロン茶など
発酵茶	紅茶
後発酵茶	プーアル茶、阿波晩茶など

発酵茶と半発酵茶

世界で最も飲用されているタイプのお茶である。発酵茶と半発酵茶は茶葉に含まれる内在酵素、特に酸化酵素の作用を利用して作られるお茶だ。発酵茶の代表は紅茶（Black Tea）、半発酵茶はウーロン茶などが知られている。いずれも萎凋という乾燥や熟成の工程があり、この過程で内在の酸化酵素により茶葉内の様々な物質が酸化され、独特の花や果実を思わせる萎凋香という香りがでてくる。また、発酵茶独特の赤系の色はカテキン類が重合してできたテアフラビン類を主体としたもので、強い抗酸化作用や糖質分解酵素の阻害作用などが報告されている。発酵茶の紅茶は産地や収穫期により風味が異なる。日本で比較的知られているのは甘くさわやかな香りと上質な渋みが特徴のインドのダージリンやメントール香を持つスリランカのダージリンがあげられるが、中国やケニア、インドネシアでも作られている。半発酵茶の烏龍茶は紅茶の様に工程の前半は発酵させるが、後半に加熱をする殺青工程があり、紅茶にはない成分が含まれる。香り成分としてスズラン系、バラ系、ジャスミン系の香りを含む。

後発酵茶

後発酵茶は微生物による発酵を伴うお茶で発酵茶と区別するために「後」発酵茶という名称を用いている。世界的に有名な後発酵茶は中国のプーアル茶である。その製造工程は収穫後に茶葉を蒸して茶葉内在酵素による酸化を抑えてカビなどの微生物により発酵を促す。地域により製造工程は様々でカビや酵母、乳酸菌などが製造過程中に増殖し独特な風味形成をする。特に乳酸菌が関与する後発酵茶は独特の酸味が付与される。さらに、後発酵茶は飲むタイプだけでなく、食べるタイプや噛むタイプなど様々な種類がある。

この後発酵茶についてはその詳細を次から伝えたいと思う。

2. 世界の後発酵茶

世界の後発酵茶の分類

後発酵茶を食品学的に分けると飲むお茶（プーアルや日本の後発酵茶など）と食べるお茶（ラペソー）、噛むお茶（ミエン）に分けられる。一方、中林らは後発酵茶（微生物発酵茶）を関与する微生物により分別し、好気的カビ付け茶（中国の黒茶：プーアル茶や富山の黒茶：バタバタ茶）、嫌気的バクテリア発酵茶（ミエン、ラペソー、阿波晩茶など）、好気的カビ発酵・嫌気的バクテリア発酵の二段発酵茶（碁石茶、石鎚黒茶など）に分けている。また、多くが原料として若芽ではなく、成熟葉を利用しているのも特徴である。これは恐らく若芽だと発酵中に分解が進んでしまうこと、また、微生物の発酵に適した温度が二五〜三五℃前後で初夏の気温とおおよそ重なるためと考えられている。いずれにせよ、後発酵茶はアジア各地に分布しているものの、それぞれが特徴あるお茶であることがとても興味深く思う。

飲むお茶――プーアル茶（中国）

一〇七四年ごろに蒸煮した緑茶を二〇日あまり堆積することで黒いお茶ができることが分かり、これが四川省の黒茶（プーアル茶の分類カテゴリー）製造の始まりで、プーアル茶は雲南省の普洱（プーアル）県が発祥の地で、この場所に茶業市場があり、周辺の地域から生産させる茶を集積していた。そのため、これらのお茶を総称してプーアル茶と呼んでいたため、プーアル茶という名前として残った様である。また、これらは一六世紀から既に飲用されており、中国の中部から南部にかけて生産され、主に中国の中部から北部および西部で消費されていたようだ。

風味が緑茶と異なるだけでなく、製品の多くは固められて（緊圧茶）輸送に便利だったほか、軽量の面で便利だったとともに長期貯蔵にも耐えられる面も良かったようだ。また、民族ごとに好みや喫茶習慣が異なっていたため、様々なタイプの黒茶が生産されていた。さらに、一九世紀末からロシア、ブータン、ネパールなどの近隣諸国に輸出され、今では多くの国々に輸出されている。

さて、プーアル茶の属する黒茶だが、製造工程は酸茶（黒茶の風味形成）と緊圧茶（成形工程）に分かれる。まず、酸茶の製造工程だが、殺青→初揉→堆積→復揉→乾燥の順に進む。釜炒りによる殺青で茶葉の内在酵素を失活（酵素活性をなくす）、初揉で細胞を破壊し、内部の成分を出やすい状況にする（ここは発酵の促進とお茶にするときの浸出効果を高めると考えられる）。次に堆積するが、その高さは一m程度とし発酵を開始させる。この堆積時の温度や湿度、空気などの環境状況により微生物の発酵状況が変わると思われる。また、この過程で黒茶独自の風味の大半が形成されると考えられる。その後、復揉で形を整えて乾燥させる。この酸茶を原料として緊圧茶を作成する。その工程はブレンド→蒸熱→加熱成型→乾燥→包装の流れで進む。原料の酸茶を切断、ふるい分けしていくつかの等級に分別する。それらを一定の割合でブレンドし、蒸煮して茶葉を柔らかくした後に型に入れて加圧成形する。成型後は元の五分の一～六分の一の大きさとなる。その後、自然乾燥されて包装される。

微生物の視点から考えると、水分含量と温度の関係からカビが主体となり、ある程度の細菌類も発酵に関わっているようである。いずれにせよ、微生物の酸化酵素などがプーアル茶の独特の風味形成に大きく関与していると考えられる。

食べるお茶——ラペソー（ミャンマー）

ミャンマーに食べる発酵茶として「ラペソー」がある。その製法は茶葉を摘んだ後に蒸し器で勢いよく蒸煮を二～三分ほど行う。地域によっては釜炒り法で行う場合もある。加熱後に手で揉捻を五～一〇分（地域によっては二～三分）行う（現在は揉捻機を利用しているところもある）。その後、容器などに（大量生産の場合はコンクリート製の大きな穴を用いる。逆に自宅用には竹筒が用いられる）空気が残らないようにぎっしりつめて植物の葉などで蓋をする。発酵期間は地域により異なり、二週間程度から一年と長期の場合もある。品質は乾季（二～五月）に摘採したものが良いとされている。

さて、ラペソーはビニール袋などに入れられて小売りされるが、家庭でさらに味付けされて食される。伝統的な食べ方として丸盆の中央を同心円的に区切ってラペソーを置き、そこから放射状にたくさんの区画を設けられ、そこに様々な具がおけるようになっている。ラペソーはピーナツオイル、味の素、塩などで味がつけられ、具はピーナッツや焼きニンニク、干しエビなど好きなものを混合し、さらにレモンなどで風味付けをされて食される。

発酵した茶葉をそのまま食べるため、茶葉に含まれる栄養成分などが十分とれることがポイントと思われる。

さて、ラペソーに関わる微生物は乳酸菌や酵母が主体である。乳酸菌は他の後発酵茶でも報告されているタイプを中心にロットごとにいくつかの乳酸菌が関与している。また、酵母も報告によるとすべてのラペソーで確認されているため、酵母が香りを中心とした風味形成に関与していると考えられる。

噛むお茶——ミエン（タイ）

タイ北部およびラオスの北西部で生産されている漬物茶で噛み茶として知られている。食後や来客時に食したり、仏神事ではお供えなどにも利用された。また、カフェインによる覚醒作用があることから、農作業の精力剤としても利用されてきたようである。

茶葉はアッサム種で葉長は一五～二五㎝ほどであり、成葉を茶樹から三分の二ほど収穫し、蒸し器で一五分～二時間ほど蒸煮し、①円筒形の竹籠につめてバナナの葉で覆い密閉して発酵させたものをミエン・ファットと呼び、②大きな樽に茶をつめて石の重しをおき、しっかりと発酵させたものをミエン・サウンと呼んでいるそうだ。約一ヶ月ほどで渋みと酸味の加わった茶ができ、三ヶ月ほどで食べごろになる。

酸味や渋みが強いため、現地では岩塩やショウガ、煎ったココナッツや甘いたれなどとともに食べられることも多いようである。また、ガムの様に口の中で噛み続けることにより、虫歯の予防にもなるそうだ。恐らく、カテキンの抗菌作用が効いているものと思われる。

3. 日本の後発酵茶とその製法について

日本の後発酵茶

日本の後発酵茶は徳島県勝浦郡上勝町および那賀郡那賀町の「阿波晩茶」、高知県長岡郡大豊(おおとよ)町の「碁石茶」、愛媛県西条市の「石鎚黒茶」、富山県下新川郡朝日町の「バタバタ茶」が有名である（これらについての詳細は後ほど紹介する）。ただし、これらは明らかに発酵工程があるお茶であり、微生物学的に考えると微生物による発酵を伴うお茶として加えるべきものは日干番茶(にっかんばんちゃ)である。これは蒸煮した茶葉を天日干しにすることを特徴としている。茶葉には糖やアミノ酸など微生物が生育に必要な成分が含まれる。その茶葉を加熱することで細胞壁の一部と細胞膜が崩壊し、栄養成分が外部に浸出する。水分や温度など生育速度に影響する因子はあるが、この状態で放置しておくと、茶葉に付着していた、または空気中で浮遊していた微生物が増殖し、発酵を進める。多くの微生物は条件が良ければ一日で目に見えて増えていく。このことを考えると、日干番茶も後発酵茶として扱っても間違いではないと考えられる。奈良県吉野郡大淀町、岡山県美作市、徳島県三好市などで生産されている。

一方、神山番茶（徳島県名西郡神山町）、土佐木頭（高知県大豊町）、高仙寺番茶（兵庫県丹波篠山(ささやま)市）はかつて生産されていた様だが、現在は生産されていないようである。ちなみに、神山番茶は二種類の方法があり、一つは茶樹を小枝のまま刈り取

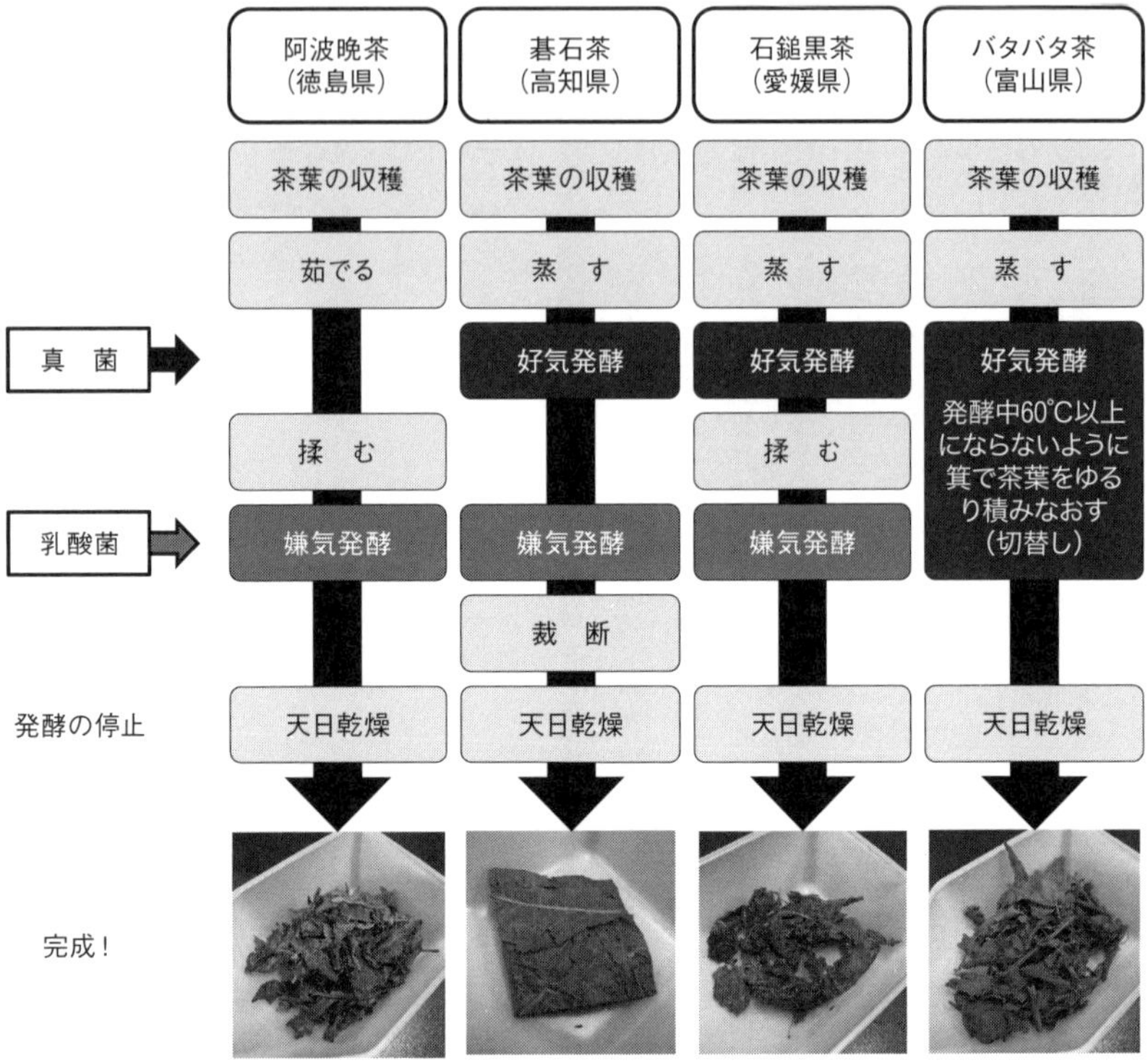

図 6－1　日本の後発酵茶の種類

（注）産業技術総合研究所堀江祐範氏作成。

り、大きな桶に詰め込み、熱湯を注ぎ、蓋をして二日間放置する。これを桶から取り出すと小枝と葉がバラバラに分かれるので、広げて乾燥させる。この際に桶の中の汁を箒で何度も塗りつける。もう一つは茶樹の全葉を採取し釜で煮る。その後、葉を広げて乾燥するが、先と同様に汁液を箒で何度も塗りつける。土佐木頭は碁石茶を製造した農家が阿波晩茶に似せて作ったもので、茶葉を蒸した後に桶で発酵し、ほぐして天日干しにしていたようである（阿波晩茶との大きな違いは加熱部分で蒸すか煮るかの違いである）。高仙寺番茶は旧製法と新製法があり、旧製法は工程上で発酵を確認できないため、新製法について紹介する。新製法では茶葉を鎌で刈り、蒸煮後に日当たりの良いところで床もみをし、固く堆積して独特の香気が発生するまで置いておく。その後、切り崩し、煮干しし、煮汁を振りかけて黒く艶出しする。風味として水色（茶液の色）は黒褐色、お茶としての味は薄めで酸味があるようである。

阿波晩茶

阿波晩茶は主に徳島県勝浦郡上勝町と徳島県那賀郡那賀町（旧相生町域）で生産される発酵茶で生産者数は約一〇〇戸、生産量は約二五t（二〇一九年現在）である。初夏に青葉を枝からすべてしごきとり（枝には茶葉がほとんど残らない）、その茶葉を大釜で数分から一〇分程度煮る。その後、製茶用の揉捻機で数分間揉捻する。次に、桶に揉捻後の茶葉を上から押しつけながら入れる。上部には蓋かそれに準ずるもの（ワラ束など）を入れて内蓋をして、その上から茶葉と同じ重さとなるように石を積み重ねていく。さらに、茶葉を煮た時の汁を内蓋の上約一〇cmまで流し込む。二週間程度（生産者や天候により変わる）の発酵期間の間に独特の発酵臭ができる。発酵後、茶葉を取り出してほぐした後にムシロの上で天日乾燥を行う。乾燥後の茶葉はほぐされた状態のため、大きさに対して軽く感じられる。製造後の茶葉は茶褐色であり、飲用の際には数gの茶葉に沸騰したお湯を五〇〇ml～一L入れて数分すると茶液が山吹色になり、飲み頃となる。緑茶に比べて苦味が少なく、適度な酸味と（乳酸）発酵臭があり、すっきりとした味わいが特徴である。また、現地では夏場に水出しして麦茶と同じような感覚で水分補給に使われているようだ。

発酵期間中に活躍する微生物は乳酸菌（主としてラクチプランチバシルス属ラクチプランチバシルス・プランタラムまたはラクチプランチバシルス・ペントーサス）が主体だが、発酵後半には水面に酵母（デバリオマイセス属など）が発生し、独特の風味形成にも関与している。

さて、製造の開始は諸説あるが、少なくとも一八〇〇年頃には製造が盛んであったようである。その際は地域に自生する「ヤマチャ」を利用していた様だが、今はこの「ヤマチャ」に加えて全国で栽培されている「やぶきた」も利用されている。ただし、茶樹の品種の差で風味がどれくらい異なるのかは明確ではない。

なお、地域ごとに組合またはそれに準ずる団体があり、相生晩茶振興会（那賀町）、いろどり晩茶生産組合、上勝神田茶生産組合、上勝阿波晩茶協会（上勝町）などが登録されている。個人の生産者も多いことから今後も一定の生産量が確保されると考えている。

碁石茶

碁石茶は高知県長岡郡大豊町で生産される発酵茶、大豊町碁石茶協同組合で生産されている。生産農家は現在数軒である。七月に成熟葉を地面に近い位置から刈取る。これを窯で約一時間蒸煮し、放冷後に枝を取り除いた茶葉を室内の板張りに堆積させる。堆積した茶葉の上にムシロをかけて一週間程度保温する（一次発酵）。次にこの茶葉を桶に詰め込み、茶葉を蒸煮した時に出てきた汁（蒸し汁）を入れ、さらに上から重しを載せて一週間程度漬込む（二次発酵）。発酵後、桶から取り出した茶葉を約四cm四方の大きさに四角く裁断し（厚みは五～一〇mm程度）、ゴザの上で天日乾燥させる。このゴザの上に並べた状況が遠くからみると碁盤に碁石を並べた様に見えるため、碁石茶と名付けられたとされている。もともと、碁石茶は瀬戸内地方で茶粥の材料として利用されていた様だが、近年では一般的なお茶と同様に飲用として利用されている。

この発酵に関わる微生物だが、一次発酵ではカビ（アスペルギルス属を主とし、他にペニシリウム属およびスコプラリオプシス属が関与）が関与している。また、カビの中には繊維を分解する能力を持つものも含まれることから、揉捻工程のない碁石茶はこの一次発酵次のカビによる繊維の分解がその代わりを担っていると考えられている。二次発酵では蒸し汁を加えるが、すでにこの蒸し汁に乳酸菌（ラクチプランチバチルス・プランタラムが主体）や酵母（デバリオマイセス・ハンゼニなど）が存在している。二次発酵過程ではこれらが主体的に発酵に関与し、独特の風味形成をしている。筆者らは香りに関する研究を報告しているが、各微生物が独自の香りを生産するだけでなく、微生物が混ざり合うことにより初めてできる香りも検出している。つまり、乳酸菌が入っているから後発酵茶という訳ではなく、そこに存在する複数の微生物が相乗的に独特の風味形成に関与している様である。

さて、碁石茶の歴史は他の後発酵茶と同様に古く、一八世紀頃から生産されていたと推測される。江戸時代に土佐（高知）では和紙、茶、葉煙草が主な産品であった。しかし、時代とともに産品が変化し、大正時代には養蚕が主流となり、戦後は養蚕も碁石茶も下火になっていき緑茶生産、林業、土木業が盛んになり、最後には生産者は一人だけの状況が続いた。現在は大豊町碁石茶協同組合が設立されて数件の農家で生産されている。

石鎚黒茶

石鎚黒茶は愛媛県西条市小松町の石鎚地区において伝わる後発酵茶である。初夏に茶葉をハサミや収穫機で枝ごと収穫し、蒸し器に入る程度に枝を切りそろえる。その後、洗浄し、約一時間程度蒸煮する。蒸煮後に枝を取り除き、箱に茶葉を堆積させて煮沸消毒した布をかけて軽く蓋をして一週間程度発酵させる（一次発酵）。その後、手で揉捻し、空気を抜きながら容器につめ、二週間程度漬込む（二次発酵）。十分発酵した茶葉を軽くもみほぐし天日乾燥する。この際、乾き具合を確認しつつひっくり返しながら二日ほど乾燥に費やす。このお茶は少し癖のある酸味があるものの、渋みは感じられないのが特徴である。実際、お茶のタンニン量は煎茶や紅茶よりも低いが、リラックス効果のあるカフェイン量は年によって異なるものの、おおよそこれらと同じ量の様である。

発酵に関わる微生物だが、一次発酵ではカビ（主にアスペルギルス・ニガー）が発酵の主体で二次発酵では酵母（主にピキア・クドリアブゼビやピキア・マンドシュリカ）と乳酸菌（主にラクチプランチバチルス・プランタラムやレビラクトプランチバチルス・ブレビス）が主体となり発酵を進めてる。ここで比較して頂きたいのが碁石茶と石鎚黒茶の微生物である。両者の製造上の大きな違いは一次発酵後に揉む（石鎚黒茶）のと二次発酵後にほぐす（石鎚黒茶）ところで、この部分以外は類似している。微生物の生育要因は主に栄養、酸素（菌により必要または不必要）、水分、温度、pHなどがあり、このような因子を考えると微生物の生育環境の点から両者はきわめて近いといえる。酵母は香りなどの風味に影響することから、微生物学的には酵母の違いが風味の違いに影響を与えていることが伺える。

さて、歴史的な背景は詳細な文献が残されていないため諸説あるものの、少なくとも江戸時代には生産が盛んだった様である。しかし、昭和に入ってから産品の主体が茶から水稲へ変化したため、生産者が減少していった。しかし、平成初頭より生産の伝承が始まり、今では「さつき会」、「ピース」、「Visee」が生産して年間三五〇kg以上の生産量を保っている。

バタバタ茶

バタバタ茶は現在富山県下新川郡朝日町のバタバタ茶伝承館で製造されている後発酵茶である。七月下旬に茶葉を刈り取り機で刈り取りとる。その後、チョッパーで茶葉を荒く刻んでいく。刻んだ茶葉を蒸煮機で蒸し、粗熱を取った後に太い枝を取り除く。その茶葉を板の囲いの中に堆積し、茶葉が約六〇℃を保つように二～三日に一回切り返しを行い、約四〇日かけて発酵を進める。その後、天日乾燥させて出来上がる。

バタバタ茶の飲み方は独特で茶葉を三〇分以上煮だした後に「五郎八茶碗」にお茶を入れ、速やかに茶筅が二つ繋がった形の専用の茶筅で泡立てていく。製法が中国のプーアル茶に似ていることから風味が類似し、独特のまろやかな味わいがある。また、泡がさらにまろやかさを引き立て、より飲みやすい状況となる。

発酵中に温度が六〇℃まで上昇することから関与する微生物は限られ、糸状菌（カビ）や耐熱性細菌が主体となる。ただし、最近の微生物に関する報告がないため研究を進める必要がある。また、発酵過程で酸化が進むため、結果としてカフェインが緑茶の二〇％以下、カテキンがきわめて低い状況となるとされている。

さて、バタバタ茶の歴史は古く、一五〇〇年頃にはその記録が残っている。記録によると朝日町の蛭谷地区で既に飲用されていた黒茶が行事や茶会で広がった様である。また、現地およびその周辺（とっても新潟県の南西部から富山県の東部と広域である）では茶会と称し、家族の月命日や、結婚、出産などのお祝いなど様々な集いで飲まれていた。しかし、現在はバタバタ茶伝承館のみで製造されており、とても貴重な後発酵茶である。

4. 後発酵茶の健康機能について

後発酵茶に対して期待されるもの

海外のものを含め、後発酵茶に対する健康機能について複数報告されている。機能について総合的な視点で述べると、まず茶葉に含まれている物質の機能性が一部残る。例えばうまみ成分でもあるテアニンはリラックス効果を示し、カフェインは代謝の促進や眠気防止などの作用がある。また、カテキンは抗酸化、抗肥満効果、抗菌効果などが報告されている。多くの後発酵茶は一番茶などで利用される一芯三葉ではなく、初夏の成熟葉を主に使うので材料として各成分量が異なるが、微生物や物理、化学的な作用で量が低下することもある。カフェインは良い効果（眠気防止）が人によっては時に悪い効果（眠れない）となる場合があるので、判断は総合的にしなければならない。また、乳酸菌での報告が多くみられるが、菌体そのものが免疫増強機能などの機能性を持っている場合があり、その機能は生菌体だけでなく死菌体でも残存することも報告されている。さらに、微生物自身が抗酸化性物質などの機能性物質を生産する場合もある。加えて、微生物の生産する酵素が茶成分を変換して機能性成分を生成することも報告されている。各後発酵茶の機能性についてはこの後に示す。

表 6-2　日本の後発酵茶の機能性についての説明

機能性の種類	機能性の説明（概要）
抗酸化性	抗酸化試験を行い、一定の抗酸化性を示したことによる。酸化が過度に進む過酸化は細胞に損傷を与える場合もあり、これを防ぐことは重要である。
血糖値上昇抑制	ヒトまたは動物接食試験で血糖値上昇の抑制効果を示したことによる。疾病予防を含めた血糖値のコントロールに有効とされる。
α-グルコシダーゼ阻害活性	麦芽糖を分解する酵素を阻害。糖の吸収抑制に関連する。
キサンチンオキシダーゼ阻害活性	尿酸生産に関係する酵素を阻害。血中尿酸濃度の低減化に関与する。
メタボリックシンドローム抑制	心血管病易発症状態を改善する効果が認められる。
脂肪吸収抑制	脂肪の吸収を抑制する効果をヒトまたは動物接食試験、試験管レベルで試験を行い、効果が認められる。

（注）機能性の説明は一般論であり、例外や他の試験法も存在する。

◎阿波晩茶

阿波晩茶については抗酸化性やラットを用いた試験による血糖値上昇抑制効果、肥満抑制効果、α・グルコシダーゼ阻害活性、キサンチンオキシダーゼを報告している。これ以外にも研究報告はされていないものの、いくつかの効果が期待される。

◎碁石茶

報告としては碁石茶に関して高知大学のグループが力を入れているので報告数が多い。抗酸化性を示し、肥満に関することについてはマウスを利用した試験で碁石茶の成分がアディポサイトカインの変動に影響を与え、結果メタボリックシンドロームに有効であることを示唆している。さらにマウスの飼料誘導肥満に有効であることを報告している。さらにラットの試験で生体脂質に対して有効な影響を与えることを示している。実はインフルエンザ感染の予防効果も見られ、三年間の臨床検査の結果、碁石茶非摂取の学生は摂取に比べ感染リスクが二倍になることを示している。

◎石鎚黒茶

アレルギー抑制効果や抗酸化性が報告されている。

◎バタバタ茶

抗酸化性や脂肪吸収の抑制が報告されている。

一部地域でのみ根付いた後発酵茶

茶は世界各地で引用されている嗜好品であるが、微生物による発酵を伴う後発酵茶はアジアでのみ生産されている。これはアジア地域自体が他の地域より発酵文化が発達し、種類が多いことから容易に理解はできる。後発酵茶の代表格はプーアル茶であるが、日本にも四種類もの製法の異なるお茶が存在する。特にその三種が四国の三県にあることは大変興味深い。基本となる発酵に類似点があるため、伝播的な視点では何かしらつながりがあるものの、山脈で行き来が困難なために融合には至らなかったことがうかがえる。

ただし、伝統的な発酵には労力が伴うため場所によっては生産者がかなり制限され、持続性に危機感が持たれる。そのため、地域など周囲をいい意味で巻き込んだ継続性が重要と考えている。

参考文献

内野昌孝・島村智子　二〇一八「後発酵茶碁石茶および阿波晩茶の特徴について」『ＦＦＩジャーナル』二二三（二）：一二六－一三二。
大石貞男　二〇〇四『日本茶業発達史』農山漁村文化協会。
中村羊一郎　二〇一七『番茶と日本人』吉川弘文館。
宮川金二郎編　一九九四『日本の後発酵茶――中国・東南アジアとの関連』さんえい出版。

第7章　微生物からみた後発酵茶の地域性

堀江祐範

1. 後発酵茶の微生物

阿波晩茶の乳酸菌

阿波晩茶は、乳酸発酵のみによって作られる。茶葉を煮た後、桶に茶葉を詰め、重石を乗せて嫌気状態にすることで、乳酸菌が生育する。阿波晩茶の製造に関与する乳酸菌は、植物から頻繁に分離されるラクチプランチバチルス・プランタラムとその近縁種が優占種として見出される。プランタラムには、ペントーサス、パラプランタラムというとてもよく似たきょうだいがいる。これらはラクチプランチバチルス属の主要な種で遺伝的にもとてもよく似ている。

那賀町、上勝町と三好市の阿波晩茶は、同じ製法でつくられるが、乳酸発酵の主役となる乳酸菌が異なる。伝統的に阿波晩茶がつくられている那賀町と上勝町の阿波晩茶では、このうち、ペントーサスがもっともよく分離される（Nishioka et al. 2021）。一方で、最近になってつくられ始めた三好市の旧山城町の阿波晩茶からは、プランタラムが優占種として分離される。那賀、上勝地域の阿波晩茶からプランタラムが分離されることもあるが、製造した年に関わらず、おおむね那賀、上勝地域ではペントーサスが、三好地域ではプランタラムが優占種となる。三好地域の阿波晩茶からはペントーサスは見つかっていない。また、不思議なことに、近縁種のパラプランタラムはほとんど分離されない。このほか、阿波晩茶からはレビラクトバチルス・ブレビス、リモシラクトバチルス・ファーメンタムなど、いくつかの種類の乳酸菌が見いだされる。

石鎚黒茶の乳酸菌

石鎚黒茶では、主に二種類の乳酸菌が発酵に関わる。石鎚黒茶は、カビによる好気発酵と、乳酸菌による乳酸発酵の二段階の発酵を経てつくられるが、乳酸発酵が終わったときに菌叢の八～九割を占める最も主要な菌は、ラクチプランチバチルス・プランタラムである。次いで、レビラクトバチルス・ブレビスが見出される（Horie et al. 2019）。プランタラムは、発酵が終わった石鎚黒茶から常に分離される。ところが、ブレビスは分離されないこともある。ブレビスがいるかいないかが何によって決まっているのか、あるいは偶然なのかは、まだ謎である。

二〇一四年から二〇二二年までの九年間にわたる石鎚黒茶の乳酸菌の調査では、いつもプランタラムが中心的な乳酸菌であった。そのほかブレビスが毎年検出されているが、同じ年につくられていても製造ロットによってはいないこともある。これは、製造者が異なっても同じであった。また、石鎚黒茶がまだ山でつくられていた頃、一九九三年の夏に旧石鎚村の中村集落でつくられた石鎚黒茶からも、プランタラムとペントーサスが見出されたことが報告されている（田村ら　一九九四）。残念ながら、一九九三年にはプランタラムとペントーサスのどちらが優占種であったのかは不明である。一九九八年の調査では、プランタラムのみが見出されていた（松本ら　一九九九）。これらの結果を見ると、石鎚黒茶の乳酸発酵では、少なくとも三〇年前からラクトプランチバチルス・プランタラムが優占種であると考えられる。このことは、石鎚黒茶をつくる人や場所が変わっても、変わらずに続いている。

碁石茶の乳酸菌

碁石茶も石鎚黒茶と同様にカビによる発酵の後に、乳酸発酵をおこなう。乳酸発酵が終わった碁石茶からは、プランタラムとペントーサスが見出される。一九八五年につくられた碁石茶からはプランタラムのみが（岡田ら　一九九六）、一九九二年から一九九三年にかけて作られた碁石茶ではペントーサスとプランタラムが見出されたことが報告されている（田村ら　一九九四）。最近の碁石茶の状況は報告がなく不明である。また、碁石茶ではプランタラムとペントーサスのいずれが優占種であるのかは、わからない。

後発酵茶の真菌

石鎚黒茶は製造工程に真菌（カビ）による好気発酵を含む。蒸された茶葉は木箱に詰められ、乳酸発酵の前に、カビによる発酵を受ける。石鎚黒茶の好気発酵には、アスペルギルス属のカビが関わる（Yamamoto et al. 2019）。特に、アスペルギルス・ニガーおよびアスペルギルス・リューキューエンシスという黒いカビが活躍する。アスペルギルス・ニガーは、黒カビと呼ばれる。またアスペルギルス・リューキューエンシスは黒麹と呼ばれ、育種株が泡盛や焼酎の醸造に使われているが、石鎚黒茶のリューキューエンシスは山からやってくる野生株である。アスペルギルスはごく普通に土などにいるカビなので、発酵場所の土壌などからやってくる可能性が高い。石鎚黒茶は、一次発酵が終わり木箱から茶葉を出すと、煙のようにアスペルギルスの胞子が舞い上がる。茶葉の表面は真っ黒になっているが、塊をほぐすと内部では茶葉に白いカビが見える。これらは、一見違うカビに見えるが、実は両方とも同じアスペルギルスである。黒いアスペルギルスはいつも黒いわけではなく、胞子は黒いが、菌糸は白いので、胞子をつくっていない状態では白く見える。

一九九三年の調査では、石鎚黒茶からアスペルギルスを見つけることができなかった（田村ら　一九九四）。このとき、石鎚黒茶からはムコール（ケカビ）というカビが取れている。このときになぜアスペルギルスが見いだせなかったのかはわからないが、一方で、一九九八年の調査ではアスペルギルス属のカビが見出されており、石鎚黒茶が旧石鎚村でつくられていた頃からアスペルギルス属のカビが関与していたことは確かである。リューキューエンシスは、これらの調査では報告されておらず、近年になって見出されている。リューキューエンシスの名称は、一九〇一年に提唱されていたが、黒い胞子をつくるカビの名前は混乱している時期があり、遺伝子解析によりニガーとは別の種としてリューキューエンシスの名前がようやく正式に決まったのは二〇一三年のことである。このような状況で、リューキューエンシスがこれまでニガーとして判断されていた可能性もあるかもしれない。

ところで、カビによる好気発酵によってつくられる後発酵茶には、富山のバタバタ茶がある。バタバタ茶はカビのみの好気発酵によって作られ、アスペルギルス属のカビが関与する。ところが、バタバタ茶の発酵に働くカビは、同じアスペルギルス属であるものの、ニガーでもリューキューエンシスでもない。バタバタ茶の発酵には、主に二種類のカビが働いており、一つはアスペルギルス・フミガーツスで、もう一つはサーモマイセス・ラヌギノーサスというカビである。

石鎚黒茶の一次発酵では、カビの発酵熱により発酵中の茶葉の温度は四〇℃になるが、バタバタ茶では、六〇〜七〇℃になる。バタバタ茶の製造工程では、茶葉の温度が六〇℃程度まで上昇したところで、茶葉を崩して積み直す、切り返しという作業を行う。これにより茶葉の温度は一旦下がるが、再び六〇℃近くまで上昇する。これを数回繰り返してバタバタ茶は完成する。牛乳の低温保持殺菌では六三〜六五℃で三〇分間加熱することで、殺菌を行う。バタバタ茶の製造は、カビの力を借りてこの処理をさらにシビアに行っているといえる。このため、バタバタ茶の真菌叢と細菌叢は、耐熱性を持つ菌で占められる。プランタラムやペントーサスなどの乳酸菌は、この厳しい環境に耐えられない。バタバタ茶では、発酵熱による温度の上昇の過程で乳酸菌が死んでしまうか、入り込むことができないので、カビによる発酵後の茶葉を置いておいても乳酸発酵がうまく起こらないと考えられる。だから、バタバタ茶には乳酸発酵の工程がないのかもしれない。

さらに、一九九六年の報告では、碁石茶の発酵に関わるカビはニガーとフミガーツスであった（岡田ら 一九九六）。碁石茶のフミガーツスは、五〇℃程度の高温で生育することができ、セルロースの繊維をほぐす力が強かった。石鎚黒茶や阿波晩茶に見られる、茶葉を揉む工程が碁石茶にないのは、そこに育つアスペルギルスがその役割を担っているのかもしれない。

2. 微生物はなぜそこにいるのか

微生物が生きるために必要なもの

私たちが生きるために呼吸や食事をするように、微生物にも生きるために必要なものがある。後発酵茶の発酵で重要な役割を果たす乳酸菌が生きるために必要とするものは何だろうか？　特に重要なものとして、酸素と糖が挙げられる。また、温度は重要な条件となる。

多くの生物にとって、酸素はエネルギーを生み出すために重要な分子であるが、酸素には強い酸化力があるので、一部の細菌には毒となる。後発酵茶の発酵に関わる乳酸菌は、酸素の毒性を消すことができるので、酸素があってもなくても生育ができるが、酸素がない条件（嫌気条件という）が好きな細菌である。だから、後発酵茶の乳酸菌は、嫌気条件でよく増え、よく育つ。

糖は、エネルギー源として利用される。私たちは米や麦などの炭水化物を食べ、デンプンをブドウ糖まで消化してエネルギーにしている。乳酸菌も同じで、糖からエネルギーを取り出すが、ヒトには利用できない糖も利用できる。糖にはいろいろな種類があるが、どの種類の糖が使えるのかは、乳酸菌の種類によって異なる。エネルギー源として使うことができる糖があれば、その菌は増えることができるし、使える糖がなければ、増えることができない。ブドウ糖はほぼすべての乳酸菌がエネルギー源として利用可能な糖で、乳酸発酵では、ブドウ糖を乳酸に代謝してエネルギーを得る。そのほか、乳酸菌が利用可能なことが多い糖として、果糖やショ糖、麦芽糖がある。一方で、デンプンのように多数の糖がつながった多糖類は、そのままでは利用できない乳酸菌が多い。デンプンはアミラーゼなどの酵素によって単糖やオリゴ糖にまで分解されて乳酸菌が利用できるようになる。

温度も乳酸菌が増えるために重要な条件である。微生物には、代謝が活発となり増殖するために適した温度がある。後発酵茶の製造に用いられる乳酸菌は、二五～三七℃付近でよく生育する。

必要なものはどこにある？

乳酸菌がよく分離される三つの代表的な分離源として、動物、植物、乳が挙げられる。動物では、消化管と膣で多くの乳酸菌が生活している。植物の花や植物を材料とした漬物などの発酵食品からは多くの乳酸菌が分離される。また、牛乳などの乳からも乳酸菌を分離することができる。これらの分離源を、先に述べた、乳酸菌が生きるために必要なものの視点から見てみよう。

動物の消化管は、乳酸菌にとって最も居心地が良い環境といえる。エネルギーを作るための糖は毎日待っているだけで運ばれてくる。温度は常に三七℃付近で一定しており、酸素が少ない嫌気的な環境である。乳には、乳糖をはじめとした糖のほか、豊富な栄養が含まれる。また、撹拌をしなければ乳の中は空気に触れない。植物は、葉はクチクラ層に覆われ、紫外線や酸素にさらされるので、乳酸菌には生きづらい環境である。一方で、花や果実では蜜などの糖があり、蜜の中など嫌気的な条件もあると考えられる。また、温度は気候に左右され、変化が大きい。

動物の消化管は菌にとって居心地がよい場所であるが、その分他の細菌との生存競争も激しい。植物にいる乳酸菌は、動物の消化管よりは厳しい環境であるが、その分競争は少ない。エネルギー源として、どの種類の糖を使うことができるのかは、それぞれの乳酸菌ごとにちがうので一概には言えないが、動物よりも植物に棲んでいる乳酸菌の方が使える糖の種類が多い傾向がある。また、植物に棲む乳酸菌は、生育できる温度の範囲が広いことが多く、動物に棲む乳酸菌よりも低い温度でも育つことができる。動物に棲む乳酸菌は、腸管にとどまるために、腸にくっつく力が強いものが多い。

このように、乳酸菌は広い範囲に住んでいるが、どこに住んでいるかによって、種類が分けられる。乳酸桿菌の代表的な種類は、動物に棲むものはサリバリウスやアシドフィルスなど、乳に棲むものはデルブルエッキイー・ブルガリクスなど、植物に棲むものは、プランタラムの仲間やブレビスなどがいる。これらの乳酸菌は、棲む場所によって必要な性質を身につけている。

他者との関わり――生態系の中の微生物

ここまで、乳酸菌の例を見てきたが、自然環境中には数多の微生物が住んでいる。それぞれの微生物は、温度や酸素、栄養源といった環境の影響だけでなく、周りの生き物の影響も受ける。微生物は、ひとりで生きているわけではなく、周りのいろいろな生き物と関係しながら生きている。微生物と他者との関わりをみると、微生物の視点はただ一つ「自分が生き残る」ということである。生態系の中の微生物の世界はシビアで、より有利に栄養をとったものが生き残り、増えることができる。一部のカビは、細菌を殺す抗生物質やカビ毒を作り出し、周りの競争相手を減らす。キラー酵母と呼ばれる一部の酵母は、キラートキシンというタンパク質をつくって競争相手となる他の酵母を殺してしまう。乳酸菌を含む一部の細菌は、バクテリオシンと呼ばれる抗菌物質を作り出すことが知られている。バクテリオシンは、自分に近い種類の細菌に効く。自分が生きるために、同じような環境や栄養を好む細菌を殺してしまう。一方で、ある微生物が生きるために作り出した物質が、別の微生物の栄養になることもある。たとえば、アスペルギルス属のカビは、デンプンを糖に分解するが、分解された糖は細菌が利用できるようになる。微生物は、環境の中で牽制したり協力したりして生きている。そして、同じようなことが、後発酵茶でも起こっている。石鎚黒茶を見ると、アスペルギルス属のカビによって茶葉の繊維がほぐされて糖が作りだされ、また発酵熱でちょうどよい温度となることで乳酸菌が育つと考えられる。乳酸菌は、増えるときに乳酸を作り出すが、二次発酵後に見られるピキアという酵母は、乳酸を使ってエネルギーを作り出すことができる。また、ピキアが増えることで、茶葉の空気に触れる部分には膜状の構造ができ、空気と遮断される。そうすると、また乳酸菌にとって増えやすい環境が整うことになる。酵母はエステル類やアルコールをつくり出すことで、乳酸菌とともに風味の形成に大切な役割を果たしていると考えられる。阿波晩茶でも、膜を作る酵母は、嫌気条件を作るという点や風味の形成にとって重要だろう。このように、後発酵茶の製造工程では、微生物がお互いに関連しながら、連続性を持って生きている。

3. 選ばれる微生物

阿波晩茶と石鎚黒茶製造工程の乳酸菌の変化

阿波晩茶も石鎚黒茶も、収穫した茶葉を加熱する。緑茶の製造工程で殺青と呼ばれるこの操作は、緑茶では酵素を失活させることで酵素酸化を抑制する作用があるが、後発酵茶では酵素の失活に加え、茶葉についた微生物を殺菌し、一旦リセットする効果がある。阿波晩茶では加熱は茶葉を煮る。石鎚黒茶では、蒸気で蒸すことで行う。茶畑から収穫した茶葉には、いろいろな微生物が付着している。加熱前の茶葉からも乳酸菌を分離することができるが、発酵で働く乳酸菌とは種類が違う。阿波晩茶に用いる茶葉からは、ペントーサスやプランタラムが検出されることもあるが、これらが見つからないことも多い。加熱前の茶葉からとれる乳酸菌は、ラクトコッカスという丸い形の種類が多く、ペントーサスやプランタラムのような細長い桿菌（かんきん）

と呼ばれる乳酸菌とは違う種類である。この後、茶葉を樽に詰め、重石をして発酵を行う事で、乳酸菌が劇的に増加し、ペントーサスやプランタラムが現れる。石鎚黒茶に用いる茶葉からも乳酸菌は分離できるが、ラクトコッカスが多く、プランタラムを含む乳酸桿菌は分離することができない（Horie et al. 2019）。石鎚黒茶の場合は茶葉を蒸すが、条件は菌にとって阿波晩茶よりもっとシビアで、蒸し器に茶葉を詰め、蒸気で一時間ほど蒸す。この過程でもともと茶葉にいた乳酸菌を含む細菌やカビは死滅する。この後、茶葉を木箱に詰め、山の発酵場所に運ぶ。一週間ほど置くことで、茶葉全体にアスペルギルスが増える。このとき、すでにプランタラムをはじめとした乳酸菌が増えてきているが、この段階ではそのほかの種類の細菌も多い。次いで、茶葉はビニール袋に詰められ、嫌気発酵される。この過程で、プランタラムやブレビスを中心とした乳酸桿菌が一気に増える。

石鎚黒茶における真菌の役割

石鎚黒茶の発酵に関与していると考えられる真菌は、おおきくわけて、カビと酵母がいる。カビは、アスペルギルス属がほとんどを占める。カビによる発酵は、石鎚黒茶や碁石茶にあって、阿波晩茶にはない工程である。同じ四国山地でつくられる後発酵茶の製造工程で、なぜカビの工程のあるなしがあるのだろうか？　カビは後発酵茶にどのような効果を与えているのだろうか？　実は、この答えははっきりとはわからない。

アスペルギルス属のカビは、いろいろな食品をつくるために私たちの身近で利用されている。人の手によって育てられた最も有名なアスペルギルス属のカビは麹菌である。米や大豆にアスペルギルス属のカビを繁殖させたものは麹と呼ばれ、日本酒や醤油、味噌を造るために使われている。麹に利用されるアスペルギルス属のカビは、人の手によって長年大切に育てられてきた家畜のカビである。これに対し、石鎚黒茶のアスペルギルスは、毎年の製造時に、山からやってくる野生のカビである。日本酒や味噌の醸造でのアスペルギルスの主な役割は、米や麦のデンプンを分解して、酵母のエネルギー源となるブドウ糖をつくり出すことである。また、タンパク質を分解してアミノ酸を作り出すことで旨味を与える。アスペルギルスは、デンプンやタンパク質を分解する様々な酵素を分泌することで、酒や醤油、味噌、また鰹節を作ることに使われてきた。こういった食品へのアスペルギルスの役割を考えると、石鎚黒茶におけるアスペルギルス属による発酵の意義として、ありそうなことは、糖とアミノ酸を作ることである。糖を作り出すことで、続く乳酸菌がより増殖しやすくなるのかもしれない。また、アミノ酸によって旨味が増す。しかし、原料となる茶葉には、米や麦、大豆と違って、デンプンもタンパク質もそれほど含まれない。また、茶葉の繊維を解し、乳酸菌が使いやすいようにする効果も考えられる。実際に、碁石茶で見られるアスペルギルスは繊維をほぐす力が強いことがわかっている。阿波晩茶が、仕込む前に茶葉を柔捻することと同じ意味があるのかもしれない。

とはいえ、阿波晩茶ではカビ付けがなくても乳酸発酵が行えることから、アスペルギルスによる発酵は、乳酸発酵に必須の工程でもなさそうである。ところで、石鎚黒茶では好気発酵が終わり、嫌気条件となって乳酸発酵が終了した茶葉からアスペルギルスを分離することができない。カビが育つ培地に一次発酵後の茶葉のエキスをまくと、たくさんのアスペルギルスが現れる。ところが、二次発酵後の茶葉で同じ事をしても、現れるのはピキアなどの酵母ばかりで、アスペルギルスを呼び出すことはできない。役割を終えたアスペルギルスは、嫌気発酵中に死んでしまうのだろうか？　アスペルギルスは、生きて増えるために、酸素を必要とする。嫌気条件で、乳酸菌が出す乳酸で酸性となる二次発酵の条件はカビにとって生きづらい環境ではあるがすべて死んでしまうほどの原因があるのかは、わからない。

乳酸菌はどのように選抜されるのか？

後発酵茶をつくるということは、対象となる微生物にとって心地よい環境をつくることである。それでは、乳酸菌のために用意すべき心地よい環境とは何だろうか？　最も重要なことは酸素がないこと（嫌気性）と温度だろう。四国山地の後発酵茶の製造で主要な役割を果たす乳酸菌は、酸素がない環境を好む。適切な乳酸発酵のためには、酸素を遮断した嫌気的条件が重要である。また、微生物には生育に適した温度範囲がある。このほか、成育に必要なエネルギー源となる糖が重要である。また、発酵の前に乳酸菌以外の微生物が多く存在すると、糖の奪い合いとなり、時には乳酸菌が負けて期待しない菌が増えてしまうかもしれない。後発酵茶の製造は、微生物の管理といえる。

石鎚黒茶の乳酸菌は、二次発酵が始まったときにどこからともなくやってくるのではなく、一次発酵の時から育ち始めている（Horie at el. 2019）。一次発酵では、茶葉は木箱に詰められ、表面には布が掛けられているだけだが、茶葉の内部は表面よりも空気の交換が少なく、また、アスペルギルスは生育するために酸素を消費するので、酸素が少ないと考えられる。さらに、アスペルギルスは増えるときに熱を出すため、茶葉の温度は四〇℃くらいまで上昇する。酸素が少なく、暖かい環境は、乳酸菌が増えるために都合が良い。一方で、この段階では表面では酸素が必要な細菌が増えていると考えられる。また、アスペルギルスやそのほかのカビはいろいろな代謝産物をつくりだす。青カビがつくるペニシリンのような細菌を殺す抗生物質がつくり出されることもある。石鎚黒茶からとれたプランタラムは、カビがいないピクルスから取れたプランタラムよりも抗生物質に強いという結果がある（Horie at el. 2019）。抗生物質に限らず、カビがつくり出す物質でも乳酸菌が選ばれているのかもしれない。その後、石鎚黒茶の茶葉はビニールに詰められ、空気が追い出されて嫌気的条件となる。この過程で、乳酸菌が一気に増え、乳酸を作り出す。一旦乳酸菌が増え出すと、作り出す乳酸によって茶葉は酸性となり、他の菌は生きづらくなる。

阿波晩茶では、石鎚黒茶と違ってカビの工程がないので、乳酸菌は助走段階がなく、嫌気度を高めることによって選抜され、一気に増えると考えられる。また、カビの発酵による熱がないので、気温が生育を左右する。カビが作り出す物質による選抜も経られていない。阿波晩茶の乳酸菌は、石鎚黒茶の乳酸菌よりも抗生物質に対する耐性が低い。石鎚黒茶に比べ、阿波晩茶では乳酸菌以外の嫌気状態が好きな細菌が入り込む余地がありそうだが、それでもちゃんと乳酸菌が増えてくる。

茶葉の成分も、乳酸菌が選ばれる要因と考えられる。特に茶葉に含まれるカテキンやタンニンには、抗菌活性がある。石鎚黒茶と阿波晩茶に共通して、茶葉に含まれるカテキン類に強い乳酸菌が選ばれる。

何が乳酸菌の地域性をもたらすのか？

石鎚黒茶と阿波晩茶とでは、主役として働く乳酸菌の種類が違うことがわかってきた。上勝・那賀の阿波晩茶の乳酸発酵には主にペントーサスが、石鎚黒茶と三好の阿波晩茶の乳酸発酵には、主にプランタラムが活躍する。阿波晩茶と石鎚黒茶の優占種は、製造した年が違っても変化することがなく、また製造者の違いにもよらない。四国という同じ島の隣り合った県で、同じような方法でつくられているにもかかわらず、主力となる乳酸菌の種類が違っているのはなぜだろうか？　プランタラムとペントーサスは、きょうだいのような乳酸菌なので、どちらの菌が活躍しても不思議ではないにもかかわらず、増える種類は決まっている。二つの後発酵茶の優占種の違いは、製造方法によるものなのか、それとも作られた土地に由来するのか？

一番考えられることは、作り方の違いである。阿波晩茶には、アスペルギルスによる発酵工程がない。アスペルギルスによって、石鎚黒茶のプランタラムが選ばれているということがありそうである。しかし、作り方が同じ阿波晩茶同士でも、地域によって主役が異なる。三好市の阿波晩茶作りは、那賀・上勝と一緒でアスペルギルスは関与しないから、どうも単純に作り方の違いではないようである。この二つの地域の違いは何だろう？　乳酸菌が選ばれる要因、温度や嫌気性に大きな違いはない。また、作られる時期も同じ夏で、使う茶葉はやぶきたである。プランタラムとペントーサスのどちらが増えても不思議でない条件である。地理的な条件を見てみると、上勝町・那賀町の地域と三好市との間には、西日本で二番目の高峰である剣山が存在する。また、この間を吉野川が流れている。地理的な隔絶のほか、乳酸菌の種類は茶葉の成分の影響を受けているのかもしれない。土壌の土台となる地質は土壌の性質に影響し、土壌は植物の生育を左右し、成分に影響する。地質の違いが茶葉の成分の違いを生み、乳酸菌の地域差を生み出している可能性もあるが、証拠は何もない。

ともかくも、事実として剣山と吉野川を挟んだ東西で、ほぼ同じ方法で製造された阿波晩茶の優占種は異なる。三好から東に四国山地の深い山々を越えてゆくと石鎚黒茶の製造地域に至る。四国の後発酵茶に関わる乳酸菌の地域性が何によってもたらされるのかは、まだ謎のままである。

4. 乳酸菌はどこから来るのか

乳酸菌はどこから来るのか？

後発酵茶の製造では、人為的にカビや乳酸菌を添加することはない。それでは、カビや乳酸菌はいったいどこから来るのだろうか？

石鎚黒茶の製造工程を見ながら考えよう。一次発酵で活躍するアスペルギルス属のカビは普通に土にいるカビなので、菌や舞い上がった胞子が茶葉に付着することが考えられる。なぜ他の多くのカビからアスペルギルス属が選ばれるのかは謎だけれども、実際に石鎚黒茶の製造現場の土を調べると、アスペルギルス属の遺伝子を見つけることができる。ところが、乳酸菌はどこにいるのかわからない。二次発酵が終わり、製品となる石鎚黒茶の優占種はプランタラムそしてときどきブレビスである。ほかの菌種も存在するが、この二菌種、特にプランタラムが占める割合が格段に大きい。阿波晩茶の場合にも、いつもペントーサスとプランタラムが増えてくる。ところが、茶畑から摘んできた茶葉を調べてもこれらの菌種はいない。乳酸菌は、酸素が嫌いな菌であるが、植物が光合成をする器官である葉の上では、酸素に触れるほか菌にとって有毒な紫外線を含む日光に当たる機会も多い。さらに、後発酵茶には漬け込み前に茶葉を加熱する工程がある。加熱の方法は煮たり蒸したりであるが、いずれの場合にもともとの葉にいた菌は死んで、リセットされる。そして茶葉が漬け込まれると、プランタラムやペントーサスたちがどこからともなく現れて増えてゆく。石鎚黒茶の一次発酵では、木箱に茶葉を詰めて行われる。フタはせずに、布をかぶせ、さらに全体に筵あるいはシートをかぶせてそのまま数日から一週間程度置く。茶葉全体の嫌気度は高くなく、アスペルギルス属のカビがよく生育する。一方で、この間、特に茶葉の内部はアスペルギルスの発酵熱で四〇度程度まで温度が上昇するとともに、空気が遮断され、アスペルギルスが酸素を消費するので、ある程度嫌気的な条件となると考えられる。この間に、生茶葉では見られなかった、乳酸発酵の主役であるプランタラムやブレビスがどこからともなく出現する。プランタラムもブレビスも三〇～四〇℃付近で生育可能なので、至適に近い温度である程度嫌気的な心地よい環境で、茶葉がゆりかごとなり増殖するのではないだろうか。阿波晩茶でも石鎚黒茶でも、乳酸菌は後発酵茶を作っている現場の環境中からやってくることは間違いなさそうであるが、普段どこに居るのかは謎である。おそらく試行錯誤を重ねて、長い間にできあがったそれぞれの後発酵茶の作り方は、アスペルギルスやプランタラム、ペントーサス、ブレビスといった乳酸菌を山から呼び出し、選ぶ方法になっているのだろう。

四国とタイの現場から──製造工程の比較

後発酵茶が伝統的に製造されている地域は、世界でも限られている。原料となる茶樹が栽培されている地域で必ずしも後発酵茶が製造されているわけではない。後発酵茶が製造されている地域は、茶樹が栽培されていることに加え、山岳地帯という特徴がある。後発酵茶の製造地域は、中国雲南省、ミャンマー、タイおよびラオスの国境にまたがる東南アジアの山岳地帯と、日本の二ヶ所である。日本では、西日本最高峰の石鎚山と二番目に高い剣山を擁する四国山地及び北アルプスや白山に連なる北陸において伝統的に製造されてきた。

この二つの地域の後発酵茶は、似ていて異なる。さらに、それぞれの地域の中でも作り方に地域性があり、各々が似ていてそして異なる。微生物学的観点から、阿波晩茶や石鎚黒茶とタイの後発酵茶ミエンの作り方とを比べながら、四国山地で作られる後発酵茶がどこから来たのかを考えてみよう。

東南アジアの後発酵茶では、中国のプーアル茶のほか、タイ及びラオス北部で作られるミエンが生産量、流通量ともに多い。ミエンは製造工程に乳酸発酵を含む後発酵茶で、日本の後発酵茶で一番作り方が近いのは阿波晩茶である。

タイの後発酵茶であるミエンと日本の後発酵茶では、製造時期が異なる。カビによる発酵では発酵熱が生じ茶葉の温度が上昇するが、乳酸発酵では熱は生じないので、製造工程に乳酸発酵を含む後発酵茶の温度管理には気温が大切である。後発酵茶の乳酸菌がよく育つ温度は大体二五～三七℃くらいなので、日本では夏に作られる。一方で、熱帯に位置するタイでは年間を通じて作られる。ただし、タイでもミエンが作られる北部では、一一月～二月には最低気温が一五℃くらいまで下がるので、夏とは乳酸菌の種類が違う可能性がある。

茶の種類も異なり、日本ではやぶきたやヤマチャなどの中国変種、ミエンにはアッサム変種と、それぞれの地域の気候に応じた種類が用いられる。収穫された葉は、加熱される。

微生物学的な観点から、発酵という工程にとって重要な点は二つ、茶葉の加熱と嫌気的条件である。加熱は、茶葉の酵素の失活と雑菌の殺菌という効果があるが、後発酵茶では殺菌はより重要である。この工程を見ると、阿波晩茶では沸騰水中で煮るという操作であるが、石鎚黒茶とミエンは茶葉を詰めた桶（底に穴が開いており、茶葉が落ちないように網状になっている）を、水をためた釜の上に置き、加熱して発生した蒸気で一～二時間蒸す。石鎚黒茶は、現在ではガスを用いたボイラーによっておこなわれるが、基本的には同じ方法であり、かつてはミエンと同様の方法であった。

一方の嫌気条件について、乳酸発酵において嫌気条件を作るということはとても大切である。乳酸菌を育成するためには、酸素を追い出し嫌気度を保たなければならない。後発酵茶の製造において、嫌気条件を作り、維持するためには、酸素を含む空気を追い出すこと、その後外部から空気が入らないようにすることが肝となる。外部とのガス交換を遮るという目的からみると、伝統的な製法では、気密性の高い木桶に茶葉を隙間なく詰め、重石を置いて行われていた。今日でも特に阿波晩茶の製造現場では木桶に茶葉を詰め、重石を乗せて発酵させる光景を見ることができる。石鎚黒茶では、現在はより気密性が高いプラスチックバッグとポリバケツが用いられる。一次発酵が終了した茶葉は揉まれたのち、プラスチックバッグに詰められる。空気を追い出した後、口を堅く縛ってプラスチックの桶に入れられる。さらにその上から重石を乗せ、発酵が開始される。袋を開けることなく、一～二週間程度の乳酸発酵が終わったとき、石鎚黒茶の細菌叢は八～九割がプランタラムとなっている。タイのミエンの製造でも、蒸し作業ののち、茶葉はまとめられ、嫌気条件に置かれる。伝統的なミエンの製法では、焼き物の甕や、籠にバナナの皮を敷いて茶葉を詰めることで気密性を保つ。この時、茶葉はなるべく隙間なくぎゅうぎゅうに詰める。ミエンの場合には、重石は用いない。現在では、ミエンもプラスチックバッグを用いることが一般的である。容器の違いはあるが、これらの工程に共通することは、いずれも嫌気的条件を作るという目的である。そして、プラスチックバッグという、より高い気密性を確保することができる材料の登場により、より乳酸菌にとって心地よい条件を作り出すことが可能となった。

このようにしてみてくると、タイの後発酵茶と日本の後発酵茶の製法で類似する工程は、いずれも乳酸菌あるいはカビに心地よい環境を提供し、選択的に増殖させるために必須の工程といえる。一方で、発酵の管理にそれほど関与しない工程については、それぞれの土地に合うように形作られてきたのかもしれない。例えば、阿波晩茶や石鎚黒茶は初夏～盛夏の硬化した茶葉を枝ごと刈り取る。これに対しミエンの製造にはやわらかい若葉のみを用いる。年間を通じて気温が高いタイでは、茶樹は数ヶ月で再び葉を茂らせ、ミエンを作ることができる。枝を打ってしまうと、茶葉の収穫が遅れてしまう。日本では乳酸菌が増えるのに適した温度に合わせて発酵をおこなおうとすると、夏に作ることになり、その時期には硬化した葉を使うしかなく、そのため、ミエンにはない揉捻という工程が加わり、アスペルギルスの力を借りることになったのかもしれない。加熱の方法も阿波晩茶は煮る、石鎚黒茶とミエンは蒸す、というそれぞれの場所でより都合のよい方法で、酵素の失活と殺菌という目的を達成しているのだろう。

後発酵茶はどこから来たのか？

四国山地で作られる後発酵茶の起源を、東南アジアの発酵茶製造地域に求める説がある。後発酵茶をつくる主役はカビや乳酸菌といった微生物である。発酵は、微生物にとって心地よい環境を提供し、見返りにおいしさをもらう作業といえる。用意する環境が彼らの意に沿わないものであれば、その微生物は育つことはなく、代わって予期しない微生物が成育し、茶葉は腐ってまずくなる。日本酒や醤油の製造では、高度に管理された清潔な環境で、純粋に培養された麹などの種菌を播種する。ところが、伝統的に製造される後発酵茶では、人為的に微生物を添加することはしない。それでも毎年必ず同じ種類の菌がやってきて育つ。二〇一四年〜二〇二二年までの九年間、石鎚黒茶の菌を追跡した結果、毎年同じ種類の乳酸菌がやってくることがわかっている。そして、その菌の種類は約三〇年前から変わっていない。

石鎚黒茶の製造では、乳酸菌を育てる嫌気条件を作り出すために、ビニールバッグに茶葉を詰めたのち、ポリバケツにバックを入れ、上に乗って体重をかけて踏むことで空気をよく追い出し、袋の口を結ぶ。この光景は、タイのミエン製造現場でも見られる（図7-1）。タイと日本で、後発酵茶の製造のために嫌気条件をつくるという目的で同じ作業が行われている。このような作業の類似性は「おいしさ」と「安全」を求めて試行錯誤する中で、「よい発酵」に必要な条件を満たすために確立されていったのかもしれない。現在の後発酵茶の製造方法は、先人たちの試行錯誤の上に確立された、微生物学的に見てきわめて合理的な製法といえる。そう考えるとき、日本の後発酵茶は、どこかからきたのではなく、それぞれの土地で生まれ、独自に進化していったのかもしれない。東南アジアの後発酵茶と日本の後発酵茶が似ているように見えるのは、乳酸菌に首尾良く増えてもらうために守らなければならないこと、微生物学的必然性が共通しているからであろう。

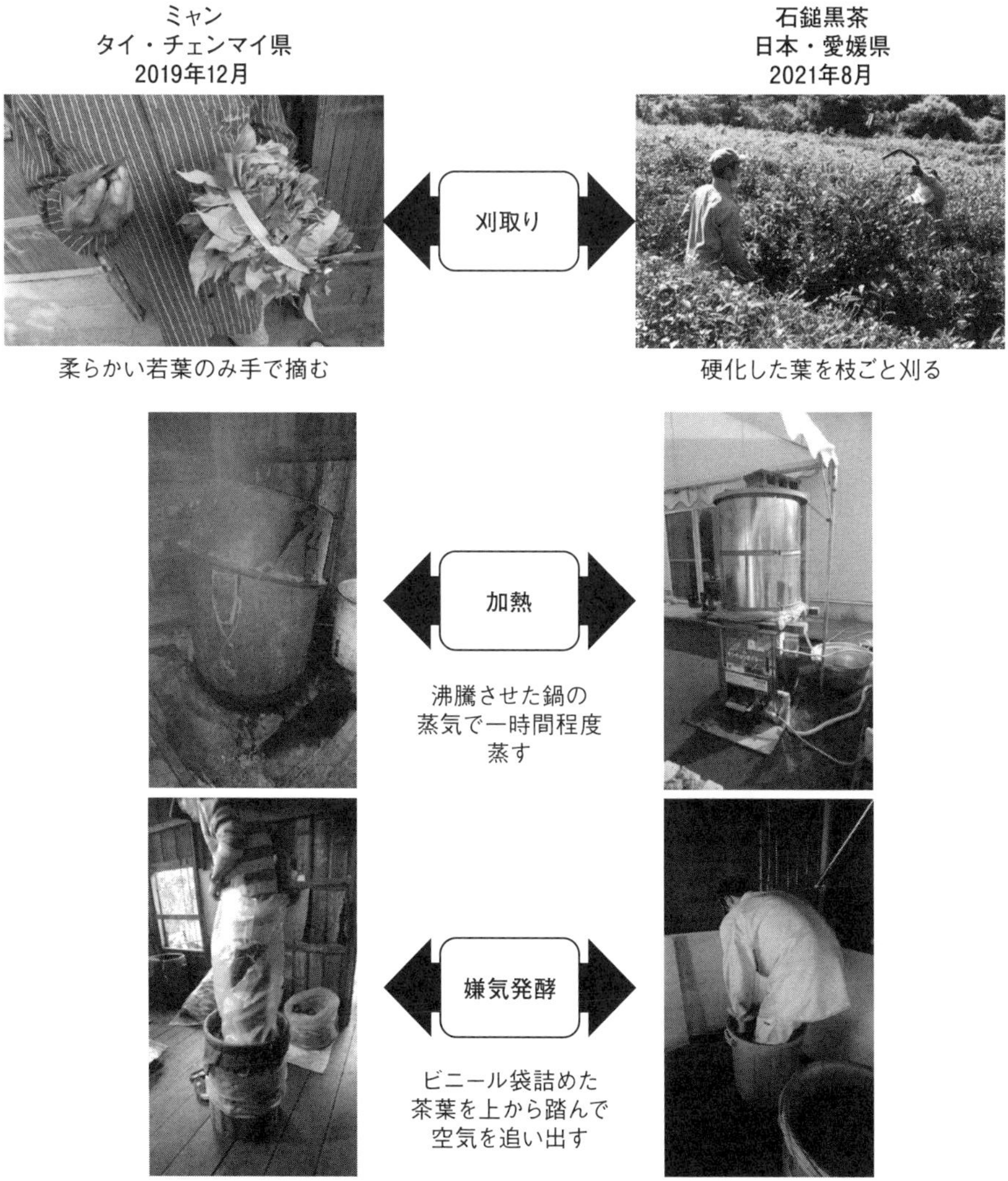

図 7-1　ミエンと石鎚黒茶の製造風景

参考文献

岡田早苗・高橋尚人・小原直弘・内村泰・小崎道雄　一九九六「碁石茶の発酵に関与する微生物——日本産微生物発酵茶に関与する微生物（第二報）」『日本食品科学工学会誌』四三（九）：一〇一九—一〇二七。

田村朝子・加藤みゆき・大森正司・難波敦子・宮川金二郎　一九九四「後発酵茶に存在する微生物の特徴」『日本家政学会誌』四五（一二）：一〇九五—一一〇一。

松本恭郎・門家重治・別所康守・新谷智吉・森本聡　一九九九「平成一〇年度　愛媛県農林水産加工利用開発会議技術開発研究成果報告書」農林水産加工利用開発会議、一一—二九頁。

Horie, M., Tada, A., Kanamoto, N., Tamai, T., Fukuda, N., Sugino, S., Toyotome, T. and Tabei, Y. 2019. Evaluation of lactic acid bacteria and component change during fermentation of Ishizuchi - kurocha. *Journal of Food Processing and Preservation* 43 (11), e14186.

Horie, M., Sato, H., Tada, A., Nakamura, S., Sugino, S., Tabei, Y. and Katoh, M. and Toyotomem, T. 2019. Regional characteristics of Lactobacillus plantarum group strains isolated from two kinds of Japanese post-fermented teas, Ishizuchi-kurocha and Awa-bancha. *Bioscience of microbiota, food and health* 18-005.

Nishioka, H., Mizuno, T., Iwahashi, H. and Horie, M. 2020. Changes in lactic acid bacteria and components of Awa-bancha by anaerobic fermentation. *Bioscience, Biotechnology, and Biochemistry* 84 (9), 1921-1935.

Nishioka, H., Ohno, T., Iwahashi, H. and Horie, M. 2021. Diversity of Lactic Acid Bacteria Involved in the Fermentation of Awa-bancha. *Microbes and environments* 36 (4), ME21029.

Yamamoto, M., Horie, M., Fukushima, M. and Toyotome, T. 2019. Culture-based analysis of fungi in leaves after the primary and secondary fermentation processes during Ishizuchi-kurocha production and lactate assimilation of P. kudriavzevii. *International journal of food microbiology* 306,108263.

第8章　アジアにおけるチャの伝播
——嗜好品作物としてのチャ

山口　聰

1．照葉樹林文化圏における霈葉植物

霈葉植物とは

東南アジアから東アジアにかけての山地の人々の生活は、照葉樹林やその周辺の林縁、樹林と草原との重なっているところが主体となっている。照葉樹林の内部はかなり薄暗く、人々の暮らしには陰鬱であり、快適とはいいがたい。東南アジア海域部からオセアニアにかけての根栽農耕文化が範囲を拡大してより北方に展開する過程で遭遇した植生の変化に、人々はどのように適応したのだろうか。照葉樹のような常緑性の高い樹木の葉であれば、ほぼ通年的に手に入れることが容易である。そこでの生活経験を積み重ねるうちに、人々は葉を目的として収集したり、ある場合には積極的に保護したする、「霈葉植物」として区別するようになった。私たちの日常的な生活の中で現在でも親しんでいるものに、山椒などの木の芽の利用がある。これら霈葉植物の中で、高度に利活用が発達し、ある種の文化的行動や芸術的価値観にまでなったものが茶である。その原料となるチャは霈葉植物の頂点にいる植物だと言える（注・一般的に植物としての表記はチャ、飲用とされると茶とする）。

茶用植物について

人間が暮らす上で一番大切な衣食住のなかで一番重要なものは食かもしれない。しかし、実はそれ以上に人間が生きるためには大切なものがある。それが水（飲料水）である。栄養源としての澱粉や蛋白質などは、狩猟・採集、農耕、牧畜などで確

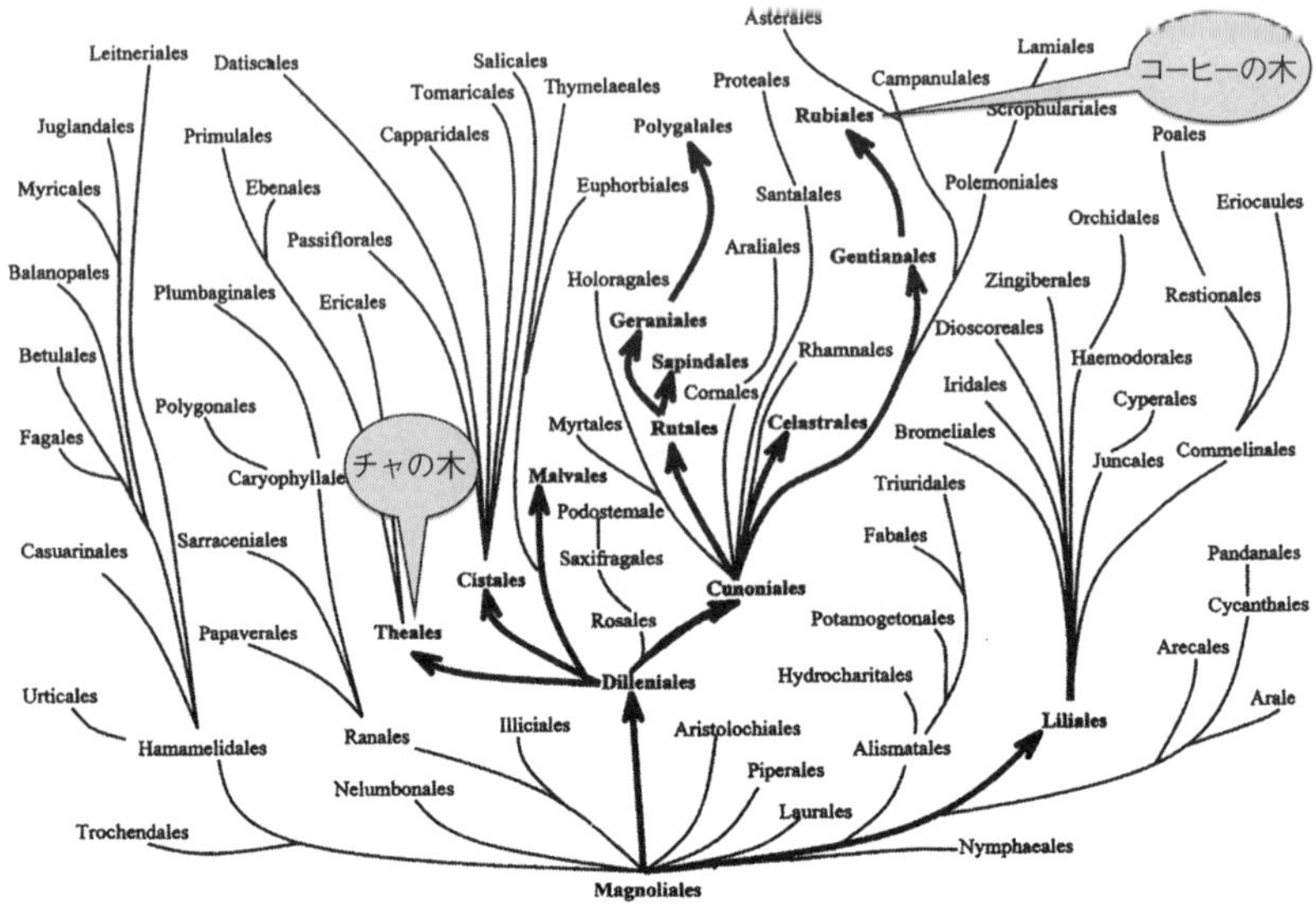

図 8-1　カフェイン含有植物の系統樹上の位置

（出典）Ashiara and Grogier 1999.

保できる。だが水なしでは人々は生きていけない。温帯地域で雨量が望める地域では、水は豊富かもしれない。しかし、流れてきたり、溜まっていたりする水には、味とか香りが不快な場合もあり、なんらかの処理をして飲みやすくする必要がある。人間が火を使うようになり、土器も作成できるようになるにつれて、そして調理用や飲食用の器が工夫されるにつれて、さまざまな植物の葉や茎や根を煮出して味わうことも始まったはずである。ひとたび植物の成分を水や湯で浸出させて味わうようになれば、経験的に気分を爽やかにしたり、体調の維持にも役立つ特定の植物を積極的に利用するようになるはずである。そうした植物が茶用植物として区分される。現在でも、健康のために、特定の植物を煮出して飲む人々は多い。ドクダミ茶、クコ茶、センブリ茶……などなど多彩である。

　チャは、世界の人々が飲用している嗜好性の高い飲み物の中でも、三大茶飲料植物（植物の葉を利用する）のトップを占めている。マテ（パラグァイチャ）、カート（アラビアチャ）、そしてチャである。また、非アルコール系の三大嗜好飲料のなかにも、コーヒーとココアに加えてチャが含まれる。また、特殊ではあるが、三大噛み料植物にも、チャ、ビンロウ、タバコが含まれる。これは、チャが覚醒効果のあるカフェイン、抗菌作用のあるタンニン、そして、旨味成分であるアミノ酸を豊富に含んでいるからである。様々な有用植物や茶植物の中でもチャだけが、この三通りの重要な特性を合わせもっている。

2. チャ葉の利用と保存

どうしようもなく空腹な時に、自然界に自生している植物をみた人は、まずそれらを手あたり次第に齧ってみるかもしれない。苦ければ、それ以上食べないかもしれない。だが、それしか手に入らない状況、あるいはそればかりたくさんある状況であれば、なんとかして食べることができるように工夫するかもしれない。煮てみるかもしれないし、焼いてみるかもしれない。それでもダメならば……諦めずに、他の加工も考えるかもしれない。乾燥させることも試してみる価値はある。東アジアから東南アジアのチャに関しては、水晒しによるアク抜き、あるいは漬物にして発酵させることで貯蔵していた。また、その後の加工として、粉末にしてみることもあったであろう。

チャの利用・調理法には次のようなバリエーションがある。

一、保存はしないで、
一‐一、生で齧る・食べる、一‐二、乾燥してから食べる、一‐三、熱して食べる（煮る、焼く、蒸すなど）

二、保存も考えて、
二‐一、発酵、二‐一‐一、発酵させて、乾燥させて、お湯をかけて飲む、二‐一‐二、発酵させて、揉んで、乾燥させて、お湯をかけて飲む、二‐一‐三、漬物として発酵させてから食べる
二‐二、加熱、二‐二‐一、加熱してから乾燥させて、お湯をかけて飲む、二‐二‐二、加熱してから乾燥させて、粉末にしてから、お湯に懸濁させて飲む、二‐二‐三、加熱してから、揉んで、乾燥させて、お湯をかけて飲む、二‐二‐四、

加熱してから型にはめて固めて、乾燥させて、削って、お湯をかけて、飲む

二・三、漬物として発酵させて、乾燥させて、お湯をかけて飲む。

様々な利用形態がいろいろな民族の間で工夫されており、それらが特に集中するのが中国南部の照葉樹林帯から東南アジアにかけての、少数民族の多い地域である。そこでは「飲むお茶」だけではなく「食べるお茶」も含む多様な形態のチャ利用が受け継がれている。

食べる茶

タイからミャンマーにかけての少数民族の間では食べるお茶としての利用がよく知られている。これは、漬物的な加工利用のチャであり、いろいろな香辛料その他と混ぜ合わせて食べる形態の利用法で、ミエン、と呼ばれている。ミエンという呼び方はどことなくチャの漢名の一つ「茗(メイ)」を思わせる発音で興味深い。変質しやすい生葉を漬物にして、発酵させることで、貯蔵性を向上させ、輸送性も高まり、交易のための商材としても扱いやすくなっている。さらに乾燥させることで日持ちや輸送性が向上する。そうなると飲むお茶としての利用ともなる。

日本にも各地に発酵させたいわゆる漬物の茶(日本の場合は乾燥させるものだけのようであるが)が知られている。

飲む茶としての発展

チャの葉を食べるのではなく、乾燥させてから、粉末にして、お湯をかけて、あるいはお湯を沸かして、飲用するようになったのは、食文化の洗練が進んだ中国からだと考えられている。発展の当初は、新芽を蒸して、臼で搗いて、型に入れて、固めて、乾かして、利用するときに細かく削って、粉にして、沸き立った鍋に投じて、攪拌して、碗に注いで、給じたものであった。次第に皇帝への献上品として、各地に特別な茶園が開かれるようになった。また製茶時期もカフェインを多く含む若い芽、若い芽へと前進した。

このような時代に中国に入貢する周辺の国々に、チャの飲用習慣が伝わっていく。

3. 茶文化の発展

文化としての茶

古代の中国では、都のある華北、そして華中では気候条件からチャ樹の生育には不向きなところがあり、大きな湖、河川沿いのところでしか、栽培が難しかった。それゆえ華南よりの地域からの朝貢が重要であったはずで、まさに「南方の華木」と認識されていた。カフェインの効果は大変に大きく、目がぱっちりと開くということもあり、不思議な飲み物として珍重された。南方の女性のぱっちりとした眼差しは、この茶の所為だと思われていたのか、南方大葉種のチャ樹に「皐盧（こうろ）」と名付けているくらいであった。皐盧は、マコモタケにも使われる名前で、ずんぐりとして丸い形状を表現している。皐盧の葉は大型で丸みの強いものであり、大きく見張った女性の眼の形も表現している。

茶と仏教

文人・貴族の間での茶飲用の習慣が広がるとともに、仏教関係者の間でも茶飲用がひろがり出していた。僧侶たちにとって大事な勤行の一つに写経があり、読経があり……長い時間の疲れをとるのにチャのカフェインは大きな効果を発揮した。また、その素晴らしい覚醒作用から、特別な力がこもっていることが認識され、寺院ごとに茶園を作ることも進んでいた。様々な行事の際にチャを振る舞うことで、僧侶や信徒の間にもチャ利用の習慣が広がって行った。また、チャ特有の薬理効果から薬としての利活用も多く、漢方薬としては最上級の「上品（じょうほん）」に位置付けられている。つまり、不老不死の期待できる薬の一つとされている。

4. 日本列島におけるチャ栽培の始まり

茶文化の伝播

奈良時代には遣隋使、遣唐使の時代に中国からチャ利用の文化が伝わったとされている。また、韓国には当時伝わったと思われる茶園が残っていることから、日本にも同じようにチャ樹そのものも伝わっていたと考えてもいいかもしれない。ただ、日本においては最初の渡来、奈良平安の頃のものは飲用の形式だけで、茶樹の栽培は定着しなかったものと思われる。それは、内裏に茶園が造成されている絵図が残っていたり、僧侶に茶を支給したり、栽培管理の役人がいたり、文献的には資料が残されていても、茶葉の実物が残っていなかったり、茶園そのものも後世まで残されていないので、実態としては持続されなかった、つまり茶樹は定着しなかったと考えられる。

チャ樹の伝播と自生と言われるチャとの関係

一般的に農作物や植物などを導入する場合、持ち運びに便利な種子での導入を考える。可能であれば、苗の導入もあるが、移動の期間が長い場合には道中での管理が問題となる。また受け入れの場所や土地の条件など、栽培適地かどうかの見極めも重要であり、植物そのものだけでなく、様々な要素についての知識と経験が必要とされる。

つまりチャの植物学的、農学的な特徴や特性を十分に把握していないと、導入は成功しない。では、どのような条件が必要なのであろうか。

日本へのチャ樹の渡来

日本にチャの木は自生していたのかどうかは、古くからの議論のまとになっていた。化石が出ているので太古からチャは日本列島に自生していたという話もある。「自生していたが、利用する術を知らなかった」「中国で茶を嗜んで帰ってきたら、身

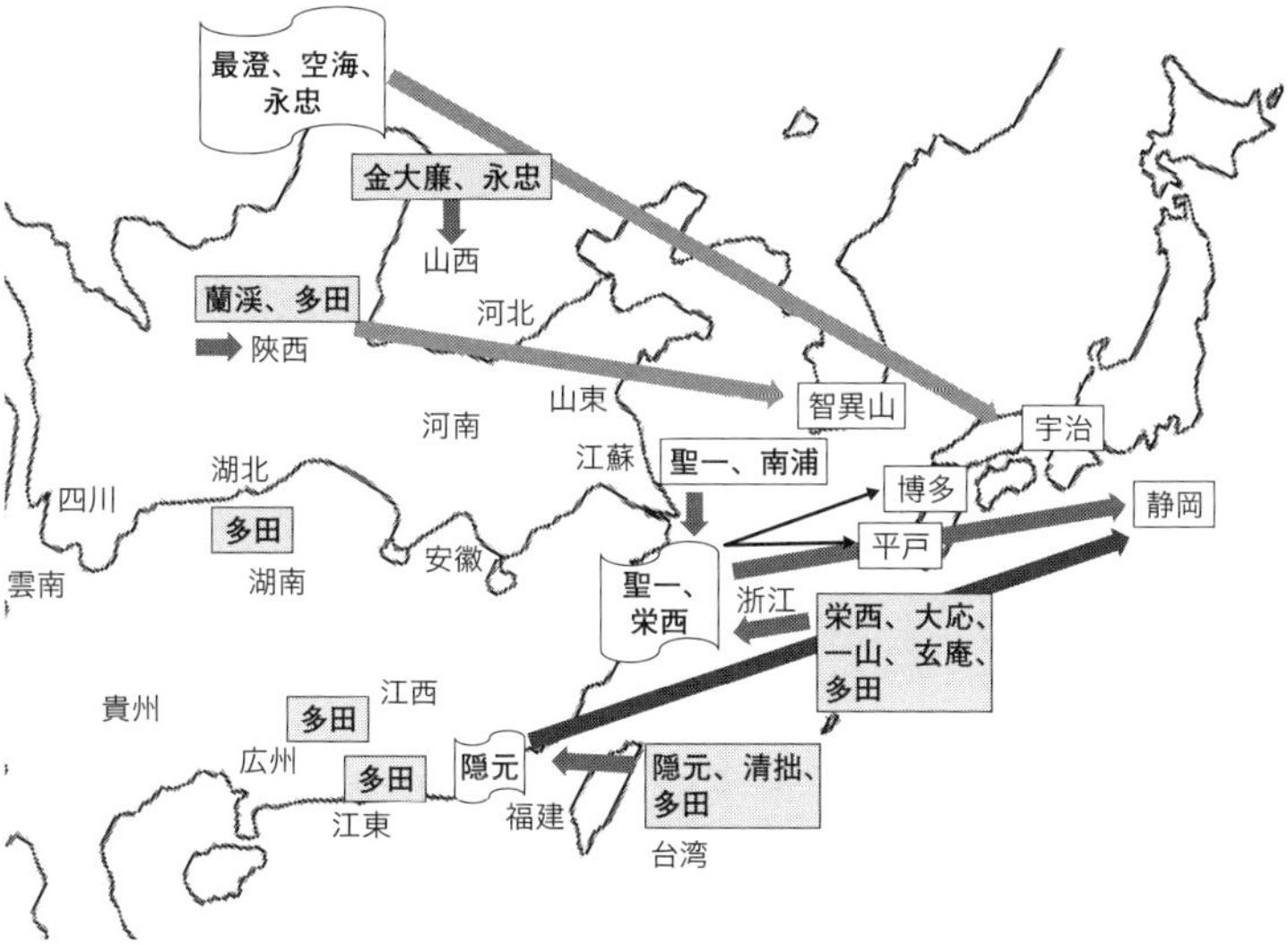

図 8-2　中国からの茶の導入に関係したと思われる人物と、その滞在地域
地図は https://d-maps.com/carte.php?num_car=32145&lang=ja をもとにして作成。

の回りにもチャの木があることに気がついた」。つまり、チャは自生していたが、利用の方法を知らずにいた。利用方法を中国から教えてもらった、というのが自生説のポイントかもしれない。しかしながら民族植物学的に考えると、チャのように利用しやすく、役に立つ植物が身近に自生していたら、なんらかの形で人々の生活に取り込まれて、それなりの言い伝えとか、伝承が生まれる可能性が高い。この点は、近縁のツバキとの大きな違いである。ツバキは神事にも使われることが多い上、種子からは油を搾り取るなどして、私たちの生活には欠かせない存在となっており、記紀万葉の時代には歌にも歌われるくらいに人々の生活に溶け込んでいる。

製茶した茶は楽に輸送できる。では、チャ樹の到来はどうだったのであろうか。平安時代には内裏に茶園が作られていたので、現実にチャ樹は植えられており、延喜式でその栽培管理についても記述がある。それゆえ種子なり苗木なり、いずれかの形態で、日本に渡来していたことが考えられる。同じ頃に、韓国にも中国から茶を導入したことが伝承され、智異山には、その頃に導入したと言われるチャ樹が生育している。

チャの種子はリカルト・シトラント種子で、乾燥すると発芽力を失ってしまう性質があるので、その移送、保存には十分な手立てが必要になる。また、耐寒性が弱いので栽培する地域や、場所などの環境条件が適合しないと定着できない。

だがチャの木については、輸送する上での対策は種子であれば乾燥させなければいいので、それなりの容器に土を詰めて、その中に埋めて保湿しながら、連れて帰ればよい。また、小さな容器に土を詰めて、発芽したての小さい実生苗を輸送することも考えられる。さらにチャの木は根伏せと言って、太い栄養分を蓄えた根からも再生萌芽するので、根を土に埋めて輸送することでも日本への持ち帰りは可能である。このように歴史を考察する上で、農学的知見が役立つ場合もある。

問題は、輸送して日本に持ち帰った後のことである。チャの木は大変に寒さに弱い性質があるので、定着させる地域・場所の選別が重要である。早春の霜の害を避けるために、植え付ける場所は寒さを避けることから、大きな川の近く、湖の近くで、霧の湧き上がりやすい場所が望ましい。日本の有名な古くからの茶所が大きな河沿い、湖の近くにあることの意味が理解できる。日本では、西南暖地であれば、冬越しは自然条件下でも可能性が大であり、自生化が期待できる。

日本で自生化したチャの木、或いは古くからの茶産地のチャの木の来歴を調べるにはどのような手だてが考えられていたのだろうか。まず、最初は形態上の類似を調べていた。栽培植物には人為的な淘汰が加えられていて、偏向した形質分布となるので、栽培利用に関連する形質での比較を避けて、花の構造、特に雌蕊の形質での比較を行った。雌しべが長く、急角度で曲がる柱頭をしたものが特に多く、一方、日本のいわゆる在来の系統には雌しべが短く、緩やかに曲がる柱頭をしたものが特に多い。他方で韓国の在来系統は、中国の系統と同じく、長い雌しべをした個体が優占していた。日本の在来系統の中で、古くからのチャ自生地と言われている場所には長い雌しべの個体の比率が特異的に高い傾向があった。それゆえ茶は韓国と同じ時代、言い伝え通り唐の時代、日本では平安の頃に渡来したものとの可能性が伺えた。

チャの花器の雌しべにおける変異の中日両国の比較結果の最終的な判断として次のように考えている。雌しべの形質が遺伝的に制御されている形質であること、そしてそれは今のところ自然淘汰の対象となる形質としては可能性が少ないとされている(筆者は、耐寒性、交配効率について影響があるとは考えているが)。そうであれば、自由交配で集団が維持されている限り遺伝子組成は変化しない実生茶園を観察することで地域間の遺伝的な関連性が考察できる。長い雌しべの形質の方が優性であることも予備的な交配実験から明らかになっている。日本の在来と呼ばれる古い茶園では短い雌しべの、つまり劣性ホモに固定されている個体の優占することがきわめて多かった。他方で韓国の野生茶集団では、きわめて高い頻度で長い雌しべの個体だけで構成されている茶園ばかりであった。韓国のチャは古代に中国から導入された当時の遺伝子組成を保存している貴重な遺伝資源集団であった。日本でも、古代から中世にかけての古い時代にチャが栽培されていた可能性の高い地域では、長い雌しべの個体頻度が高い集団が見つかっている。

日本の古くからの茶産地では雌しべの長い個体の頻度が高いこと、また、中世にチャを中国からもたらしたという記録のある地域では、やはり長い雌しべの個体の比率が高いことがわかってきた。

現在はさらに調査を進めて、ＤＮＡマーカーを使ってチャ収集系統間のＤＮＡレベルでの近寄りを確認している。今回、日本在来系統に高い頻度で出現するマーカーと、中国系品種に高い頻度で出現するマーカーと、そしてバラエティー・アッサミカに高い頻度で出現するマーカーとをあわせた一〇種類を用いて、日本、中国、だけでなく韓国、インド、スリランカ、など

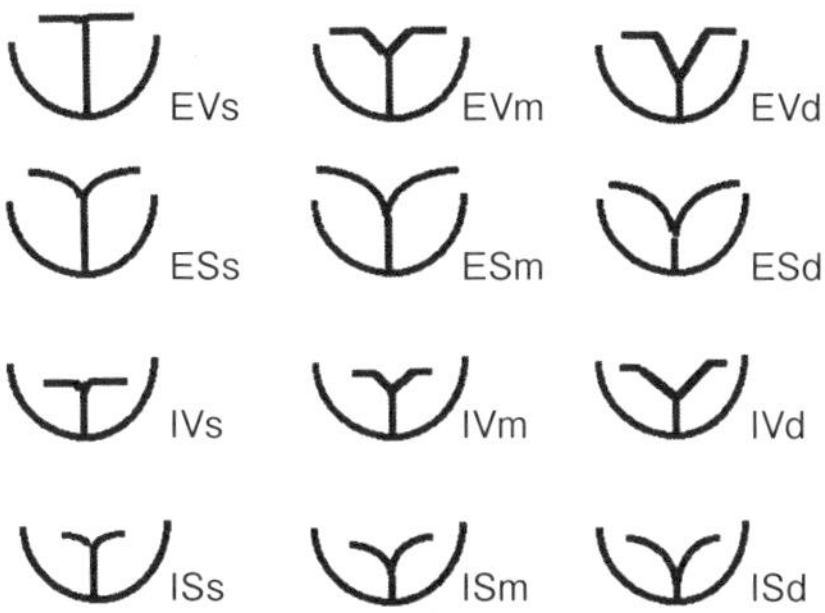

図 8－3　チャの花器における雌しべの形態分類

図 8－4　チャの花の雌しべ。中国からの導入系統に多いタイプの実例

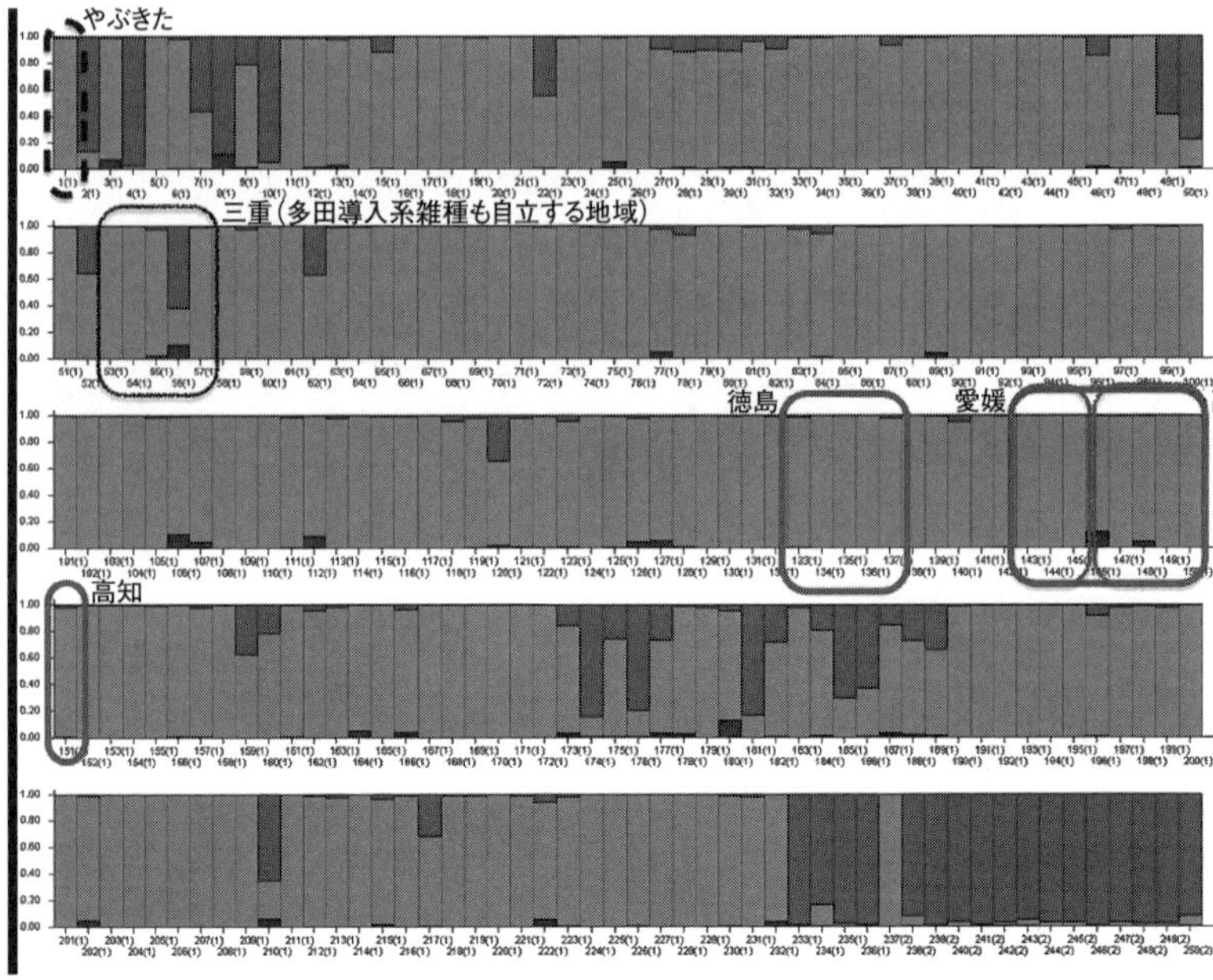

図 8−5　チャ遺伝資源系統間のDNAマーカーによる近縁度の解析結果

世界から収集したチャ遺伝資源の保存系統七一六系統の遺伝的な組成を調査して、各産地系統についての遺伝的な相同性を検定した。その結果、日本の在来系統の中で、中国系のマーカーの頻度の高い地域集団として、長崎・宮崎・三重・静岡が浮かび上がった。また、反対に、日本系のマーカーの頻度の高い、中国大陸の地域として浙江省、江西省などが浮かび上がった。つまり、中国からの渡来の際には九州長崎が窓口的な地域であったということ、また日本の在来のチャの原産地としては浙江省あたりが可能性が高いということが明らかになった。両者の関係性は唐の時代以降の、宋との交流の盛んな時代、日宋貿易の盛んな時代に高まっていたものと思われる。

この結果から見通せることとして、日本のチャ遺伝資源の主体は室町の頃、宋代に、日本にもたらされた雌しべの短いものの多い集団が基盤となっていると考えられる。

九州にまず渡来した茶種がどのようにして、日本各地に展開していったのか。各地の寺院、つまり仏教関係の往来が大きく関与していると考えられる。四国の場合には、唐の時代、中国で修行した空海が重要である。空海は四国全域に修行のための基盤づくりを行い、現代にま

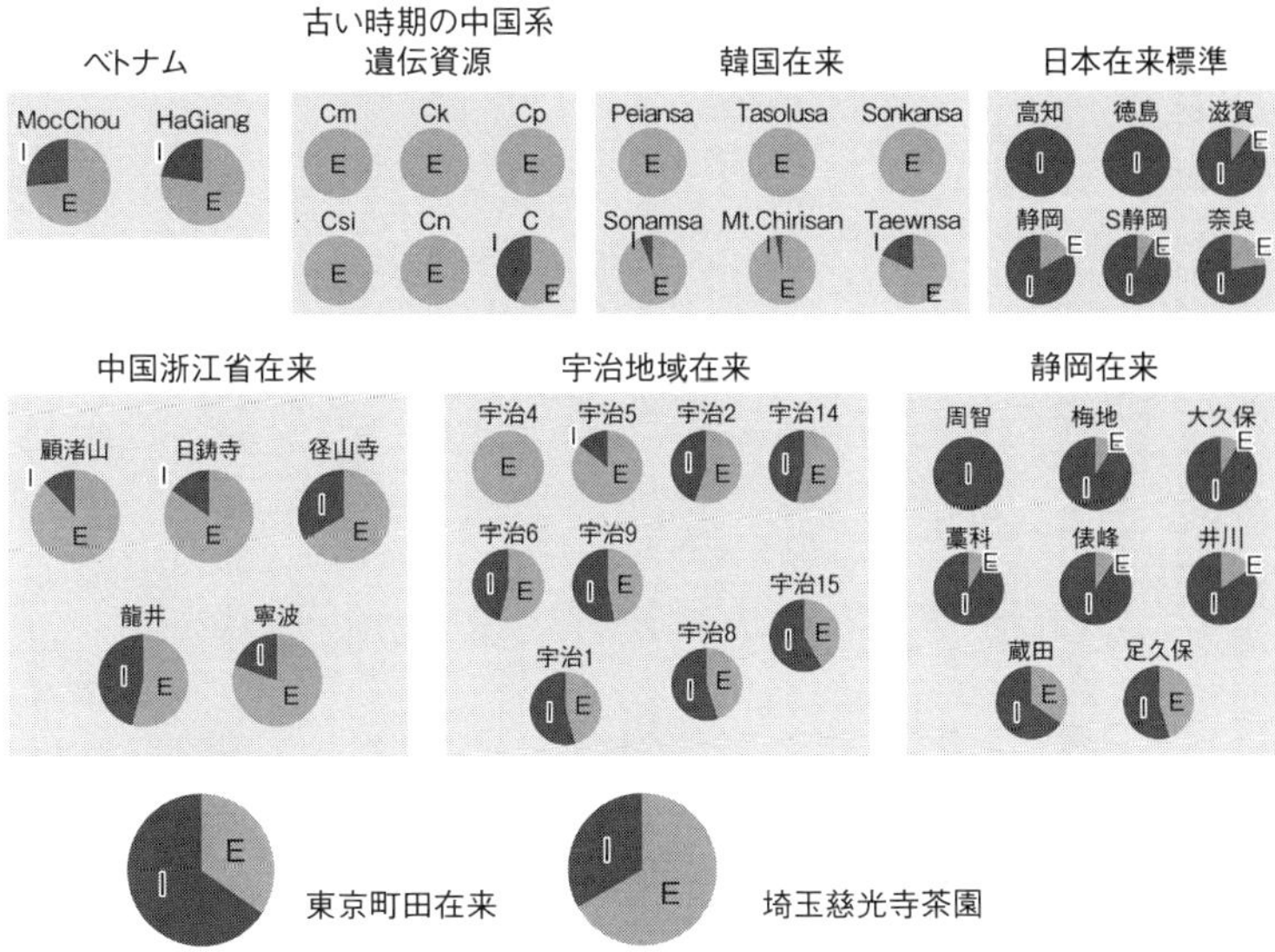

図 8-6　チャ遺伝資源系統の雌しべ形質の特徴の比較取りまとめ

（注）長い雌しべ＝突出タイプ（E）、短い雌しべ＝埋没タイプ（I）、と表記。

で続くお遍路さんのシステムを構築している。彼は四国の地理などに精通しており、チャの栽培適地なども見通していたのかもしれない。

四国のチャ利用の謎

チャの利用は多様、多彩であるが、現在の日本では煎茶用の栽培加工が主体となっており、それ以外の茶生産はあまり知られていない。先述したように中国奥地からミャンマー、タイ、ベトナムなどの山地に暮らす少数民族の間では、後発酵茶が知られている。この製造方法と類似する茶が日本の各地に知られているが、四国にもいくつか存在している。ただ、その来歴などはよくわかっていないのであるが、かつては地域特有の茶として流通していたのである。塩気の強い水では普通には飲用しにくくても、このお茶だと美味しく飲めるとのことで、海で働く人たち、塩気の強い水で暮らすしかない人たちにとっては重宝するお茶として流通していた。発酵茶の中でも特に後発酵茶とも呼ばれている茶種で、四国では碁石茶、石鎚黒茶、阿波番茶が知られている。これら独特の製造法によるお茶の製造利用がいつ頃から始まったのかについては、まだほとんど解明されていない。ただ、これらの産地は、いずれも瀬戸内海側に向かっており、古代の海上交易のルートを見通している地域なので、日本と中国との交易の過程で伝わったものかもしれない。海には国境がなく、海を挟めばどの国も隣国、海に生きる人々は想像を超えて国際的な場合がある。

四国の在来茶は他の地域に比べてかなり独特である。それは、四国の山地が急峻で、ゆったりと流れる河川と、緩やかな傾斜の谷が少なく、茶樹の自生、自然の更新にはそれほど適してはいないためである。こぼれた種子が乾かずに冬を越す立地と、新芽を保護するための霧が立ち登る河とか湖が少ない瀬戸内側では雨量が少なく茶樹の生育には不適である。春先の新芽の延びる頃に十分な雨の降ることが大変重要なので、瀬戸内気候の条件のもとでは茶樹の自生化はあまり期待できない。太平洋側、特に高知県下では自生できそうなエリアもあり、今後の調査でもっと古い茶集団が見つかるかもしれない。もしかしたら、空海がもたらした茶樹の後裔が見つかるかもしれないのである。栄西以前の茶の名残がみつかれば、四国の茶の謎の一つが解明されるかもしれない。DNAマーカーを用いた解析では高知の「ヤマチャ」とされた系統は、ごく低い比率ではあるが、バラエティー・アッサミカを示すマーカーをもっており、明治初頭に高知に配布されたインド系のチャ系統が自生化している可能性が否定できない。だが、詳細に調査すれば、もっと大昔に渡来した中国系の自生化した茶樹が見つかるかもしれない。まだまだ、山奥へ、森の中へ調査の足を広げると、新しい発見が生まれる可能性がある。

参考文献

石原一郎　一九四二『仏領印度支那の茶業』日本茶輸出協会。
川口国昭・多田節子　一九八八『茶業開化』全貌社。
中尾佐助　一九七六『栽培植物の世界』中央公論社。
橋本実　一九八八『茶の起源を探る』淡交社。
松崎芳郎　一九九二『年表茶の世界史』八坂書房。
松下智　一九九八『茶の民族誌』雄山閣。
山口聰　二〇〇六「アジアにおける茶樹利用の伝播」『アジア遊学』八八：六二―七二。

―― 二〇〇九「照葉樹林文化論再考」佐藤洋一郎監修、木村栄美編『ユーラシア農耕史４ さまざまな栽培植物と農耕文化』臨川書房、
三〇七―三四四頁。
東亜研究所編『仏領印度支那の農業』一九四二第十二章「茶」二八八―三〇七頁。
Ashihara, H. and Crozier, A. 1999. Biosynthesis and metabolism of Caffein and related purine alkaloids. Adv.Bot.Res. 30: 117–205.
Huard, P. and Durand, M. 1954. Connaissence du Viet-Nam. Imprimerie Nationale, Paris.
Takeo, T. et al. 1992. One speculation on the origin and dispersion of tea plant in China - One speculation based on the chemotaxonomy by using the content-ration of terpen-alcohols found in tea aroma composition. J. Tea Sci. 12 (2): 81–86.
Taniguchi, F. et al. 2014. Worldwide core collections of tea (Camellia sinensis) based on SSR markers. *Tree Genetics & Genomes*.10, pp.1555–1565.
Tien, D. M. 1993. Tea Industry in Vietnam. Proc.Teatech., Intern.Symp. Tea Sci. & Human Health, Calcutta. pp.103–106.
Yamaguchi, S. and Tanaka, J. I. 1995. Origin and spread of tea from China to Eastern asian regions and Japan. Proc.' 95 Intern.Tea-Qual.-Human Health Symp., Shanghai, China, pp.279–286.
Yamaguchi, S, et al. 1999. Genetic dispersal of tea plant. In N. K. Jain (ed.), *Global advances in tea science*, Aravali Books, pp.413–426.
Yu, F. L. 1986. Discussion on the originating place and the originating center of tea plant. *J. Tea Sci.* 6 (1): 1–8.

第9章　阿波晩茶と地域社会
——近現代における晩茶の流通と消費

今石みぎわ

1. 生業としての阿波晩茶

有利な換金作物であった晩茶

四国山地に伝わる三つの後発酵茶——高知県の碁石茶、愛媛県の石鎚黒茶、徳島県の阿波晩茶——のうち、最も生産規模が大きく、広く流通したのが、徳島県の阿波晩茶である。特に丹生谷と呼ばれる那賀川筋の一帯では、昭和初期の最盛期には年間二〇〇tを超えるお茶が生産され、県下一円はもちろん、香川県や淡路島などへと流通していった(1)。

高度経済成長期以前の丹生谷の暮らしは、自給的に田畑を耕すかたわら、その時々でもっとも有利と思われる生業を複合的・戦略的に選択することで成り立ってきた。一見、自給自足的な暮らしを営む山村においても現金収入は不可欠であり、それは村の外からのみ、もたらされるものであった。その現金を得るために選び取られた生業が、林業や炭焼き、養蚕、稲作、畜産（牛）、たばこ栽培、緑茶製造、柑橘栽培や花卉栽培などであり、阿波晩茶の生産だったのだ。

阿波晩茶の茶摘みは、伝統的には夏の土用に入る頃から始まる(2)。摘んだ茶葉を茹でてから一〇日～二週間ほど桶に漬け込み、天気と相談しながら一～二日間、天日干しにすると、香り高いお茶ができる。出荷はお盆前から始まり、九月にはすべての作業が終わる——生業としての晩茶の大きな利点は、その作業時期が稲作や養蚕などその他の生業の繁忙期と重ならないこと、そして一～二ヶ月程度の短い期間で大きな現金収入を得られることであった。茶が高値で売れた昭和二〇年代（一九五〇年代後半）には、牛の子一頭と茶俵三～四俵が同程度の値段で取り引きされたといい、嫁入り道具のしつらえなどは、みな茶でするものだったという。最盛期には、ひと夏に一〇〇〇貫（三七五〇kg）作ったという家もある。晩茶は大変有利な換金作物だったのだ。

時代に翻弄される晩茶の生産

では、丹生谷の晩茶はどのくらいの規模で作られてきたのだろうか。阿波晩茶に特化した生産量の統計はないが、『徳島県統計書』には一八八〇（明治一三）年から一九三八（昭和一三）年までの郡別の茶の生産量がまとめられている。この中から「旧那賀郡」、つまり現在阿波晩茶の生産地として知られる那賀川筋一帯の「番茶」生産量を抽出したのが図9-1である[3]。それ以降の年代については、もっとも生産が盛んであった旧相生町（現那賀町）の生産量に関する断片的記録を、参考までにグラフ化した（図9-2）[4]。不正確な数字やデータのない部分も多いが、おおよその傾向は捉えることができるだろう。

この図に見えるとおり、晩茶の生産量は記録の残る明治初年から徐々に増加し、大戦景気や相次ぐ恐慌の影響などを受けて乱高下しながらも、一九三八（昭和一三）年には生産量六万一八九一貫（約二三二t）のピークに達している[5]。その後、戦後の混乱のなかで激減した生産量は、一旦回復するも、一九六五（昭和四〇）年を境とし、現在に至るまでゆるやかに減少を続けている。

こうした生産量の増減は、市場経済の動向はもちろん、戦争や恐慌などの社会情勢、産業構造やライフスタイルの変化、流通網や情報網の発達など、様々な社会的要因と連動したものである。特に不可逆的な変化が生じたのは昭和三〇年代（一九五五年頃）からの高度経済成長期で、生産地の側では現金収入の柱の一つであった米が売れなくなり、いくつもの生業を複合的に営む従来の暮らしをやめ、勤めに出る者が増えた。地域に缶詰工場や縫製工場が進出し、それまで茶摘みしか現金獲得の手段がなかった女性たちに新たな道が開かれた一方、摘み手不足が深刻化していく（山内　一九九〇：一〇九）。一九六一（昭和三六）年から始まった国民年金制度が定着していく過程で、茶摘みの、「ばあちゃんたちの小遣い稼ぎ」としての意味合いが失われていったことも大きかったという。さらに昭和四〇年代（一九六五年頃）からは、のちに生産量全国一となる相生（あいおい）おもと（園芸植物）の栽培や、柑橘類の栽培も本格化してきた。不景気になった晩茶に見切りをつけ、緑茶に転向した人も多かった。

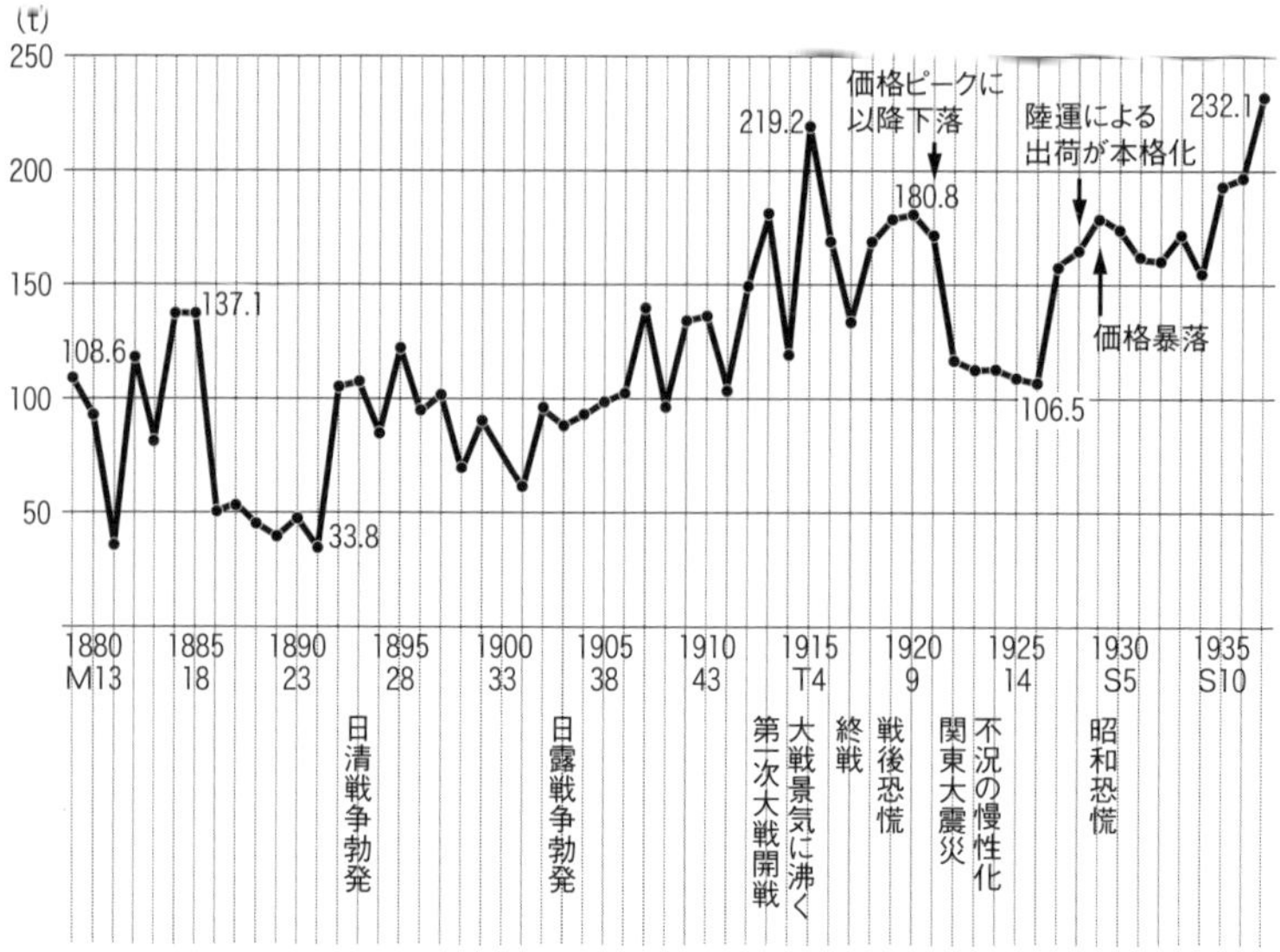
(t)
250
200
150
100
50
価格ピークに
以降下落
陸運による
出荷が本格化
219.2
232.1
180.8
137.1
108.6
価格暴落
106.5
33.8
1880 M13
1885 18
1890 23
1895 28
1900 33
1905 38
1910 43
1915 T4
1920 9
1925 14
1930 S5
1935 S10
日清戦争勃発
日露戦争勃発
第一次大戦開戦
大戦景気に沸く
終戦
戦後恐慌
関東大震災
不況の慢性化
昭和恐慌

図 9-1　旧那賀郡の「番茶」生産量

（出典）『徳島県統計書』。

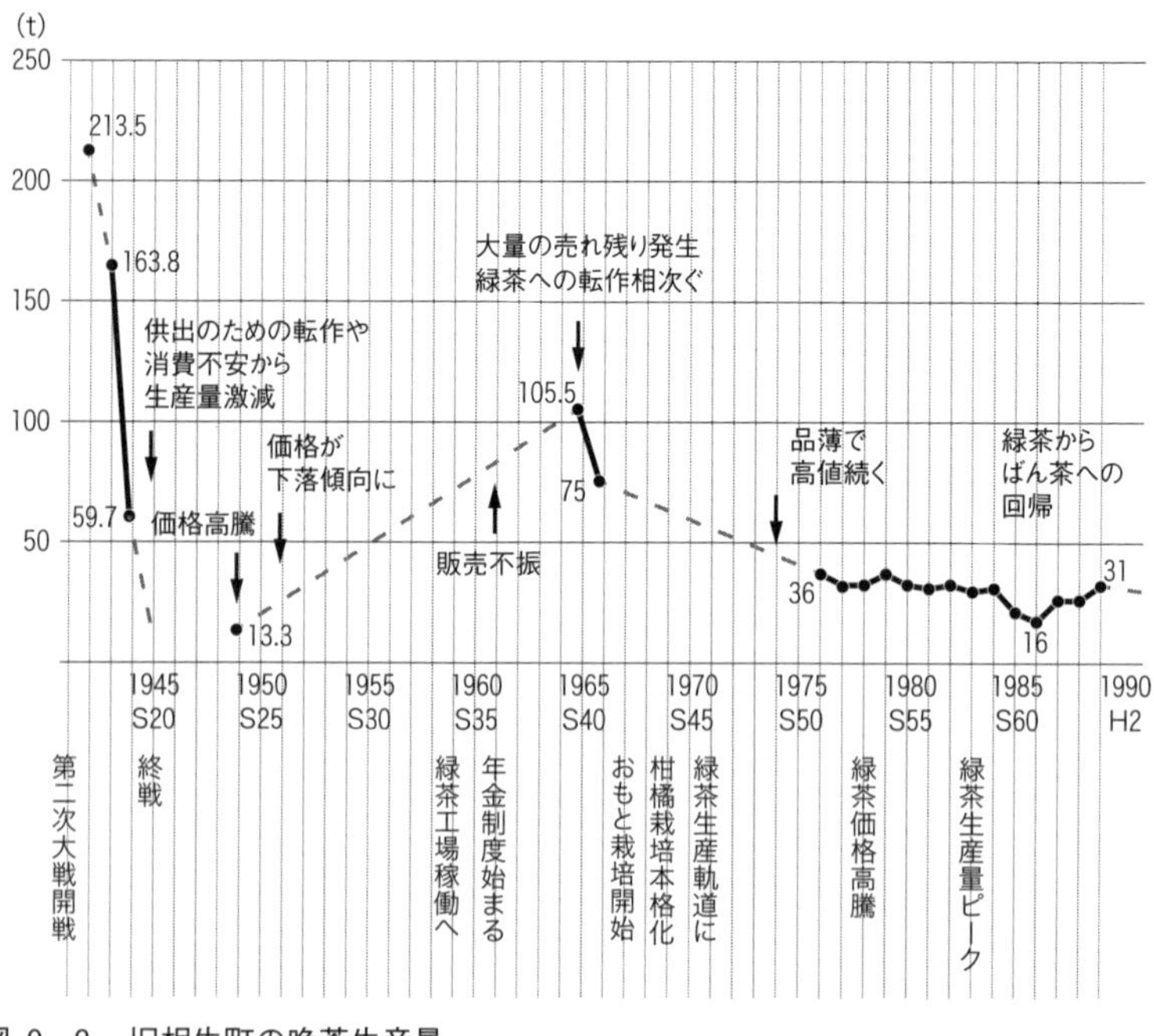
(t)
250
200
150
100
50
213.5
163.8
大量の売れ残り発生
緑茶への転作相次ぐ
供出のための転作や
消費不安から
生産量激減
105.5
価格が
下落傾向に
品薄で
高値続く
緑茶から
ばん茶への
回帰
59.7
価格高騰
75
販売不振
36
31
13.3
16
1945 S20
1950 S25
1955 S30
1960 S35
1965 S40
1970 S45
1975 S50
1980 S55
1985 S60
1990 H2
第二次大戦開戦
終戦
緑茶工場稼働へ
年金制度始まる
おもと栽培開始
柑橘栽培本格化
緑茶生産軌道に
緑茶価格高騰
緑茶生産量ピーク

図 9-2　旧相生町の晩茶生産量

一方の消費者の側でも、流通網の整備や情報社会への突入によって、晩茶はもちろん、お茶を飲用する機会自体が減った。こうして昭和四〇年代（一九六五年頃）を境に、晩茶の生産量は徐々に減少していった。それは産地として、あるいは個人としての、生きていくための選択の結果であった。

晩茶と緑茶、ヤマチャとやぶきたの相克

さて、晩茶の盛衰と密接に関わっているのが、同じ茶である緑茶の生産である。現在晩茶の製造に欠かせない動力揉捻（じゅうねん）機（茶葉を揉む機械）や、在来種のヤマチャに代わるやぶきた種は、本来は緑茶生産に伴うものであり、緑茶は、晩茶の製造技術の展開に大きな影響を与えてきた。のみならず、人々は社会情勢を睨みながら、時代によって緑茶に切り替えたり、晩茶に戻ったりを繰り返してきた。

第二次世界大戦後、減産による品薄感によって高騰した晩茶の販売価格は、一九五〇年頃（昭和二〇年代半ば）をピークに下落に転じる。晩茶の景気が悪化する中、より有利で、転作しやすい換金作物として選ばれたのが、晩茶と併行して当地で古くから作られてきた緑茶であった。[6] 一九六〇年頃（昭和三〇年代半ば）以降、緑茶化に向けた様々な動き——旧相生町牛輪での緑茶工場の建設・運営、晩茶と緑茶を掛け合わせた「改良番茶」製造の試みなど[7]——を経て、一九六五年〜一九七五年頃（昭和四〇〜五〇年代初頭）には、晩茶から緑茶へ転向する人が相次いだ。

写真 9-1　ヤマチャ（左）とやぶきたの葉（2019 年）

ところがその緑茶も、一九八二（昭和五八）年頃に生産のピークを迎えると、その後は輸入品の増加や労働力不足、消費者のお茶離れなどから生産が落ち込んでいく（以上、山内 一九八〇）。一方の晩茶は、「適地適作の歴史と伝統に根ざした産物」（相生町誌編纂委員会 二〇〇五：二五二）として再び注目を集めるようになり、マスコミに取り上げられることも増えて、県外からも注文が入るようになった。一度は緑茶に切り替えた人が再び晩茶生産に戻ってきたり、退職後に親の残した道具で生産を再開するケースも多く見られ

写真 9－2　家の裏手に拓かれたヤマチャの畑（2019 年）

写真 9－3　近年拓かれたやぶきたの畑。茶摘みが終わり、幹と枝だけになった木が並ぶ（2019 年）

るようになったのである。

こうして晩茶と緑茶を行きつ戻りつするあいだに、晩茶にも様々な変化と多様性がもたらされた。たとえば、晩茶の生産には古くから在来種であるヤマチャが使われてきた。ところが、一九五三年頃（昭和二〇年代後半）から緑茶製造用にやぶきた種が導入されはじめ、徐々に地域に浸透していく（山内　一九八〇：一九一—一九三）。緑茶生産が盛んになる一九六五年頃（昭和四〇年頃）には、晩茶から緑茶に鞍替えするため、ヤマチャを引き抜いてやぶきたを植える人が増えてきた。そして一九八〇年以降（昭和五〇年代後半）になって緑茶が下火になり、再び晩茶回帰が始まると、やぶきたを用いて晩茶を作る人が出始めたのである。

やぶきたはヤマチャよりも葉が大きく柔らかいため、摘みやすい（写真9 - 1）。ヤマチャは一日で一〇貫（約三八kg）摘めばベテランの域だったが、やぶきたならば多い人で一日一七～一八貫（約六四～六八kg）も摘める。製茶した時の歩留まりも、やぶきたのほうがよいとも言う。やぶきたの導入は、摘み手不足にあえぐ生産農家にとって、重要な技術革新となったのだ。

一方で、やぶきたで作った晩茶はヤマチャの茶よりも渋く、まろやかさに欠けると言って、今でもヤマチャにこだわる生産者や愛飲者は多い。ヤマチャとやぶきたが混在することによって晩茶の味の幅が広がっただけでなく、これまで当たり前だったヤマチャの存在が再評価され、それが一種のブランドとして機能し始めたのである。

晩茶と緑茶の盛衰は、村の景観にも変化をもたらした。晩茶は、古くは山に自生したり田畑の畔などに移植したヤマチャを利用して作られたと考えられるが、明治以降に出荷が盛んになるにつれ、宅地近くにヤマチャの畑が拓かれるようになった（写真9 - 2）。

そして昭和三〇年代以降にやぶきたが定着してくると、従来のヤマチャの畑が徐々にやぶきたの畑に置き換わっていく（写真9-3）。緑茶生産が流行った昭和四〇年代には、当時生産不振に陥っていた水田や柑橘畑をつぶして、やぶきたの茶畑を作ったケースも多かったようだ。さらに近年では、緑茶生産に用いる茶摘み機械を使い、機械刈りしたやぶきたで晩茶をつくる家も出てきた。今後、茶摘み機械の導入が進めば、葉をすべて摘み取った丸裸の茶樹が並ぶ茶畑ではなく、緑茶畑のようにきれいに刈り取られた晩茶畑が広がるようになるかもしれない。

こうして人々は時世に対応し、柔軟に変化しながら晩茶の生産を繋いできた。そうした産地でのたゆまぬ努力と合わせて晩茶を支えたのが、このお茶を求める消費者であった。そこで次に晩茶がいかに消費されてきたかについても見ていきたい。

2. ローカルな味覚としての阿波晩茶

「我が家の味」であった晩茶

晩茶生産という生業が、地域が外の世界と繋がる重要な手段であった一方で、晩茶は、きわめてローカルな、慣れ親しんだ家庭の味でもあった。中村羊一郎は、同じ後発酵茶である高知県の碁石茶について、それが地元で「飲用に供するもの」ではなく、瀬戸内海の島々における茶粥の原料として出荷されたことを指摘している。つまり碁石茶は「山間部で不足する塩を移入するための交換材として大きな意味をもっていた」のである（中村　二〇一五：一三九）。

これに対して阿波晩茶は、産地である地元においても日常的に飲用されるお茶であった。出荷はしなくとも自家用の晩茶は作っているのが普通で、茶葉や生産技術の微妙な違いによって、「自分のうちの晩茶は飲めばわかる」ほどに、家ごとの味というものがあった。

しかも、高度経済成長期以前の食生活においては、お茶は日々の食卓に欠かせない必需品であった。伝統的な食事は日に四度で、主食は大麦に少量の米を混ぜた麦飯。こうした飯は冷めるとぼそぼそして喉につかえがちであったので、流し込むためにお茶が不可欠だった。特にお昼には、麦飯に熱々のお茶をかけたお茶漬けを食べることが多かった。食事の名称も、早朝のご飯を「茶をのむ」、一〇時頃を「あさはん」、二～三時頃を「チャヅケ」、夜を「ゆうはん」などと呼び（相生町誌編纂委員会一九七三：一七一二）、「お茶を焚く」という言い回しが「食事の準備をする」という意味で使われた。

そして、お茶といえば晩茶だった。年配の方々は、「小さい頃から晩茶しか飲んだことがない」「水代わりに飲んだ」と口をそろえる。緑茶生産が流行った時代にも、「緑茶は青臭い」といって、客には緑茶を出しても自分たちは晩茶を飲んだという家は多かった。地元の小学校の給食に出されるのも、やはり晩茶だった。さらに、新茶の季節には村を出た家族や遠方の親戚に、自家製の晩茶を送るという家は今でも少なくない。この味が、村の外に出た人々がふるさとを懐かしむ縁（よすが）にもなっているのである。

晩茶の出荷と仲買人の活躍

では、出荷されて地域を出ていった晩茶はどこに流通し、誰の口に入ったのだろうか。晩茶の生産量は明治後期から大正にかけて急激に増加しており、それに合わせて販路も拡張路線を辿ったようだ。

昭和期における晩茶の主な流通先は、徳島県内、香川県、兵庫県淡路島である。一九四一（昭和一六）年の記録に、年産「壱万俵内外」（約二四四t）のうち、「県下ニ七千俵消費シ　残三千俵ハ県外ニ輸出スル」とあるとおり（山内　一九八〇：九八）、およそ七割が県内に、三割が県外へ出荷されていった。

晩茶の出荷にあたって生産者と消費者の間を取り持ったのが、産地の買い子（仲買人）と、町場の茶商であった。今でこそ生産者の個人販売も増えたが、かつての大量生産時代には、安定的に大量の茶を売り捌いてくれる買い子は不可欠な存在だった。買い子はそれぞれ取り引き先が決まっており、毎年決まった茶商にお茶を卸した。生産量と販売量の見極めは難しく、生産者と茶商の間に挟まれる仲買業は難しい商売だったという。

生産が盛んであった那賀町には複数の買い子がいたが、このうち二〇二〇年現在でも仲買を続けている延野（のぶの）の山内商店には、一八九七～一九〇〇（明治三〇～三三）年の茶の仕入れ帳が残されている。これによると一八九九（明治三二）年には茶の取引量がすでに一・五tを超えており、盛んに茶が出荷されていた様子がうかがえる。また明治初年創業とされる和食（わじき）の山西商店では、現当主が晩茶の仲買を始めた一九六二（昭和三七）年には、九三〇〜九七〇俵（約二四・四〜二五・四ｔ）の取扱いがあった。父親には「一〇〇〇俵（約二六・三ｔ）扱わなければ生活できない」と教えられたという。

こうして産地で集められたお茶は、買い子が小売をする場合もあったが、多くは徳島市をはじめとする各地の茶商へと卸されていった。

流通する晩茶

さて、発酵茶の最大の消費地は何と言っても徳島市であった。市内のお茶屋は「阿波晩茶がなかったら商売できなんだ」といい、茶と言えば阿波晩茶を指した。徳島の市街地の人々にとっても、晩茶は最も身近な飲み物だったのだ。

晩茶はカフェインの含有量が少ないことが経験的に知られ、赤ちゃんや子ども、病人でも飲みやすいお茶と認識されてきた。そこで、日常的に飲用することはもちろん、生まれたばかりの赤ん坊に「毒消し」といって母乳よりも先に飲ませたり、湯冷ましに使ったりした。また、店頭での小売だけでなく、保育園や学校の給食、病院や介護施設などの食堂でも晩茶が提供された。特に学校給食では広く利用され、教室のストーブにかけた薬缶からこのお茶を飲んだと記憶する人は多い。

晩茶は徳島市だけでなく、県内各地の小売店にも卸された。先述した山西商店では、旧池田町（三好市）、旧三好町（東みよし町）、旧貞光町（美馬市）、旧脇町（美馬市）、阿波市などに得意先があった。

徳島県に次ぐ消費地は香川県であった。特に多くの茶が流通した高松市や丸亀市の茶商によれば、かつては香川でも「ばん茶」と言えば阿波晩茶を指した。高松市のある茶屋では、昭和三〇〜四〇年代には、全体に取り扱うお茶の二〜三割を阿波晩茶が占めていたという。また戦後になって香川へ販路を広げたという前述の山西商店は、高松市のほか、丸亀市や善通寺市、琴平町など各地に得意先があり、昭和四〇年代には、多い年で七ｔ以上の茶を香川県に送った。

香川の茶商では仕入れた茶を店頭で小売したり、さらに周辺地域の小売店に卸した。その範囲は県内一円で、高松の茶屋からは東讃地域と小豆島・直島・豊島（てしま）などの島々へ、丸亀の茶屋からは中讃地域に茶が送られた。高松市のある茶屋では、東讃地域を中心に一五〇軒ほどの八百屋に茶を卸したという。学校や保育所の給食で提供されるお茶も、高松や丸亀ではほとんどか阿波晩茶を使っていたようだ。

淡路島にもかなりの数が出荷されたと見え、徳島市で晩茶の取扱い量が最も多かった茶屋・三好園では、年間三〇〇〇俵のうち五〇〇俵(約一三t)ほどを淡路で捌いたと伝える(山内 一九八〇:六八)。主な卸先は中央部の洲本市と南部の福良町(現南あわじ市)で、淡路では質よりも安さが求められたため、スソモノと呼ばれる晩茶が安い値で卸された。

このほか、生産過剰で古茶が売れなかった時代には、徳島市の茶商が伊予や土佐、岡山へ茶を送ったこともあったという。愛媛県川之江市では年間一〇〇俵ほど捌いてくれた時期もあったらしい(山内 一九八〇:六八)。これらの卸先はいずれも定着しなかったと見えるが、常に新しい販路開拓の努力がなされていたこと、そしてその努力こそが、産地と、伝統の味とを支えてきたことがわかる。

こうして毛細血管に血液がゆきわたるように、産地から買い子、茶商、さらには小売店を通じて各家の食卓へと晩茶が供給され、慣れ親しんだ家庭の味となっていったのである。

晩茶の様々な利用

晩茶はただ飲用するだけでなく、多様な利用法があった。魚介類を茹でる際の臭みとりはその代表だ。阿波晩茶のもう一つの産地であった上勝町では、アユなどの川魚の甘露煮を作る際に晩茶を用いた。茶葉を煮出したところにアユを並べ入れ、砂糖、酒、みりん、たまり醤油で煮る。そうすると骨まで柔らかくなり、臭みもとれた。ちょうど晩茶の季節とアユの漁期が重なるため、夏になるとよく作ったという。モズクガニやサワガニなどと呼ばれる川で採れる小さなカニも、晩茶で炊くと臭みがとれ、身も取れやすくなるといった。明石ダコが有名な淡路島では、発色がよくなるといって必ず阿波晩茶でタコを煮たので、料理屋や旅館で晩茶がよく売れたという。

口に入れる以外の利用法もあった。旧暦の時代も新暦になってからも、晩茶の出荷はお盆に間に合わせるというのが一つの目標であり、目安であった。お盆を過ぎると風が強くなったり日差しが弱まって天日乾燥に支障が出ることや、まとまったお金がいる盆前に現金を得たいことなど理由は様々であるが、その一つとして、仏さまに新茶を祀りたいからというのは根強い理由である。「晩茶を作らないとお盆が来ないような気がする」という人もいる。丹生谷では、朝、お仏壇にお茶を供えることをお茶湯(ちゃとう)と言い、お盆の初日である八月一四日には特別なお茶湯を行うのが一般的であった。家によって一三回、一六回、二一回など複数回、新茶を仏前に供えるのである。(8) こうしたお茶湯の慣習を背景に、晩茶はお盆の遣いものやお中元として、町外に出た子どもや親戚、知人に送ったり、お悔やみ事があった家に持って行くために使われた。

また、かつては土葬の際に晩茶を座棺に入れる風習があった。小さな継ぎの袋に詰めて入れる、棺桶の底に敷きこむ、遺体が埋まるくらい入れるなどバリエーションは様々あり、このために、口茶(くちちゃ)(漬けこんだ茶を桶出しする際、表面近くにある臭いのきついお茶)や古茶を捨てずにとっておき、いざお葬式があった時に使ったり、近親者が亡くなった時に差し入れたという。かつては葬儀屋が口茶を買いにきたこともあった。

香川では主に坂出より西の中讃地域に同様の慣行があり、人が亡くなると晩茶を買いに来たものという。大量に(二・五kgほど)入れるのが通例で、茶屋では飲み茶とは別に、お棺用に二級品の阿波晩茶を仕入れていた。淡路島の洲本でも、阿波晩茶を求めて茶屋に来店する人の目的は三つで、赤ちゃんが生まれた時とタコを茹でる時、そして人が亡くなった時だったという。

そのほか、晩茶をムカデ除けにする家も多く、茶葉や茶のゆで汁を家のまわりに撒いたり、ムカデに直接かけるなどの利用法があった。茶は消臭や吸水・防湿の効果があるとされ、枕に入れたり、いぶして燈油の消臭として用いたり(大森・加藤 一九九四:一一二―一一三)、近年では消臭剤として車に置いて使う人もいる。

こうして、晩茶は生活のいろいろな場面で使われたのである。

3. 地域資源としての阿波晩茶

上勝町における晩茶の生産

さて、重要な生業として、また最も身近な飲料として親しまれてきた晩茶であるが、近年では地域資源としての価値も見直されつつある。

阿波晩茶のもう一つの産地である上勝町では、丹生谷とは異なる生産の歩みを辿ってきた。上勝町は急傾斜の地滑り地帯が多く、耕作可能地が限られる。さらに年間降雨量が多く、茶の天日乾燥に時間がかかるなど地理的に大量生産に向かかなかったこともあり、丹生谷のような大規模な生産は行われなかった。上勝町旧福原村の茶の生産量を示す大正年間の「統計台帳」によれば、一九一二（大正元）年には生産農家二六〇戸の「番茶」の生産量が一八六九貫（約七ｔ）で、単純計算で一戸あたり七・二貫（約二七kg）の生産であった（上勝町誌編纂委員会　一九七九：二六五―二六六）。地形的に大量生産に不向きだった上勝町では、自家用茶の生産を主とし、出荷は少量の余剰分のみという時代が長かったようだ。

ところが、時代が平成に入る頃から上勝町の晩茶生産の潮目が変わっていく。一九八一（昭和五六）年に異常寒波が町を襲い、当時基幹産業であったミカンの生産が壊滅的な打撃を受ける。この出来事をきっかけに、栽培品目の多様化や生産物の転換・見直しがはかられ、一九八六（昭和六一）年には、のちに上勝町の名を一躍有名にした「葉っぱビジネス」（葉っぱをつまものとして販売）がスタートする（横石　二〇〇七：二八―三三）。晩茶もこうした流れのなか、地場産業としてふたたび注目を集めるようになった。

晩茶の活用と新しい価値の創出

こうして平成に入った頃から、晩茶を販売用に増産する家が出始める。丹生谷では当たり前の動力機械――揉捻機と茶捌き機（桶出しの際に茶葉をほぐす機械）は、現在でも上勝町ではあまり普及していないが、昭和末～平成初頭にかけて、晩茶生産がさかんであった神田地区の何軒かの家がこれらの機械の導入を果たしている。また茶の木を畑へ植栽する家も平成に入ってから複数軒見られ、増産に向けた体制が徐々に整えられていった[9]。

一九九一（平成三）年には、上勝町で晩茶の仲買業をしていた個人商店が専用の販売袋を作って生産者への提供をはじめる。これにより、「上勝の晩茶」という名称で統一されたパッケージの晩茶が、世に出ていくようになった。一九九七（平成九）年には、品質の向上と管理、知名度アップを目指した「上勝神田茶生産組合」が神田地区で結成される。名前も「神田茶」に統一、結成当時は年に約二〇ヶ所の県内イベントに参加するなど精力的な普及活動を行い、個人売りを中心にしつつも地元の温泉や商店へも出荷するようになった。その後、定期的に全国放送のテレビ番組で取り上げられる機会があり、雑誌の取材も増えて「上勝晩茶」全体の知名度が一気にあがっていったようだ。こうして上勝町全体の晩茶の生産量は、二〇〇四（平成一六）年には約二〇t、二〇一二（平成二四）年には推定三〇tと、減産が続く丹生谷に迫る勢いになっている（佐藤二〇〇四：一二三）。

近年では「上勝晩茶祭り」の開催、『晩茶ガイドブック』の刊行、茶摘み体験イベントの実施など様々な取り組みを通して、新しい消費者層をターゲットにした積極的な発信を行っている。晩茶を使ったクラフトビールやアイス、お菓子を創作するなど、飲用以外の利用の幅も広がってきた。二〇一八（平成三〇）年には一般社団法人上勝阿波晩茶協会が発足し、商品名を「上勝阿波晩茶」に統一、新規就農者の育成や、ブランド化による価格向上などをはかりつつ、県外はもちろん、広く海外にも販路を模索している。

こうして上勝町では、従来の仲買人を介した地続きの流通網ではなく、インターネットなどの現代的な情報ツールを活用し、地域を飛び越えた発信と販売網を模索してきた。その中で、「身近で当たり前のお茶」であった晩茶は、「桶で乳酸菌発酵させるユニークなお茶」として、その稀少性と歴史性、効能が強く意識され、強調されるようになった。晩茶はいまや単なる現金獲得の手段や、身近で当たり前の飲み物ではない。それはグローバル社会や消費社会に対抗するための、きわめてローカルで、「伝統」的で、かつサスティナブル（持続可能）なコンテンツとして認識されるようになったのだ。晩茶は、地域の風土や歴史、生き様を体現する象徴的存在として、あるいは自分たちのふるさとに誇りを持ち、I・Uターン者や観光客を呼び込むための地域資源として、新しい役割を果たしつつあると言ってよい。

生産者や仲買人、茶商や消費者など、多くの人の手によって繋がれ、今日まで伝えられてきた阿波晩茶は、今後はさらに広い地域・立場の人々の関わりのなかで、地域文化の象徴として、未来に引き継がれようとしているのである。

注

（1）筆者は二〇一八～二〇一九年度にかけて徳島県が行った国庫補助事業「阿波の食文化　阿波晩茶製造技術調査事業」に参加しており、本稿もその調査成果に基づいている。なお、調査成果の一部は報告書（徳島県　二〇二〇）として刊行されている。

（2）七月下旬になると葉っぱが厚くなって実入りがよいといって、土用がきたら摘み始めるのが慣例だった。近年では摘み手不足もあって摘むのに時間がかかるため、七月初旬から摘む家が多い。

（3）旧那賀郡は現在の阿南市、旧鷲敷町、旧相生町、旧宮浜村の一部、旧木沢村（旧沢谷村と旧坂州木頭村）を郡域としており、現在阿波晩茶の生産地として知られる地域とほぼ重なっている。これらの地域でいわゆる普通の「番茶（下級煎茶）」がこれほど大量に生産された事実は見当たらないことから、旧那賀郡に限っていえば、ここにいう「番茶」のほとんどは、後発酵茶を指しているとみなしてよさそうである。なお一八八三～八六（明治一六～一九）年の生産量について、『統計書』では単位を「貫」としているが、貫＝三・七五kgで計算すると、この四ヶ年のみ前後年の一〇～二〇倍の生産量となり、説明がつかない。一方、「斤」換算なら前後年の二～三倍程度の生産量に収まるため、図9・1では「斤」で計算している。また、一斤は通常一六〇匁（六〇〇g）であるが、一九四一（昭和一六）年に茶商が主催した「阿波製茶生産拡充座談会」の資料で「一斤（二百五十匁）」とあるため（山内　一九八〇：九八）、本図では一斤＝二五〇匁＝九三八gで計算した。

（4）一九七六～八九（昭和五一～平成元）年の生産量は、旧相生町農協で阿波晩茶や緑茶の振興に尽力した阿川満氏（一九三五［昭和一〇］年生まれ）が記録していた数字。それ以外は山内（一九八〇）・橋本（一九七五）より。

（5）一九四一（昭和一六）年に徳島の茶商が主催した「阿波製茶生産拡充座談会」では「丹生谷十里四方」の「生産番茶」が「壱万俵内外」（＝六万五〇〇〇貫）との発言があるから（山内　一九八〇：九八）、『統計書』の数字はある程度生産量の実態を示しているようだ。また、山内はのちの著書で「六万貫以上も作られた盛況を知るものにとって、現在の衰微は考えられない」と述べており（山内　一九九〇：一一〇）、阿波晩茶がその歴史のなかで最大の「六万貫以上」の生産量となったのは、戦前のこの時期であったと思われる。

（6）山内（一九八〇）の『阿波の茶』によれば、緑茶と晩茶の相克はもっと古い時代から始まっている。たとえば大正期には、国の奨励に基づいて緑茶の「模範茶園」が作られ、数年間、手もみによる製茶が行われたが、その後は「番茶の好況に抗しきれず番茶園となっ」た。そして迎えた昭和期は「番茶対策としての緑茶がいろいろと模索される時代」であり、一九二九（昭和四）年には製茶組合が設立され、製茶工場を建設して本格的に緑茶製造に乗り出す。しかし、晩茶の好況によって生産者を繋ぎ留めることができず、台風の被害等もあって一九三八（昭和一三）年には事業がとん挫している（山内　一九八〇：一七一―一七七）。

（7）一九六七（昭和四二）年に開催された「番茶対策協議会」では「今後五か年以内に全部の番茶を緑茶に転換すること」が目標に掲げられ、生葉を買い入れて「改良番茶」を製造する工場の誘致が決議された。改良番茶とは、晩茶用の成熟した硬い葉を、緑茶の製造技術で製茶する茶であった。この誘致工場は、牛輪の製茶工場が一新されたことにより二年で操業を終了したが、山内によれば、「製茶が純然たる家内工業であったものを、工場生産に開放したことで、これが番茶から緑茶へ転換する大きな動機」となったという。なお、この「対策協議会」は「茶園の改良」も謳い、「やぶきた種などの新品種への改植」も斡旋している（山内　一九八〇：一二五―一三一）。

（8）南広子は一九七三（昭和四八）年に旧相生町で行った調査で、お茶湯について、朝早く起きて茶桶と茶碗に一㎝ほどお茶を入れて供え、その後七回あるいは二一回入れ替えること、入れ替えは子どもが行うこと、弘法大師伝承が付随していること、現在は桶ではなく陶器の茶わんが多く使われることなどを記録している（南　一九七五：六七―六九）。

（9）佐藤は二〇〇三（平成一五）年に上勝神田茶生産組合の組合員を対象にアンケート調査を行っている。それによれば揉捻機の使用は一六軒中九件で、昭和三〇年代の共同購入一軒・借用二軒を除く六軒の導入時期は、一九八八（昭和六三）年から一九九八（平成一〇）年の約一〇年間に集中している。回転機（茶捌き機）の導入は三軒で、いずれも二〇〇〇年の初頭である（佐藤　二〇〇四：一二六）。

参考文献

相生町誌編纂委員会　一九七三『相生町誌』徳島県那賀郡相生町役場。
相生町誌編纂委員会　二〇〇五『相生町誌 続編』那賀郡相生町役場。
大森正司・加藤みゆき　一九九四「後発酵茶の嗜好性」宮川金次郎編『日本の後発酵茶――中国・東南アジアとの関連』さんえい出版。
上勝町誌編纂委員会　一九七九『上勝町誌』。
佐藤友香　二〇〇四「上勝町神田地区における阿波番茶の生産構造――上勝神田茶生産組合に対するアンケート調査より」『徳島地域文化研究』二：一二二―一三〇。
徳島県『徳島県統計書』一八八〇～一九三八年版。
――　二〇二〇「国選択記録作成等の措置を講ずべき無形の民俗文化財――四国山地の発酵茶の製造技術「阿波晩茶製造技術」調査報告書」。
中村羊一郎　二〇一五『番茶と庶民喫茶史』吉川弘文館。
橋本実編　一九七五『地方茶の研究』愛知県郷土資料刊行会。
南広子　一九七五「丹生谷地方の生活の中における茶の利用」橋本実編『地方茶の研究』愛知県郷土資料刊行会。
山内賀和太　一九八〇『阿波の茶』徳島県那賀郡相生町役場。
――　一九九〇「相生番茶とその歩み」徳島県郷土文化会館民俗文化財集編集委員会編『民俗文化財集第十一集　相生の民俗』徳島県郷土文化会館。
横石知二　二〇〇七『そうだ、葉っぱを売ろう！――過疎の町、どん底からの再生』ソフトバンククリエイティブ株式会社。

第10章　乳酸発酵茶・阿波晩茶の製法と用具
――自家用品と農産品とのハイブリッド型生産

磯本宏紀

1．阿波晩茶生産の背景――自家製茶と阿波晩茶

自家製茶としての阿波晩茶

徳島県の中山間地で生産される「阿波晩茶」という茶がある。夏に、大きく硬い茶葉を、乳酸発酵させて作る後発酵茶の一種である。徳島県那賀町、上勝町等を中心に生産され、自家消費を生産目的の一つとしている。

自家消費のみを目的として、少量を生産する生産者もいるし、農産品として出荷を主目的とした生産も行われている。広い整備された茶畑をもつ家もあれば、山の斜面、石垣、畑の畦に植えたチャノキから茶葉を採る家もある。規模の大小に関わらず共通するのが、生産者ごとに少しずつ異なるやり方で生産している点である。そのため、生産技術は、生産農家ごとに継承されてきた。

名称またはブランドとしての「阿波晩茶」は、「番茶」「ばん茶」等と表記されることもあるが、本章では、重要無形民俗文化財としての指定名称である「阿波晩茶」に統一して表記することとする。そもそも番茶とは、自家用か狭い範囲で流通する茶であり、常用の茶として、二番目、三番目の品質の落ちるお茶のことを指す（中村　一九九八）。売り物にしない（ならない）規格外の茶、番外の茶といったイメージにもとづく総称（分類ではない）である。「阿波晩茶」もその番茶のなかまである。ただ、特産品として見直され、ブランド化していくにあたり、独自の統一した名前を付けようとした結果、「阿波晩茶」の名称が生まれたのである。

表10－1　徳島県域の各種番茶の製法比較

番茶の名称	主な生産地	茶摘み時期	加熱(殺青法)	揉捻	発酵の有無	乾燥
釜炒り茶	三好市祖谷地方、那賀町木頭地区、木沢地区他	春	炒る	手もみ	なし	主に天日
寒茶	海陽町宍喰地区	冬	蒸す	手もみまたは機械で揉捻	なし	主に天日
阿波晩茶	那賀町相生地区、上勝町、神山町、美波町、阿南市他	夏	茹でる	機械で揉捻または茶摺り	あり(桶漬け込み)	主に天日

徳島県域の自家製茶

阿波晩茶は自家製茶としてユニークな茶であるが、徳島県域で生産される茶、特に番茶は他にもある。その代表例を二例ほど、釜炒り茶と寒茶を紹介しておきたい。

釜炒り茶は、那賀町木頭地区、木沢地区、三好市祖谷地方等で生産される番茶で、ほぼ自家消費を目的に生産され、飲まれている。①春に茶葉を摘み、②釜で炒った後、③手もみし、④天日で干して乾燥させる。乾燥までのこの工程を、数日の内に終わらせてしまう。この時作られる茶が、その年一年で飲むものになる。

寒茶は、海陽町宍喰地区等県南部で生産される番茶である。現在一部は出荷され、流通しているが、かつてはほとんどが自家消費用に生産されていた。その加工工程は、①冬に茶葉を摘み、②釜と蒸籠で蒸し、③手もみまたは機械で揉捻し、④乾燥させる。釜炒り茶同様、一工程は数日で完了する。

同様に阿波晩茶の工程を見ると、①夏に茶葉を摘み、②釜茹でし、③機械で揉捻または茶摺り舟で摺り、④桶に漬け、⑤取り出して乾燥させる。それぞれの製法を比較すると、表10-1のとおり整理できる。製法の違いがわかるだろう。特に、阿波晩茶には、熱処理、揉捻後の発酵（漬け込み）の工程が加わってくるのである。茶摘み後の七月から八月にかけての、約二ヶ月間で加工作業を行う。釜茹でし、一度殺青処理を済ませた後に桶に漬けこんで発酵させる。

2．阿波晩茶の生産工程

阿波晩茶の生産工程は、大きく分けると、①茶摘み、②茶茹で、③茶摺り、④漬け込み、⑤茶干し、⑥選別の六つの工程がある。茶畑にはヤマチャを植える生産者が多いが、昭和四〇～五〇年代に緑茶への転換、生産拡大等を図るため、やぶきたを植えた生産者も多い。

①茶摘み（写真10－1）

七月上旬から茶摘みが始まる。夏の炎天下の元、また雨天であっても茶摘みをする。もっとも人手を要する作業で、近所の人や知人を中心に人手を確保して手作業で行う家がほとんどである。茶摘みは、日当での雇用、摘んだ茶葉の重さに応じた歩合制での雇用、相互に手伝いをするテマガエ、それらの併用のほか、家族や親戚など身内による無償での手伝いによる。

茶摘み作業は、その後の茶茹で、茶摺り、漬け込みの生産工程と一連のサイクルの中で行われる。漬け込み用桶に何桶分かを摘んだ段階でいったん茶摘みをやめ、茶茹で、茶摺り、漬け込みの作業に移行する。その作業が済めば再び茶摘みをして茶葉を確保する。生産者によっても異なるが、七月から八月上旬にかけて、このサイクルを何サイクルかこなす。

②茶茹で（写真10－2）

摘み取った茶葉を、竈に据えた釜で茹でる。据え置き型の大型の竈を使用する生産者が那賀町に多く、上勝町では簡易型の小型の竈を使う生産者が多い。薪を使う生産者もいるが、バーナーを使う者も多い。茹で方は三種類を確認できる。直接釜に入れて茹でる方法、直接釜に茶葉を入れるが、順に押し出していく方法、籠に入れて茹でる方法である。押し出し方式は、釜の真ん中に仕切り板（ヘキリ）や釜の蓋を立て、先に茹でていた茶葉と、後から入れた茶葉を

写真 10－1　茶摘み（2019 年 7 月、那賀町）

写真 10－2　茶茹で（2019 年 7 月、上勝町）

同じ釜に分けて入れる。後から茶葉を加えることで、先に茹でていた茶葉を押し出し、茹で上がった茶葉が釜から出るというやり方である。押し出すだけでなく、熊手等でかき出して土間に落とすこともある。籠茹では、茶葉を籠に入れたまま釜に入れて茹で、茹で上がったら籠ごと取り出す。籠を滑車で吊り上げて釜に出し入れする生産者もいる。

茹でる時間は一～三分程度から二〇～三〇分程度と、生産者によって大きく異なり、なかには九〇分程度茹でるという例もある。那賀町では一〇分程度から二〇～三〇分程度とする生産者が多いが、上勝町では一～三分程度から五分程度とする生産者がほとんどである。ここに製法の地域差がある。

③茶摺り（**写真10-3**）

茶摺りは、茹でて柔らかくなった茶葉を摺り、茶葉の表面に傷を付ける作業である。漬け込み等次の工程での効果を生み出しやすくすることが目的である。また、取り残していた小枝や茶の実、その他のゴミなどを取り除く。

茶摺り作業はほんどの生産者が動力機械を用いる。揉捻機を用いる場合と動力付きの茶摺り舟を用いる場合である。那賀町では多くの生産者が揉捻機を使用する。上勝町では揉捻機を使用する例も多いが、一部では動力付き茶摺り舟を使用する例がある。これらの動力機械を使用するようになる以前は、手動で茶摺り舟を使用した。最大大人四人でかけ声をかけてタイミングをあわせて摺り台をもって動かし、下のジャバラとの間を五〇回ぐらい移動させて茶摺りをする（橋本編　一九七五：四五）。こうした手作業での茶摺りも、わずかな例ではあるが現在も続けられている。

④漬け込み（**写真10-4**）

茹でて茶摺りをした茶葉を、桶に入れて漬け込む。茶葉を入れていく際、茶葉の間に空気が

写真10-3　茶摺り（2019年7月、上勝町）

写真10-4　漬け込み（2018年7月、那賀町）

入らないよう踏みこんだり、竪杵で搗いたりして茶葉を固め、最後に蓋をして密閉する。蓋の下には、バショウの葉、シュロの葉、筵、ビニールシート、藁等を敷き込み、蓋の上にはおもりとなる石やコンクリートブロック等を置く。

茶葉を漬け込む際、木製桶を使う場合がほとんどであるが、新規に晩茶生産を始めた生産者のなかにはプラスチック桶を使う者もいる。

⑤茶干し（写真10－5）

桶に漬け込んだ茶葉を取り出し、天日等で干して乾燥させる作業である。桶に溜まった茶汁を抜き取り、発酵した茶葉をほぐしながら桶から出していく。桶から出した茶葉を、家の庭や路上に各種敷物を敷きつめて乾燥させる。屋外で天日によって乾燥させる場合と、ビニールハウス内で乾燥させる場合、それぞれを併用する場合がある。

茶干し前に、漬け込んだ茶葉を取り出し、ほぐすことを茶捌きと言う。この茶捌きの方法と用具、茶干しの場所、茶干しの際の敷物で生産者ごとの違いがある。茶捌きの際、那賀町では動力付きの茶捌き機を使用するのに対し、上勝町では電動ドリルを使用する生産者がほとんどである。また、機械を使わず手作業で茶葉をほぐしていく生産者もいる。ほぐされた茶葉は庭や私道に干す場合がほとんどであるが、上勝町ではビニールハウスを使用する例もある。雨天や急な雨を気にせず干すことができる。また、茶葉を干す際に使うのは、筵（むしろ）、寒冷紗（かんれいしゃ）、ブルーシート、菰（こも）等である。

⑥選別（写真10－6）

選別作業は、干した茶葉に混じるゴミ、割れた葉、茶の実等を取り除き、葉、枝、粉に分けていく作業である。風扇式の選別機を通した上で、目視と手で選別して仕上げる生産者が多い。また、振動式の選別機を使ってあらかじめ茶の実やゴミ等をふるい分けた上で、風扇式の選別

写真 10－5　茶干し（2018 年 8 月、那賀町）

写真 10－6　選別（2018 年 8 月、那賀町）

機を使う生産者もいる。いずれも、最終的には目視により手で選別した上で販売用に袋詰めする。

3．多様な生産用具とその選択

生産用具の選択

前節で紹介した生産工程で使用する用具を整理した（表10－2）。主な生産地である那賀町、上勝町の各生産農家の調査データである。

どの家でも共通して使う用具、地域単位では共通している用具、家の個性が現れる用具があることがわかる。茶摘みの手袋、茶摘み籠、茶茹での竈や釜、汁桶、茶摺りでの茶葉を入れる桶等は例示したすべての生産農家で共通している。

一方そうでないものも多い。那賀町と上勝町で、地域差があるものとして、釜茹での際の又木とヘラの使用、漬け込みの際の茶葉をかためる作業での竪杵の使用の有無について指摘できる。また、茶茹での際、上勝町では籠に入れて茶葉を茹でるのに対し、那賀町では釜に専用の仕切りを作り、時間差をおいて茹でていく方法をとったり、その仕切りを釜の蓋で代用したりして茹でている。

では、なぜそうしたちがいが生まれるのか。那賀町の阿波晩茶と上勝町の阿波晩茶とは、実は別物、別系譜の茶の製法であると言うこともできる。現在阿波晩茶の名称で統一し、夏に発酵させて作る茶として我々は分類しているのだが、実際の製法に差異がある。茹でる時間の長い那賀町と短い上勝町、漬ける時間の長い上勝町と短い那賀町といった単純化した対比も可能で、その工程差による結果について言葉で表現するのは何とも難しいが、実際に味もちがう。そのちがいが、製法のちがい、用具のちがいとして現れているものと理解するのが良いのではないだろうか。

動力機械の選択

生産用具を考える上で、もう一つ動力機械の問題も検討が必要である。動力機械を使用する場面として、主に次の三つの工程があることを確認できる。

一つ目は、茶摺り作業での揉捻機または茶摺り舟への動力の追加である。二つ目は、茶捌き作業での、茶捌き機または電動ドリルの導入である。三つ目は、選別作業である。もちろん、すべての生産農家で同様に機械を導入して使っているわけではなく、家ごとの差、地域ごとの差がある。

4. 動力機械の導入と変遷

阿波晩茶生産と動力機械の使用

茶摺り作業は、那賀町では多数の生産農家が揉捻機を使用し、一部は手作業により行っているのに対し、上勝町では、揉捻機が多数を占めるものの、動力付き茶摺り舟や手作業で茶摺りをしている例がある。また、茶摺り作業の完了基準を、那賀町では実施回数、見た目の変化としているのに対し、上勝町では多数が実施時間、少数例で見た目の変化としている（徳島県県民環境部スポーツ・文化局文化資源活用課編　二〇二〇）。これらは、茶摺りの際の機械使用の地域差や、使用にあたっての基準のちがいや技能のちがいを示している。動力機械であっても、その使い手が工夫していることやその使用状況については、地域差など一定の傾向が現れている。

茶捌き作業用具は、那賀町では多数が茶捌き機、少数例が手作業であるのに対し、上勝町では電動ドリルの使用や手作業の例が多い（徳島県県民環境部スポーツ・文化局文化資源活用課編　二〇二〇）。画一的に機械が導入され、使用されるわけではなく、地域の事情や使用者の状況に応じてそれぞれの用具、機械が普及し定着しているのである。

選別機は、那賀町では多くの家で導入されているのに対し、上勝町では選別機の導入は一件のみである。ここでも地域による導入状況の差が現れている。

では、その地域差や実際の使用状況の特徴は何か。さらに茶摺り作業、茶捌き作業、選別作業における動力機械の導入事例から確認したい。特に茶摺り作業は、真夏の炎天下での作業で、もっとも重労働と言えるものである。直前の茶茹での作業や

表10－2　阿波晩茶の製造工程別製造用具一覧

工程	用途	代表的な用具	那賀町				上勝町		
			A地区	B地区	C地区	D地区	E地区	F地区	G地区
①茶摘み	茶葉を摘む	手袋	○	○	○	○	○	○	○
		ユビイワイ、テイワイ（指ぬき）	△	△	△	△			
	茶葉を入れる	茶摘み籠（竹製）	○	○	○	○	○		
		茶摘み籠（プラスチック製）	○	○		○	○	○	○
	茶葉を集める	網袋（フゴ）	○	○	○	○			
		麻袋						○	
		名札	△	○					
	茶葉の計測	チギ	○		○				
		台秤		○				○	
②茶茹で	釜で茶葉を茹でる	竈	○	○	○	○	○	○	○
		釜	○	○	○	○	○	○	○
		釜の蓋				○		○	
		火かき棒				○			
	釜茹でのため、茶葉を入れる	籠（メゴ）		○					
		茹で籠					○	○	○
	釜の茶葉を仕切る	釜の仕切り	○		○				
		釜の蓋			○	○			
	釜に茶葉を押し込む	又木	○	○	○	○			
		ヘラ					○	○	○
	釜の茶葉を取り出す	熊手			○	○			
	茶汁を取る	柄杓				○	○	○	
	茶汁を保管する	汁桶	○	○	○	○	○	○	○
		汁桶の蓋	○						
		バケツ		○		○		○	
③茶摺り	茶葉を摺り場に運ぶ	斗桶	○		○	△			
		籠（プラスチック製を含む）		○		○		○	○
		笊					○		
	茶葉を摺る	揉捻機※	○	○	○	○			○
		茶摺り舟※					○	○	
	揉捻機から茶葉をかき出す	箒				○			
	茶葉を受け、桶に運ぶ	箕	○	○	○	○	○		○
④漬け込み	茶葉を入れて漬ける	桶	○	○	○	○	○	○	○
	茶葉をかためる	竪杵					○	○	○
	茶葉を密閉する	桶の蓋	○	○	○		○	○	○
		重石	○	○	○	○	○	○	○
		漬け物用おもり						○	
		コンクリートブロック							○
		ザブトン						○	
⑤茶干し	茶汁をぬく	スポイト（灯油用手動ポンプ）	○	○	○			○	
	茶葉を砕く	茶捌き機※	○	○	○	○			○
		電動ドリル※					○	○	
		熊手	○			○			○
		鎌		○					
	干し場に運ぶ	籠（竹製）		○		○			
		コンテナ					○		
	茶葉を干す	寒冷紗		○	○	○	○		○
		筵	○		○	△		○	○
		ズック（うわぐつ）				○			
	茶葉の切り返し	扱葉掻				○		○	○
		箒				○			
		又木または棒		○					
⑥選別・出荷	茶葉の選別	選別機※	○	○	○	○			○
		風扇機※							○
		笊			○	○		○	
		トオシ	○						
		箕		○				○	
		箸						○	
	茶葉の梱包	出荷箱		○		○			
		出荷袋（紙袋）	○	○	○	○		○	○
		ビニール袋						○	○
		焼印	△		△	△			

(注1)　本表は、徳島県県民環境部スポーツ・文化局文化資源活用課（2020）の「図版6　阿波晩茶の製造工程別製造用具の一覧」を参考に再構成し、生産農家ごとに使用する用具をまとめたものである。
(注2)　○：現在使用している用具　△：過去に使用していた用具　空欄は使用しないか、未確認のケースを示す。
(注3)　用具名称は使用者によるものとした。また、同じ用具でも複数の用途がある場合は、その都度記載した。
(注4)　本表は晩茶製造における代表的な用具の事例であり、各生産農家が使用するすべての用具を網羅したものでも、晩茶生産に使われるすべての用具を網羅したものでもない。多様な製造用具が使用されていることを理解してもらえれば幸いである。
(注5)　晩茶製造用具のうち、動力付きの機械については「※」を付した。

写真 10－7　揉捻機（那賀町）
（2019 年 10 月）

写真 10－8　動力付き茶摺り舟（上勝町）
（2019 年 10 月）

漬け込みの作業が連続した工程として行われることから、作業者めいめいのペースで進められる作業ではない。その作業負荷の軽減のため、工夫や働きかけが顕著な作業である。

揉捻機、動力付き茶摺り舟の導入と使用（写真10・7・8）

動力機械の導入と使用事例のうち、茶摺り作業で使う揉捻機と動力付き茶摺り舟について検討する。各事例には生産者の生年と居住地を付した。

◎事例１　一九五五（昭和三〇）年生まれ、那賀町朴野

揉捻機は「帝国発明協會　有効賞受領商標　静岡臼井工場」「二二四号」と記載され、一九二六（大正一五）年製である。一回の茶摺りは四六秒程度である。昔は人を雇って四人の手作業で摺る「舟」を使っていた。祖父は揉捻機ではなく木製の「舟」で茶摺りを行っていた。「まいた～まいた～」と言って摺っていたと母から聞いている。母が子どもの頃（筆者注：一九三五［昭和一〇］年頃か）、馬車で揉捻機が自宅まで運ばれてきた。男性が何人もかかって自宅前の道路から上り坂を上がり、母屋まで運び込んだ。戦時中は燃油がなかったので、揉捻機を手動で回していた。

◎事例２　一九三六（昭和一一）年生まれ、那賀町吉野

揉捻機は「伊達式」一九四一（昭和一六）年製である。一回の茶摺りは約一分間で、三三～四〇回転摺る。揉捻機購入以前は「舟」を使っていた。現在、日当一万円で茶摺りの作業で人を雇っている。

◎事例３　一九六八（昭和四三）年生まれ、上勝町生実

揉捻機はカワサキ機工株式会社（静岡県）製で、七～八年前に購入した。「舟」を使用して

いた時代には茶葉から泡が出る等、見た目の感覚で作業時間を決めていた。その後「舟」に動力を付けて使い、現在は揉捻機に替えた。茶摺り舟は他の生産者に譲った。

◎事例4　一九七一（昭和四六）年生まれ、上勝町生実

揉捻機を一〇年以上前（二〇一八年調査時）に購入した。二〇一七年には機械が壊れて手動で摺ったが、全然おいしくなかった。同じ茶の色だったが、摺りが弱いと渋みが強いことがこの経験で分かった。

◎事例5　一九三九（昭和一四）年生まれ、上勝町生実

揉捻機は上勝町内の人が那賀町で使われているものを真似、自作した試作品を売ってもらった。使って二〇年くらい（二〇一八年調査時）になる。三〇万円くらいで購入した。他の人も購入している。

「舟」は途中で動力を付けて半自動に変えて一度使ったが、翌年には揉捻機に替えた。

◎事例6　一九四八（昭和二三）年生まれ、上勝町旭

茶摺りは業者に依頼している。業者が持ち込む揉捻機（伊達式）を使用している。手動で使っていた「舟」を鉄工所に改良してもらい使っていたが、「舟」の底に敷く棕櫚（しゅろ）紐を巻いた簀の子が劣化して使えなくなったため、業者に依頼するようになった。

◎事例7　一九五九（昭和三四）年生まれ、上勝町生実

知り合いに頼まれたことがきっかけで、二〇年くらい前（二〇一八年調査時）から揉捻機を軽トラックに載せて生産農家に行き、茶摺りを請け負う。軽トラックには大釜、竈、茹で籠、揉捻機、大きいヘラ二本、バーナーを載せている。二五～三〇軒程度の茶摺りを請け負っている。小規模生産者は揉捻機を持たず、茶摺りを頼める人もいないので、茶摺りを依頼する。

整理すると、那賀町では、先代から使っている揉捻機を今もなおメンテナンスをしながら使っている例が多い（事例1・2）。昭和一〇年代、二〇年代、古くは大正期に作られた古い機械を現在も使っている。

上勝町では、地元上勝町の職人が那賀町で使われているものをまねて自作した揉捻機を購入した例があった（事例5）。また、事例3はカワサキ機工社製の揉捻機を近年購入しているが、それ以前は茶摺り舟に動力を付けて使い、さらに前は手動での茶

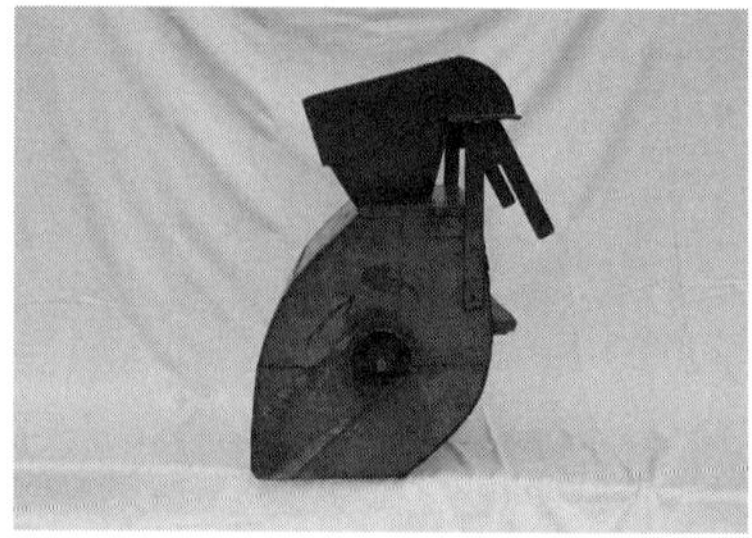

写真10－9　茶捌き機（那賀町）（2019年10月）

摺り舟で茶摺りをしていた。事例７は、個人経営の請負業者として、揉捻機を持たず、茶摺り等の作業に人手を集めることができない小規模生産者（事例６）の茶茹で、茶摺り、漬け込みの作業を、彼が所有する揉捻機を持参して駆けつけ、作業を請け負っている。

那賀町での揉捻機の導入時期は早い。壊れたら次の機械に買い換える例が多い。ただし、買い換えの際は、新品ではなく中古を購入するケースが多い。

これに対し、上勝町の事例では機械の導入時期は遅い。上勝町で生産量が増えた一九九〇年代後半から二〇〇〇年代に揉捻機を導入したり（事例６）、手動の茶摺り舟を動力化したり（事例３・５）している。

導入にあたっては、労働力の軽減が目的の一つである。揉捻機の効果として、興味深い事例がある。事例４では揉捻機が故障したため手動で茶摺りを行ったものの、手動では摺りが甘く、見た目は同じでも渋みが強くなるといった経験をしている。この失敗の要因は、慣れない手動での茶摺り作業が、通常行っている揉捻機による作業より質的に劣っていたことにある。

茶捌き機の導入と使用（写真10‐９）

茶捌き機は、漬け込んだ茶葉を桶から取り出す際、塊になっている茶葉をほぐす作業に使う。

◎事例８　一九三七（昭和一二）年生まれ、那賀町谷内

茶捌き機は昔の足踏み脱穀機を応用したもので、大久保（那賀町）の大工が考案した。一九六三（昭和三八）年に頼んで作ってもらった。

◎事例９　一九五〇（昭和二五）年生まれ、上勝町旭

桶から茶葉を出す際、茶葉をほぐすため、脱穀機を改良した茶捌き機を使用する。

那賀町では事例8同様に昭和四〇年代には、地元の大工が考案した茶揃き機を導入する生産者が増えた。上勝町では、電動ドリルを使ってでも漬け込んだ茶葉をほぐす例が多いため、同様の事例は少ないが、茶揃き機を使う生産者（事例9）がいる。

この事例の興味深い点は、地元の大工による製作であることに加え、既存の米作用の足踏み脱穀機の部品と仕組みを応用して製作している点である。足踏み脱穀機とは、明治期に発明され、以後全国に普及した脱穀機である。「回転運動を胴に与えるために足踏みの板を取りつけ、その板の往復運動をクランクを介して回転運動にし、その回転を扱き胴に与える」（日本民具学会編　一九九七：八）といった仕組みを茶揃き作業に応用したものである。新規に製作するのではなく、既存の技術や広く普及した製品を利用した地域に限定的な動力機械の導入だった。

選別機の導入と使用

選別機は、乾燥した茶葉に実や茎等が混ざらないよう風力とトオシを使って選別する作業で、ここでも機械を使い作業の軽減が図られている。

茶干し後の選別作業で、風扇式の選別機を使用する例が那賀町では多数ある。地元の大工が考案し、地域的に普及したものである。茶葉の落下と風扇を利用して茎と葉に分ける作業を選別機で行う。上勝町では少数例であるが、生産量の多い生産者は選別機を導入している。ただ、機械を導入したとしても、風扇式選別機による選別の後、目視、手作業による選別を行う必要があるし、この手作業を省略できない。

阿波晩茶生産と機械の使用と技術

阿波晩茶生産において、動力機械の使用は茶揃り、茶揃き、選別の三つの作業にほぼ限定される。例外的には、茶摘みの作業に茶摘み機を導入する例がある程度である。

機械を導入している工程は、多くの人数を要する茶摘みではなく、一人あたりの労働負荷の高い茶揃りが中心であり、茶干し、選別についての機械導入は、作業の一部をまかなうのみで限定的である。また、茶揃りにおける機械導入にあたっては、既存の茶揉用の揉捻機を中古購入したり、手動の茶摺り舟への動力装着等既存のものを利用したりする形で行われてきた。前者は従来とは異なる作業構造の機械の導入であり、後者は従来の道具に動力を装着して労力を軽減するものであった。後者は、メーカーによる既存の機械導入や新規機械の共同開発ではなく、地元の鉄工所、大工等への依頼による動力化、機械化であった。そのため、こうした機械は町単位等比較的狭いエリア内で、阿波晩茶生産農家に限定的に普及していったと言える。

さらに、一度機械化した後も改良や入れ替えを行ってきた。手動の茶摺り舟から動力付き茶摺り舟に替えた生産農家では、そこからさらに揉捻機に替えていく例を上勝町で確認できた。那賀町では、以前から使ってきた機械が壊れると次の機械を購入（中古購入）して作業を行ってきた。

那賀町で主に使われる茶捌き機は、既存の足踏み脱穀機を転用したものであり、上勝町を中心とする電動ドリルは既存の用具を転用したものである。その過程で地元鉄工所等が関係していた。選別機は、万石の構造を利用しながら電動式の風扇を取り付けた機械である。いずれも、稲作用に使用されていた用具を晩茶生産用に転用したものである。したがって、これらを使用する技術は、既存の稲作用具の機能を応用したものである。

唯一、晩茶生産で独自の機械技術と言えるのが茶摺りである。揉捻機は、他地域で茶揉みに使われる機械の転用であり、動力付き茶摺り機は、従来からの手動の用具を改良したものである。生産者が全く新しい機械や技術を開発し、導入しているわけではない。

茶摺り作業は、それまでは茶葉から出た泡の状態等を観察することにより作業完了のタイミングを知っていたのに対し、機械化することによって、揉捻機や茶摺り舟の回転数、実施回数や作業時間等一定のタイミングを基準（ときにはタイマー使いながら）として設定することができるようになっている。このことは、機械化されることにより、作業そのものの、機械化にともなうマニュアル化が行われていると言うことができる。

生産工程において、動力化、機械化が進められ、多少なりとも労働は軽減、省力化されている。一方、その機械を使うための技術は特殊化されることなく、これまでの技術を応用する形で進められた。その過程に、大規模メーカーが絡むことはなく、稲作用機械等既存の機械や手動で使っていた用具に動力を取り付ける等、従来のものを応用する形での機械化であった。また、生産者自身の手で諸般の事情により機械化できなくとも、上勝町の作業の一部に特化した業者のように、作業を委託できる業者の存在により労働の軽減が図られる例もあった（事例7）。

5. 自家用品と農産品とのファヴィな境界とハイブリッド型生産

阿波晩茶の生産と流通

阿波晩茶は徳島県那賀町、上勝町等特定の地域のみで生産され、日常的に飲まれたり、親戚、近所への遣い物にされたりするだけでなく、農産品として販売され、農協、行政等によるブランド戦略が進められてきた。その結果、流通用の販売品としてシェアを増やしてきた。今や、駅や空港、観光施設のみやげもの屋、道の駅や産直市等でも販売される。個人で顧客を募り、ネット販売や電話等による直販をする生産者もいる。茶葉から抽出した茶は、ときにはペットボトルに封入されて販売され、ときには豪華客船で提供するため、ワインボトルに封入されて販売されることもある。会社の社員食堂や学校給食時の茶として提供されることもある。こうした販売は、生産農家に副次的な収入をもたらしてきた。

このように農産品として消費される阿波晩茶であっても、自家用に生産されるものと何らちがうものではない。大半は比較的規模の大きい生産農家が、その家で生産されているものの一部を出荷している、それだけのことである。強いて言えば、選別の精度が高いというくらいだ。自家用品と農産品との境界はファヴィである。そして、この境界の揺れ動きや多様性が、生産用具、特に前節の動力機械のあり方とも関わり続けているのである。すなわち、さほどコストをかけずに、ほどほどに労働負荷を下げ、あまり無理のない量を生産するという生産者の意識が背景にある。

動力機械の導入と生産のあり方

阿波晩茶生産における動力機械導入の特徴として、三点を示しておく。第一に生産維持において機械化が必須の作物ではない点、第二に、夏を中心とする季節的な生産作物であり、他の作物の生産や多業種の生業と並行して行われる生業であるため、重点的一点的な機械投資をしにくい点、第三に、生産農家が稀少で、地域限定的であるため、メーカー等が専用の機械を開発することがない点である。

機械導入が必須ではないが、ほどほどに生産量を増やし、農産品として出荷を続けるには作業の一部の動力化がポイントとなった。そのことが農産品としての生産を押し上げ、安定させた。一方で、阿波晩茶の生産農家は、同時に稲作、ゆず栽培、おもと栽培、林業等複合的な生業を展開してきた。組み合わせ、バランスを考慮すると、阿波晩茶にばかりコストをかけられない。

阿波晩茶生産の持続性

今日の日本社会において過疎、高齢化に例外はないし、それが自家製茶としての阿波晩茶生産の持続性においても課題になっている。茶摘み、茶摺り等の作業での人手確保がままならず、生産継続をあきらめる生産農家もある。かつて桶樽職人が作った大型桶を再び新調することは難しいし、これまで使ってきた生産用具を揃え、維持することも難しくなっている。その一方、移住者の中から新規参入者が現れ、新たな生産者が誕生している。自分や家族が飲むお茶を作る人、副収入、小遣い稼ぎを目的とする人、特産品としてプライドをもって生産をする人、モチベーションのあり方も多様である。

人的資金的コストをかけず、可能な範囲で労働を軽減できる生産方法が、多様な自家製茶としての製法を持続させていくキーになりそうである。「伝統的製法」として固定されるのではなく、多様な製法の持続と発展が望ましい姿であろう。多様に受け継がれてきた自家用品と農産品とのハイブリッド型生産が、多様で豊かな味の後発酵茶、阿波晩茶を生み出してきたのであるから。

引用文献
徳島県県民環境部スポーツ・文化局文化資源活用課編　二〇二〇『「阿波晩茶生産技術」調査報告書』徳島県。
中村羊一郎　一九九八『番茶と日本人』吉川弘文館。

日本民具学会編　一九九七『日本民具辞典』ぎょうせい。
橋本実編　一九七五『地方茶の研究』愛知県郷土資料刊行会。

第Ⅲ部

森と近代

——景観を生み出す統治と流通

人間活動による影響が及んでいない環境を意味する「手つかずの自然（wildness）」という言葉がある。この言葉は、産業革命の影響によって大規模に自然が改変された一九世紀以降に前景化して、国立公園制度の制定などにつながった。それから百年以上の月日が流れた現在、人間活動の影響があまりにも大規模かつ広範囲に及んでいるため、すでに地球環境は完新世から人新世という新たな地質年代に移行したという議論もある。また、地域の環境と人類活動の相互作用に焦点をあててきた歴史生態学は、多くの環境が人間活動との関わりのなかで形成されてきたことを明らかにした（Balee & Erickson 2006）。だとすれば、手つかずの自然といえるような場所は、この地球上にはほとんど存在しないことになる。

私たちがよく目にしたり、観光やハイキング等で訪れるような森林の多くは「里山」である。里山とは原生的な自然と都市との中間に位置し、集落とそれを取り巻く二次林、それらと混在する農地、ため池、草原などで構成される地域である。そして二次林とは、人間の活動によって原生林が改変されて形成された森林である。つまり里山の森林とは、農業や林業あるいは鉱工業等の人間活動を通じて形

成・維持されてきた環境である。その意味で里山は手つかずの自然ではなく、人間と自然の混成物である。それゆえ里山の森林を維持するためには、むしろ人間活動が欠かせない。

平氏の落ち武者が隠れ住んだという言い伝えが各地に残る、平地の世界と隔絶されたような「秘境」の四国山地の森も例外ではない。四国山地の森林は、現在では里山ばかりであるとは言い難い。だが、近世から近代の国家による林業政策や住民の管理による影響を強くうけているという意味で、人間と自然の混成物である。

日本が建材を東南アジアからの輸入材に依存するようになる以前は、四国山地の山中は林業という「産業」の中心地だった。このため、いまでは過疎高齢化が著しい地域に、かつて鉄道というインフラが整備されていたり、賑やかな商業エリアがあったという話を聞くことは珍しくない。つまり四国山地の森林は、いち早く「近代」が到来し、すでに過ぎ去った場所であるとみなすこともできる。言い換えれば、四国山地で私たちが見るものは「過去」というよりも、「未来」である。

この部では、四国山地の森林景観に関わるさまざまなレベルの人間活動――林業政策・住民の統治・和紙や薪炭といった非木材生産・インフラストラクチャー――に焦点をあてる。そしてさまざまな利害関係者の思わぬ出会いや相互行為が、いかに四国山地の森林景観を創りあげてきたのかについて考える。

鎌田磨人　二〇二二「里山の今とこれから」鎌田磨人・白川勝信・中越信和編『エコロジー講座　七――里山のこれまでとこれから』日本景観生態学会、六―一七頁。

Balee, W. & C. L. Erickson 2006. Time, Complexity, and Historical Ecology. In W. Balee & C.L. Erickson (eds.) *Time and Complexity in Historical Ecology: Studies in the Neotropical Lowlands*, pp.1-20. Columbia University Press.

第11章　森をつくる統治
——魚梁瀬山（やなせやま）を巡る統治機構と地元民

赤池慎吾

高知県東部に位置する魚梁瀬山は、四国山地を代表する天然林地帯である。江戸期は土佐藩による統治がなされ、明治期以降は中央政府による国有林として国家的な統治に取り込まれていった。本章では、江戸期の土佐藩、明治期以降は国家という異なる統治機構による「森をつくる統治」が、どのような眼差しと方法によって行われてきたのか、そこに関わる流域環境や地域社会との相互作用に目を向けながらひもといてみたい。

1.　四国山地と魚梁瀬山

なぜ魚梁瀬山に巨木が生い茂るのか

「魚梁瀬（やなせ）」には、「壇ノ浦の戦い」に敗れた平家の落人が当地に住み着き、「簗（やな）」を使って川魚を捕り暮らしていたが、その簗が下流に流され発見されたことで存在が知られ、「やなせ」という地名になったとの伝承が残っている。

魚梁瀬山は、高知県東部を流れる安田川及び奈半利（なはり）川の上・中流にあって、馬路村（うまじむら）馬路地区、同村魚梁瀬地区、北川村（きたがわむら）にまたがる山々の総称である。四国山地では数少ない杉天然生林が分布し、銘木「魚梁瀬杉」(1)をはじめとする優良な天然林を誇る、わが国を代表する林業地帯の一つである。

魚梁瀬山は甚吉森（じんきちもり）の一四二三mを最高峰に、奈半利川中流域四〇〇m前後までの森林地帯の一帯を指す。降雨量は年平均四〇〇〇㎜前後で、二〇一一年七月の台風の際には国内の最大日降雨量八五一・一㎜を記録するなど、四国で最も雨が降る地域である。冬季の降雪はほとんど無く、年平均気温は一三・八度と杉の成長が最大となる気象条件を備えている（高知営林局広報係　一九五八：三）。

森林の生育に恵まれた自然環境と長い年月をかけて、魚梁瀬山には杉・栂・樅を主とする天然林が形成されたのである。魚梁瀬山の一部をなす千本山林木遺伝資源保存林には、樹齢二〇〇〜三〇〇年といわれる魚梁瀬杉が一〇〇〇本以上も林立し、荘厳な景観を今に残している。

豊臣秀吉に見つかった魚梁瀬山

いつ頃から魚梁瀬山の森林開発が行われたのだろうか。当地に残る最も古い記録には、大同年間（八〇六〜八一〇年）に弘法大師が西寺（現、室戸市）を建立するため、その木材を魚梁瀬山に求め、これを筏に組んで安田川を流し、その木材の一部を使用して北寺（現、安田町）を再建した、という言い伝えが残っている（安岡・松本　一九七五：一一七）。詳細は不明だが、古くから魚梁瀬山の森林資源に権力者の関心が寄せられていた。

室町時代になると魚梁瀬山開発は加速する。その契機は、山中ではなく海上にあった。日本と明との対明貿易が盛んになり、兵庫と堺を支配した細川氏によって土佐沖を通過する南海航路が開始された。これにより上方市場を抱える兵庫・堺と遠流の地・土佐とが結びつき、魚梁瀬山の膨大な森林資源が商品化されたのである。

「兵庫北関入港土佐船関係」を見ると、一四四五（文安二）年、高知県東部に位置する甲浦港（現、東洋町）から二六回、先浜港（現、室戸市佐喜浜）から三回、奈半利港（現、奈半利町）から一〇回、安田港（現、安田町）から一回の土佐船が兵庫港に入港している（北川村史編集委員会　一九九七：八一〇—八一五）。積載品はすべて材木と榑[2]であり、一四四五年二月から同年二月までの間に材木二七一〇石（約七五三㎥）、榑三一一〇石（約八六五㎥）という大量の木材が上方市場に販売され、奈半利港と安田港からの船荷に魚梁瀬山の木材が積載されていた。室町時代において、すでに魚梁瀬山を伐採し、奈半利港・安田港まで運搬する知識や技術が集積していたことがわかる。

上方市場との連結からわずか一〇〇年あまり、魚梁瀬山をはじめとする土佐の森林資源に着目したのは、ほかでもない太閤・

豊臣秀吉であった。『太閤記』によると豊臣秀吉は京都東山の方廣寺大仏殿の建立に際し、全国諸国に良材を求め、「材木を可取国々を記し付けるに第一土佐、第二九州、第三信州木曽、熊野など宜しかるべき極りける」(北川村史編集委員会一九九七：八一五)と、なかでも土佐の木材を高く評価していた。一方、豊臣秀吉の命を受けた長宗我部元親は、秀吉の派遣した「奉行二〇人、大工二〇人」と伐採候補地を吟味し、魚梁瀬山の一部をなす成願寺山(現、北川村)の山中にそれを求めたのである。『元親記』には、長宗我部元親、息子の信親が自ら現場で指揮を執り、伐採・造材を行う杣が土佐国中から総動員され、木材が伐採、搬出される山中の様子が描かれている。現在の北川村・成願寺周辺から伐り出された大木は一万本を超えると推察される(北川村史編集委員会　一九九七：八一七)。人力で奈半利川まで引き落とし、流送によって河口まで運搬、奈半利港から南海航路を通って大阪まで輸送した。

その後も伏見城の築城に際し多くの土佐材が使用されており、上方市場における土佐材の優位性が確立していった。一方、産出地の土佐では、大規模かつ組織的な伐採事業がたびたび行われるようになったことで、伐採・造材を担う杣、山出しをする日傭、河川運材を専門とする筏師といった山仕事を専業とする職業集団が徐々に形成されたのであった。

2. 土佐藩は魚梁瀬山に何を見出したか

江戸時代における魚梁瀬山の森林開発

江戸時代に入り、土佐では長宗我部氏が逐われ山内氏が新たな国主となった。森林に対する保護取締の扱いは、長宗我部元親の「百箇条掟之内」に見られる御留木制度があるが、山林制度全般が整ったのは一六六四(寛文四)年「山林諸木並竹定」および一六八一(天和元)年「山林要定」である。

寛文年間(一六六一〜一六七三年)になると、魚梁瀬山の開発が急速に進められた。一六七二(寛文一二)年には、前年の御材木目録として、「奈半利西谷山」から「木数一萬九千百八拾本」を伐り出し、代銀を「二百七十一貫匁」受領している(農林省編　一九七一：一一五―一一六)。また、同年十二月十九日、「奈半利千本山」にて「木数二萬四千五百拾七本」の御材木を

「代銀二百七拾五貫七百二拾八匁」で伐採する見積もりが出されている（農林省編　一九七一：一二二）。内容は、杣や日傭に支払われる伐出経費が「七拾九貫二百三拾八匁」（約三割）、廻船経費が「五拾三貫二百目」（約二割）、残る「百四拾三貫二百九拾匁」（約五割）が藩収益の御徳銀となる積算である。

一六七三（寛文一三）年、魚梁瀬山の木材を流送する奈半利川が大洪水に見舞われ、甚大な被害が記録されている。流失した木材は、「木数四拾参万八千九百四拾挺」に上り、一〇反帆船換算で四五〇艘荷に相当すると見積もられた。被害規模から、当時、奈半利川流域で相当数の木材が産出されていたことがわかる。

魚梁瀬山をはじめとする土佐藩安喜郡（現、安芸郡）での森林開発が加速したことで、伐採を担う杣が域内に急増し、藩もこれに規制をかける事態が生じた。この規制は山林保護を意図したものか、治安の悪化を危惧してのことかは不明だが、安芸郡内に居住する杣人七九二一人のうち、杣人五五三八人にのみ「御手山札」を発行し藩有林の伐採作業を許可し、残り二三八三人は認めていない。

このように寛文年間になると、魚梁瀬山での森林開発が本格化し、周辺には杣をはじめとする山林従事者が増えていった。

古文書に描かれた魚梁瀬山の姿

江戸初期、すでに大規模な森林開発が記録されている魚梁瀬山の天然林は、どのような姿をしていたのであろうか。魚梁瀬山の資源量を数値で知りうる最も古い史料は、藩の財政基盤であった留山（とめやま）の調査結果である。一六八三（天和三）年に調査が行われ、翌一六八四（貞享元）年に「御留山総目録」として編纂された（農林省編　一九七一：二九六）。留山とは、藩有林の中で最も厳重に管理する森林を藩が指定したものである。農民は伐採のみならず刃物を所持して入山することも禁止され、違反した者には罪状に応じて牢舎・追放・過銀（過料）・夫役を科した。藩は一切の伐採入林を禁止したが、貢献用材の調達と経済的資源に留山を利用した（門田　一九三五：二〇）。先述の「奈半利西谷山」および「奈半利千本山」の伐採事業も、留山から伐り出されている。

同調査によると、魚梁瀬山は、計二九ヶ所の森林が留山に指定され、立木大数[3]一六万一三九七本と記されている。内訳は、馬路村（現、馬路村馬路地区）が八ヶ所四万一六九八本、魚梁瀬村（現、馬路村魚梁瀬地区）が四ヶ所五万七〇三二本、北川村一七ヶ所二万七〇四八本である。馬路村の三ヶ所には、「御材木被ニ仰付一跡山小木故当分御材木ニ不レ成ニ付」と記されており、大規模な伐採後も引き続き留山に指定されていたことがわかる。この写本が公益社団法人大日本山林会林業文献センターに所蔵されているので、魚梁瀬村（資料中は柳瀬村と表記されている）のみ一部抜粋し、紹介してみたい。

（天和三年）
御留山帳添目録
柳瀬村
一　御留山壱ヶ所　千本山
　立木大数貳千七百七拾貳本　檜杦槙椴栂
柳瀬村
一　御留山壱ヶ所大戸嶋ノ谷山
　立木大数三千五百九拾四本　杦松
柳瀬村但杦檜生立ニ付御留加
一　新御留山壱ヶ所　一ノ谷二ノ谷
　立木大数四万四千貳百六拾六本　檜杦
柳瀬村但杦檜生立ニ付御留加
一　新御留山壱ヶ所　明善山
　立木大数貳拾六万三千本　柳瀬明所山分
　檜杦

魚梁瀬村では、計四ヶ所の森林が留山に指定されている。うち二ヶ所が「新御留山」であり、この時期に新たに留山として指定がなされ、将来の伐採に向けた森林の囲い込みがなされていたことがわかる。千本山には、二七七二本の「立木」があり、生育する樹種（檜（ひのき）・杦（すぎ）・槙（まき）・樅（もみ）・栂（つが））が記載されている。千本山では、一六七二（寛文一二）年に「木数二萬四千五百拾七本」を伐採する一大事業が実施されていることから、ここに記載された二七七二本はその時の残存木だと考えられる。

上記「御留山総目録」以外にも、詳細な記録がまとめられている。魚梁瀬村の千本山のみ抜粋すると左の通りである。

安喜郡柳瀬村　　千本山
一　御留山一ヶ所　高サ一里九町　横拾三町三拾間
一　立木大数二千七百七拾二本　檜杉樅栂槙
　　但木口指渡八寸ゟ以下之小木を除
　内
三百九拾三本　小材木ニ成木故当分御勝手ニ不相残置分
二千三百七十九本　御材木ニ仕成分
右之材木三千五百八拾一本　角志々留棒木
代銀二拾四貫三百三拾匁　御材木代之積
　但金子〆四百五両余
　内
拾八貫七百拾匁　杣日傭品々造用入目
　但金子〆三百拾二両及
五貫六百二拾匁　御勝手銀
　但金子〆九拾四両及

木口が八寸（約二四cm）以下の小木を除いた伐採可能な本数[4]と、材種は不明だがそれを「志々留棒木[5]」という用途にした時の本数、さらに上方市場の相場で試算した見込額、必要経費の収支まで記されている。藩は、魚梁瀬山を留山として厳重に囲い込み、森林資源を商品価値に換算し、藩財政の資産として詳細を把握していたことがわかる。

このように、藩財政上きわめて重要であった魚梁瀬山は、留山の中で最も良木を産出する「土佐十宝山」の第一の林相「名上（なうえ）」として保護育成されていた。下山改役二名を配属し、山林の監督犯罪検挙、役人勤怠、視察諸願の検査等にあたらせた。

森林資源の枯渇と植林政策

長宗我部氏の時代から、豊臣家への献上品や輸出品として土佐材は財政上重要な位置を占めていたが、江戸時代に入りその重要度はさらに増していく。

献上材の記録は、初代・山内一豊の将軍御座船用材（一六〇四年）に始まり、二代・忠義が家督相続後は、大規模なものだけでも駿府城普請（一六〇七年）、二条城及び大坂城普請（一六二四年）、大坂城用材（一六二六年）、仙洞御所用材（一六二七年）、江戸城普請用（一六三六年）、江戸本丸用（一六三九年）、禁裏造営用（一六五三年）、江戸城作事（一六五八年）など、慶長から宝永にかけての約一〇〇年の間、ほとんど絶え間なく行われている[6]。相次いでかけられる幕府の普請課役の代わりに、材木献上の形で財政窮迫を乗り切った結果であった。

しかしながら、一七〇八（宝永五）年を境にして献上材の記録は途絶え、その後は一七八九（寛政元）年に一件、さらに時代はくだり一八三八（天保九）年に一件のみとなっている。献上木記録の断絶は、材木を大坂に販売し経済的に利用することが得策であった面も考慮する必要はあるが（中村 二〇一八：二〇三―二一一）、主に森林の乱開発により良木を産出できる状態ではなくなったためだと考えられている（平尾 一九五六：九）。

森林資源枯渇の兆候は、いくつも散見される。一六八二（天和二）年、幕府の度重なる材木献上の要求によって、「國元御用木付盡山ニ罷成、其上遠山難所ニて杣取仕候」（農林省編 一九七一：一七〇―一七二）となり、御用材を産出する山がなくなってしまう「盡山（つきやま）（尽山）」の状態であった。そのうえ伐採地の「遠山難所」（奥地化）が深刻化している。尽山となった土佐にあっても、魚梁瀬山での伐採は継続されたようで、一七六六（明和三）年の上書において「今度柳瀬一ノ谷御売払ひ仰付けられ候やう伝聞仕り候。右御山の儀は古来より御立残御大切至極の御山に候へば、勿論御大切至極の外御仕道これなき訳を以ての儀かと恐察仕り候。されども柳瀬山の儀は上方まで聞え渡りたる御場所、尤も代銀何程も仕るべくや、たとへ只今千貫目計りに御売払ひ仰付けられ候とも、およそ百年も立て置かれず候ては本の如き御山には相成り申すまじく、恐れながら残念至極」（平尾　一九五六：一四―一五）と、魚梁瀬山を賞賛する一方、それを財源確保のためやむなく伐採せざるをえない切実な状況が伝わってくる。

江戸時代を通して、土佐藩には森林開発に関する多数の史料が残されている。しかし、森林を増殖させる植林事業については驚くほど少ない。伐採後の森林の増殖は、自然落下した種子を保護育成する天然更新を基本とし、盗伐者の罰則として苗木を植え付けさせた過怠木（かたいぼく）[7]を除けば、藩費による大規模な植林事業は江戸後期を待たなければならなかった。「御山方指出」によると、藩費をもって一八四二（天保一三）年八八万三一三〇本、一八四三（天保一四）年九〇万七七六〇本、一八四五（弘化二）年二二万四八七〇本、一八四六（弘化三）年二六万二九五〇本、一八四七（弘化四）年二四万四九〇〇本の苗木（杉・桧・松・竹）を植林している（平尾　一九五六：一四―一五）。樹種別本数および植林場所は不明であるが、一八四三年に植林された森林の一部が、現在も魚梁瀬山に残っている。

以上のように、土佐藩では、幕府の度重なる普請課役が財政を圧迫し、その代わりとなる材木献上を強いられたことで森林資源は枯渇（尽山）した。そのため、藩政後期に至って積極的な植林事業が開始された。魚梁瀬山は、藩政初期から留山に指定され、長年にわたり御材木を産出し続けた。数百年にわたり土佐藩の財政を支えた魚梁瀬山は、明治維新を経て、明治政府に引き継がれていった。

3. 国家による魚梁瀬山の開発

森林国有化と四国山地

日本における林野所有権の成立は、一八六九年の版籍奉還により藩有林や無主林野が明治政府に接収され、ついで一八七一年の社寺上知令により境内を除く社寺領の森林が同様に処理され、これらが官林（のちの国有林）として府県の管轄下に置かれたことに始まる（一般社団法人日本森林学会　二〇二一：四一〇―四一一）。この措置によって、まず、留山を含む藩有林は国家所有である官林とされた。官林の形成に続いて、地租改正の一環として、一八七六年から一八八一年にかけて「山林原野等官民有区分処分方法」が定められ、これを査定基準として、民有地（のちの民有林）が形成された。

表 11-1　四国の国有林野（1917）

（単位：町歩）

	国有林	民有林	国有林野率
高知県	125,017	455,621	21.5%
徳島県	2,328	340,363	0.6%
香川県	9,351	100,413	8.5%
愛媛県	39,606	409,202	8.8%

（出典）農商務省山林局（1917：2-3）。

同じ頃、一八八六年「大小林区署官制」が制定され、これまで府県の管轄下に置かれていた官林が、農商務省直轄となった。四国では、当初、高知大林区署（高知市）と愛媛大林区署（松山市）の二ヶ所に事務所が置かれたが、一八九三年「大小林区署官制の改定」により愛媛大林区署が廃止され、四国一円の国有林を高知大林区署が管轄することとなった。[8]こうした経緯を経て、大正初期には、国有不要存置林野の売払もおおむね完了し、森林管理の最も重要な所有権が確定した（表11-1）。一九一七年には、四国管内の国有林面積は一七万六三〇二町歩となり、その七割に相当する一二万五〇一七町歩は高知県内に偏在するかたちとなった。[9]その大半は、高知県魚梁瀬地域や同県白髪山地域といった四国脊梁山脈に集中し、江戸時代に土佐藩の留山として保護管理がなされていた森林が国有林へと継承されたのであった。

明治時代に引き継がれた魚梁瀬山の資源とは

明治初期の馬路村の様子が、『馬路村史』に残されている（安岡　一九六六：二〇四―二〇九）。一八七六年、「諸物差出帳」

には、籾一三〇石、麦二四石、蕎麦二一石、粟三石、稗一石の記載が見られ、わずかな水田で米を作り、焼畑をして生計を立てていたことが想像できる。商品経済の浸透も見られたようで、茶葉四五〇貫目を生産しており、製茶作業所開設による産業振興をめざす将来像が描かれている。ここに降って湧いたのが、国家による森林の統治と事務所の開所であった。

魚梁瀬派出所が開所する少し前、一八八三年、徳島県木頭村から県境を越え、魚梁瀬村に五日間滞在した藤田克三氏の紀行文が残されている。そこには、「巨杉老柏轟々森立シ其壮観人ヲシテ登跡ノ困労ヲ忘レシム」、「全山皆天然林ニシテ針葉樹多キに居レリ就中有名ナル良材ハ杉柏ニシテ其他頗多キハ（トガ）栂樅樹ナリ」（藤田　一八八三：二〇〇―二〇四）とあり、江戸時代の森林開発によって尽山が指摘された魚梁瀬山に、いまだ多くの杉・桧・栂・樅が残されていたことが記されている。[10]さらに、旧藩時の山林監守人から見聞きした山林手入れの方法として、「杉柏ヲ伐裁スレハ（トガ）樅随繁生シ杉柏ノ自生小木為メニ成長ヲ遂ル能ハス伐木コトニ漸次樅（トガ）林ニ變スルコトアリ故ニ樅（トガ）ヲ有害樹ト呼ヒ舊慣ニ其幹皮ヲ剥キ枯槁セシメテ自生ノ杉柏ヲ繁殖セシムルヲ剥枯（ハギカラ）シト唱ヘ山林手入ノ急務トナセリ」（藤田　一八八三：二〇〇―二〇四）と記録している。つまり魚梁瀬山の良材である杉・桧を伐採すると、残存木の栂・樅が繁茂し、杉・桧の幼樹の生育を阻害してしまう。そのため、栂・樅の樹皮を剥がす「剥枯し」で枯死させ、杉・桧の天然更新を促す山林の手入れが古くから行われていた。栂・樅は、魚梁瀬山にとって「有害樹」と認識されていたのである。

なぜ、栂・樅は、魚梁瀬杉に劣るとしても、御用材として利用されなかったのであろうか。一九〇二年発行の『大日本山林会報』には、魚梁瀬山の栂と樅について「運搬上頗る不便にして営業上自ら不引合なるを以て既往に於ても又現在に於ても之を製材するものなし要するに該山に存在する樅栂は所謂廃物同様の概あり惜む可なり」とあり、栂・樅材は「相場なし」と記されている（宮地　一九〇二：三〇―三三）。栂・樅は、運搬経費が販売価格を超え赤字になるので、だれも製材する者はなく、「廃物同様」に扱われていた。

次節では、江戸時代から明治時代中頃まで、魚梁瀬山の「有害樹」「廃物」とされた栂・樅が、国家による森林開発により資源化されていく過程を、主に林業技術史の視点から見ていきたい。

明治時代以降、魚梁瀬山は魚梁瀬・馬路・北川の三つの管理区に分けられ、統治された。「大小林区署官制」が制定される前年一八八五年に魚梁瀬派出所（魚梁瀬村）が開庁し[11]、続けて一八八六年、北川小林区署（北川村平鍋）が開庁している。一八九六年、馬路小林区署（馬路村）が開庁すると、魚梁瀬山の管理は馬路小林区署に一元化された[12]。その後、一九二四年に馬路営林署に改称され、一九二九年に魚梁瀬営林署と馬路営林署に分割された。今でも馬路村を訪問すると、村内に二つの営林署があったことを「村の誇り」として語る住民も少なくない。

魚梁瀬山の森林開発は、国家（大林区署）が自ら労働者を雇う直営生産で行われた。官行斫伐事業と呼ばれ、四国管内においていち早く魚梁瀬山の千本山で実施された。一八九七～一八九八年度の官行斫伐事業は、日清戦争後の国家財政膨張からくる国有林への圧力から、試験的意味合いが強かったといわれる（高知営林局史編集委員会　一九七二：一八七）。

魚梁瀬山における官行斫伐事業の問題点として、運搬工程の脆弱さが挙げられている（宮地　一九〇二：三〇―三三）。当時、魚梁瀬山で伐採された木材は、人力または修羅[13]で谷沿いの土場まで集め、小谷に造った堰に浮かばせ、その堰を切った勢いで下流に運ぶ堰出しを繰り返し、本流の奈半利川まで流送する江戸時代と同じ運搬工程を採用していた。堰出しは、地形や水量に左右され、一日に数mしか流すことができない場所もあったという。さらに、本流・奈半利川は川底が荒れ、岩石が至る所に突出し筏を組むことができず、大水による氾濫で流失の危険を伴う。いずれも天候に左右され、魚梁瀬の奥山から本流・奈半利川まで木材を運び出すために、数ヶ月の期間を要することも珍しくなかったという（写真11‐1）。

同じ時期、河川管理の取り扱いについて、大きな変化があった。一八九六年四月、高知県は「竹木川流取締規則」（高知県令第四号）を公布し、頻発する堤防損害の規制に乗り出したのである（宮地　一九〇〇：一五―一九）。同規則では、第一条で河川流送する際は量・区域・期限を記し河川所轄郡市長の許可を受けること、第一〇条で郡市長は条件を付すことができることが定められ、さらに第一三条で罰則が設けられ、流送の許可権限が郡市長に移管された。

一八九九年には、安芸郡町村会頭から高知県知事宛に流送の規制強化が上申され、（一）樅や栂など重い木材[14]は、杉・桧

写真 11－1　材木流し絵馬（1879 年、奈半利町三光院所蔵）

と区別して放流時に重税を課すこと、（二）材の大小によっても税差を設け、郡市長がこれを検査すること、（三）天災であっても河口に着いた場合は課税をなすこと、（四）流材は沿岸町村の承認を受けたのち出願すること、が解決策として提示されている（北川村史編集委員会　一九九七：五七四―五七五）。江戸時代には、山林と河川が同一主体である藩によって統治され、魚梁瀬山の森林開発が行われていた。明治時代に入り、山林行政と河川行政とが分離し、国家事業といえども木材運搬の都度に郡市長の許可を得なければならず、統治する権力は江戸時代から大きく後退したといえる。官行斫伐事業では、流送技術の優れた流材夫を大和・吉野方面から大量に雇い入れ、奈半利流送路の新設・修繕に取りかかったものの、流送による木材運搬は次第に衰退した[15]。

流送にとって代わったのが、森林軌道である。森林軌道とは、動力機関車による森林鉄道とは異なり、路面に軌道（レール）を敷設して、木材をトロリー（台車）に乗せ、自重または人力・畜力（主に牛）を動力として運搬する手法である（写真11‐2）。一九〇七年、高知大林区署は四国管内で最も早く、魚梁瀬林道安田川山線に森林軌道を導入した。一九一一年には、馬路村と海岸部にある田野貯木

表11－2　大正期における魚梁瀬山の樹種別官行斫伐事業実績（1914～1927年合算）

馬路営林署	扁柏（桧）		杉		樅		栂		松		欅		樫		雑木		その他	
	石	%	石	%	石	%	石	%	石	%	石	%	石	%	石	%	石	%
馬路事業区	7,641	1	79,139	11	79,712	11	330,296	46	5,016	1	11,492	0	11,492	2	90,486	13	105,942	11
魚梁瀬事業区	33,646	2	574,335	31	216,582	12	587,364	32	3,255	0	6,400	0	37,982	2	223,229	12	169,383	9

（出典）『高知大林区署統計書』及び『高知営林局統計書』の各年度版より筆者作成。
（注）その他には間伐用材、間伐薪材を含む。

写真11－2　トロリーによる運搬（大正時代）

写真11－3　森林軌道（昭和初期）

写真11－4　樹齢520年の栂の伐採（昭和30年代）

場とを結ぶ安田川林道本線に森林軌道が敷設され、流送に替わる木材運搬としてトロリー運搬が主軸となった。一九一七年には、魚梁瀬山の最奥地に位置する石仙（こくせん）～田野貯木場間の全長四一・六kmが完成し、魚梁瀬山と積み出し港である貯木場とが一本のレールで繋がったのである。同時期にトロリー制御装置の改良がなされ、トロリー一台で三t以上の木材運搬が可能となった（高知営林局史編集委員会　一九七二：三〇三）。そして、森林軌道は幹線から山中にまるで血管のように張り巡らされ、江戸時代には搬出できなかった魚梁瀬山の最奥地からも木材が伐り出されるようになった（写真11－3）。

ここで、『高知大林区署統計書』を整理し、大正時代に行われた官行斫伐事業の樹種別伐採割合に目を向けてみたい。事業年度により伐採量や樹種の特徴が異なるため、ここでは入手可能であった一九一四年から一九二七年度の官行斫伐実績を合算して表示した。表11－2は、馬路事業区および魚梁瀬事業区の官行斫伐事業で伐採された樹種ごとの材積とその割合を示したものである。馬路事業区では、合計七一万一〇八二石（二〇万四六〇㎥）が伐採されている。樹種別割合は、栂四六%、樅一一%、杉一一%となっており、大正期に伐採・搬出された木材の約半数は栂であった。魚梁瀬事業区の官行斫伐実績は、合計一八五万二一七六石（約五一万四九〇四㎥）と馬路事業区の二倍である。樹種別割合は栂三二%、杉三一%、樅一二%の順で高くなっている。

官行斫伐事業が本格化した大正時代、馬路事業区・魚梁瀬事業区の伐採量を合わせると、四国の国有林伐採量の約二割を占める。高知大林区署が莫大な予算をかけて、この魚梁瀬山に森林軌道を敷設した理由がうかがえる。単独の樹種で比率が高いのは、栂である。江戸時代から明治時代にかけて、魚梁瀬山の「有害樹」「廃物」とされていた栂が、森林軌道の導入により国家財政を支える「国の宝」に生まれ変わったのである。昭和二〇～三〇年代、魚梁瀬山で伐採に従事していた杣は「栂は枝が張っていて伐りにくかった」と語っている（写真11－4）。

以上のように、流送から森林軌道への運搬工程の変革と技術革新は、単に伐採量を増大させるに留まらず、「有害樹」「廃物」とされていた栂を資源化したのであった。

4．江戸時代と明治時代を繋いで見える魚梁瀬山の姿

銘木・魚梁瀬杉の終焉

江戸時代には数百年にわたり土佐藩財政を支え、明治時代に入り国有林に引き継がれた魚梁瀬山。江戸時代に伐採の手が届かなかった杉、大正時代以降に資源化された栂や樅は、戦時体制下に急増する軍需用材として供出されていった。さらに戦後の高度経済成長を支えた「国有林生産力増強計画」等による森林開発によって、天然林資源の枯渇を余儀なくされた。

魚梁瀬山を管理する四国森林管理局は、二〇一七年度限りで魚梁瀬杉（天然木）の計画伐採を休止すると発表した。資源量の枯渇もさることながら、取引価格の低下も休止の決定に追い打ちをかけた。同年九月、平均樹齢二五〇年、高さ四〇ｍを越える五八本の魚梁瀬杉（約五〇〇㎥）がヘリコプター集材によって魚梁瀬山から運び出された。競り落とされた杉の一立方当たりの平均単価は、一般的な杉単価の約一三倍の一三万四〇〇〇円（高いもので三六万円）だった（安岡　二〇一七）。

約四〇〇年にわたる魚梁瀬山への眼差しの変化

魚梁瀬山の統治機構の変遷と森林開発の過程を時系列に沿って検討すると、まず、一五世紀の南海航路の開始が、四国山地においていち早く森林資源の商品化を促したことが大きく浮かび上がる。当時、四国山地は吉野川流域および四国東部を除き、木材輸送が困難で森林開発は限定的であった（タットマン　一九九八：六四）。魚梁瀬山と上方市場との接続は、商人資本のみならず、杣や日傭といった職人集団と技術の集積を早期に達成しえた要因だといえる。一七世紀以降、藩は商品としての魚梁瀬山の価値を最大限評価し、「土佐十宝山」の「名上」に指定するなど保護育成に努め、新たな留山を指定して森林の囲い込みを行った。価値の源泉は、魚梁瀬山の銘木・魚梁瀬杉であった。

留山として囲い込まれていた魚梁瀬山は、明治時代以降、国家の統治による国有林へと引き継がれた。そして、山林統治と河川統治との分断により、価値を運び出す奈半利川というルートが途絶えてしまった。だが、国家という膨大な資本力を背景として、流送に代わり森林軌道が導入され、このことが魚梁瀬山に栂・樅といった新たな価値を創出することになったのである。

土佐藩のもとで進められた魚梁瀬山の開発は、明治期以降、国家政策の一環として規模を拡大し継続され、約四〇〇年にわたり統治者の財政を支えてきた。これらの伐採・運搬を実際に担ってきたのは、魚梁瀬をはじめ地元に暮らしてきた人々である。魚梁瀬杉をはじめとする天然林の伐採が休止された今、魚梁瀬山の価値とは何であろうか。現在、地元民らが中心となり、およそ四〇〇年近い歳月をかけて営まれてきた林業の歴史を保存活用する取り組みや、魚梁瀬山と共にあった人々の暮らしを日本遺産として活用する取り組みが進められている。地元民の手によって、今、魚梁瀬山の新たな価値が生み出されようとしているのである。

［追記］本稿は岩佐・赤池（二〇二三）に加筆修正を加えたものである。

注

(1) 魚梁瀬杉は、節が少なく、木目が細やか、桃色がかった材質に魅力があり、柱材や天井板など高級建材として高く評価された。

(2) 榑とは、太い丸木を芯の部分から四または六つ・八つに蜜柑のように割りとり、芯の近くと外側の部分を平らに削って木口を台形にしたものである（徳川林政史研究所　二〇一二：二一）。

(3) 藩は貢献用材を立木または札木と称し、最優木を選択して木札を打ち保護を厳重にした（門田　一九三五：一二一）。

(4) 土佐では、伐木造材を「伐仕成」または「仕成」という（林野　一九五四：五五六）。

(5) 「志々留」は「ししれう」、「宍料」とも表記される。丸木の芯を避けて割り取り、木口を長方形に造材した厚板で、床板や天井板・壁板、建具の材料等に用いられた（徳川林政史研究所　二〇一二：二一）。

(6) その他にも、一六〇六（慶長一一）年「江戸城普請」、一六〇九（慶長一四）年「丹波篠山譲普請」、一六一〇（慶長一五）年「名古屋城普請」などの材木献上が行われたという（平尾　一九五六：八）。

(7) 文化年間「西峰関文書」によると杉一本の過怠木として、山番人・五人組頭らに杉・檜の苗一三〇本、農民二〇人に八七〇本、計一〇〇〇本を植え付けさせている（平尾　一九五六：一三）。

(8) その後、一八九七年に再び愛媛大林区署が復活したが、一九〇三年に愛媛大林区署が廃止され、再び高知大林区署が四国一円の国有林を管轄することとなった（高知営林局史編集委員会　一九七二：二〇）。

(9) 徳島県の国有林野率が極端に少ないのは、一八六九年から一八七二年、藩有林の県庁への引き渡しを待たずして、民間へ払い下げ処分を実施したためである（徳島県　一九七二：四五―四七）。

(10) 文中「柏」は桧の意味。土佐では、栂（つが）を「トガ」と呼ぶ（藤田　一八八三：二〇〇―二〇四）。

(11) 一八八九年に「魚梁瀬小林区署」に改称された。

(12) 北川小林区署の一部は、奈半利小林区署に引き継がれた（高知営林局史編集委員会　一九七二：四八九）。

(13) 木材を組んで、その上を木材が滑るよう設置した滑り台のような装置。

(14) 全乾比重は、栂（〇・四七）、樅（〇・四〇）、杉（〇・三四）、桧（〇・三七）である。

(15) 奈半利川の一部では、一九三五年頃まで流送が実施されていた。

参考文献

岩佐光広・赤池慎吾　二〇二三「人間と非人間の「固有の時間」の絡まり合いにみる山地景観の動態――高知県東部・魚梁瀬山における国有林森林鉄道の導入を事例に」『文化人類学』八八（二）：二八七―三〇七。
門田齊　一九三五『土佐藩林制史』高知営林局。
北川村史編集委員会　一九九七『北川村史　通史編』北川村教育委員会。
高知営林局広報係　一九五八『魚梁瀬山』高知営林局。
高知営林局史編集委員会　一九七二『高知営林局史』高知営林局。
タットマン、C　一九九八『日本人はどのように森をつくってきたのか』熊崎実訳、築地書館。
徳川林政史研究所　二〇一二『森林の江戸学』東京堂出版。
徳島県　一九七二『徳島県林業史』徳島県林業史編さん協議会。
中村努　二〇一八「近世の土佐材木流通に関する歴史地理学的研究」『高知大学教育学部研究報告』七八：二〇三―二一一。
一般社団法人日本森林学会　二〇二一『森林学の百科事典』丸善出版株式会社。
農商務省山林局　一九一七『地方林務一班』農林省山林局。
農林省編　一九七一『日本林制史資料　高知藩』臨川書店。
林野廰　一九五四『徳川時代に於ける林野制度の大要』林野共済会。
平尾道雄　一九五六『土佐藩林業経済史』高知市立市民図書館。
藤田克三　一八八三「土佐魚梁瀬官林概況」『大日本山林会報告』一二：二〇〇―二〇四。
宮地昌之　一九〇〇「林業界に於ける高知竹木川流取締規則を論す」『大日本山林会報』二一二：一五―一九。
――　一九〇二「天下の美林　（土佐魚梁瀬山）第二百三十四号続」『大日本山林会報』二三五：三〇―三三。
安岡大六　一九六六『馬路村史』馬路村教育委員会。
安岡大六・松本保　一九七五『新安田文化史』吉本珖編、高知県安芸郡安田町。
安岡仁司　二〇一七「競り値倍プレミア魚梁瀬杉　伐採最後で高騰⁉　市場どよめく」『高知新聞』二〇一七年一一月二五日号。

第12章　歴史学からみた近世の山里
――阿波国那賀川流域を題材に

町田　哲

1. 近世の山里へのアプローチ

「林業地帯」以前

那賀川は、四国山地東部の標高一九五五ｍの剣山山麓を源流として、全長一二五㎞を東流し紀伊水道に達する急峻な河川である。その上流域は、年間降水量が三〇〇〇㎜を超える全国有数の多雨地域である（図12-1）。多雨で、材木を川に筏流しさせやすい条件を活かし、一八世紀末には杉の植林が推進され、一九世紀末以降には全国でも有数の林業地帯の一つ、「木頭（きとう）林業地帯」として展開してきた。そのため、一九六〇～七〇年代の林業経済史の分野では、林業地帯の形成過程が解明され、特に山元での内発的発展が脆弱であるために、那賀川河口域の下流業者が、一九世紀末に林業生産・加工・流通のすべてを掌握する「地主型林業構造」の典型例として評価されてきた（有木　一九七四）。

しかし、この地域の一七～一九世紀を振り返った場合、林業化のみが地域の実態を示すわけではない。「切畑（きりはた）」として検地帳に登録された山では、焼畑耕作が行われると同時に、焼畑休閑地から多様な山の産物が生み出され、その一部は他地域に流通していた。林業発展の前提として地域を捉えるのではなく、山を活かした村社会のありようや、材木以外の多様な産物を他地域に流通させていたしくみ、それ自体を検討する必要がある。

山里の社会史

一方、歴史学の分野では、二〇〇〇年代以降、山間村落を対象とする研究が続々と登場している。[1] 本章では吉田伸之氏が提唱した「山里の社会史」という研究視角（後藤・吉田編 二〇一〇）[2]に注目したい。ここでの「山里」とは、「人間と自然の共生」の理想像を投影させた狭い意味での「里山」論[3]でもなく、平野部と対比的に山深い地域の独自性を強調した「山村」研究[4]でもない。山を利用する人々が取り持つ社会的諸関係を総体として解明する研究視角である。①山里における社会的関係を理解し、②諸社会集団やモノ（山の産物）の一つ一つからその特質を解明する。その上で、③森林資源の維持・収奪をめぐる支配構造のあり方や、④都市との流通・生産・市場構造といったモノ・ヒトをめぐる関係構造の中で把握することで、山里を閉じた社会ではなく、地域の全体史として理解しようとする試みである。

こうした「山里の社会史」の視角にヒントを得ながら、本章では、「林業地帯形成」以前の当該地域の人々が、どのように社会生活を展開させていたのかを検討する。「焼畑から植林への長い移行期」ともいえる一七〜一九世紀後半（近世）の那賀川上流域において、①焼畑対象となる山の利用が、どのような社会関係によって成り立っていたのか、②山にもとづく生業が、他地域との流通関係の中でいかに展開したのかを、那賀郡木頭村（現、徳島県那賀郡那賀町、標高二三五〜八〇〇m）の湯浅家文書を手がかりに探っていきたい。湯浅家は、近世初頭から代々世襲で木頭村肝煎（きもいり）をつとめ、一七九八年に庄屋、一八二二年には周辺二五ヶ村からなる木頭組を束ねる組頭庄屋を勤めた家であった。そのため村落内部のありようのみならず、藩とのやりとりや、一九世紀の村落間における諸問題（山争い・相続・飢饉・流通など）に関する文書が多く残されてきた。二〇一四年より鳴門教育大学日本史研究室が全点整理・撮影の調査を実施している。以下の内容は、その成果の一端である。[5]

幕藩体制とその支配

近世の列島社会は、幕藩体制下にあり、公儀権力（将軍─幕府）の全国的支配のもとで、大名（藩）や旗本などがそれぞれの領知を支配していた。各藩は、公儀権力に集権的に編成されることで、はじめて個別領主として各藩領での支配を貫徹する

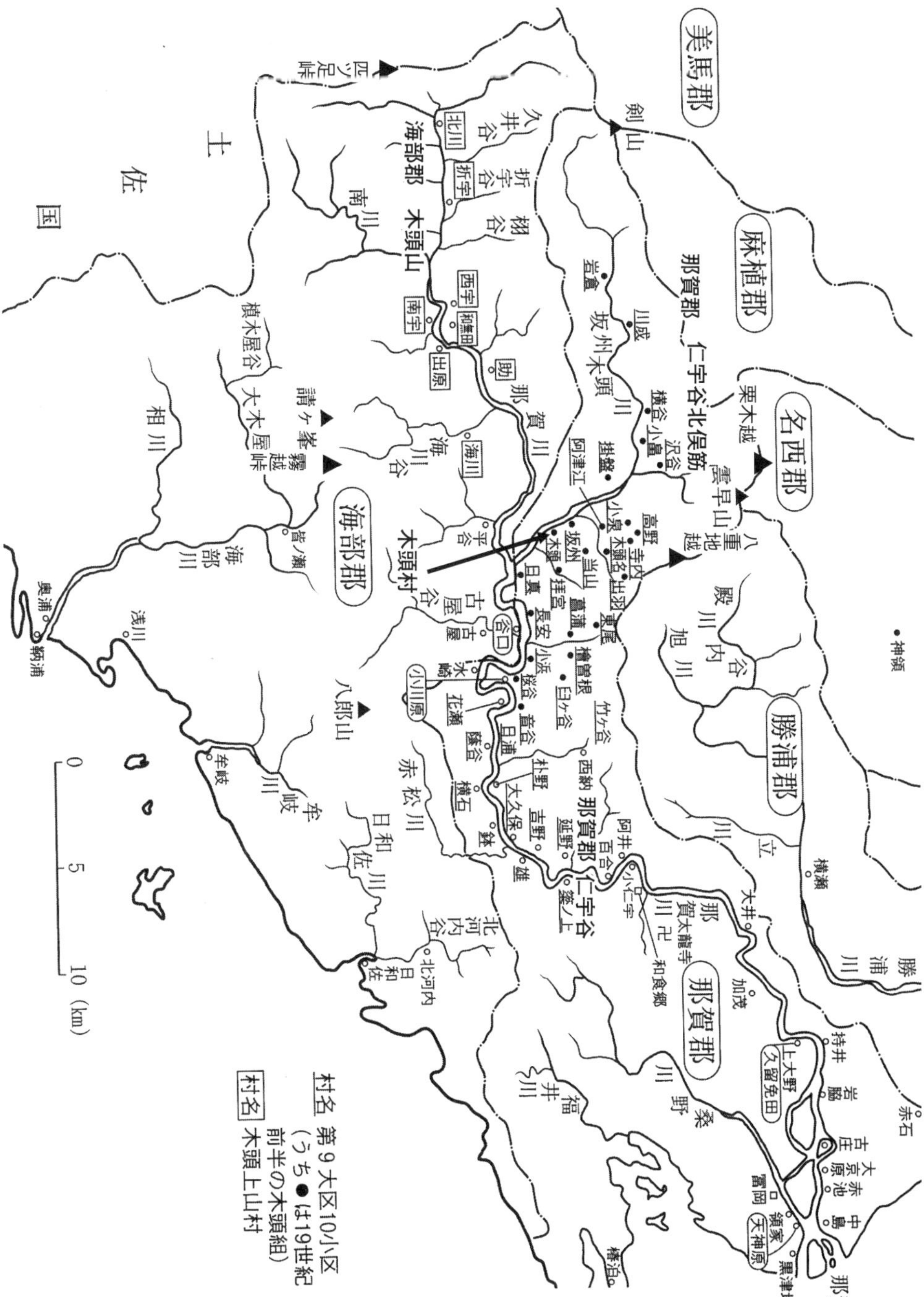

図 12－1　那賀川流域関係図

（出典）町田（2014：40）を加工。

ことができるという特徴をもっていた（山口　一九七四）。一五八五（天正一三）年、四国を平定した秀吉から、阿波国の領知権（一七万五〇〇〇石、のち淡路国を加増され二五万七〇〇〇石）を与えられた蜂須賀家は、軍事的緊張の冷めやらぬ阿波国に入国後、在地土豪層の抱き込みをはかりつつ、領国支配の基盤確立をめざした。第一の柱が、領内の検地である。平野部の検地に続き、一五八九年には、木頭村を含めた四国山地の村々でも天正検地を実施した[6]。美馬郡西端山・一宇・祖谷山のように、村高に応じて「檜宍料（ひのきししりょう）」と称する木材を現物納する年貢上納形式が取られた場合もある（町田　二〇一〇）[7]。

第二の柱は、百姓の個別把握である。豊臣政権や近世初頭の公儀権力は、各大名に対し過重な軍役負担を課すことで「幕―藩」関係を制御したため、各藩では軍役への対応が求められた。徳島藩の場合、領内から百姓夫役（戦時の陣夫役・輸送夫や公儀普請役など）を徴発するため、家の筆頭者を登録することで、夫役負担能力を把握した（「人定」）。この方法は、一六三〇年代以降には「棟付改（むねつけあらため）」として、すべての男子を把握する制度へと発展した。公儀権力からの軍役賦課にいかに対応するかという観点から生み出された人別掌握方法が、藩の領国支配の根本方針の一つとなったのである。その基礎台帳が徳島藩独特の「棟付改帳」であり、有力百姓を「壱家（いっけ）」とし、分家や従属し使役される家持名子（なご）・下人が「小家（しょうけ）」として登録した（夫役は一七世紀半ばには代銀納化）。これは、公儀権力からの軍役賦課と領国支配の確立という二つの課題をうけ、徳島藩が夫役徴収を目的に編成した村単位の人別支配システムであり、平野部・山間部を問わず一律に実施された。特に同族的結合を、制度的な家格に編成し丸ごと掌握しようという目的に則ったあり方だった。

こうして近世山里の社会でも、平地と同様に、幕藩体制という一つの国家形態の把握のもとに置かれ、年貢（穀物）と夫役（労働力）を柱とする支配が展開していた。

2.「株」と村——木頭村内の社会関係

現在も生き続ける「株」

湯浅家の裏山には、「ゴシン（護神）」と呼ばれる小さな祠がある（写真12-1）。湯浅家のご当主によると、現在でも「湯浅株」と称する湯浅姓のメンバーが、年に何回かこの祠でお祀りをしているという。また湯浅株では、メンバーが亡くなった際の葬儀も実質的に担ってきた。近世に木頭村であったこの地区には、湯浅株のほかにも、仁義（じんぎ）株・川尻株が現存している。木頭村に限らず、現在も株が生き続けているのが、那賀川上流域の一つの特徴である。では、村落内最小のコミュニティである株は、いつ頃から存在し、山里の生活や生業にとってどんな意味をもっていたのだろうか。

木頭村の古文書に「株」が姿を現すのは、一七九七年に、仁義株の久兵衛と本家弥太次が、当時湯浅家当主であった庄屋八左衛門と「惣村御衆中」にあてた詫状である。久兵衛は、同年四月に切畑内の空地の開発願いを提出し、藩の検見役人の見分をうけることになった。しかし、新開予定地が、空地でも何でもなかったために、「株内」（仁義株）から問題視され、検見役人にも却下された。久兵衛は検見役人から咎めを受けたが、「村中」と「株中」の計らいもあって何とか処罰を遁れ、この詫状を庄屋と村に提出することで表沙汰にならずに済んだ。詫状に本家が連印しているのは、株の本家が、村中に対して、株内のメンバーの行為について責任を負っていたからである。このように①一八世紀末には株が存在し、本家を中心とする同族的な結合であった。そして②株は、焼畑対象となる「切畑」の利用に関する権限を有し、③株は、村落運営主体の「村中」を構成する、小単位でもあった。

写真 12－1　湯浅家のゴシン
（2014 年 10 月）

株の結合

棟付改帳をもとに、一八一一年の木頭村構成員を一覧にしたのが表12‐1である。湯浅株は、本家である壱家八郎太（湯浅家）とその小家二〇軒からなる。小家のうち一三軒は継弟・従弟・忌外（いみはずれ）（従兄弟よりも遠い父系同族）、残る湯浅家の下人（げにん）七軒は、血縁はないものの近世初頭以来湯浅家に従属してきた家である。仁義株は、壱家弥太次とその同族小家九軒および壱家四軒からなる。うち壱家四軒はいずれもこの棟付改を契機に「下人離（げにんばなれ）」が許され自立した家である。それまでは湯浅株と同様の構成をとっていた。続く内之瀬（ないのせ）株は山伏不動院、川尻株は先規奉公人（せんきほうこうにん）川尻家の、それぞれ壱家とその同族小家による小さな株である。残る轟谷（とどろだに）は、（a）壱家重吉とその同族小家、（b）神主である壱家惣太夫と同族小家、（c）七軒の壱家からなる。轟谷は、前の四つの株とは異なり、山を越えた拝宮村に隣接した地区にある（後掲図12-4）。（b）・（c）は一七世紀末から一八世紀初頭に近隣の坂州村・阿津江村から引っ越してきた家と別家ばかりである。つまり、轟谷株だけは、一つの同族的結合というよりも、地縁的な結合の中に複数の同族が含まれた株だった（町田 二〇一九）。

表12－1　19世紀初頭の木頭村の構成員

株	壱家小家	名前	肩書	備考
湯浅	壱家	八郎太	庄屋／1822 組頭庄屋／1828 小高取	
	小家	倉次郎	八郎太継弟	1780 別家
	小家	慶蔵	八郎太従弟	八郎太四男・紋次養子
	小家	常吉	八郎太従弟	八郎太三男・1801 養子入
	小家	忠右衛門	八郎太忌外	
	小家	順蔵	八郎太忌外	忠右衛門弟・1805 別家
	小家	権右衛門	八郎太忌外	
	小家	弁蔵	八郎太忌外	
	小家	幸助	八郎太忌外	弁蔵叔父・1784 別家
	小家	利平	八郎太忌外	弁蔵叔父・1797 別家
	小家	文右衛門	八郎太忌外	
	小家	多次郎	八郎太忌外	文右衛門弟・1793 別家
	小家	六平	八郎太忌外	
	小家	文七	八郎太忌外	
	小家	吉兵衛	八郎太下人	
	小家	甚助	八郎太下人	
	小家	与平	八郎太下人	忠右衛門叔父・1771 養子入
	小家	折平	八郎太下人	
	小家	重助	八郎太下人	
	小家	留蔵	八郎太下人	
	小家	権蔵	八郎太下人	
仁義	壱家	弥太次	御蔵百姓	吉之丞叔父・1796 養子入
	小家	善吉	弥太次従弟	
	小家	菊右衛門	弥太次叔父	弥太次叔父・1786 別家
	小家	宇太次	弥太次忌外	
	小家	又兵衛	弥太次忌外	宇太次弟・1774 別家
	小家	安兵衛	弥太次忌外	
	小家	善蔵	弥太次忌外	
	小家	与七郎	弥太次忌外	善蔵叔父・1789 別家
	小家	作助	弥太郎忌外	
	小家	久兵衛	弥太郎忌外	
	壱家	嘉次兵衛後家	弥太次忌外	下人離
	壱家	甚右衛門	弥太次忌外	下人離
	壱家	小市兵衛	弥太次忌外	下人離
	壱家	六太郎	弥太次忌外	下人離
内之瀬	壱家	不動院教学	御蔵山伏	
	小家	役蔵	教学忌外	
	小家	源六	教学忌外	役蔵叔父・1790 別家
	小家	重之進	教学忌外	
	小家	岩次郎	教学忌外	
	小家	吉之丞	教学忌外	
川尻	壱家	善十郎	先規奉公人	もと山田織部先規奉公人
	小家	為左衛門	善十郎忌外	もと山田織部先規奉公人
	小家	義兵衛	善十郎忌外	もと山田織部先規奉公人
轟谷a	壱家	重吉	御蔵百姓	
	小家	左五兵衛	重吉忌外	
	小家	留蔵	重吉忌外	左五平弟・別家
	小家	徳兵衛	重吉忌外	重吉叔父
同b	壱家	惣太夫	御蔵神主	1722 以前阿津江村より引越
	小家	熊次郎	惣太夫忌外	
轟谷c	壱家	市兵衛	御蔵百姓	1702 坂州村より引越
	壱家	甚兵衛	御蔵百姓	市兵衛叔父・1770 別家
	壱家	重兵衛	御蔵百姓	市兵衛叔父・1784 別家
	壱家	〆蔵	御蔵百姓	市兵衛叔父より 1749 別家
	壱家	次平	御蔵百姓	元禄期坂州村より引越
	壱家	貞六	御蔵百姓	元禄期坂州村より引越
	壱家	茂吉	御蔵百姓	貞六叔父・1756 別家
不明	壱家	七蔵	来人	1712 坂州村より引越
	壱家	作右衛門	来人	1760 ？沢谷村より引越
	壱家	幸兵衛	来人	1808 北荒田野村より引越

典拠:「那賀郡木頭村棟附御改帳」［湯浅 L69］、株欄は［DB4］、60 軒（289 人）
（出典）町田（2019）。

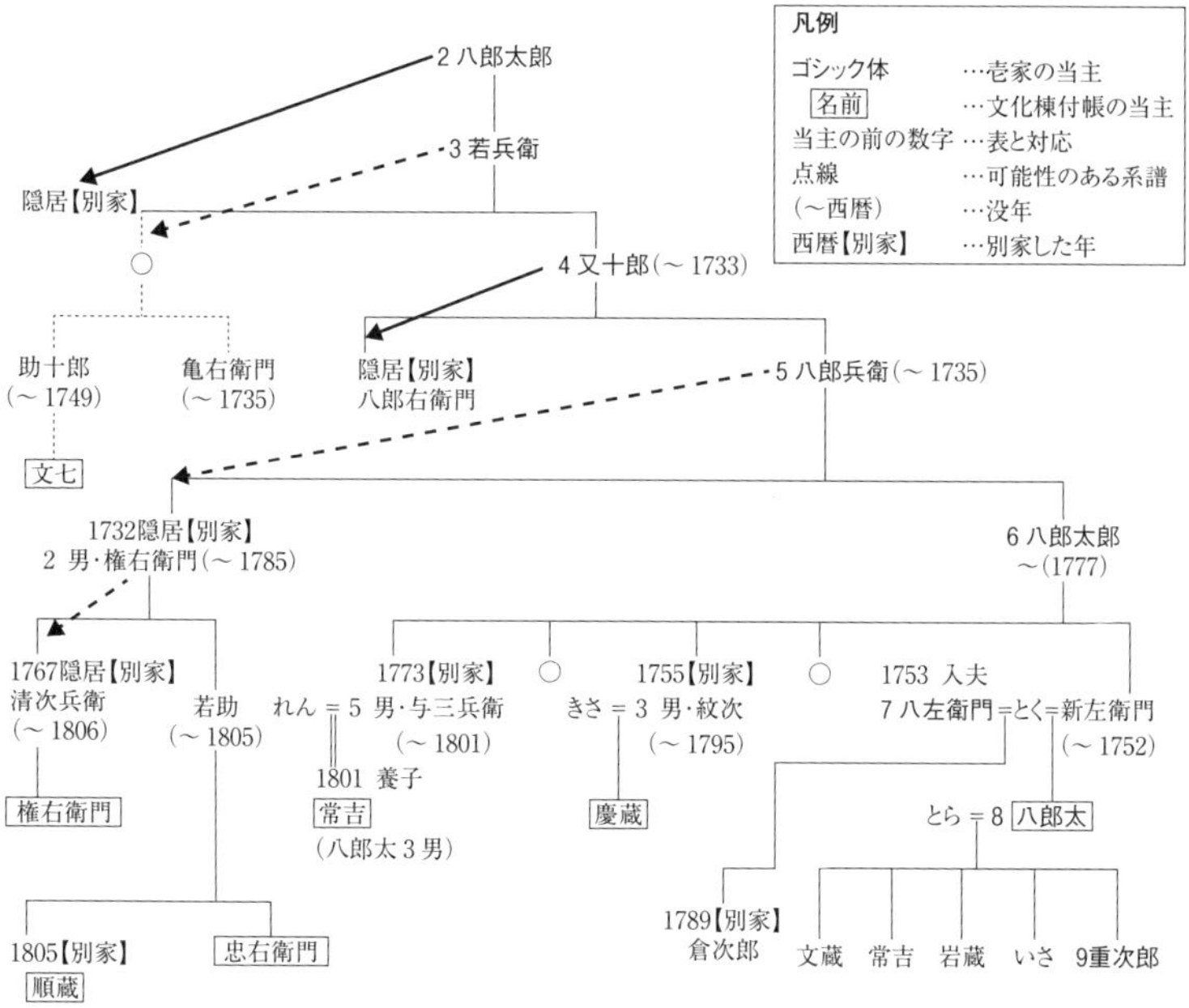

図12－2　湯浅家にみる別家の創出

株の形成過程

では、株はどのように出来てきたのだろうか。木頭村の家数は、一七世紀半ばにわずか一〇軒だったが、一七二二年に二三軒、さらに一七六九年には四八軒と倍増し、一八一一年に六〇軒に達し、その後は横ばいとなっている。一八世紀の山里は、家数が激増する時代だったのである。この数には轟谷に入植した百姓も含まれるが、増加の主要因は、別家の増加にあった。

例えば、湯浅家の場合（図12‐2）をみよう。五代目当主八郎兵衛までは、長子が家を相続し、旧当主は末子とともに隠居分家をしていた。別家は旧当主の隠居別家に限られていたことになる。ところが、六代目八郎太郎の時は、子新左衛門が夭逝し、孫の八郎太も幼かったため、新左衛門妻とくに八左衛門を迎え入れ、八郎太郎はそのまま本家に残った。八郎太郎には少なくとも三男・五男がいたが、のちに分家させた。長子相続の徹底と、隠居別家でない単独分家の創出によって、次代当主の夭逝という危機を乗り越えた。これ以降、湯浅家では、複数の単独分家が創出され、家数の増加も急増した。仁義家でもほぼ同時期に、隠居分家から長子相続（隠居同居・

複数の単独分家の創出）への変化が確認できる。分家創出に伴う家数増加によって形成された、父系同族的な組織が株だった。

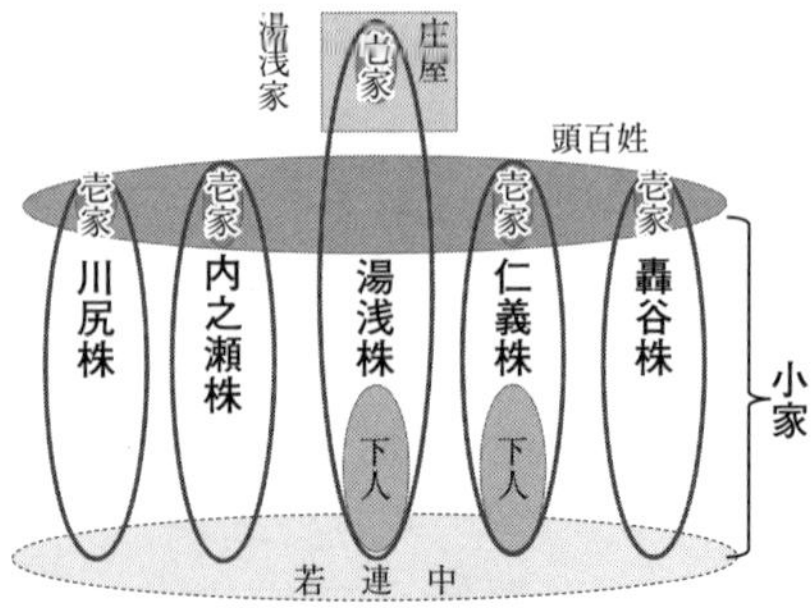

図12－3　木頭村の村落秩序

村の秩序と湯浅家

こうして形成された株と村との関係を図12‐3に示した。村の運営に「頭百姓」として参画できるのは、各株のうち壱家（本家）に限られ、小家は関与できない。また湯浅家は代々、肝煎や肝煎→庄屋→組頭庄屋として村の頂点的地位にあり続けた。株を基礎に、株の本家による「村中」の秩序が存在した。例えば村内の土地売買は、当事者間のみならず湯浅家と他の本家筋の家の連印（証人としての保証）が必要であり、年貢や夫役銀等の諸負担銀は、各株の壱家を通して湯浅家のもとに徴収された。

興味深いのは、一八世紀末以降、「湯浅家がもともと紀州湯浅氏の一族で、中世後期に阿波に渡り、木頭村を開基した」とする由緒を、湯浅家自身が主張し始めた点である。湯浅家の危機に際し養子となった八左衛門は、①湯浅家は、近世初頭に「木頭村政所（まどころ）」に命じられ高一〇〇石と「一領一疋」という家格（戦時のみ武士待遇、平時は浪人待遇）を与えられたが、家老山田織部給地となった際に召し上げられたとする由緒Aを主張して、肝煎から庄屋役への格上げと苗字帯刀を求めた。また藩に提出した村の明細帳では、②先祖は紀州熊野権現の家臣小久見中将兼光の子・湯浅庄司権正兼政で、湯浅壱岐守兼行の代に紀州熊野から阿波国の「長山之内木頭村」に移り、木頭村や近隣村々（拝宮・坂州・木頭名・阿津江）を開基したとした（由緒B）。次の八郎太も御国絵図御用岡崎三蔵に対し、③阿波に渡ったのは永正年中（一五〇四～一五二一年）で、かつ村の氏神十二社権現は、湯浅家が熊野から勧請し建立したとの由緒Cを強調した[8]。しかし、これらの由緒は必ずしも歴史的事実ではない。由緒Aを証拠づける記録は一切なく、由緒BCについても、歴史上実在した紀州湯浅氏の一族に木頭湯浅家に相当する一族は確認できない。また紀州湯浅氏と熊野信仰との関係も研究上は否定されている（長谷川　二〇一九）。一八世紀末は、全国各地で地誌や家譜が熱心に作成された時期で（白井二〇〇四）、徳島藩でも藩撰『阿波志』や、『阿波志編集』の作成が進行中だった（町田　二〇一七b）。湯浅家の由緒作成もかかる動向の影響下にあったが、家数増加による「株」の飽和状態や、家相続の危機といった木頭村固有の状況が展開していたからこそ、村の開基と氏神創建という由緒を主張することで、湯浅家は、他株の本家筋とは異なり、村の枢要の地位であり続けることを正当化しようとした。

3.「切畑」と生業

検地と「切畑」

さて、前節でみたように、「株」は「切畑」を利用する単位であった。そこで、「切畑」をもとにした山の利用関係を探ろう。木頭村は、一五八九年に天正検地の対象となり、面積二町八反七畝二六歩・高二一石八斗八升二合六勺が検地帳に登録された。全体（七六ヶ所）は田と畑がほぼ均衡していたが、その大半は面積一反に満たない狭小な田畠で、所持者は六名のみであった。一方、一六〇三（慶長八）年に新開検地が実施され、天正検地以降に開発された田・畠や、山畠・切畑が検地対象となった。木頭村では、稲作と焼畑が併存していた。このうち切畑は一九ヶ所で、他の種目とは異なり、面積記載がなく、高も全体で高〇（ザロ）石九斗三升六合と少ない。検地時での焼畑耕作地のみを検地したためである。切畑もまた年貢負担の対象地として包摂されが、把握された土地はわずかで、焼畑耕作地の背後には広大な山が広がっていた。切畑所持者となった本家筋の家々は、この検地登録を根拠に、わずかな年貢さえ負担すれば、山全体の用益権（利用権）を独占できた。このことが、近世を通じて山の所持と利用を強く規定していった。

切畑の利用と株

図12‐4は、一八七三年段階の切畑絵図のトレースである。木頭村では、田畠・家屋敷を除く山の全体が「切畑」と見なされ、その用益権は、表12‐2のように株単位で区切られ、各株の本家が所持していた。田・畠・屋敷地は分家した際にわずか

表 12－2　木頭村の切畑一覧

【湯浅株】　5 筆　0.38 石

図	小字	数	高（石）	名負
C	かしむね向イ	1	0.18 内 0.140	若兵衛
N	うつい谷	1	0.15	又八郎
M	つい口	1	0.07	長福寺
R	はまかうち	2	0.02	若兵衛

【仁義株】　5 筆　0.156 石

図	小字	数	高（石）	名負
H	ごんげんのまへ・同所茶有	1	0.1	丞為
I	つかばた	1	0.03	又二郎
J	同、茶木有	1	0.003	又二郎
K	かみた	1	0.02	又二郎
L	いへの上	1	0.003	又二郎

【内之瀬株】　4 筆　0.263 石

図	小字	数	高（石）	名負
E	かみのもと	1	0.003	又兵衛
F	同東、茶木有	2	0.01	又兵衛
G	ないノせ	1	0.25	又兵衛

【川尻株】　3 筆　0.072 石

図	小字	数	高（石）	名負
D	同所、川ぶち	1	0.002	若兵衛
B	とさの内	1	0.03	若兵衛
C’	かしむね向イ	1	0.18 内 0.04	若兵衛

【轟谷株】　3 筆　0.065 石

図	小字	数	高（石）	名受
O	といろ谷	1	0.005	三郎兵衛
P	家ノ北	1	0.03	三郎兵衛
Q	松本	1	0.03	太郎兵衛

総計（C と C’は合筆）19 筆　0.936 石
典拠：幕末期（木頭村切畑明細帳）」［BB1―1―12］
（出典）町田（2019：29）。

ながら分割相続されたが、切畑の場合は分割されずに、本家が所持し続けた。例えば湯浅株の場合、小家一五軒に対し、本家の農業労働を手伝わせる見返りに、自らの切畑をさらに細分化して配分し、

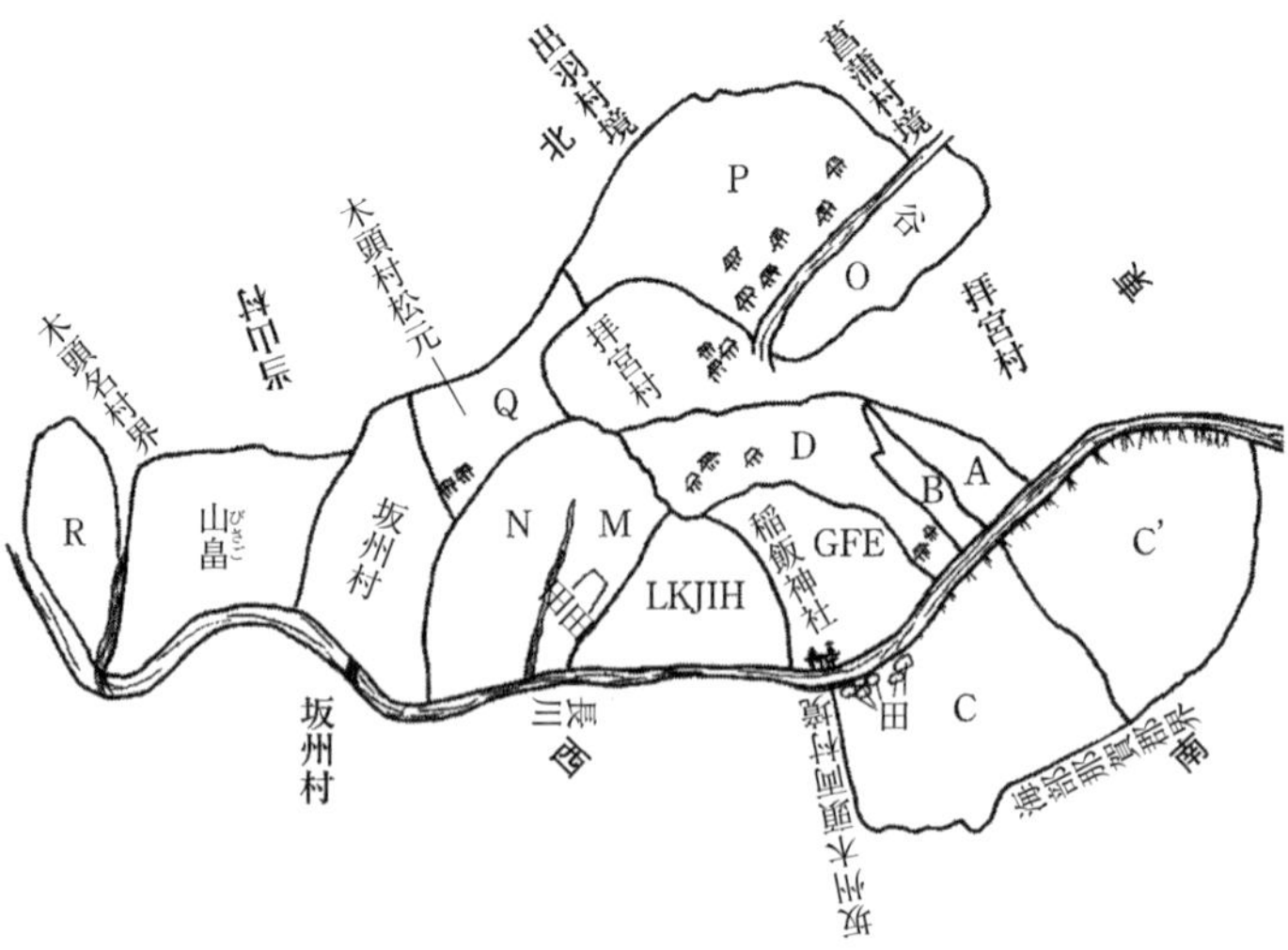

図 12－4　木頭村における切畑の分布
（出典）町田（2019：29）。

焼畑耕作の対象地として利用させていた。焼畑休閑期には本家のイニシアチブのもと、株内で切畑を利用していたのである。慶長検地で登録された本家筋の家が切畑所持権および用益権を独占していたため、家数増加によりできた株の小家は、本家の所持する切畑に依存して利用せざるを得ない構造となっていた。株の結合を維持していく物質的基盤こそが、切畑であった。

切畑での焼畑耕作

では、切畑は株単位にどのように利用されたのだろうか。木頭村の北隣、木頭名(きとうみょう)村庄屋縫之助の場合を紹介しよう。一八二七年に縫之助は病気のため庄屋退役を願った。そのため藩は湯浅家に縫之助家の風評や経営状況の調査を命じた。その調査報告によれば、縫之助が所持する田畠二反六畝二四歩（高〇・七五四九石）からは一年あたり米二・五石、麦二・六石、黍(きび)一石、高黍(たかきび)一斗が、五ヶ所の切畑（高〇・〇七二石）からは、稗(ひえ)一斗、粟(あわ)同前、蕎麦一・四石、大豆六石、小豆二斗石升が生産可能であるほか、別に茶（ヤマチャ）三俵（代銀三〇目）や楮(こうぞ)重さ一六貫目（代銀二七匁二分）といった換銀作物も生産できた。切畑での「山作(やまづくり)」（焼畑耕作）は、①切畑内の一区画で草木を伐り、焼き払い、手鍬で根等を掘り返して地ならしした上で、稗から直播(じかまき)し、②一ヶ所の区画で栽培を続けると作物の出来が悪くなる「疲地(つかれち)」となるため、③四～五年または五～六年作付けした後はその地を放置し転作した（「伐廻作付(きりまわりさくつけ)」）。なお、焼畑耕作は、切畑内の小区画の広狭・傾斜・土壌の状況によって、必要労働力や収穫高には大きな差があり、田畠とは異なり特に伐木・焼払には多くの労働力が必要であった。木頭村湯浅株の事例とあわせて考えれば、伐木・焼払等は株単位の共同作業をおこない、本家のイニシアチブのもとで配分され、実際の焼畑耕作は家単位で行われていた。焼畑耕作が終わるとその地の小家の用益権は継続せずに、ふたたび本家に回収され本家のイニシアチブのもとにおかれた（町田　二〇一九）。

切畑の産物

ただし、切畑は焼畑耕作の場だけには限定されなかった。例えば一七二九年一二月に木頭村清兵衛（のち轟谷株の壱家）は、自らの切畑で焼き出した「をこし炭」一三石分の流通許可を求めている。また、臼ヶ谷(うすがたに)村では、一八四五年に小家市太郎が、本家禎蔵の山畠に「炭釜」を設置し炭生産をし始めたところ、禎蔵の家林にある杉二本を誤って伐採してしまい、炭俵六〇俵で弁償している。壱家の差配のもとにおかれた焼畑休閑期の切畑で、炭が、他地域に販売することを目的に生産されていた。

畠や切畑でのヤマチャ生産も、すでに慶長検地の時には存在した。例えば、懸盤村の肝煎多重郎（壱家）の小家四家は、壱家が所持する山畠内で、焼畑用地を毎年切り分けてもらい確保していた。しかし一八一八年に小家側が切畑の分割所持を希望したため、壱家側もその要求をのみ、切畑分割を実施したところ、壱家の配分案に対し二人の小家が反対した。その一人六太郎は山畠内に茶四〇俵余りを持っていた。山畠では切畑同様に焼畑耕作が行われると同時に、その休閑期には茶が生産されていた。当該地域では「ヨレ製茶」（後発酵茶、現在の「阿波晩茶」）や「イリ茶」と称する釜炒茶の両方が生産されていたが、ヨレ茶を産物として生産し始めたのは一八世紀末頃からであった（町田・石川・内藤　二〇二三）。

紙の原料である楮も、慶長検地の時には畠で栽培されていた。徳島藩では一七〇六年以降、紙専売制が導入され、領内生産の紙は藩が買い集め、上方や徳島城下紙屋町を介して領内に販売することで、藩益を確保しようとした。ただし、紙生産（紙漉）が那賀川上流域に広まったのは一八世紀前半である。当初、那賀郡・海部郡には「紙漉座」は存在せず、生産した楮をもっぱら紙漉生産の中心地である吉野川流域に山越で移出するだけであった。しかしそれでは那賀川北俣筋の百姓が困るため、享保初年（一七一〇年代後半）に木頭名村利兵衛が紙漉の許可を藩から得て、阿波の紙漉生産の中心地である麻植郡川田村から漉人を雇入れて紙漉を開始した。木頭村でも一七四〇年に肝煎八郎太郎（湯浅家）が、自らの所持地の楮や他から調達した楮により、藩の御用紙を漉くことを許可された。その後、木頭村の紙漉人は一八〇〇年でも五軒にすぎなかったが、一八三九年には二二軒に急増している。紙漉は、一九世紀前半の新規産業として、村内の三分一を超える家が担うまでになった（町田　二〇一七a）。

一八世紀末から盛んになった椎茸も見逃せない。椎茸作は、切畑・取山・御林といった山の雑木林で行われた。現在のような種駒による「人工接種」とは異なり、雑木のほだ木（原木）に疵をつけ、そこに偶然つく天然胞子に依存した「半栽培」で、技術的には低位であったが、雑木山を数年単位で借用する山代銀や、ほだ木用の雑木を伐出し運搬する雇人への賃銀さえ事前に確保できれば、生産可能であった。藩は当初、名西郡神領村の高橋源蔵に、冥加銀を一括上納させる見返りに、椎茸作人を彼の統制下におき、作人からの椎茸買取を独占する権利を与えた（一手仕成）。しかし、椎茸生産が拡大し、高価買い取りを願う作人が統制の目をかいくぐって流通させる「抜荷」が横行したため、一八一二年からは「椎茸作制道」と称して、伐木・椎茸流通の掌握や、作人からの冥加銀徴収を御林番人に委ね、藩として直接取り締まる方策を打ち出した。その後、徳島城下に市中問屋を、大坂に藩の定問屋を設置し、椎茸についても専売制を展開させた（町田 二〇一四）。

このように、当該地域の切畑を中心とする山では、薪炭・茶・楮・椎茸といった多様な産物を他地域に移出するために生産していた。焼畑は、原始的な農耕形態の化石的な伝承ではない。山里の年貢米生産量は少なく、城下への輸送代も高くつくため、一八世紀後半には年貢は銀納になっていた。そのため、いくつかの商品流通のチャンネルを持つことで貨幣獲得の機会を得る必要があった。産物流通によって代銀を確保する経済構造が山里に浸透していたのであり、焼畑と貨幣経済は併存していた。それは、家数が急増する一八世紀後半から一九世紀前半は、新たな産物生産が展開した時期でもあった。「切畑」は、株という村内の社会関係のみならず、他地域との経済的な関係を取り持つ上でも、重要な基盤だったといえよう。

4．山里と流域

産物の流通

那賀川上流域の山里で生み出された産物の多くは、那賀川を利用して河口域に輸送されていた。二人乗りの高瀬船で急流を下り、帰りは塩や米を積み、綱で引き上げて上流に向かった。しかし小浜村には、上流からの材木を筏に組み直す「谷口土場」があったため、高瀬船は小浜村までしか遡上できない。そのため上流の産物は、駄賃稼によって小浜・桜谷・音谷といった舟運拠点まで陸送するしかなかった。例えば、ヨレ茶一本（二四斤＝重さ六貫目＝二二・五kg）を木頭村から出した場合、茶の値段は銀一〇匁余だが、流通経費は三匁七分六厘と全体額の二七％に及ぶ。しかも、高瀬船運賃（銀六分）に対し、駄賃は距離が短いにも関わらず、船運賃の倍以上（銀一匁四分）だった。舟運拠点から遠い村々では、薪炭や茶を生産したとしても駄賃費用が嵩む。そのため、産物を高瀬船で出荷出来たのは、舟運拠点から一〇km未満の村々（北は懸盤村、西は平谷村周辺まで）に限られていた。産物の生産は、舟運拠点からの距離という流通条件によっても規定されていた。

一方、最河口にある中島浦の問屋に運ばれた薪炭は、いったん問屋の納屋でストックされ、「買人」と称する商人に買い取られた。問屋は、あくまで産地の荷主と買人との売買を媒介する存在であり、荷物を一時的に保管し、口銭（手数料）を得ることで収入を得た。一方の買人は、問屋を介して荷主から購入した薪炭を、大坂など他国からやってくる買付商人に販売した。山里の産物を流通させていくには、河口で産物を他地域の商人に売捌く存在との関係が不可欠だったのである。

仁宇谷産物趣法

ところが、一九世紀前半に薪炭値段が下落し、くわえて買人による荷物の規格偽装や、問屋による不正決済などがもとで、薪炭の品質への信頼が低下した。その結果、問屋の売捌機能が低下し、山方の荷主が産物を積み下しても、代銀が支払われない事態が生じた。そのため、一八三五年に山分（上流域）と里分（平野部・河口域）の組頭庄屋三名（木頭村湯浅家・西納村植田家・石塚村田渕家）が代表となって、中島浦に新たに「引請所」の設置と、上方問屋との懸組（固定的な関係）を願った。引請所を設置することで、薪炭・茶の売捌の円滑化を流域全体で図ろうとしたのである（町田 二〇二一b）。

こうした村々の動向を外形的に吸収しつつ、一八三六年九月、藩側は新たに仁宇谷産物趣法を導入した。これは、藩が元取（組頭庄屋三人）に銀札八〇貫目を貸し付け、さらに元取から村役人を介して山方百姓らに銀子を貸し付ける一方で、産物を河口の天神原「引請所」に集荷し、これを上方からの他国商人らに売り捌いた代銀によって、貸付銀を正銀で回収する制度である。藩にとって、貸付銀の運用を三人の元取に任せさえすれば、貸付銀の利足と正銀を確保できるメリットがあり、山方百姓にとっても、年貢納入や産物生産のための当座の銀子を確保できる点で、一見便利な制度のようにみえる。しかし、現実は厳しかった。貸付銀の大半を元取——とりわけ引請所担当の田渕——が回収できない事態に陥ったからである。

小寄人

その原因の一つは、「抜売」にあった。本来、貸付銀を借用した山方の生産者は、貸付銀に見合うだけの産物を「引請所」

に積み下す義務があったが、より高値で販売しようと、別ルートで売る「抜売」行為を行った。生産者だけではない。例えば、中流の小仁宇（こにう）村・弁五郎は、貸付銀四五〇目を借用して、炭山を購入し炭四〇〇俵を納入する約束だったが、返済完了前に炭生産が終了してしまったため、日浦村・大久保村の産物を買い集め（＝小寄仲買）積み下すことで弁済しようとした。貸付銀は、産物の買集資金としても利用されたのである。しかも、一部の高瀬船船頭は、産物を輸送して輸送賃を得るのみならず、自己資金で産物を買い集め、自らの商品として引請所以外に輸送し、高値で買い取る相手を選んで販売する買積（かいづみ）行為を行っていた。そこで元取たちは、一八四〇年九月に取締を強化し、すべての産物を引請所に廻送することとし、産物の買取を、那賀川への支谷単位に設定した仲買＝「小寄人」五七人に限定して行わせ、一方で高瀬船の買積行為を禁止した。仕成人（生産）—小寄人（集荷）—引請所（売捌）と流域全体を編成することで、産物の流通統制を組頭庄屋と村役人主導で実施しようとした。小寄人の多くは、流域の舟運拠点にあって貸付銀を借用した上で、生産者に前貸を行い、産物を確保して自らの商品とする仲買が中心であった。彼らは、生産者からの産物を引請所に送る際の荷改などの統制に携わることで、支谷単位での産物買取独占（生産者への前貸による集荷）を確保できたため、次第に上流域での経済的な地位を高めていった。同時に、産物趣法の貸付銀も、生産者よりも、むしろ山里の産物を商品として買い集める仲買にとって不可欠な資金源へと変質していった。

産物趣法の今一つの課題は、引請所の機能不全にあった。引請所に山方産物が到着するようになっても、荷主や小寄人に産物代銀が支払われない状況にしばしば陥った。これは引請所での他国船への売捌不調や、産物値段の下落といった市場の影響が大きいが、そもそも問屋機能に長けていない元取田渕が引請所を担当するという、趣法運用のあり方そのものに原因があった。その結果、田渕は多額の藩への借銀と、産物未払代銀を抱え込むことで返済不能に陥り、一八五〇年には吉野川下流の藍商・元木平次兵衛に交代した。引請所には、藩からの貸付銀を返済し、山方に銀子を融通する金融の力が求められたのである（町田　二〇二一a）。

山里の人々は、自らを「山分困窮之者共」「山分貧民之者共」と表現することがある。「山分（さんぶん）」とは山間部の村々を、平野部の村々を指す「里分」との対比で捉える相対的な地域概念だが、こうした表現は、藩に対して年貢減免や拝借銀下付を訴える願書で頻出するもので、自己の立場を卑下しつつも、要求を貫徹させようとする際の常套句にすぎない。むしろ、藩の産物統制や貨幣経済の浸透のもと、「切畑」などの山から産物を生み出し、多様なチャンネルを駆使しながら河口域の売捌主体との関係の中で流通させ、懸命に生きようとした人々の積極性としたたかさを読み取ることができるのではなかろうか。

注

（1）加藤（二〇〇七）、白水（二〇一八）など。歴史地理学では米家（二〇〇二、二〇一九）。

（2）その好例として、同書所収の吉田「山里の分析的把握」、吉田編（二〇一八）、『歴史評論』八二五（特集「近世山里の地域社会史」、二〇一九年）の諸論考がある。

（3）オリエンタリズム的な里山像への批判として、湯浅（二〇一九）が参考になる。

（4）「山村」概念の捉え直しについては、米家（二〇〇五）、白水（二〇〇五）が参考になる。

（5）本稿の内容は、次の拙稿をもとに、新たな知見もふまえてまとめ直したものである。町田（二〇一四、二〇一五、二〇一七a、二〇一九、二〇二一、二〇二二a・b）、町田・石川・内藤（二〇二三）。

（6）以上、高橋（二〇〇〇）第一部・第一章。ただし那賀郡木頭山など一部地域では寛永検地まで検地がなされなかった。

（7）ただし、遅くとも一七世紀半ばには銀納化している。

（8）由緒Aは（一七九七年）巳二月「乍恐奉願上覚」湯浅家文書F7 - 24、由緒Bは一七九三年二月「那賀郡木頭村反畝高物成其外品々銘細帳」同BB3 - 25、由緒Cは一八一六年三月「那賀郡木頭村御国絵図就御用反高相都指上帳」同BB3 - 24。

参考文献

有木純善　一九七四『林業地帯の形成過程――木頭林業の展開構造』日本林業技術協会。

加藤衛拡　二〇〇七『近世山村史の研究』吉川弘文館。

後藤雅知・吉田伸之編　二〇一〇『山里の社会史』山川出版社。

米家泰作　二〇〇二『中・近世山村の景観と構造』校倉書房。

――　二〇〇五「『山村』概念の歴史性」『民衆史研究』六九：三―二〇。

―― 二〇一九『森と火の環境史』思文閣出版。

白井哲哉 二〇〇四『日本近世地誌編纂史研究』思文閣出版。

白水智 二〇〇五「山村と歴史学」『民衆史研究』六九：二一―三八。

―― 二〇一八『中近世山村の生業と社会』吉川弘文館。

高橋啓 二〇〇〇『近世藩領社会の展開』渓水社。

長谷川賢二 二〇一九「阿波と紀伊の文化的交流」中世都市研究会編『港津と権力』山川出版社、二三九―二四六頁。

町田哲 二〇一〇「近世前期の祖谷山請負商人と大坂」塚田孝編『身分的周縁の比較史』清文堂出版、一〇七―一五〇頁。

―― 二〇一四「一九世紀前半の椎茸生産と流通」塚田孝・八木滋・佐賀朝編『近世身分社会の比較史』清文堂出版、三九―六二頁。

―― 二〇一五「仁宇谷産物趣法に関する基礎的考察」『阿波学会紀要』六〇：二一七―二二三。

―― 二〇一七a「近世徳島藩における紙専売制とその展開」『徳島県立文書館研究紀要』七：一七―五五。

―― 二〇一七b「『鳴門辺集』にみる一八世紀末の鳴門・撫養地域」『「鳴門の渦潮」世界遺産登録学術調査報告書』「鳴門の渦潮」世界遺産登録学術調査検討委員会。

―― 二〇一九「近世後期の焼畑と村落構造」『歴史評論』八二五：二三―三七。

―― 二〇二一「近世阿波の森林資源と流通」『グリーンパワー』五一四：二六―二九。

―― 二〇二三a「仁宇谷産物趣法の展開と小寄人」『鳴門史学』三五：三三―八〇。

―― 二〇二三b「仁宇谷産物趣法の歴史的前提」『史窓』五二：一―三〇。

町田哲・石川登・内藤直樹 二〇二三「近世の「山里」における社会変化――景観・生業・政治権力の関わりのなかで」『文化人類学』八八（二）：二六四―二八六。

山口啓二 一九七四『幕藩制成立史の研究』校倉書房。

湯浅貴和 二〇一九「里山――その実態の歴史的変遷と現代的表象」結城正美・黒田智編『里山という物語』勉誠出版。

吉田伸之編 二〇一八『山里清内路の社会構造』山川出版社。

第13章　山で食べ、山を離れ、山を変える時代へ
——和紙原料栽培をめぐる四国山地と森の変化

田中　求

1. 四国山地と和紙

四国山地の生業としての和紙

四国山地において、和紙にかかわる生業は山や森を活かし、また大きな変化を与えてきた生業の一つである。四国山地は全国的に見ても多くの焼畑が行われてきた地域であり、和紙原料であるミツマタも焼畑の重要な作目の一つであった。また、棚田の畔や石垣、傾斜地ではコウゾも栽培された。そして、多くの清流や地下水にも恵まれ、各地で和紙が作られてきたのである。本章では、主に和紙原料の栽培を中心に、四国山地に暮らす人々の生業から見た山や森の変化を描いていこう。四国山地の自然や地形、景観そのものに焦点を当てるのではなく、四国山地と人々の関わりの変化を見ていくことで、四国山地の風土を捉え、また内包する問題点と可能性を探ることを試みたい。

日本文化の基盤としての和紙

和紙は、強靱さと柔軟性、透光性、調湿性、耐久性、加工のしやすさなど様々な特徴を持つ素材である。日本で漉かれた和紙として現存する最古のものは、正倉院に保管されている七〇二年の戸籍が記録された和紙といわれる（柳橋　二〇一四：七二）。平安中期に編纂された延喜式には、多くの紙を貢納した国として、四二国が挙げられているが、このなかには讃岐・阿波・伊予・土佐も含まれている（笠井　一九七七：五八）。

和紙は、写経用紙や神社の御幣、注連縄、正月飾りや盆提灯など、日本の宗教や行事に関するものばかりでなく、紙衣や紙布、団扇、扇子、屏風、和傘、元結など生活全般、花火や漆器などの伝統工芸、書道や日本画、版画、掛け軸、短冊、折り紙など芸術や趣味、遊びなど、様々な側面に用いられてきたのである。まさに、日本文化の基盤となってきた素材といえよう。

和紙を通した四国山地と世界とのつながり

日本には、三大和紙産地に位置付けられる越前（福井県）・美濃（岐阜県）・土佐（高知県）があるほか、長い歴史を持つ産地が全国に一一六ある（久米　一九七六）。四国には二四産地、うち高知に一六産地があり、様々な種類の和紙を漉いてきた。現在でも和紙を漉いている産地として、四国には土佐和紙を始め、愛媛県の伊予和紙（四国中央市）、周桑和紙（西条市）、大洲和紙（内子町、西予市）、徳島県の阿波和紙（吉野川市、池田町）、拝宮和紙（那賀町）などがある。香川県には、かつて栗林公園近くの湧水を利用した讃岐檀紙（高松市）などがあったが、現在では残っていない（小林　二〇一三）。

四国山地は、多くの和紙の産地があるのみでなく、全国に原料を供給してきた地域でもある。コウゾやミツマタ、ガンピなど様々な和紙原料が全国の和紙産地に運ばれた。そして漉かれた和紙は国内のみでなく、明治期以降には海外にも盛んに輸出されていた。明治から昭和初期にかけては、タイプライターや製図用として、土佐和紙を始めとする四国の和紙が世界の市場を席捲した（上田　一九九五：一九―二二）。

現在でも、文化財などの保存修復用紙として、ルーブル美術館や大英博物館など世界中で用いられている極薄の土佐和紙もある。また土佐和紙を発展させて、電子機器に不可欠な電解コンデンサに用いる高度紙を開発し、世界トップシェアとなっている企業もある（岡田　一九九五：一六―一八）。愛媛県四国中央市や高知県いの町などには、和紙のみでなく、不織布や段ボール、ティッシュペーパーなど、様々な紙を生産する会社が集まっている地域も形成されている。四国山地は、一〇〇〇年以上にわたり和紙の原料を生み出し、また多くの和紙産地を形成し、そして現在も世界とつながり続けているのである。

これらの四国山地にある和紙産地のなかでも、高知県は紙を漉くために必要な清流や、山や森にある豊富な原料に恵まれ、いの町や土佐市、仁淀川町、黒潮町、四万十町、梼原町など、県内各地に和紙産地が形成されている。次に、いの町柳野地区

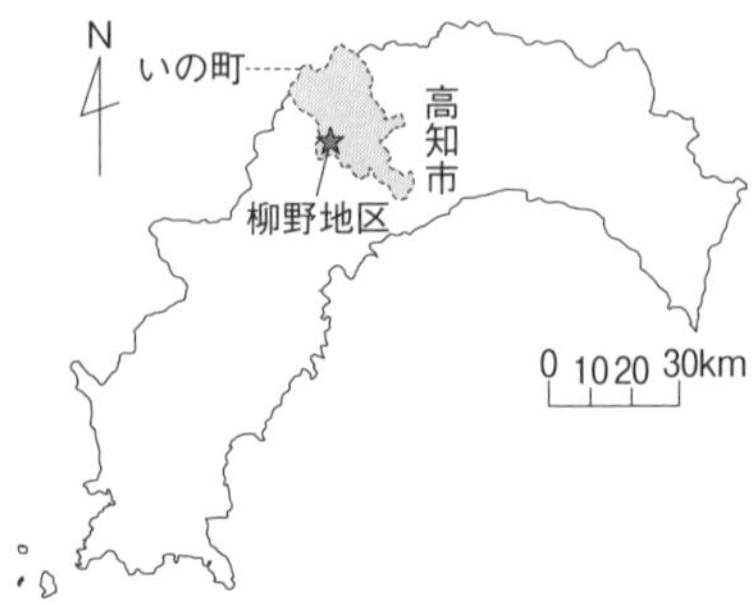

図 13－1　高知県いの町柳野地区位置図

写真 13－1　四国山地の真ん中にある柳野地区（2016 年 4 月）

（以下、柳野）を事例に、和紙や原料の栽培などの生業がどのように四国山地の自然を活かし、また変えながら続けられてきたのかを説明していこう。

2．和紙と森

山で食べていた柳野の暮らし

柳野は、高知市内から約五〇km、車で一時間の位置にある。四国を東西につなぐ国道沿いにあり、四国山地の真ん中に位置する山村である（図13-1、写真13-1）。筆者は柳野地区に家と六反ほどの畑を借りて、コウゾやミツマタなどを育てている。

初めて柳野に来たのは、一九九五年であった。もともと大学で林業経営を学んでいた筆者は、山村の林家がどのような思いで植林をし、山を管理しているのかという、一番肝心なところについて、大学の講義の中でほとんど学ぶことができないことに強い不満を抱いていた。そこで卒業研究の調査対象に選んだのが柳野であった。

選定理由は、人工林率および四〇年生未満の若齢林率が高い地域であり、林産物の販売収入を得ていない林家が多かったことである。植林を進めたものの、まだ利益を上げられておらず、調査時点において山を保有することの経済的な見返りが小さい林家から、どのような思いで山を管理しているのか、話を聞きたいと思ったのだ。

一九九〇年の世界農林業センサスのデータを見ると、人工林率・若齢林率ともに七〇%以上の地域として、高知県の葉山村（現、津野町）から吾北村（現、いの町）、大豊町などにかけて、また徳島県の西祖谷山村（現、三好市）から穴吹町（現、美馬市）などの山村が該当した。四国には、高知県の魚梁瀬や愛媛県の久万、徳島県の木頭などの有名林業地があるものの、これらを除けば四国山地の多くは歴史ある林業地というよりも、焼畑や炭焼きなどで生計を立ててきた山村が多く、戦後の拡大造林政策のなかで新たに植林を進め始めた地域に位置付けられる。柳野のある吾北村も、人工林率七二%、若齢林率八三%、過去一年間の林産物販売のない林家の割合が九八%であった。

柳野には、二〇一九年時点で九五世帯一八二人が暮らしており、高齢化率は五四・九%である。標高三〇〇～一〇〇〇mの間に集落や田畑が広がっており、現在でも和紙原料の栽培が続けられているほか、昭和四〇年代までは焼畑も行われていた。

柳野で生まれ育った勇じいさんは、焼畑や炭焼き、植林、養蚕、畜産、狩猟など様々な生業をしてきた。時に峠を越えて夜這いに行き、山で狸に化かされた話をしながら、勇じいさんは、かつての山での暮らしを「力で渡世してきた時代」と語っていた。炭俵や木材を担いで山から運び出す力、棚田の石垣を積む力、森を切り拓き、火を入れて、地拵えをする力、草を刈り、ツルを切り、虫を取り続ける力、いろんな道具を作り、工夫をしていく力など、様々な力を駆使して、何とか山での暮らしを立てていたのである。そしてその力は、四国山地の山々を大きく変えた力でもあった。

天正一八（一五九〇）年の長曽我部地検帳によれば、吾北村全体で水田四六haに対し、焼畑は三三六haと約七倍あったことが記されている（吾北村編　二〇〇三：二五四）。昭和初期の日本には、約七万七〇〇〇haの焼畑があり、最も面積が多かったのは高知県で約二万九〇〇〇ha、データのない香川県を除く四国三県の合計は約三万五〇〇〇haであった。さらに、高知県については、焼畑がある市町村の農耕地面積に対する焼畑面積の割合は九七%を占めていた（農林省山林局　一九三六）。

福井（一九七四）は、一九七〇年から七一年にかけて四国山地に約三五〇haの焼畑が残っており、約五〇〇世帯が焼畑を行っていたことを報告している。四国山地の森を切り拓いて行われる焼畑は、高知県をはじめとする山村の人々にとって、長年にわたって欠かすことのできない重要な「食べていくための生業」の場であったのである。

柳野の山々は、焼畑用地や肥料や屋根などの材料にするカヤなどの採草地、棚田などでほとんど利用つくされていた。麓から山を見上げると、木々ではなく畑の赤土が見えたという。利用が避けられていたのは、岩場や渓谷のほか、クセジと呼ばれ、悪霊がいると信じられていたり、かつて事故や災害があった場所などに限られていた。タヌキやイノシシ、ノウサギ、アナグマなどの野生鳥獣は、見つかればすぐに捕獲された。小遣い稼ぎにノウサギやテンなどを捕まえる子どもも多かった。

柳野では、まだ暗いうちから、ランプを下げて山に行き、焼畑や棚田などで作業した。子どもたちも学校が終わると山に駆け上がって作業を手伝い、収穫物などを背負って家に戻るのが当たり前であった。山小屋に泊まって焼畑や炭焼きなどをすることもあった。山は朝から晩まで多くの人が出入りして作業をし、様々な生業を行う場であった。

四国山地の自然を活かした和紙原料の栽培

◎焼畑でのミツマタ栽培

焼畑ではヒエ、アワ、ソバ、ムギ、アズキ、ダイズ、サトイモなどが作られていたほか、和紙原料も栽培されていた（田中 一九九六）。高知県では、明治期にミツマタの優良品種が静岡から導入され焼畑で栽培された。ミツマタの生育条件として重要なものは、温暖な気候と降水量の多さ、水はけの良さ、適度な風通しと標高の高さの五つである（田中 二〇一八a：一三）。四国山地はこれらの条件に合致する場所が多く、そのことがミツマタ栽培を広げることになった。

ミツマタは寒冷地においても栽培が可能であるものの、春から秋にかけての温暖な気候と降水量の多い地域であることが適地の重要な条件である（倉田 一九五〇：一四九）。また水はけの悪い場所での栽培は、根の生育を妨げ、株が枯れることもあり、石がゴロゴロと含まれるような土壌の傾斜地での栽培が良い。山地の急斜面などでもミツマタは生育することができる。

風通しの良さについては、枝分かれしながら、縦横に枝を広げていくミツマタの株間で空気がこもり、湿度が高くなることによる病気の発生を避けるためにも適度な風が重要である。その一方で、枝を広げたミツマタの株が台風などで株ごと倒れないよう、強風の吹き込みにくい場所であることも重要である。

ミツマタの原産地の一つが東ヒマラヤなどの山岳地であることからもわかるように、ミツマタは標高の高い場所でも生育可能である。温暖な平地などでの栽培よりも、標高が高い山地の水はけの良い傾斜地の方が、ミツマタの生育は優良である。

また、必ずしも日当たりが良い場所が適地であるわけではないことも特徴の一つである。特に稚樹の時期は直射日光を嫌い、大きな株についても半日陰で良く生育していることも多い。そのため、栽培に適した場所は、南面の斜面よりもむしろ北面斜面である。

高知県における優良なミツマタ産地の気候は、平均年間降水量二九〇〇㎜、平均年間降水日数一三〇日、北もしくは北東か北西面の斜面の直射日光が遮られる場所であり、標高は二〇〇～一〇〇〇m、傾斜度は一五～四五度である（農林省高岡農事改良実験場　一九五〇：二五）。

これらの条件に恵まれ、高知県は近年まで全国で最大のミツマタ産地であった。大正一三（一九二四）年の第一次農林省統計表によれば、大正期までのミツマタの主要な産地は、高知県、愛媛県、島根県、岡山県、徳島県であり、いずれも栽培面積が一〇〇〇haを越えるほか、鳥取県や山梨県が五〇〇ha前後であり、これら以外は、ごくわずかな栽培面積があるにすぎない（農林大臣官房統計課　一九二六）。

なかでも高知県は、大正一三年時の全国のミツマタ栽培面積二万五八六八haのうち三一％、八〇七〇haを占めていた。これは高知県が日本で最も焼畑面積の多い地域であったこととミツマタ栽培に適した山地に囲まれていることが主な理由と考えられる。

柳野では、数年ごとに新たな場所を伐開して焼畑とするサイクルのなかでミツマタは栽培されていった（図13-2）。ミツマタは苗の植え付け後三年目に一回のみ枝を収穫して終わりになることが主であった。一回目の収穫後に再び枝を収穫することがあるものの収量が減るほか、連作障害により白絹病などの病害を受けやすくなるため連続での収穫は難しく、新たに植え直す必要があった。また、その他の作物の被陰下でも良く育った。このようなミツマタの性質により、焼畑およびそのサイクルと組み合わせることができたため、焼畑でのミツマタ栽培が広がったのである。

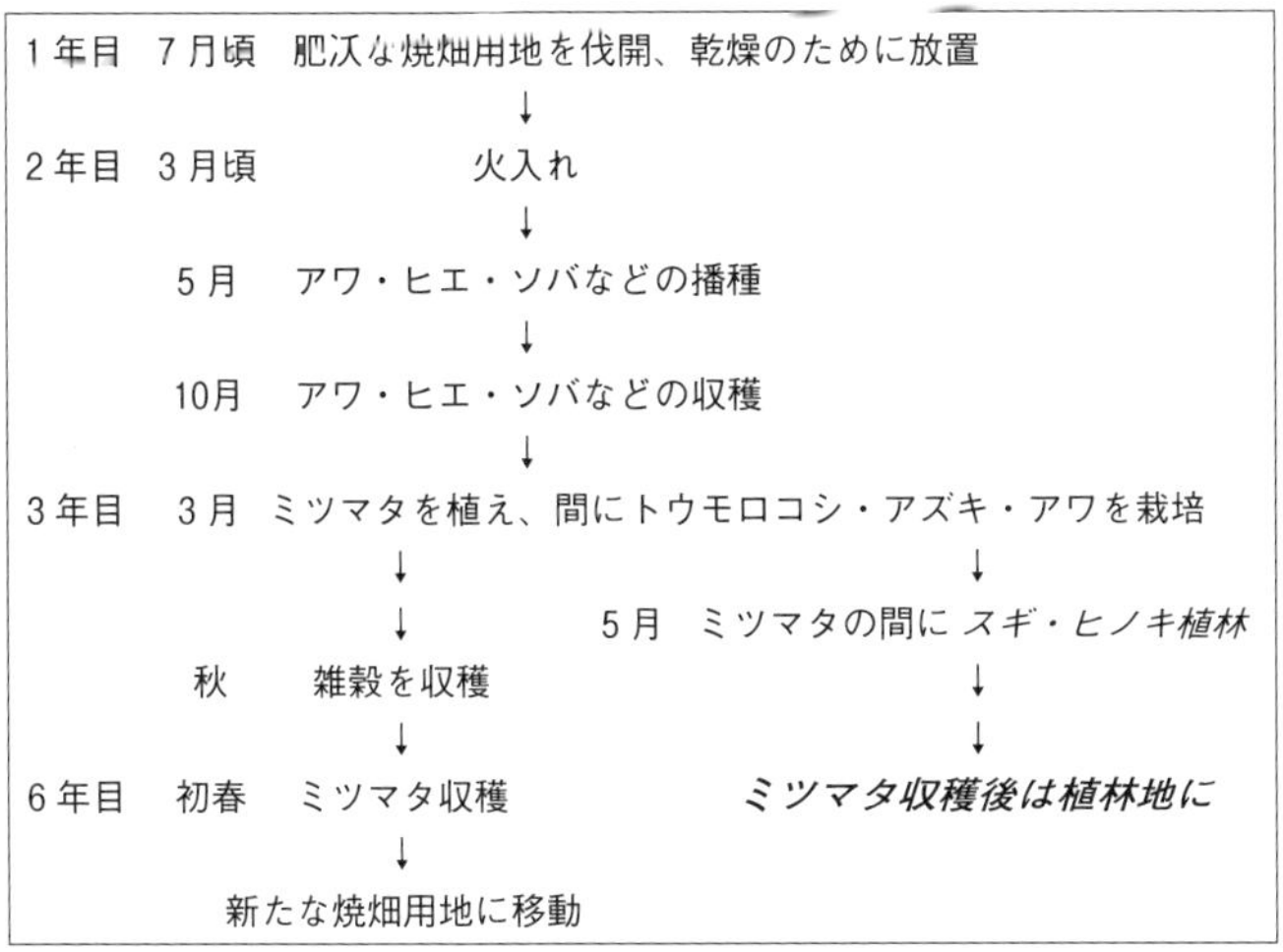
1年目　7月頃　肥沃な焼畑用地を伐開、乾燥のために放置
2年目　3月頃　火入れ
5月　アワ・ヒエ・ソバなどの播種
10月　アワ・ヒエ・ソバなどの収穫
3年目　3月　ミツマタを植え、間にトウモロコシ・アズキ・アワを栽培
5月　ミツマタの間にスギ・ヒノキ植林
秋　雑穀を収穫
6年目　初春　ミツマタ収穫
ミツマタ収穫後は植林地に
新たな焼畑用地に移動
図13－2　焼畑でのミツマタ栽培と植林

焼畑はネムノキの花が咲く七月頃、十分に植生が回復した肥沃な休閑林などの二次林を中心に伐開することから始まった。そして伐開箇所は、木々の新芽が出始める三月頃まで約八ヶ月間、乾燥のために放置したあとで、火入れを行った。そのあとでヒエやアワなどを栽培した。そこに明治半ばからミツマタが加わるようになったのである。ミツマタは、柳野の初春を彩る花であった。二月から三月にかけて、柳野の山々はミツマタの黄色い花で包まれたという。柳野は、天下一品といわれるような高質なミツマタができる地域として知られ、その花が山を覆う景色は地域の人々の誇りにも結び付いていた（写真13-2）。

写真 13－2　柳野地区と花をつけたミツマタ（写真右）（2014 年 3 月）

◎四国山地の自然と空間を活かしたコウゾ栽培

水はけのよい傾斜地を好むコウゾも四国山地が栽培適地であった。コウゾの生育条件として最も重要なものは、日当たり・降水量・水はけ・適度な風通しの四つである。高知県内の優良産地の自然条件について、農林省高岡農事改良実験場（一九五〇）によれば、日当たりの良い南西もしくは東向き斜面で、傾斜度は一五～四五℃、水はけと通気性も良く、標高は一五〇～六〇〇mと紹介されている。また一月の平均気温が四℃、八月が二八℃前後で、年間降水量は二九〇〇㎜、降水日数は一三〇日となっている。以下では、コウゾの重要な生育条件ごとに説明していこう。

日当たりについては、日照時間の長さと枝がグングンと伸びていく夏の間の日差しの強さが重要である。品種によっては半日陰のような場所でも良く育つものがあるものの、コウゾは基本的に日当たりの良さを求める植物である。

降水量の多さも重要であり、よく晴れてまた多くの雨が降るというような条件をコウゾは好む。高知県は、日照時間が長いのみでなく降水量も多く、年間日照時間と降水量が毎年全国上位に位置する稀な地域である。一九九一年から二〇二一年までの平均年間日照時間は二一六〇時間で全国二位、平均年間降水量は二六六六㎜で全国一位である（総務省統計局 二〇二一：二六―二七）。

しかしながら、どんなに日当たりや雨に恵まれても、水はけが悪い場所ではコウゾの根が腐り、育ちが悪くなるほか、枯死することもあり、生育に適さない。石などがゴロゴロしているような傾斜地や山地のほか、畦、石垣などの水はけがよい場所で、勢いよく枝を伸ばすコウゾの株を見ることも多い（写真13‐3）。高知県は、四国山地に囲まれて傾斜地も多く、水はけという面でもコウゾの栽培適地であった。また、畔や石垣なども利用して栽培することで、限られた農地を最大限に有効活用するような空間利用がされていたのである。

適度な風通しについては、病気を防ぐという意味で重要である。コウゾは葉が大きく、また株から多くの枝を出し、それぞれが二～四mほどまで伸びるため、畑のなかの空気がこもり、湿度が高くなることで様々な病気が発生する原因となる。そのような場所では、コウゾの葉が黄色くなり、落葉するほか、菌核病や白紋羽病などが発生しやすい（田中　二〇一八b：一一二）。

また台風などの強風が吹き込むような場所は、コウゾの枝がこすれ合って傷になったり、折れたり、株ごと倒れるようなことが生じるため、適地とはいえない。しかしながら、四国山地には多くの渓谷があり、山に囲まれた川沿いや谷間の斜面などは、台風のような強風が山の上を吹きすぎる一方で、適度な風が吹き込むため、過湿を避けることができる栽培適地となっている。高知県は、台風が来ることの多い地域であるが、山のなかには強風が吹き込みにくい場所があり、栽培農家は経験的にそのような場所を知り、大きな被害を避けてきたのである。

写真13－3　石垣沿いに育ったコウゾ（2018年1月）

◎他の作物との組み合わせを活かした和紙原料栽培

和紙原料は他の作物と組み合わせた栽培も行われてきた。ミツマタはムギなどの間に種を蒔くことで、適度に日陰を作り、また鳥などの食害を避けることもできた。ムギは、食料になるほか、畑の水はけを良くする作物でもあった。

また重要な収入源であるコンニャクは半日陰でよく育つため、コウゾが庇陰樹として利用された（写真13‐4）。コウゾの株間に植えられたコンニャクが良く育つようにカヤなどの肥え草を入れることで、栄養分がコウゾにも行きわたった。またコンニャクイモの収穫のために鍬を入れることで、コウゾの根が切られ、そこから新たに根萌芽したコウゾは大事な苗木となり、また根の更新を進めることにもなった。

一九六〇年代まで、柳野の一般的な農家の収入は、全収入のうちコウゾが四割、ミツマタが一割と和紙原料に関するものが五割を占めていた。さらにコウゾと一緒に栽培されるコンニャクが四割であることを加えると、九割が和紙原料とそこに組み合わせた作物による収入であった（田中　一九九六）。残りは、繁殖牛や養蚕などであった。

写真13－4　コウゾの下で育てられるコンニャク（2017年8月）

四国山地では、日当たりや降水量、傾斜、さらには適度な風や水はけのよさなどの自然を活用して、ミツマタやコウゾなどを育てることができた。また複数年で移動を繰り返す焼畑のサイクルによってミツマタの連作障害などのリスクを避けることもできた。そして、畔や石垣なども栽培場所として活用し、ムギの間にミツマタを、コウゾの株間にコンニャクを育てる空間利用がなされた。四国山地の自然や時に不利にも見える条件を活かす知恵が受け継がれてきたのである。

3. 和紙原料栽培と森の変化

焼畑から植林へ

戦後の復興のための木材需要を支えるべく、一九五〇年代から国策として植林が奨励され、柳野の人たちは「木さえ植えれば貧乏せん」「子や孫の代には左団扇だ」と信じて焼畑用地への植林を進めた（田中　一九九六）。一九四〇年代までは、柳野でスギやヒノキなどの植林を行っていた世帯はほとんどなかったものの、一九五〇年以降、焼畑用地や採草地、傾斜畑、棚田などに植林を進める世帯が急増することになった。そして一九六〇年代半ばには植林ブームはピークを迎えた。

焼畑では、図13-2に示したように焼畑三年目の三月にミツマタやトウモロコシ、アズキ、アワなどが植えられるが、植林ブーム時には五月にスギやヒノキをその他の作物の間に植えていった。スギ、ヒノキがミツマタよりも大きく伸びるようになるまでの六年ほどの間に、一回もしくは二回ミツマタを収穫したのち、焼畑用地は人工林に変わっていくことになった。スギやヒノキは、苗木を植えた後、他の草などに負けて育ちが悪くなったり、枯れたりしないように、五〜一〇年間は下草刈りが必要である。しかしながら、焼畑でミツマタなどの間に植えることで、雑草の繁茂を抑え、また焼畑と一緒に管理をすることができたのである。柳野では一九七五年に焼畑をする世帯は無くなった。そして焼畑の終焉とともに、ミツマタの栽培は激減することとなった。焼畑や山の斜面などで栽培され、四国山地の山々を覆っていたミツマタやコウゾは、植林の進展によって、家や畑の一部で栽培されるのみになっていった。

四国山地での和紙原料栽培の衰退は、植林のみでなく、和紙そのものの需要の減少による影響も大きかった。近年の全国の和紙生産量などの正確な統計はないが、高知県の手漉き和紙生産量は一九五一年の一六八八tから二〇〇五年には一三tにまで減少している(高知県商工振興課 二〇〇六:一三)。生活スタイルそのものの変化にともなう和室の減少、紙幣や教科書、株券などの洋紙化や電子化、和紙を素材として利用してきた伝統工芸や様々な行事、趣味などの衰退により、和紙の需要は減少することとなったのである。

そして和紙の需要減少は、国産和紙の原料栽培の衰退を進めることとなった。一九一五年の全国のコウゾ栽培面積は二万三七九〇ha、ミツマタは二万五二二九haであったが(農林大臣官房統計課 一九二六:三九)、二〇一九年にはそれぞれ二七・五ha、四〇・三haとなっている(日本特産農産物協会 二〇二一:五八)。和紙原料の生産量日本一を誇ってきた高知県も同様の傾向であり、一九二四年のコウゾの栽培面積は五四三九ha、ミツマタは八二〇六haであったが(農林大臣官房統計課 一九三六:五二)、二〇一九年にはそれぞれ七・三ha、〇・〇三haとなっている(日本特産農産物協会 二〇二一:六一)。近年の和紙原料に関する統計は、必ずしも正確ではないことがあるものの、いずれにしても激減していることは間違いない。

植林から離村・管理放棄へ

柳野で焼畑が終焉を迎えた一九七五年は、高知県全域で大きな台風被害が発生した年でもある。柳野を含め、各地で山崩れ

写真13－5　枝打ちと間伐が十分にされず放置された人工林（2016年3月）

や土石流が発生し、多くの家屋が全半壊した。そして柳野では、土木工事などの雇用労働に従事する人が急増していくことなった。焼畑に注がれていた労力は、植林と雇用労働に向けられるようになったのである。雇用労働に従事するために、焼畑用地への植林を進めたという村人もいた。

さらに草刈りなどの育林作業が終わると、高知市内や関西などの都市部に働きに行く動きが進んだ。人工林は、下草刈りが終わった後も、つる切りや枝打ち、除伐、間伐など、様々な保育作業が必要である。しかしながら、山村を離れる村人が増加する中で、十分に枝打ちなどが行われていない山も生じた（写真13‐5）。さらには高知県では、近年は伐採した面積の六～七割について、再度植林されずに放置されている、いわゆる「再造林放棄地」となっているとの報告もある（高知県　二〇一九）。

焼畑をして、棚田を作り、ミツマタやコウゾ、そしてスギ、ヒノキなどを植えていた一九七〇年代までの柳野の人々にとって、山は食べていくために日常的に関わり、手を入れる場所であった。しかしながら、植林が進み、下刈りなどが終わった後には、焼畑などに注がれていた労力が地域での雇用労働や都市部での仕事に向けられるようになり、山を離れる人も多かった。

二〇〇〇年の世界農林業センサスを見ると、各地域の私有林面積に対して、不在村所有者が持っている森林面積割合は、高知県の山村（山間農業地域）が二五％、愛媛県が三一％、香川県が一六％、徳島県が三八％、四国全体の山村の三〇％を占めている（農林水産省大臣官房統計部編　二〇〇二）。多くの四国山地の森林所有者が地域を離れていることがわかる。

さらに長期間、所有者が森林を見に行っていなかったり、後継者が一緒に森林に行ったことがなく、どこに森林があり、どのような状況になっているのかがわからないということもある。四国山地には、土地の所有者や境界、面積などを測量して確定する地籍調査が終わっていない地域が多い。国土交通省（二〇二二）によれば、各県の国有林などを除いた地籍調査対象となる面積のうち、二〇二一年三月までに調査が終わった面積は、香川県が八四％、愛媛県が八一％と八割を超えているものの、徳島県は四一％、高知県は五八％にとどまっている。

柳野は地籍調査が終わっているものの、各所有者の山の境界を確定するのに八年かかっている。数十年も山に行っていないという高齢者の代わりに、山に詳しい林家がかつての焼畑や炭焼き小屋、棚田などに残っている石や木、植林されている場所などを探して、境界を調べたものの、その作業は非常に困難だったという。一本のスギがどちらの山の境界に入っているかを巡って、村人同士が揉めたり、境界を巡って訴訟になることもある。高知県内でも調査の進捗状況は、地域差が大きく、梼原町や仁淀川町など対象地域のすべての地籍調査が終了している地域もあれば、宿毛市や土佐市、安芸市などのように一割程度しか終わっていない地域もある（国土交通省　二〇二二）。

過去一年以上耕作しておらず、この数年の間に再び耕作する意思がないとされる農地、いわゆる耕作放棄地は、二〇一五年農林業センサスでは、四国全体で二万四八九七ha、うち愛媛県が一万三〇五ha、高知県は三九二一haとなっている（農林水産省大臣官房統計部編　二〇〇二）。さらに耕作放棄によって荒廃し、通常の農作業では作物の栽培が不可能とされる荒廃農地の面積も、二〇二〇年には四国全体で二万七〇七六haあるとされており（農林水産省　二〇二一）、四国山地においても荒れてしまった農地は年々増えている。

四国山地は、かつては焼畑などに利用され、食料や和紙原料などの収入源を生み出してきた。しかしながら、植林が進む中で、山村の人々の関わりが薄れ、日常的に山に行くこともなくなり、管理がされずに荒廃した農地も増え、山の境界がわからなくなるような状況にまでなっているのである。山を忘れ、山との関わりが失われつつある局面になっているともいえよう。

4．生業と森のこれから

山に生まれた隙間

柳野の山々には、いろんな「隙間」があちこちに開いている。スギやヒノキが枝打ちや間伐もされずに強風で倒れたままになった場所だったり、伐採された後に何も植えられずに放置された場所がある。荒れた畑があり、イノシシの遊び場になっているかつての棚田があり、誰も住まなくなった空き家があり、人が通らなくなった道があり、水車や炭焼き窯の跡もある。いろんなお祭りや行事も無くなった。誰もお参りに来ないお墓もあちこちにある。みんなで一緒にやる作業も、年に一度の道普請くらいになった。子どもは何人かいるけれど、高齢者が半分以上になり、二〇代三〇代の若手がほとんどいなくなった。

初めて柳野に来た二七年前の夏、峠の一番上まで自転車でフラフラと上がっていった汗まみれの筆者にリンゴとジュースをくれた夏寿ばあちゃんは、その秋に亡くなった。みんなで土葬の準備をし、宴会をした。土葬に参加したのも初めて、たくさんの料理とお酒に囲まれて、献杯と返杯の繰り返しで酔いつぶれたのも初めてだった。そのあと、しばらくして土葬はなくなり、冠婚葬祭は町の式場で行われるようになった。

このころは、まだ空き家も少なく、荒れた畑を見かけることもほとんどなかった。自分たちで荒らさないように管理するのが当然で、手伝いに行ったりすると、あそこは大学生をこき使っていると笑う人もいて、遠慮せざるをえないこともあった。

山を持っている人たちも、まだ木を売ってお金にはしていなかったけれど、将来的には経済的な見返りがあるのではないかと期待していた。ボランティアなどによる森林管理については、「そりゃあうれしい」という意見もあったけれど、「何とか自分でやりたい」「技術不足やケガが心配」「タダでやってくれることへの不信感」を語る人も多かった（田中　一九九六）。当時、議論が始まりつつあった水源税についても「山から水が下流に流れていくだけ」「そんなお金をもらったら、自分で山を好きにできなくなるかも」と、関心は薄かった。自分たちの山だから、自分たちで何とかするのが当たり前という気持ちが残っていた時期だった。私のようなよそ者が、家や畑を借りたいと思っても、なかなか難しかった。

しかしながら、この一〇年くらいの間に、ここを耕さないか、あそこにも借りれる畑があるぞとあちこちから声がかかるようになった。どこの家も、多かれ少なかれ十分に管理できない畑があった。自分で何とかすることを諦め、後継者の帰村に対する期待も無くなり、家を壊したり、畑を放置しているところもあった。

私が柳野で家や畑を借りられたのは、そこにたくさんの隙間があったからである。自分で何とかすることを諦めた「心の隙間」、空き家や使われなくなった畑という「土地の隙間」、誰も関わらず、共同での作業などをしない「関わりの隙間」があったから、私が入ることができたのだろう。小田切（二〇〇九）は、農山村の「人・土地・むらの三つの空洞化」問題を提起してきた。そして、その根底に「誇りの空洞化」があると指摘している。しかしながら、それは単なる「空洞化」ではなく、新たな人の関わりや試み、変化を起こしうる隙間とも捉えられるのではないだろうか。この隙間を活かすことで新たな四国山地の未来像が見えてくるかもしれない。

隙間から見える未来像

近年の柳野、そして四国山地の村々に生じている隙間は、四国山地に興味があって、そこにある自然や生業が好きで、それを活用して生きていきたいと思う人が入り込み、また関われる可能性を広げている。

先祖代々の山や田畑、家、墓などを子孫が受け継いでいくことはもちろん大事なことである。しかしながらその一方で、これらが重荷になっている家もある。柳野にも多くの空き家があるが、近年は移住者が借りたり、買い取っているケースも増えつつある。家を借りると、「おまけ」として田畑や山などがついてくることも多い。地籍調査の際には、境界で揉めるのを嫌がり、「山を国のものにして管理してほしい」という声もあった。

筆者は、柳野に六反ほどの畑を借りて、様々な品種のコウゾやミツマタなどを栽培しているほか、収穫を手伝っている畑も三反あまりある。かつては、限られた畑で四国山地の地形や自然条件、空間などをフル活用して、少しでも多くの収量を上げることが良しとされた。そのための様々な技を持ち、時にみんなで助け合いながら暮らす「力で渡世した時代」であった。

今は、自分の手に余るほどの面積の畑を借りることができ、だからこそ様々な和紙原料の栽培を進めることも可能である。また、よく言えば粗放栽培、正直に言えば大学と両立していくためにできるだけ手間を省いた管理方法を探ることもできる。土地の隙間は、参入と農業の選択肢を増やし、また作業の幅を広げることも可能としているのである。

また、野菜やコンニャクの草刈り、施肥、収穫はできるけれど、高齢化により畑の中にあるコウゾやミツマタなどの収穫や運搬が大変という農家も増えている。そこで、和紙原料が欲しい紙漉き師や和紙関連業者、芸術家などが集まって収穫させてもらうという協働も進んでいる。現在、柳野に一〇軒ある和紙原料栽培農家のうち、九軒は収穫などの作業を外部者との協働で行うようになった。このような和紙原料に関する協働は、高知県内各地に広がっている。農家の農業への諦めという隙間を、和紙や和紙原料に関心のある外部者が関わって埋めようとしているのである。

写真 13－6　コシアブラなどが繁茂する再造林放棄地（2016 年 4 月）

さらには、再造林放棄された山も面白い副産物を生んでいる。皆伐したあとで放置された山で、コシアブラなどの山菜が茂る森が生まれているのだ（写真13-6）。

このほか柳野では、ゼンマイやワラビ、エノキタケなどのキノコ、フキ、フキノトウ、サンショウ、ワサビ、ヤマイモなども盛んに採取されていた。また山菜採りのみでなく、イノシシやアナグマ、タヌキ、ノウサギ、マムシなどが畑や家のまわりにも現れ、捕獲することができる。荒れた田畑や再造林放棄地は、これらの野生鳥獣のエサ場であり、繁殖場所、遊び場になっている。渓流では、アユやアマゴ、ウナギ、ツガニ（モクズガニ）、ゴリなどもいる。日当たりの良い道沿いや空き家、荒れた畑、岩場などにはニホンミツバチを飼っている巣箱があちこちに置かれている。

山菜取りや狩猟、漁労、養蜂などは、マイナー・サブシステンスに位置付けられる。マイナー・サブシステンスとは、自然の中で行われる「遊び仕事」であり、経済的意味は必ずしも大きくなく、大変なことも多いが、その楽しさから情熱をもって継承されてきた生業である（松井　一九九八）。マイナー・サブシステンスから見ると四国山地は宝の山である。さらには四国山地に生じている様々な「隙間」は、マイナー・サブシステンスを広げる場としても活用できる可能性を持っているのである。

どんな山に変えていくのか

二〇一五年の世界農林業センサスにおいて、過去一年間に林産物の販売を行っていない林家は、高知県は八五％、愛媛県は七六％、徳島県は八八％、香川県九二％となっている。柳野のあるいの町についても八三％であり、植林してから五〇年以上たっても安定して経済的見返りを得られていない人が多いと考えられる。新たに林道を通したり、木質バイオマス発電などに木材を売るなどの動きもあるものの、一部にとどまっている。柳野の人たちの心の中には、植林と下草刈りなどの苦労が報われるような経済的見返りを得られないこと、手入れも十分ではなく、荒れた場所が広がっていること、また後継者の無関心など大きな失望感がある。そして苦労を繰り返したくないという思いが、再造林放棄の背景にあるのであろう。

四国山地の山村では、スギやヒノキのように、植えてから利益を得られるようになるまで数十年かかるような試みを再び行う人々は限られるのではないだろうか。このような状況は、人工林に替わる新たな山を作り出せる好機とも捉えられる。

もちろん、長期的に財産的な位置づけでスギやヒノキを置いておきたいという人もいるだろう。その考えを否定するわけではない。しかしながら、現在の四国山地に広がっている再造林放棄地や十分な管理がされていない人工林、耕作放棄された畑などについては、より短期的な経済的見返りや安定した利益を得られるような形で利用していく方法も必要なのではないだろうか。さらには四国山地に生じた隙間は、野生鳥獣の生息場所とも重なっているため、獣害を避けることも重要である。

どのように山を作り変えていくかという視点に立った時、これまでの状況や経緯を踏まえると、①より短期的かつ市場の変動に振り回されずに販売収入を得られること、②獣害などに遭いにくく、高齢者などでもあまり手間をかけずに管理できること、③経済的な見返りのみでなく、楽しみや誇りをもたらせることという三つが重要なのかもしれない。

これら三点を満たすことができる植物の一つが、ミツマタである。

コウゾが獣害に遭いやすく、毎年枝を切って更新していかねばならないのに対して、ミツマタは三年以上、枝を切らずに置いておき、必要な時に切って収入源にすることが可能である。組合を作って品質を管理することは必要であるものの、一万円札の原料に使われるミツマタは、印刷局が基準値を産地と話し合って設定し、安定的に買い付けを行うため、売り先が無くなったり、価格が低迷するということもない。

またミツマタを含むジンチョウゲ科の植物は有毒であり、まれにノウサギに齧られることがあるものの、シカやイノシシの食害に遭うことはほとんどない。周りにスギやヒノキなどが生えている被陰下であっても、ミツマタの生育は良好である。

さらには名前の通り、三つに分かれて枝を広げ、日陰を作るため、雑草の繁茂を抑えることもでき、除草などの手間を省くことができる。種で増やすことができることも、多くの苗木を作るためには大事なポイントになる。収穫や加工時には一時的に手間や体力が必要であるものの、外部者との協働や粗放な管理が可能である。

ミツマタの花は、雪が残る時期の貴重な蜜源にもなり、マイナー・サブシステンスとしての養蜂という楽しみを支えることもできる。そして初春に黄色い花を咲かせるミツマタが、荒れた山を覆う景色は、地域の原風景とも重なり、地域の人々の誇りを取り戻すことにもつながるのではないだろうか。

しかしながら、再造林放棄地や傾斜地にある荒れた畑などが広がる山を変えていくための時間はあまり残されていない。植林などの苦労をしてきた世代、山を知っている世代は八〇代以上が多く、山の知識や畑の特徴、季節的な変化などを現場で教えてもらうのが、どんどん難しくなっている。また、荒れすぎてしまった畑は、再利用するための伐開に多くの労力がかかるほか、クズやカラムシ、ネナシカズラ、ヤブガラシ、オナモミやセンダングサなど、駆除するのに手間のかかる植物が繁茂していることも多い。畑が放棄されてから年数が経つほど、再利用するのは難しくなっていく。荒れた山がかつての原風景を部分的にでも取り戻し、楽しみや誇りにつなげていくために残された機会や時間はごく限られているのかもしれない。

参考文献

上田剛司　一九九五「土佐典具帖紙物語」『季刊和紙』一〇：一九―二一、全国手すき和紙連合会。
岡田盛　一九九五「手漉き和紙生産者への提言――和紙の将来のために」『季刊和紙』一〇：一六―一八、全国手すき和紙連合会。
小田切徳美　二〇〇九『農山村再生』岩波書店。
笠井文保　一九七七「和紙生産の立地とその変遷（一）」『農村研究』四四：五一―六三。
久米康生　一九七六『和紙の文化史』木耳社。
倉田益二郎　一九五〇『三椏・楮・桐の栽培』アヅミ書房。
高知県　二〇一九「再造林の推進について」[https://www.pref.kochi.lg.jp/soshiki/030205/2019111300273.html]（二〇二二年一月二五日閲覧）。
高知県商工振興課　二〇〇六『高知県紙及び製紙原料生産統計』。
国土交通省　二〇二二「全国の地籍調査の実施状況」[http://www.chiseki.go.jp/situation/status/index.html]（二〇二二年一月二五日閲覧）。
小林良生　二〇一三『讃岐の紙――その歴史を訪ねて』美巧社。
吾北村編　二〇〇三『吾北村史改訂版』。

総務省統計局　二〇二一『第七十一回日本統計年鑑』。
田中求　一九九六「山村における山と林家の関わりの変容――高知県吾川郡吾北村柳野本村集落の事例」『森林文化研究』一七：八三―九六。
――　二〇一八a「ミツマタを栽培する」田中求・宍倉佐敏・冨樫朗『地域資源を活かす・生活工芸双書　楮（こうぞ）・三椏（みつまた）』農山漁村文化協会。
――　二〇一八b「コウゾを栽培する」田中求・宍倉佐敏・冨樫朗『地域資源を活かす・生活工芸双書　楮（こうぞ）・三椏（みつまた）』農山漁村文化協会。
日本特産農産物協会　二〇二一『地域特産作物（工芸作物、薬用作物及び和紙原料等）に関する資料』。
農林省山林局　一九三六『焼畑及切替畑ニ關スル調査』。
農林省高岡農事改良実験場　一九五〇『製紙原料の栽培』高知県経済部紙業課。
農林水産省大臣官房統計部編　二〇〇二『二〇〇〇年世界農林業センサス』農林統計協会。
農林水産省　二〇二一『令和二年の荒廃農地面積について』農林水産省。
農林大臣官房統計課　一九二六『大正十三年第一次農林省統計表』。
――　一九三六『昭和十年第十二次農林省統計表』。
福井勝義　一九七四『焼畑のむら』朝日新聞社。
松井健　一九九八「マイナー・サブシステンスの世界」『民俗の技術』朝倉書店。
柳橋眞　二〇一四「和紙は、いつ頃から作りはじめたのでしょうか」『和紙の手帖』全国手すき和紙連合会。

第14章　森を活かす産業
——高知における製炭業の変容

増田和也

1．木炭生産から見つめる地域特性

木炭生産をとらえる二つの視点

本章では高知県における木炭生産に注目し、その変遷を二つの視点でたどりながら、地域の特性を明らかにする。石油や天然ガス、電気といったエネルギーが広く普及した現代社会にあって、木炭といえば「ひと昔前の燃料」と映るかもしれない。人類による木炭利用の歴史は古く、国内では『日本書紀』（八世紀）に木炭に関する記述がある（岸本 一九九八：二七）。しかし、その生産が急拡大していくのは明治期後半からで、都市化と工業化による需要拡大が背景となり、それに連動して農山村で木炭が大量に生産されるようになった。この点において木炭は優れて近代と深く結びついた産品である。

国内の木炭生産量は、エネルギー政策の転換を機に一九六〇年前後をピークとして、その後一気に減少する。とはいえ木炭は、かつてほどの生産量には大きく及ばないものの、現代社会においても生産され続けている。しかも、高知県では驚くことに、二〇一〇年代より県内の木炭生産量が少しずつ増えているのである。

それでは、現代日本の日常生活ではあまり馴染みのない木炭が、どうして生産が続けられ、近年の高知では生産量が微増しているのだろうか。本章では、まずマクロな視点から国内における木炭生産の変化とその要因について俯瞰した後に、高知県内の生産地の動態に焦点を移す。そして、現在の県内主要製炭地の一つである室戸市佐喜浜町に目を向け、ミクロな視点から製炭業の変化を浮き彫りにする。

木炭とは何か

木炭は、樹木の木質部を炭化させたものである。炭化とは、木質などの有機物を酸素が不十分な状態で熱分解すると、木質に含まれる酸素や水素の割合が減り、水素の割合が高くなるプロセスのことである（宮川・谷田貝　二〇一三：一七二）。炭化を人為的に促すために、木材の原材料として切り出した樹木の幹枝（原木）を地面に掘った穴に原木を詰めて上から土や草などを被せたり（伏せ焼き）、専用の窯に原木を詰め込んだり（窯焼き）して、酸素の流入を遮断して熱を加える。

製炭というと、自然破壊ではないかと思う人がいるかもしれないが、それは科学的には正しくない。製炭では、原木を調達するために森林を伐採する。多くの場合、木炭の原木となるのは広葉樹であるが、広葉樹は伐採しても、その切り株からふたたび芽を伸ばして大きく生長する。これを萌芽更新というが、製炭が森を活かす産業である所以でもある。

また、炭化の過程で火を使うために、これが木を燃やしているように見える。しかし、炭化と燃焼は異なるプロセスである。炭化とは有機物から炭素だけを取り出し固定化することであり、木炭とは炭素の塊である。一方、燃焼とは熱や光を発する酸化反応のことで、木質に含まれる炭素は酸素と結合して二酸化炭素となって排出され、燃え残りが灰となる。もちろん木炭を調理や熱源として燃焼させれば、その際に炭素は放出される。しかし、樹木が大気中から取り込んだ炭素を炭化により固定した後、燃焼によりふたたび放出するだけなので、数十年という単位でみれば地上と大気中の炭素量は変化なく、いわゆるカーボンニュートラルである。木炭は生物由来の燃料であり、石炭や石油、天然ガスといった化石燃料とは異なるのである。

木炭生産地の成立条件

木材由来の燃料は薪炭としてひとくくりにされることが多い。しかし、薪と木炭はそれぞれに異なる特性をもつ。

薪とは、生育している樹木を伐採して乾燥させたものである。薪の利点は、取り扱いが容易である上に、熱量も多いことである（中川　一九九七：九八）。難点は、燃焼時間が比較的短いこと、燃焼時に煙や煤が出ることである。上記の利点から、農山村では自家消費用の燃料として薪が使われることが多い。

一方、木炭の利点は大きく二つある。一つ目は、木炭は同じ体積の薪と比べて重量が小さい点である。木炭は炭化の過程で水分などが除かれているので原木に比べて軽く、一般的に原木の一〜三割の重さである。つまり、同じ体積の薪と木炭を運搬する際には、木炭の方が軽くて運搬しやすいのである。二つ目は、木炭は火持ちがよく、炭化率の高いものは燃焼しても煙や煤がほとんど出ない点である。これは都市部など住宅が密集する環境では重要な点となる。

都市部は薪炭を自給できないので、農山村から移入することになるが、一般的に薪は重量のわりに価格が安く、遠距離の運搬には不利である（中川　一九九七：九八）。このため薪は都市部近郊の農村で生産され、消費地から離れるにつれて木炭生産の割合が高まっていく（中川　一九九七：九六）。とはいえ、木炭もそれなりの嵩と重量があるので、製炭が特に盛んになるのは農山村のなかでも道路や鉄道、水運など交通路が整備された地域であり、運搬手段が限られる山村などでは、コウゾ・ミツマタなどの樹皮、茶、ゼンマイなど、軽量で運搬保存に便利で付加価値の高い商品が生産された（池谷　二〇〇三：三四―三八）。

この点を四国山地に位置する高知県北端部の山村に関する記述から見てみよう。たとえば愛媛県との県境に接する土佐郡本川村（現・いの町）では、昭和初期まで製炭は副業としても成立しなかった。それは輸送路が開設されておらず、輸送費を含むと採算が取れなかったことが理由の一つで、当地で製炭の気運が高まるのは森林軌道や陸路が整備されるようになってからである（本川村史近・現代編編集委員会　二〇〇二：二六二―二六三）。また、その東に隣接する大川村では、山を挟んだ北側で江戸時代に開発された別子銅山（現・愛媛県新居浜市）での精錬用燃料として、明治初期から木炭が生産されてきたが、明治末期に精錬所が瀬戸内海の島に移転し、さらに燃料がコークスへと変更されると、木炭の販売先を失い、製炭は衰退した（大川村史編纂委員会　一九六二：四六八）。このように木炭は商品としての性格が強く、製炭は市場と連動するかたちで展開してきたのである。

二つの木炭――白炭と黒炭

ひと口に木炭といっても、生産技術や原木の種類によって様々な種類がある。

木炭生産技術は、窯の内部で進む炭化反応をいかに止めるのかという点で、大きく二つに区分できる。一つは、窯の通気口と排出口を閉じて酸素の供給を遮断することで消火し、炭化を止める方法である（窯内消火法）。そして、窯内の熱が下がった後、できあがった木炭を取り出す。この方法で作られた木炭はその色から、黒炭（こくたん、くろずみ）とよばれる。

もう一つは、炭化が完了した頃合いを見計らい燃えたぎる炭を窯の外に取り出して、灰や土を混ぜた消し粉を炭にまんべんなくかけて酸素から遮断することで消火する方法である（窯外消火法）。この方法で消火された木炭は、消し粉にまみれて白っぽくなり、白炭（はくたん、しろずみ）とよばれる。

黒炭と白炭にはそれぞれに長所と短所がある。黒炭の長所は、白炭に比べて生産技術が比較的容易であるという点である。このため窯のサイズを大きくできるため、大量生産に向く。また、同量の原木からできる木炭の割合（炭収率）が白炭よりも高い。黒炭は白炭よりも柔らかく、着火が容易で利用しやすい。

一方の白炭は、黒炭よりも炭化温度が高い上に、窯外で消火する前に短時間だけ窯口を開けて燃焼させる。この過程を「ねらし」というが、これによって原木の樹皮が完全に燃えるとともに炭が硬く締まる。これにより白炭は長時間安定して燃焼し、煙の量も黒炭より少ない。一般的に、白炭は黒炭よりも高い価格で取引されている。しかし、白炭は硬いために着火しづらく、また燃焼時に爆ぜることがある。このために白炭は、一般家庭で手軽に利用されるというよりも、料理店などでの業務用が多い。また、白炭生産の最大の難点は製炭技術が難しく、作業が大変なことである。消火時には約一〇〇〇℃近くに燃えたぎる木炭を長い金属柄の道具で窯の中から少しずつ取り出し、それを消し粉で消火していく（写真14‐1）。これは高温下での作業となる上に、ひと窯分の作業を終えるのに半日近くを要する重労働である。このために大量生産には向かない。

写真14－1　白炭（備長炭）の消火作業（高知県室戸市、2018年）

また、木炭の種類と質は原木の樹種によっても異なる。良質の木炭の原木として知られるのは、落葉広葉樹ではナラやクヌギ、常緑広葉樹ではカシ、針葉樹ではマツである。マツ炭は黒炭だが、燃焼時の温度が高くなりやすいためにたたら製鉄や刀剣の鍛錬などに用いられてきた。白炭のうち、特にカシ類を原木とするものを備長炭といい、硬質のために高級炭とされる。そのなかでも特に木質が硬いウバメガシ（*Quercus phillyreoides*）を原木とする備長炭が最上級とされる。備長炭の産地として特に知られるのが、紀州（和歌山県）、土佐（高知県）、日向（宮崎県）で、いずれも西南日本に位置し、カシが優占する常緑広葉樹林が広がる。

2．木炭生産量と生産地の変遷

国内における木炭生産量の変化（1）――「質」より「量」の増産期

つぎに国内の木炭生産をめぐる変遷を木炭の種類に注目しながら辿ってみよう。

図14－1は、一九〇五（明治三八）年から現在までの木炭生産量を示したものである。明治期末から大正期にかけて、そして満州事変から太平洋戦争開戦に至る一九三〇年代には概ね右肩上がりで木炭生産量が増えている。この時代には工業化と並行して都市化が進む一方で、第一次世界大戦を機に原油供給が軍需へ向けられ、代替燃料として木炭の需要が高まっていく。このとき木炭増産を支えていたのが、大量生産に向く黒炭であった。さらに一九三九（昭和一四）年に政府による木炭流通の統制が始まると、黒炭と白炭は同一の公定価格で買い取られるようになり、製炭者はますます黒炭による量産を指向するようになった。また、増産により低品質の木炭が流通するのを防ぐため、政府による検査制度が生まれたのもこの頃である。こうして、黒炭生産が大きく伸びる一方で、白炭生産は低迷していくのである。

太平洋戦争終結後、市民生活や産業が活気を取り戻すなかで木炭需要はふたたび高まる。一九四九（昭和二四）年に木炭統制は解除されるが、木炭市場では引き続き質よりも量が求められ、黒炭生産が大きく伸びていくのに対し、白炭生産は停滞する。

一方、戦後の木炭生産量は一九五七（昭和三二）年をピークとして、一九六〇年代に入ると激減する。これは、政策により主要エネルギー源が石油や天然ガスへと転換されたためである。この時期は「燃料革命」あるいは「エネルギー革命」とよばれ、国内各地の農山村では薪炭生産という重要な現金収入源を失い、大きな経済的打撃を受けた。農山村人口の都市流出には複数の要因が関係しているが、そのなかでも燃料革命による影響は大きい。以降、需要を失った薪炭林は製紙原料となるチップ材として伐採されたり、拡大造林政策のもとでスギ・ヒノキの人工林へと転換されたりしていくのである。

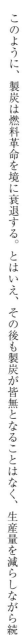

国内における木炭生産量の変化（2）——燃料革命後の特産地化

このように、製炭は燃料革命を境に衰退する。とはいえ、その後も製炭が皆無となることはなく、生産量を減らしながら続

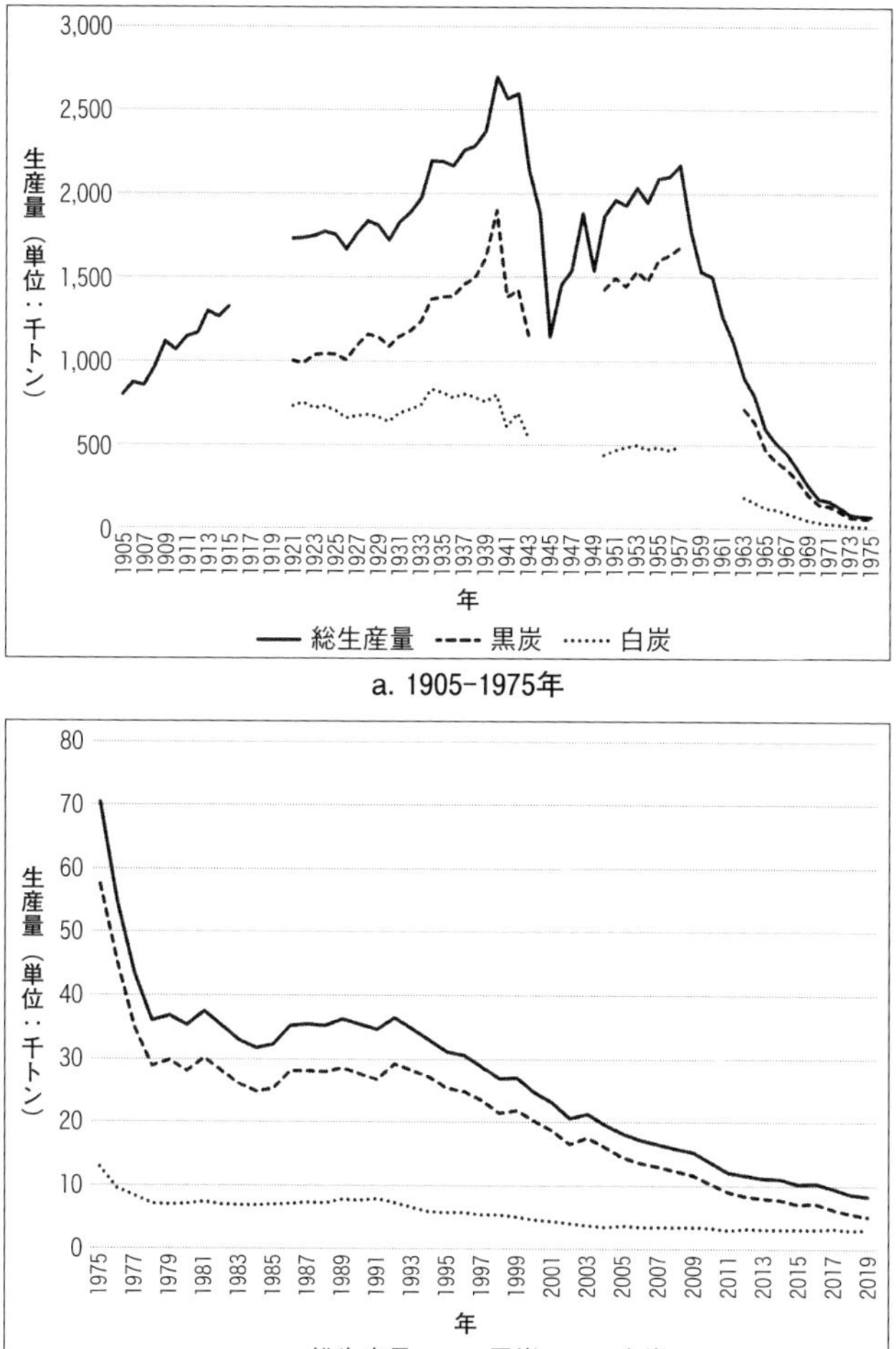

図 14－1　日本国内における木炭生産量の変化

（注）1905-14、1916-17、1919-20、1944-49、1958-60、1962 年については白炭・黒炭別データなし。
（出典）農商務省、農林省、農林水産省統計表（各年版）。

表14－1　木炭生産量の多い都道府県

	1960年			1990年			2020年		
1	岩手	134,774	[9.0]	岩手	8,649	[24.4]	岩手	2,118	[27.1]
2	高知	106,855	[7.1]	北海道	3,434	[9.7]	高知	1,432	[18.3]
3	島根	77,759	[5.2]	和歌山	2,590	[7.3]	和歌山	1,048	[13.4]
4	福島	76,579	[5.1]	長崎	1,849	[5.2]	北海道	819	[10.5]
5	北海道	61,314	[4.1]	宮崎	1,662	[4.7]	熊本	440	[5.6]
6	鹿児島	55,749	[3.7]	福島	1,583	[4.5]	鹿児島	340	[4.3]
7	宮城	50,290	[3.3]	秋田	1,262	[3.6]	宮崎	244	[3.1]
8	山口	45,599	[3.0]	新潟	1,212	[3.4]	大分	147	[1.9]
9	新潟	45,175	[3.0]	高知	903	[2.6]	栃木	116	[1.5]
10	愛媛	44,347	[2.9]	大分	804	[2.3]	富山	84	[1.1]
	全国計	1,503,636	[100.0]	全国計	35,399	[100.0]	全国計	7,827	[100.0]

単位：トン、[　] 内は全国総生産量に占める割合（パーセント）
（出典）農林水産省統計表（各年版）。

いている。図14‐1bは一九七五年代以降の国内での木炭生産量を示したもので、一九七〇年代末から木炭生産量の低下が止まり、しばらく横ばいとなっていることがわかる。その後、一九九〇年代前半よりふたたび総生産量は減少していく。そのなかで大きく減少するのは黒炭で、白炭は黒炭よりも生産量が少ないものの、減少傾向は緩やかである。それでは、燃料革命後、木炭はどのような地域で生産されてきたのであろうか。

表14‐1は一九六〇、一九九〇、二〇二〇各年の都道府県別の国内木炭生産量について、生産量の多い順に一〇地域を示したものである。ここで注目したいのは、これら地域が全国生産量に占める割合である。燃料革命期の一九六〇年には、上位三地域の全国シェアは岩手（九・〇％）、高知（七・一％）、島根（五・二％）といずれも一〇％に満たず、四位以下の地域とは僅差である。これは、当時、木炭生産の盛んな地域が国内各地に数多く存在したために、生産量がとくに多い上位地域であっても全国シェアが相対的に低くなってしまうのである。

一方、一九九〇年には、首位である岩手のシェアは二四・四％と大きく上がり、二位以下との差が拡大している。さらに二〇二〇年ともなると上位四地域とそれ以下との間に大きな差が生まれている。このことが示すのは、燃料革命以降、多くの地域では木炭生産が衰退する一方で、特定地域では木炭の生産量を減らしながらもその生産を継続し、それにより木炭の特産地化が進んだ、ということである（福宿　一九九六：一一一－一一四）。

木炭の特産地として首位を維持しているのが岩手であるが、ここで注目したいのは和歌山と高知である。和歌山は一九六〇年には上位地域には数えられなかったものの、一九九〇年には上位三地域に含まれるようになる。一方の高知は一九六〇年に全国二位の生産量を誇るが、一九九〇年にはいったん順位を大きく下げる。しかし、二〇二〇年にはふたたび二位に浮上する。それでは、和歌山と高知に共通するのは何であろうか。それは、どちらも備長炭という高級炭の産地であり、図14‐1bで見たように、黒炭を中心に生産する他の地域が生産量を大きく減らす一方で、備長炭、すなわち白炭を生産する両県の減少率は比較的緩やかであったということである。そのなかでも高知が興味深いのは、一九九〇年と比較して二〇二〇年の生産量が増えていることである。つぎに、その背景について、高知に焦点を当てて見ていこう。

高知県における製炭の動向――増産が目指された時代の県内産地

高知は、県域の八割以上が山地である上に温暖な気候と豊かな降水量により森林資源に恵まれている。木炭は土佐藩の時代から重要な産品であり、土佐炭の品質は大阪市場で知れ渡っていた（全国燃料会館ら　一九六〇：一五六）。さらに明治期末に紀州から備長炭製法の技術が伝わると、より上等な木炭を生産するようになった。とはいえ、高知県内では備長炭以外の木炭も生産されていたのであり、それらの生産状況については大正期から現代にいたるまでの約一〇〇年間に大きく変化している。ここでも木炭の種類、に注目しながら、県内における木炭生産の動態について見ていこう。

高知県における木炭生産の推移を示したのが図14‐2である。一九二〇（大正九）年から太平洋戦争開戦の一九四一年まで、木炭の総生産量は上下に変動しながらも総じて増加傾向にある。その内訳をみてみよう。興味深いのは、高知県では一九二〇年代から一九三〇年代半ばまで、白炭の生産量が黒炭のそれを大きく上回っている点である。しかし、一九三〇年代後半以降、木炭統制により、この構図が逆転する。黒炭を指向する傾向は戦後も続き、黒炭生産量が大きく伸びるなか、一九五七年に木炭総生産量はピークを迎える。同年、高知県の木炭生産量は国内二位を誇るが、高知産木炭の大半は黒炭だったのである。それから一九六〇年代前半にかけて、黒炭生産が総生産量の八割以上を占める状態が続く。

方の白炭は一九五〇年代初頭にかけて一時的に微増するものの、燃料革命期を迎える以前から生産量が低迷していく。当時、高知県がまとめた報告書によると、白炭生産比の減少は「収炭率、木炭価格、製炭技術および原木事情など」の要因によるもので、そのために白炭生産が逐次黒炭生産に切り換えられているという（高知県　一九六二：二五八）。また、「一部未経験者および白炭から黒炭へ生産を転換した製炭者の技術は劣るものがある」（高知県　一九六二：二五九）点を当時の課題として指摘している。このように、木炭の品質よりも増産が求められる市場動向を背景に、黒炭が乱造されていた様子がうかがえる。

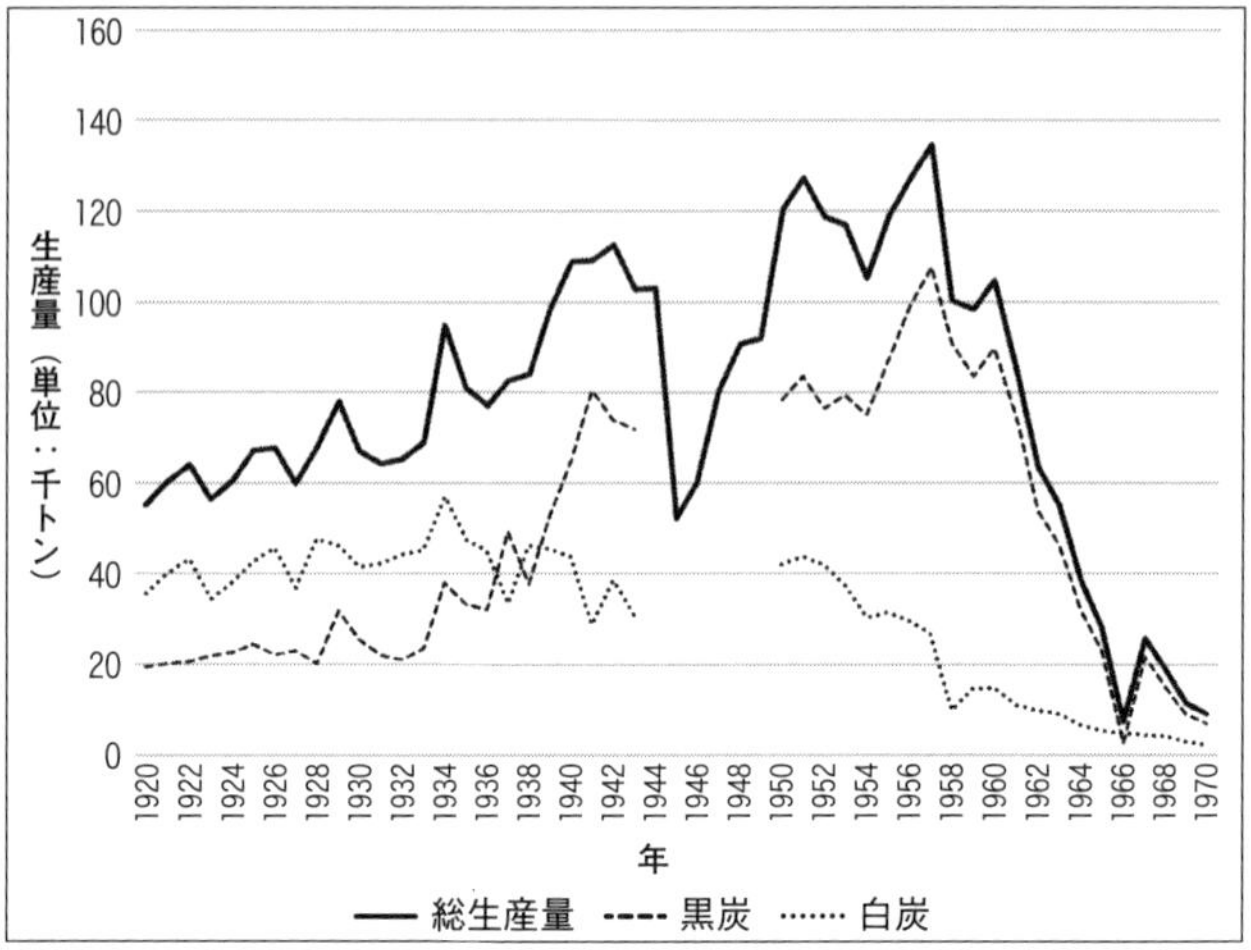

a. 1920-1970年

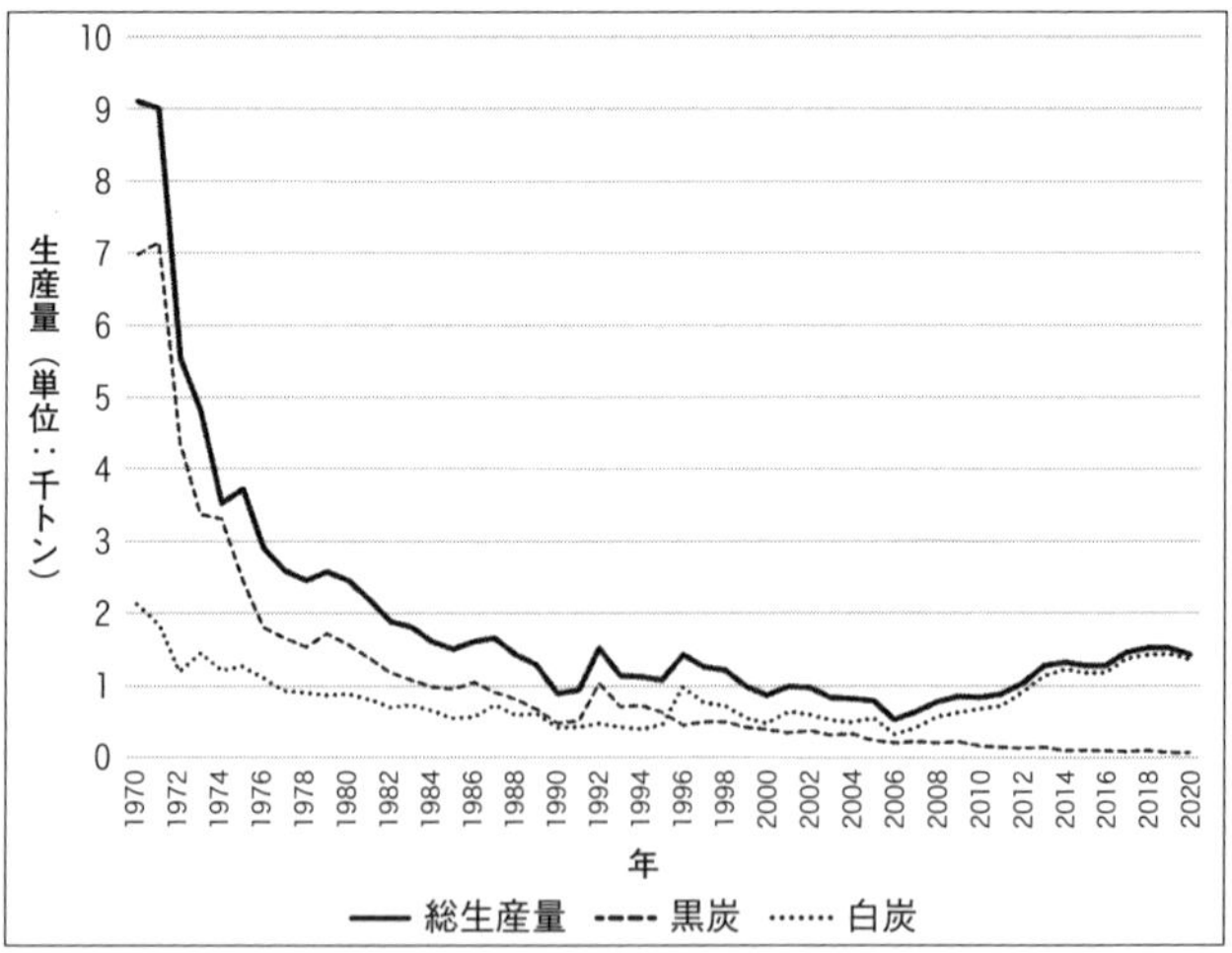

b. 1970-2018年

図 14-2　高知県における木炭生産量の変化

（注）1944-49 年については白炭・黒炭別データなし。
（出典）農商務省、農林省、農林水産省統計表（各年版）。

燃料革命を経た一九七〇年代にも黒炭の生産量が白炭のそれを上回る状況は続く。この時代には木炭そのものの生産が後退していくが、黒炭の減少が著しい一方で、白炭の減少は比較的緩やかで、両者の生産量の差は縮まりつつあった。こうした状況が一転するのは一九九〇年代半ばである。以来、白炭生産量がふたたび黒炭のそれを上回るようになり、さらに二〇〇七年からは白炭の生産量が増加に転じたまま現在に至るのである。では、この背景には何があるのだろうか。

一九八五年、プラザ合意を契機として急激な円高が進むと、日本国内にはいわゆる「バブル景気」がもたらされ、庶民の間でもグルメブームや「本物」志向が芽生えた。そして、高級料理店などでは備長炭をはじめとする高級炭が注目されるようになった。また、アウトドアブームも高まり、バーベキュー用燃料として木炭、とりわけ扱いやすい黒炭の需要が高まるのである。さらには、木炭は燃料以外の用途（土壌改良、水質浄化）などでも新たな需要を生み出していた。

とはいえ、こうした木炭需要が高まったにもかかわらず、県内木炭総生産量は一九九〇年代に一時的に増加する時期はあったものの、全体的に微減の傾向にあった。これには生産者の高齢化、後継者不足、原木不足などが挙げられるが（中国四国農政局高知統計情報事務所　一九九四：四七）、最大の要因は輸入木炭の増加である。統計によると、木炭の輸入はすでに一九七〇年代より始まっていたが、一九八六年からその量は増えはじめ、一九九九年には年間八万六千トンと、国内生産量七万五千トンを上回るようになるのである（大蔵省、財務省「貿易統計」各年）。輸入先は中国、マレーシア、インドネシアなどの東・東南アジア諸国であり、そのなかにはカシ備長炭も含まれていた（宮川・谷田貝　二〇一三：五六―五八）。このように、国内では新たな木炭需要が生まれつつも、今度は輸入木炭との競合が顕在化していくのである。

しかし、二〇〇〇年代に入ると、白炭生産にとっては追い風ともなる転機が訪れる。二〇〇三年になると中国は森林保護の観点から自国産木炭の輸出を段階的に制限しはじめ、翌二〇〇四年には全面禁止としたのである。これを受けて、高知県内では備長炭生産に向けた気運が高まり、県東部の室戸市や東洋町、西部の大月町といった備長炭生産地では製炭者の組合や振興会といった組織が生まれ、行政も後継者育成を支援するようになっている。そして、二〇一四年には、それまで最大の白炭生産量を誇っていた和歌山を抜き、全国一位の白炭生産地となったのである（林野庁「特用林産物生産統計調査」各年）。

このように社会情勢の変化を背景として、国内の木炭生産はその量と質を変化させながら、産地を再編成してきた。さらに、国家間の動向が高知県内の木炭生産にも大きな影響を与えてきた。それでは、このような背景を受けて生産現場ではどのような状況が生まれているのであろうか。次に県内の主要木炭生産地の一つである室戸市佐喜浜町を事例としながら見ていこう。

3. 生き残る製炭、変化する技術——高知県室戸市佐喜浜の事例

室戸地域の概要

室戸市は高知県東部に位置し、海岸部にまで迫った山地の一帯にはウバメガシをふくむカシ類の優占する常緑広葉樹林帯が広がり、この地域では古くから製炭が盛んであった。そうしたなかで、明治期末に紀州から備長炭技術が伝わり、（宮川・谷田見　二〇一三：二四―二九）、昭和初頭には土佐備長炭窯がこの地で開発され、独自の製炭技術が確立していく。そして、大阪市場と結びつきながら生産量を大きく伸ばしてきた。

土佐備長炭生産の特徴は炭窯の形状と大きさ、そして窯内での原木の詰め方にある。和歌山を含め、多くの地域の炭窯では原木を縦に詰めていく。この方法では人が窯の中に入り、原木を並べていく必要がある。一方、室戸では窯の天井横に開けられたバイという穴から原木を投げ入れて横詰めにする。これにより、窯入れの作業を縦詰めよりも早く終えることができ、製炭の工程サイクルを短くすることができる。また、天井を支える側面の壁を厚くすることで、窯の容量を他地域のそれよりも大きくでき、大量生産に向く（宮川・谷田見　二〇一三：四〇）。こうして、土佐備長炭窯では上質な木炭を大量に効率よく生産することができるのである。

室戸市のうち、木炭生産が盛んなのは吉良川、羽根、佐喜浜の三地区の山間部である。このうちの佐喜浜地区は室戸岬の東側に位置し、二〇一七年二月現在、計一〇軒の製炭者が白炭（備長炭）を生産している。製炭者は、いずれも夫婦もしくは親子などの家庭内労働力で経営しており、木炭の窯出し時には家庭外からの労働力に依存する場合もある。

一九七〇年代以前の木炭生産

木炭生産という営みを大きく特徴づける点の一つが原木の調達である。一般的に樹木は資源の更新速度が遅く、ひとたび伐採すると、ふたたび同じ場所から十分な木材資源が手に入れられるには数十年の時間を要する。つまり、製炭という営みを連続して行うためには、原木調達先を移動させることになる。

一九七〇年代までの木炭生産の特徴は、炭窯が山中に作られ、原木は周辺の山林から製炭者自らの手によって伐採・集材されていたことである。製炭者は、山林のうち原木を集めやすく、水を確保しやすい谷筋などに炭窯を築いた。そして、周辺の薪炭材を切り尽くすと、新たな原本を求めて別の山林に移動した。

原木の確保は、製炭者自身が広大な山を所有する場合には自己調達が可能であるが、多くの場合、他者の所有する山林に原木を求めることになり、山林伐採権が売買されることになる。一九七〇年代までの室戸では、通常、山林伐採権は「ひと山」単位で売買されていたため、製炭者の自己資金が十分でない場合、地元の薪炭商など資本に余裕のある者（「親方」）が一括して山林を調達した（林野庁 一九六一：三三〇—三三一）。そして、その山林をいくつかの区画に区切り、製炭者を雇用して直接経営したり、あるいは製炭者に山林伐採料（山手代）を貸し付けて売却したりしていた。こうした製炭者は「ナゴ」とよばれ、ナゴは生産した木炭を親方に出荷し、その売り上げで山手代を返済していった。親方に対してナゴは従属的であったが、親方は、製炭の資金面以外でもナゴの生活の面倒を見ていた。こうした親方‐ナゴ関係は、木炭の需要低迷や原木不足による薪炭商の廃業や製炭者の減少などを背景として、しだいに消滅していった。

一九八〇年代以降の木炭生産

一九八〇年代に入ると、佐喜浜での木炭生産には三つの大きな変化が生じた。

一つ目は炭窯の固定化である。従来の製炭では原木の調達地が移るたび窯を作った。しかし、一九八〇年代ごろから集落付近や道路脇に窯を固定して継続的に使用し、原木を周辺地域からトラックで運び込むかたちに変化した。この背景として、農山村部での道路整備やモータリゼーションの浸透により製炭業経営の合理化・近代化が図られたことに加え、それまでの製炭活動や人工林の拡大、パルプ用材の伐採などにより佐喜浜周辺では適齢期の自然林がすでに枯渇気味となり、原木入手が困難となっていたことが考えられる。

二つ目の変化は、原木となる樹種がカシ類全般やその他の雑木からウバメガシに特化するようになったことである。もともとウバメガシ備長炭は販売単価が高かったが、一九八〇年代後半からの食の高級化や本物志向によりウバメガシの高級備長炭が求められるようになったことがこの傾向を後押ししている。もともと佐喜浜の内陸部ではウバメガシの群生密度はさほど高くなく、その他のカシ類を原木とすることが多かった。しかし、原木を外部地域からトラックで搬入できるようになり、ウバメガシを外部から調達するようになったのである。

三つ目の変化は、原木調達と製炭の分業化である。山林内に窯を設けていた頃には原木の伐採と運搬から製炭までの一連の作業を一人で担っていたが、この時代から原木を伐採・運搬することを専業とする者（原木業者）が現れるようになり、それまでの製炭者はもっぱら製炭だけに専念する者も出てきた。じつは、これにより高齢者も製炭を続けることができている。急斜面の山で自ら原木を伐採し窯に運搬する作業は肉体的疲労も大きく、高齢者には容易ではないからである。

これら三つの変化はそれぞれに関連しており、それらが結びついて現在の佐喜浜での製炭業の形態がある。ただし、ウバメガシ偏重の傾向のなかで、地元で原木が調達されることは少なくなっていた。これまでは室戸市周辺や徳島県東部でウバメガシ原木が調達されていたが、こうした地域の伐採適地で原木が枯渇すると、原木調達先は高知県西部や愛媛県西部、淡路島と次第に遠方へと外延的に広がっている。かつての木炭生産では山中に窯をこしらえ、その周辺部の山林から原木を集めるという、きわめて地域性の高い営みであり、現在の形態はそれからすっかりと離れてしまっている。とはいえ、佐喜浜の製炭者は外部からウバメガシを調達することによって、佐喜浜での製炭を持続させてきたのである。

二〇〇〇年代以降の木炭生産性

原木伐採地が遠方になるにつれて原木調達コストは上がる一方で、木炭問屋による買い取り価格は上がらず、製炭者の収益は少なくなりつつある。こうしたなかで、製炭者はどのように対応しているのだろうか。

ある製炭者はそれまで業者からウバメガシ原木を調達していたが、その原木業者が高齢を理由に廃業すると、後継者である息子とともに、地元に自生するカシ類を自ら伐採して原木を調達するようになった。

この製炭者は製炭業経営について次のように言う。かつての製炭で一人前になるには、高品質かつ大量の木炭を焼く技術だけでなく、山林を見て、そこからどれだけの原木が調達でき（伐り歩）、どれだけの木炭を生産できるのか（焼き歩）を考えて、山手代を判断できるだけの「目」をもつことが重要だったという。つまり、山林を構成する樹木のうち原木に適する樹種の大きさや密生具合、伐採作業の容易さに関係する地形条件、道までの距離といった運搬のしやすさやなどを考慮し、そこからどの程度の等級の木炭がどれだけ生産できるかを判断できる能力である。このように、熟練者にとって、製炭業とはたんに原木を窯で焼いて木炭を生産する作業だけを指すのではなく、原木調達から出荷までを含めた一連の体系そのものを指すのである。

製炭者が山林を入手し、自らの手で原木を切り出していた時代には、製炭者は伐り歩と焼き歩の双方を高めることで生産量、すなわち収益を上げることを目指した。一方、原木を外部調達するようになると、製炭者が伐り歩を高める技術や労働は切り離され、製炭者が収益を上げるためには、焼き歩を高めるしかない。二〇〇〇年代から生産に参入した後発組のなかには、炭窯の容量を大きくする大量生産方式により収益性を高めている者もいる（松岡・三木　二〇一七）。

「どれほど経験を積んでも、炭の出来は毎回違う」と多くの製炭者が言うように、製炭には高い技術が必要である。そこに製炭の面白さと奥深さがあり、長年製炭に携わっても飽きることがないという。ここで言及されている技術は、焼き歩に関する技術である。しかし、焼き歩についての技術とは別に、伐り部についての技術、すなわち山林を選び、そこからいかに多くの木炭を生産して収益を上げるのか、という目利きにも深い経験が求められる。原木代が高騰するなかで、この製炭者は原木の外部調達を止め、自ら原木を伐採して調達するようになった。この製炭者は、伐り歩の領域を自らの生産過程に取り戻し、焼き歩と伐り歩の双方を高めるように自らの製炭業を再構成しながら、収益性を上げようとしている。このような製炭者にとっては独立した経営こそが、収益の最大化にも、仕事に対する自信や誇りの創出にもつながっているのである。製炭者のこうした前向きな姿勢は、木炭の量よりも質が求められるという時代性にも裏打ちされている。

4．社会とのつながりから見つめる木炭

「白」か「黒」か――社会がもとめる木炭の変化

木炭は木材資源が豊富な山地やその周辺で生産される。そのため、一見、近代国家システムや都市生活とは縁遠い産品のように思えるかもしれない。しかし、木炭は農山村での自家消費用の燃料としてではなく、遠方の消費地に向けて生産されるのであり、商品性の高い産品であるため、木炭生産は社会や市場との関わりのなかで産地や生産量、種類、生産技術を変化させてきた。

高知では、一九三〇年代半ばまで白炭の生産量が黒炭のそれを上回っていた。しかし、その後の国策や市場動向により白炭と黒炭の生産量は逆転し、一九五〇年代後半には県内生産の八割以上が黒炭となってしまう状況にあった。このように、木炭の質よりも量の確保が求められた社会状況下では、木炭生産の方向性が変わってしまったのである。

また、木炭の用途は燃料革命をはさんで大きく変わった。燃料革命前には木炭は都市部や工業部門での重要な燃料であり、全国の農山村で生産されてきた。一方、燃料革命以降になると、木炭は用途が特定化し、特殊品あるいは嗜好品として位置づけられるようになる。そこでは、量よりも質が求められるようになり、国内では上質の木炭を産する地域が、生産量を落としつつも、特産地として生産を続けた。高知県では、黒炭の生産量が激減する一方で、備長炭をふくむ白炭は上質であるゆえに一定の需要に支えられて生き残ってきたのである。

国内市場における木炭の二極化――国産品と輸入品

グローバル化が進む現代社会においては、木炭の生産と消費もまた海外との影響を受けている。国内で木炭は一九八〇年代後半よりふたたび注目されるようになったが、やがて拡大した輸入木炭との競合に直面している。

このうち黒炭は、比較的手軽に扱えるために一般消費者のレジャー目的に向いているが、こうした用途では低品質であっても安価な輸入木炭が競合相手となりうる。一九九〇年代以降にも国内での黒炭生産が減少しつづけている大きな理由は、これ

である。その一方で、白炭、とりわけ備長炭は、その高い品質から料理店などの業務用が多く、本物志向の消費者が意識的に国産を選択する場合もありうる。また、中国の木炭輸出禁止も追い風となり、二〇〇〇年代後半から高知産の白炭生産量は増加している。このように現代日本における木炭市場は、安価な輸入木炭と国産の高級木炭に二極化している、といえる。

この二極化については、生産者も同様に認識している。前述の佐喜浜での製炭者は自身の産品の質に誇りをもっている。問屋や直接取引する料理店からの信頼も厚く、二〇一八年当時の状況では、木炭を焼き上げれば、すべて捌けてしまうという状況であった。自分の生産した木炭と輸入木炭は品質の点でまったく別物であると語り、輸入木炭の存在をさほど意に介していない様子であった。

ほかにも、輸入木炭をめぐる備長炭生産者の見解には興味深い事例がある。筆者は東南アジアにおける製炭業についても調査しており、マレーシアでマングローブを原木とする黒炭を生産して日本に輸出している業者に話を聞いたことがある。その業者は別の国で白炭生産を手がけようとしており、現地職人の指導を和歌山の備長炭生産者に打診したことがある。当初、その業者は、自分が海外で安価な木炭を生産して日本へ輸出していることを非難されるのではないか、と心配していた。しかし、それはまったくの杞憂であった。和歌山の生産者は、次のように話したという。海外からの安い木炭のおかげで、日本の消費者は木炭に親しむことができる。もしかしたら、木炭に馴染んだ消費者が、いずれは高級備長炭に目を向けてくれるかもしれない、と。

日常生活の場から木炭の利用が遠ざかって久しい現代日本にあって、消費者、とくに若い世代が木炭に馴染むようになれば、それがひいては国内の木炭生産の維持につながる。現在の国内木炭需要は国産だけでは賄えず、輸入木炭により満たされている状況にあるのも事実である（池上　二〇一六：五一）。高級木炭生産者にとって、安価な輸入木炭は国内木炭市場への安定供給だけでなく、木炭文化の普及と維持のためにも必要なものなのである。このようにみていくと、輸入木炭と国産高級炭は棲み分けができているのであり、国産高級炭は輸入木炭と依存的な関係性が生まれているのである。その意味で、木炭はグローバル化が進む現代社会のなかで、ますます複雑になっていく人とモノのネットワークのなかで新たに位置づけられていく森の産品である。

［追記］本稿はＪＳＰＳ科研費17K04134の成果の一部である。

参考文献

池上甲一　二〇一六「農業・農村のエネルギー転換による持続可能な社会の構想」『農業と経済』八二（三）：四五―六〇。
池谷和信　二〇〇三『山菜採りの社会誌――資源利用とテリトリー』東北大学出版会。
大川村史編纂委員会　一九六二『大川村史』。
岸本定吉　一九九八『炭』創森社。
全国燃料会館・日本木炭史編纂委員会　一九六〇『日本木炭史　経済編』全国燃料会館。
高知県　一九六二『高知県の農林業――その現況と問題点』高知県。
中国四国農政局高知統計情報事務所　一九九四『図説 高知県の農林業　平成六年一二月』高知農林統計協会。
中川重年　一九九七「林業の変化と民俗」野本寛一・香月洋一郎編『講座日本の民俗学　五　生業の民俗』雄山閣、八三―一〇〇頁。
福宿光一　一九九六「日本の木炭生産一〇〇年の足跡――時代・地域・人」『地域研究』三六（二）：一―一九。
本川村史近・現代編編集委員会　二〇〇二『本川村史　第四巻――史近・現代編』。
松岡勇介・三木敦朗　二〇一七「土佐備長炭の生産拡大下における後発生産者の課題」『信州大学環境科学年報』三九：五二―五六。
宮川敏彦・谷田貝光克　二〇一三『図説　土佐備長炭――二一世紀に伝えたいこと』飛鳥出版室。
林野庁　一九六一『薪炭生産地の実態調査　薪炭需要の減少に伴う林種転換とその方向に関する調査報告書　資料編　一』。

第15章 森と人の近代史を伝える
——魚梁瀬森林鉄道の遺産化のうごき

岩佐光広

1. 遺産化する森林鉄道

四国山地を駆けめぐった森林鉄道

「森林鉄道」（写真15‐1）とは、山林で切り出された木材を運搬するための専用鉄道である。[1]日本で森林鉄道が走り始めたのは、明治時代の後半のことだった。それ以前は、伐採された丸太は、人力や畜力によって河川まで運び、そこから河川に流して輸送していた。だが、この河川を利用した運材方法は、従事者の危険性が高いこと、丸太の損傷や消耗率が高いことなど、様々な問題を抱えていた。さらに明治時代以降、電源開発用のダムの建設などによって河川を用いた輸送そのものができなくなる地域も出てきた。そうしたなかで、従来のやり方に代わる新たな輸送方法として導入されたのが森林鉄道であった。

写真 15‐1　山中を走る森林鉄道
中芸のゆずと森林鉄道日本遺産協議会提供。

大規模な森林鉄道を敷設し運行するには、莫大な資本と労力と資源を必要とした。そのため日本の森林鉄道の場合、その多くは国有林に作られた官設・官営のものであった（西二〇一四：二二一―二二三）。日本で最初に稼働した本格的な森林鉄道は、一九〇九（明治四二）年度に全線開通した青森県の津軽森林鉄道である。それを皮切りに、明治末の日露戦争の勃発による木材需要量の急増などの国内外の動向を反映しながら、国有林がまとまって所在し良材を生産した地域を中心に、日本各地の国有林に次々と森林鉄道が敷設されていった（林野庁　二〇一九：四）。

多様で豊かな森林が育まれ、古くから良材を産出してきた四国山地もまた、早い段階から森林鉄道が敷設された地域の一つであった。四国の国有林の多くは四国山脈の高知県側に分布していたため、森林鉄道の大半は高知県内に敷設された。一九〇七（明治四〇）年の最初の軌道の開設以降、その建設は高知県内の国有林全般に広がっていった。その総路線数は百を超え、総延長は一〇〇〇kmに及んだほどである（中村　二〇二〇：一二四）。森林鉄道は、高知県の国有林のそこかしこを駆けめぐっていたのである。

森林鉄道の終焉と遺産化のうごき

しかし、一九五〇年代後半になると森林鉄道を取り巻く状況は大きく変化する。戦後の復興期から高度成長期にかけての産業化において、木材は交通・通信インフラやエネルギー産業をはじめとする様々な産業に不可欠の資材・原料として利用されるようになり、国内の木材需要が急速に拡大した（山口　二〇一五）。その一方で、当時主要な運材方法となっていた森林鉄道は、奥山や急峻な地形への延伸が難しいことや、運営コストが増高していたこと、機動性を欠くことなどが問題とされていた。そうしたなかで全国的に普及していた森林鉄道による運材の再検討が進められた。その結果、一九五九（昭和三四）年に出された「国有林道合理化要綱」において、新設林道は原則として自動車道とし、既設の森林鉄道も自動車道に切り替えて改良するという方針が示された。それ以降、自動車の性能向上やガソリン入手の容易化も相まって、木材運搬は自動車道によるトラック運材へと急速に置き換えられていった（林野庁　二〇一九：六―七）。

そうした全国的な動きに伴い、高知県内の林道開発も自動車道建設に切り替えられ、既に存在していた森林鉄道の解体も段階的に進められた。高知県全域を駆けめぐっていた森林鉄道も、一九六〇年代の中頃までにはその姿を消すこととなった（桝本　二〇〇一：八）。この時期を四国における森林鉄道運材の終焉とすれば、森林鉄道が本格的な木材輸送手段として稼働していた期間は、明治末から昭和にかけての約六〇年間ということになる。

廃線を迎えて以降、森林鉄道という存在は人々の耳目に触れることはなくなっていったが、二〇〇〇年代に入ると状況に変化が生じる。森林鉄道と関連する機関車、桟道、橋梁、隧道などの遺構群や写真や地図といった史資料が「遺産」として注目されるようになったのである（林野庁　二〇二二）。その背景には、それまで遺産とはみなされなかった有形・無形の様々なものを遺産として捉え直し、それらを保護・保存しつつも、同時に地域活性化や町おこし、観光振興などの資源として「活用」しようとする近年の動向が影響している（松田　二〇一八）。高知県内に偏在していた森林鉄道もまた、それが敷設されていた地域の歴史や特色を伝える遺産として再発見されることになったのである。

その代表的な例として、高知県東部の中芸地域一帯に敷設された魚梁瀬（やなせ）森林鉄道が挙げられる。この魚梁瀬森林鉄道の隧道や橋梁といった関連遺構は、二〇〇〇年代に重要文化財に指定され、二〇一〇年代には中芸地域が申請し、採択された日本遺産のストーリーの構成文化財ともなった。

森林鉄道の「もう一つの顔」

では、遺産としての森林鉄道が伝える地域の歴史とはどのようなものなのだろうか。先に述べたように、木材を運搬するための専用鉄道である森林鉄道は、それ以前の河川を利用した運材に代わる新しい技術として導入されたものであり、林業における運材過程の近代化を推し進めたものであった（高木　一九八一：一九九）。その点で森林鉄道は、それが敷設された地域の林業、あるいは四国の林業の近代化を象徴する「産業遺産」の一種ということができよう（矢部　二〇二一）。

しかし森林鉄道には、実は「もう一つの顔」があった。それは、ここまで述べてきた森林鉄道の概要の説明が「標準的」なものだとすれば、そこから喚起される森林鉄道の標準的なイメージとは随分と異なるものだといえる。そして興味深いのは、二〇〇〇年代以降の遺産化のうごきのなかでは、森林鉄道の林業インフラとしての顔とともに、このもう一つの顔もあわせて語ることが定着してきているのである。

では、森林鉄道のもう一つの顔とはどのようなものなのだろうか。この章では、森林鉄道の標準的なイメージとはズレてくる部分に注目しながら、森林鉄道のもう一つの顔について説明していくことにしよう。具体的には、先に述べた魚梁瀬森林鉄道に注目し、この森林鉄道がもっていたもう一つの顔について、関連する史資料と調査の知見をもとに説明していく。(2) そのうえで、遺産としての森林鉄道がつたえる(あるいはつたえる可能性をもっている)歴史がどのようなものなのかについて考えてみたい。

2. 森林鉄道が走ったのは山林だけではない

中芸地域

中芸地域とは、高知県東部の安芸郡に属する奈半利(なはり)町、田野町、安田町、馬路(うまじ)村、北川村の五町村の総称である(図15-1)。この中芸地域一帯で明治末から昭和四〇年代までのあいだ稼働していた森林鉄道の総称が魚梁瀬森林鉄道である。まず、この中芸地域に大規模な森林鉄道網が敷設されることになった背景について、簡単に確認しておこう。

馬路村魚梁瀬が位置する中芸地域の北部は、四国山地東部にある海部山地が走り、甚吉森(一四二三m)や千本山(一〇八四m)といった一〇〇〇mを超える急峻な山々が連なる。この一帯の気温は年平均で一五℃ほどと温暖で、かつ気温の年較差が小さい気候である。さらに、年間四〇〇〇㎜を超えるほどの豊富な降水量を誇る、日本でも有数の多雨地帯でもある。これらの地形と気候が組み合わさることで、魚梁瀬とその近隣地帯には、暖温帯林上部を構成するカシ、冷温帯林の主要な構成種であるブナ、モミやツガなどの針葉樹、さらに四国のなかで希少なスギ天然生林が混生する多様性の高い森林が涵養されてきた。特に魚梁瀬から産出されるスギ材は、古くから銘木として全国的に知られている。

これらの豊かな山林は、藩政時代から手厚く管理されてきた。(3) 古くから魚梁瀬などの山中で伐り出された木材は、魚梁瀬・北川・奈半利を貫流する奈半利川と、馬路・安田を流れる安田川という二本の河川を利用して土佐湾まで下ろされ、そこから廻船によって京阪神地区へと運ばれていた。これらの河川は、高知の河川の多くと同様に、急流でかつ中小河川であった。そのため、堰を設けて水を溜め、そこに伐木を浮かせておき、堰を切った勢いで伐木を下へと流すという作業を繰り返す「堰出し（関流し）」とよばれる方法が主に用いられていた（高木　一九八一：四九）。

明治になると魚梁瀬を含む中芸地域の森林の多くが国有林に編入され、一八七〇年代末になると国家による管理と伐採が本格的にはじめられた。そのとき問題となったのが河川を用いた木材の運搬方法であった。先に述べたようにこの方法は、木材の損傷が大きかったり、従業者の危険性が高かったりといったいろいろな問題があった。中芸地域の奥山地帯には優良な森林資源が豊富にあるのに、それらを効率的に運び出すための手段がない。この隘路を乗り越えるための手立てとして国家によって整備されたのが魚梁瀬森林鉄道だったのである。(4)

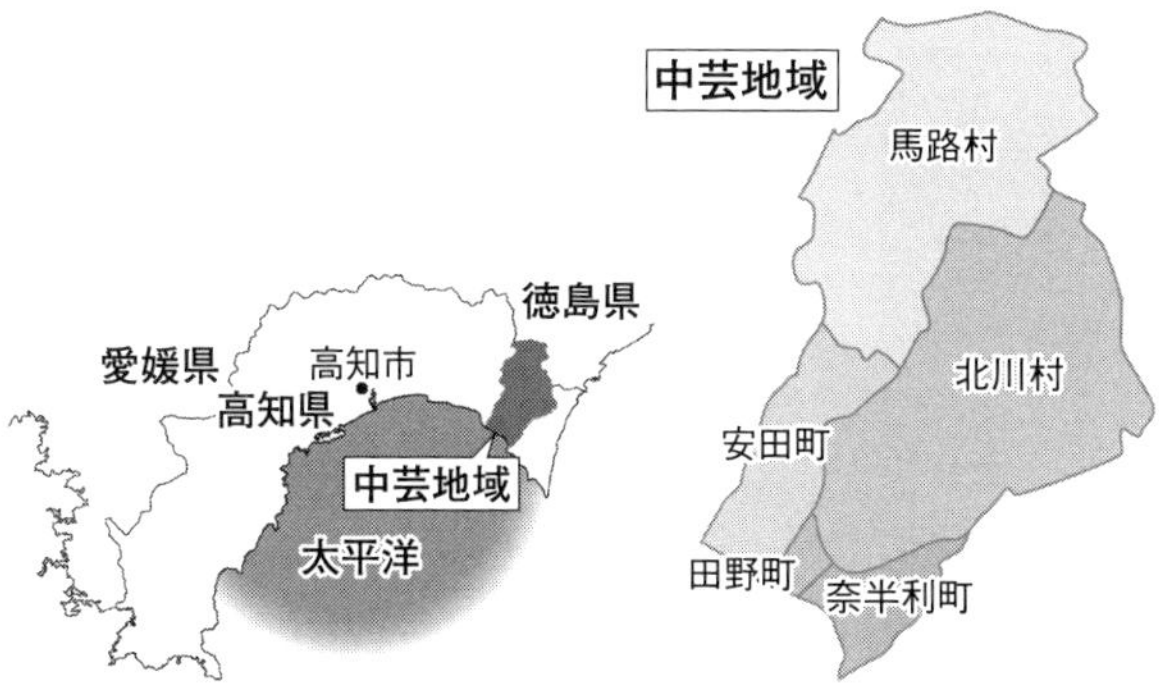

図15－1　中芸地域の地図

（出典）中芸のゆずと森林鉄道日本遺産協議会 HP（2022）より転載。
http://yuzuroad.jp/nippon_annai.html（2022年5月19日閲覧）

魚梁瀬森林鉄道

魚梁瀬森林鉄道の建設は、まず、安田川河口の田野貯木場から安田川に沿うように馬路につながる安田川線から着手された。一九一一（明治四四）年のことである。同時期に馬路から北部の山中の線路の建設も進められ、一九一九（大正八）年には魚梁瀬のさらに奥の仙石という木材集積場にまで至った。それからしばらく経った一九二九（昭和四）年、今度は奈半利川沿いに伸びる奈半利川線の建設がはじまった。その後、一九四二（昭和一七）年にこれら二つの幹線は釈迦ケ生というところで合流し、中芸一帯を環状につなぐ幹線が完成した。この幹線に、切り出した木材を幹線まで運ぶために設置された支線を加えた魚梁瀬森林鉄道網の総延長は、総延長は約三〇〇㎞に及び、西日本で最大級の規模を誇った（中村二〇二〇：一二三―一二八）（図15-2）。

この魚梁瀬森林鉄道で最初に走った蒸気機関車は、青森の津軽森林鉄道から移管されたアメリカ製のリマ社製シェイ式蒸気機関車だった（写真15-2）。一九二一（大正一〇）年のことである。それ以降、様々な種類の汽車が活躍した。

写真 15－2　シェイ式蒸気機関車
（出典）寺田（1991：15）より転載。

写真 15－3　平野部を走る森林鉄道
中芸のゆずと森林鉄道日本遺産協議会提供。

たとえば、支線では自動車のエンジンを台車に載せたガソリン車が活躍した。第二次世界大戦中のガソリン不足の時期には、木炭ガスで走る機関車もあった。戦後の幹線では国内産のディーゼル機関車が主流となった（桝本　二〇〇一：一六―三三）。

これらの機関車を走らせ木材を運ぶために多くの人が働いていた。機関車を運転する機関手、燃料を釜にくべる火夫、貨車につくブレーキを操る制動夫などの機関車にのる人たちもいれば、車輌の点検や整備を行う人たち、朝一で路線の安全確認をする巡回人夫、線路の保守点検・修理を行う保線係などもいた。他にも、単線上での機関車が正面衝突を避けるために駅間の運行状況をチェックする連絡員（電話係）という仕事もあった。これらの仕事には女性も含む多くの地元民が就いており、彼女らの貴重な現金収入源ともなっていた（中村　二〇二〇：一二八―一三七）。

では、魚梁瀬の山中から伐り出された木材を森林鉄道はどのように運んでいったのだろうか。そのルートをざっとたどっていってみよう。魚梁瀬の山林のそこかしこには、切り出した木材を幹線まで運ぶために、幹線よりも少し小ぶりのレールを用いた支線が造られていた。この支線を使って山中から幹線まで下ろされてきた木材を積んだ貨車は、幹線を走る機関車に連結されていく。順々に連結された貨車の数は二〇両を超えるほどだったという。木材を満載した台車の長い列をつくった機関車は、安田川と奈半利川に沿うように走る線路を下っていく。カーブや勾配がきついところも少なくない。ブレーキをかけたり外したりし、スピードを制御しながら進んでいく。またその道程には大小の橋やトンネル（隧道）がいくつもあった（桝本　二〇〇一：三四―四五）。

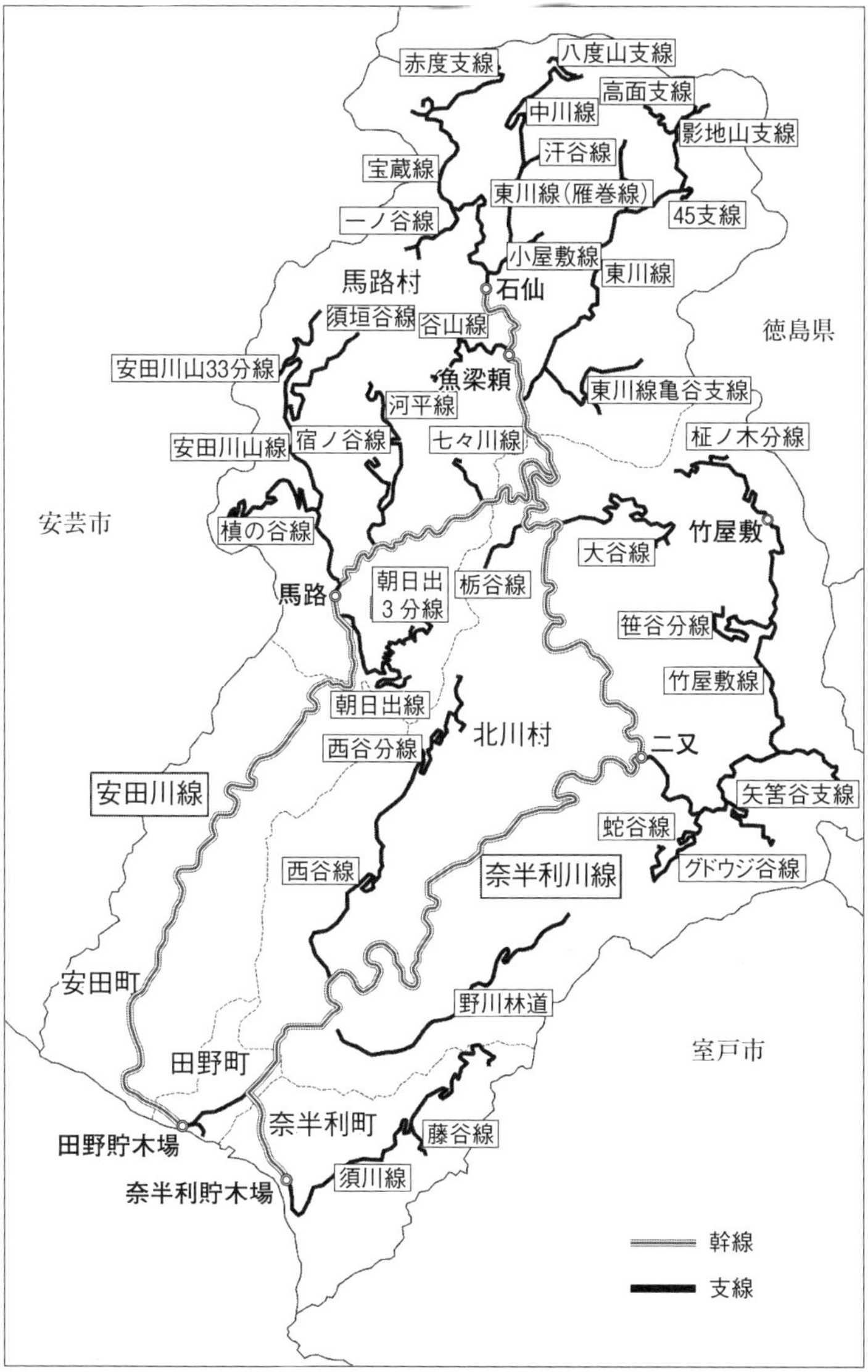

図15－2　魚梁瀬森林鉄道の幹線・支線および中芸地区森林鉄道路線の概略図

（出典）『魚梁瀬森林鉄道遺産支線調査報告書　平成24年度』（中芸地区森林遺産遺構を保存・活用する会）の図をもとに筆者が一部加筆修正。

山間を抜け河口域に近づいてくると、平野になり次第に傾斜がなくなってくる。ここからは機関車の力で貨車を牽引することになる。このあたりには田んぼや畑が作られており、機関車はその間を抜けて走る（写真15 - 3）。しばらく行くと、今度は海岸部に広がる街並が見えてくる。そこからもう少し進むと田野と奈半利に設置された貯木場に着く。貯木場に集められた木材は、別の機関車で海岸まで運ばれ、海に突き出た桟橋の上から海に落とされる。それを海上で待っていた木材運搬船が載せて、高知市や大阪方面に運んでいった（桝本　二〇〇一：三四―四五）。

暮らしの風景の一部としての森林鉄道

こうしてみると、魚梁瀬森林鉄道は、人里離れた山林だけでなく、地域の人たちの生活圏内の平野部や海岸部も走っていたことがわかる。しかも、海岸部のあたりでは、家屋や商店が並ぶ街並のかなり近くも走っていた。魚梁瀬森林鉄道はまさに中芸地域一帯を駆けていたといことができる。そしてその姿は、多くの人たちの思い出に残っている。

一九三〇年代生まれのひとみさんは、安田町東部の東島出身である。河口域に至った安田川線は、安田川の東側に位置する東島を走っていた。彼女の家の田んぼは、その安田川線の線路の脇にあったそうである。まだ幼かった時分、彼女が家族の手伝いをして田んぼで農作業をしていると、その脇を木材を積んだ貨車を牽く機関車がゆっくりと走り抜けていった。日に何度か通り過ぎる機関車が通る時刻はだいたいいつも同じ。そのなかに一一時半ころに通り過ぎる機関車があり、ひとみさんとその家族は、それを時計代わりにしていたという。「田んぼの仕事をしちょっても、一一時半にガソ（ガソリン機関車の通称）がとおりゆうき、もちょっとしたらお昼やねぇとか言うて」。時計代わりの機関車が来ると、作業の手を休め、お昼にしたそうである。

一九四〇年代生まれのすみこさんは、安田町西部の唐浜の出身である。唐浜は森林鉄道の線路から少し離れたところにある。そのため、あまり森林鉄道には馴染みがなかったという。そんなすみこさんの記憶に残っているのは、中学生のとき、学校の運動場から眺める森林鉄道の姿だった。すみこさんが通った中学校は安田川沿いにあり、その対岸を安田川線の線路が走っていた。休み時間のときに運動場に出ると対岸を走るガソが見えることがあり、「暇なときは、あぁ、今日は何列つないでる、何両あるなぁと、木材を積んだ台車の数をかぞえたりして」過ごしていたそうである。

中芸に暮らしてきた人たちに話を聞いていておもしろいのは、彼女たちが語ってくれる当時の暮らしのエピソードのなかに、ごく自然に魚梁瀬森林鉄道の姿がふとあらわれることである。それは、林業に従事していた人や、山中の集落に住んでいた人の語りだけでなく、先にあげたひとみさんやすみこさんのように、農業に従事していた人や沿岸部の集落に住んでいた人の語りにも言えることである。森林鉄道は、山林の中だけを走っていたわけではない。中芸地域に暮らしてきた人たちの暮らしの場の中や側も走っていたのであり、それゆえ森林鉄道はその土地に暮らした多くの人たちにとってありふれた暮らしの風景の一部であったのである。

3．森林鉄道が運んだのは木材だけではない

森林鉄道に乗る

さて、ここまで繰り返し述べてきたように、森林鉄道は「旅客の輸送を目的とした公共交通機関である通常の鉄道と異なり、本来木材搬出を目的に敷設される産業施設であり、用いられる車両は純粋な産業用輸送機械」である（経済産業省　二〇〇八：四一）。しかし冒頭で述べたように、森林鉄道にはそれとは異なるもう一つの顔があった。全国に敷設された森林鉄道は、「山間奥部の林業集落生活者にとっては、日常の足として、また生活物資の輸送手段としても親しまれ、木材運搬以外にも盛んに利用され」ていたのである（経済産業省　二〇〇八：四一）。魚梁瀬森林鉄道も例外ではなかった。中芸地域に暮らす多くの人が、森林鉄道に「乗った」経験を有している。森林鉄道は木材だけでなく、「人」も運んでいたのだ。

魚梁瀬森林鉄道の民間利用の歴史は大正時代に遡る。明治後半には敷設されていた安田川線では、「大正三（一九一四）年より官材運搬の余力を民間の生産物運輸に許したので、さらに交通・運輸の便が増加し」、さらに「一般の人々もこれに便乗していた」とされる。その後、一九三六（昭和一一）年頃より、「馬路村役場の証明書をもって乗車券に代用し、馬路—田野間に利用させ」るようになり、一九四九（昭和二四）年からは、馬路村農業協同組合と馬路村森林組合が共同で、正式な乗車

券を発行して客車運行を行うようになった（吉本編　一九七五：五六五）。便乗が認められた当初は、「ボサ箱」と呼ばれる薪を運ぶための無蓋の台車を代用したりもしていたが、後には有蓋の専用客車が利用されるようになった（小川　二〇一七：三〇六）。

では、実際どれくらいの人が魚梁瀬森林鉄道を利用していたのだろうか。昭和初頭に森林鉄道の民間利用状況を調べた報告書『森林鉄道軌道ノ便乗者及民貨輸送ニ関スル調』によると、魚梁瀬森林鉄道安田川線の一九三〇（昭和五）年から三年間の利用者数の総計は約一〇万一〇〇〇人にのぼる（農林省山林局　一九三四：二一七）。一日の平均としては一〇〇人弱が利用していた計算になるが、「便数は一日もっとも多くて往復三便、客車が一便あたり二両までだったことを考えれば、満員になる車両も珍しくなかったと思われる」（中村　二〇二〇：一三九）。このように魚梁瀬森林鉄道には多くの沿線住民が便乗し、山中奥地から海岸部までの中芸地域一帯をつなぐ主要な交通機関となっていたのである。

「便乗を謝絶す」

けれども、森林鉄道はあくまで木材運搬を目的とした専用鉄道である。そして官営の森林鉄道は、制度上、国有林野事業の事業資産として管理される「林道」の一種と位置づけられていた。それゆえ森林鉄道は、旅客を行う通常鉄道に関する当時の地方鉄道法や軌道法の適用範囲外にあった（小川　二〇一七：一八九）。つまり、森林鉄道に人が乗ることは、公的に認められた利用形態というわけではなく、あくまで「特例的」なことだったのである（小川　二〇一七：二〇〇）。

それは魚梁瀬森林鉄道も例外ではない。たとえば、便乗が認められた当初の安田駅にあった制札には、次のように記載されていたという。「大森林軌道は危険につき便乗を謝絶す。強いて便乗したるものはすべての危険は自己の負擔と覚悟せらるべし」（吉本編　一九七五：五六五）。また、昭和に入ってからの客車運行になってからの「乗車心得」にも、「運行中万一如何なる災害が生じても補償は致しません」と明記されていたそうである（吉本編　一九七五：五六五）。このように森林鉄道を運行・管理する側は、森林鉄道に人が乗ることはあくまで自己責任のもとで行われる便宜的な乗車に過ぎず、それゆえ事故などが起こっても補償はしないという姿勢を一貫して維持していたのである。

こうした意識は、便乗していた住民たちも共有していたようである。一九三〇年代生まれのやすこさんは、安田町北部の中山出身である。森林鉄道が走っていた当時、それに便乗していた人が事故にあってちょっとした怪我をしたり、ときには人の命が奪われるような大きな事故も起こったりしていたそうである。しかし、森林鉄道に便乗することは、あくまで「便宜を図ってもろうてしよった」ことであったため、事故などがあっても「どこにもなんにも言いません」というつもりでいたそうである。

森林鉄道に乗った思い出

制度的にはグレーなものであり、かつ少なからず危険を伴うものでもあった森林鉄道の便乗であるが、地域の人たちはその便利のために大いに利用していたのは先に述べた通りである。では、地域の人たちは森林鉄道をどんなふうに利用していたのだろうか。

一九四〇年代に生まれたきりこさんは、北川村の小島という山間の集落の出身である。きりこさんの家の門を出ると、すぐ前を奈半利川線の線路が走っていた。彼女にとって、木材を積んだ台車を引っ張る汽車の姿を普段から見ていた。だが、森林鉄道に乗るのは、買い物や病院に行くなどの用事があって沿岸部の町に行くときくらいで、それほど頻繁に乗っていたわけではないという。きりこさんにとって森林鉄道に乗るのは、普段とは違うちょっと特別なことで、感覚的には「今でいうとタクシーに乗るような感じ」だったと当時を振り返っていた（写真15‐4）。

写真 15－4　森林鉄道の無蓋車に乗る女性と子どもたち
中芸のゆずと森林鉄道日本遺産協議会提供。

きりこさんのように、森林鉄道に乗った思い出は少し特別な経験として話されることが多い。よく話に出るのが嫁入りのエピソードである。高知市内から中芸地域に嫁いできたある女性は、バスで安田まできて、そこから森林鉄道に乗り換え、嫁入り道具を積み、結婚式に同席する親戚と一緒に嫁ぎ先の家まで行ったという。また、夜店もたくさん出る大きな神祭（氏神の祭礼）があるときには、周辺の集落からやってくる多くの人の行き来のために、森林鉄道を臨時便が走ったという（中村　二〇二〇：一四七）。戦時中に、入隊日が迫った出征兵士を運んだのも森林鉄道の臨時便だったという。

様々な機会に利用されていた森林鉄道だが、多くの人のあいだで共有されている思い出の一つに遠足がある。先にあげたきりこさんも、森林鉄道に乗って行った遠足の思い出を話してくれた。きりこさんが通っていた小学校では、春と秋の年に二回、森林鉄道に乗って遠足に行ったそうである。その目的地は海だった。山間部に暮らしている子どもたちにとって海は遠かった。テレビもない時代だから映像でも見ることもなかった。きりこさんがはじめて海を見たのは、小学校一年生のとき、遠足で奈半利の海岸まで行ったときだったそうである。リュックを背負って森林鉄道に乗り、海岸に行って貝を採り、みんなでお弁当を食べた。生まれてはじめてみた海は、波が引いたりして「なんか怖いなぁって」思ったそうである。

4. 森林鉄道が伝える地域の歴史

森林鉄道の二つの顔

以上、森林鉄道がもっていた「もう一つの顔」を意識しながら、高知県東部の中芸地域に敷設された魚梁瀬森林鉄道について記述してきた。それをふまえ、この森林鉄道がもっていた二つの顔についてあらためて整理してみよう。

魚梁瀬森林鉄道は、奥山に位置する国有林で切り出された木材を運搬するための専用鉄道であり、中芸地域で古くから行われていた河川を利用した運材に代わる新たな運材手段として導入されたものであった。こうした森林鉄道の説明を聞けば、「山林のなかをたくさんの材木を積んで走る汽車の姿」をきっとイメージすることだろう。その姿は、たしかに森林鉄道の本来の目的に見合ったものであり、それゆえ魚梁瀬森林鉄道の標準的なイメージということができよう。

しかし、森林鉄道が走っていた時代を知る地域住民の語りから見えてくる森林鉄道の姿は、そうしたイメージとは異なるものであった。魚梁瀬森林鉄道の線路は奥山から沿岸部に至る中芸地域一帯に広がっており、農地や町中といった地域住民の生活圏の中や側も走っていた。それゆえ森林鉄道は中芸地域で営まれていた日々の暮らしの風景の一部であった。それだけでなく、主要な交通機関のなかった当時、この地域に暮らす人たちは様々な機会に森林鉄道を移動手段としても利用していた。森林鉄道は木材だけでなく人も運んだのである。

このように魚梁瀬森林鉄道には、半世紀近くに亘り、奈半利川・安田川流域の天然スギをはじめとする良材を運搬してきた林業インフラとしての顔とともに、地域にとってなくてはならない唯一の足として沿線住民を乗せて運んだ交通インフラとしての顔という二つの顔があったのである。

森と人の近代史をこえて

ただし、この森林鉄道がもともとこれら二つの顔をもっていたわけではないことには注意しておきたい。木材運搬のための専用鉄道である森林鉄道は、本来、林業インフラという一つの顔しかもたないはずのものだった。しかし、森林鉄道の敷設後に、敷設当初は想定されていなかったそれへの便乗が、あくまで特例的なかたちで認められることになったのは先述のとおりである。そうした特例的な措置が取られるようになった経緯の詳細は詳らかにはなっていないが、限られた史資料や人々の語りから想像するに、地域の人たちは森林鉄道が敷設されたかなり初期の時点から便乗を行っており、その積み重ねが当局に特例的な対応をさせたと考えられる。そして、特例的な便乗が認められて以降も、地域の人たちは様々なかたちで森林鉄道の便乗を行い続けることで、それを後追いするように客車運行の体制や設備が整えられていったのが実情といえよう。

こうしてみると、魚梁瀬森林鉄道が二つの顔をもつようになったのは、もともと地域住民の日常生活とは無縁のものとして造られた林業インフラとしての森林鉄道を、便乗という特例的な利用を積み重ねることによって、森林鉄道を少しずつ地域の暮らしに埋め込まれたものにしていった歴史の結果ということができるだろう。

森林鉄道とは、明治以降に成立した国有林という森林の管理経営の一環として造られたものであり、林業の機械化、特に運材過程の機械化を推し進めたものであった。その点で森林鉄道の歴史とは、まさに四国山地の森と人の近代史を伝えるものということができる。しかし、森林鉄道の歴史のおもしろいところは、ここまでみてきたように、森と人の近代史という枠をこえ、林業の歴史と地域社会の歴史とが密接に絡み合う様相を垣間見せてくれる点にある。そうした絡まり合いは、森林鉄道以前の河川を利用した運材の時代にはみられず、そして森林鉄道以降の自動車による運材の時代には失われてしまったものであり、それゆえ森林鉄道が走っていた時代に特有の歴史ということができる。そしてそうした絡まり合いは、もともと想定されていたものではなく、その土地に暮らしてきた人たちが森林鉄道の生活利用の実践を積み重ねることによって生み出されていったものであり、その点でその地域に特有の歴史ということもできる。

森林鉄道が遺産化するという動きのなかでつたえられる歴史とは、四国山地の森と人の近現代史と共に、それと絡み合うことで成り立っていた地域の人たちの暮らしの近代史なのである。

注

（1）それが作られた当初は、木材を台車に載せ、自重を利用して乗り下げ、空の台車の引き上げには動物（牛、馬、犬など）を用いていた。その後、木材台車の運搬や空の台車の引き上げに蒸気機関車やディーゼル車が用いられるようになる。前者を森林軌道、後者を森林鉄道と呼び分けることもあるが、ここでは特に断りがない限り両者を総合して「森林鉄道」と呼ぶことにする。

（2）二〇一五年から私は、この魚梁瀬森林鉄道に関連するインタビューを中心とする現地調査を、他の研究者や地元の協力者、学生たちなどと協力しながら実施してきた。これらの調査は、科学研究費補助金「「杣（そま）」と森林鉄道を起点に復元する高知県東部の「暮らし」」（代表：小幡尚、17K02021）、「ゾミア的空間の地球史に向けたプレリサーチ：非人間中心主義的転回への人類学的応答」（代表：内藤直樹、20K20728）、「森林鉄道のインフォーマルな生活利用の民衆史：高知・青森・秋田の女性の語りをもとに」（代表：岩佐光広、21K12405）の一環として実施されたものである。また、調査の実施および本章の執筆は、様々な方の協力によって実現できたものである。一人ひとりのお名前を挙げることはできないが、ご協力、ご助力いただいたみなさんに記して謝意を示したい。

（3）魚梁瀬の森林の管理の歴史については、赤池慎吾が執筆する第11章を参照されたい。

（4）魚梁瀬森林鉄道の導入の経緯およびその導入による山地景観の変化の詳細については岩佐・赤池（二〇二三）を参照されたい。

参考文献

岩佐光広・赤池慎吾　二〇二三「人間と非人間の「固有の時間」の絡まり合いにみる山地景観の動態――高知県東部・魚梁瀬山における国有林森林鉄道の導入を事例に」『文化人類学』八八（二）：二八七―三〇七。

小川功　二〇一七『非日常の観光社会学――森林鉄道・旅の虚構性』日本経済評論社。
経済産業省　二〇〇八『近代化産業遺産群　続33――近代化産業遺産が紡ぎ出す先人たちの物語』https://www.meti.go.jp/policy/mono_info_service/mono/creative/kindaikasangyoisan/pdf/isangun_zoku.pdf（二〇二二年五月一九日閲覧）。
高木啓夫　一九八一「山の民俗文化史」山本大編『高知の研究　第六巻　方言・民俗篇』清文堂出版、一五三―二一三頁。
中芸のゆずと森林鉄道日本遺産協議会　二〇二二「日本遺産　ゆずとりんてつ」https://yuzuroad.jp（二〇二二年五月一九日閲覧）。
寺田正　一九九一『林鉄――寺田正写真集』寺田正写真集刊行会。
中村茂生　二〇二〇「魚梁瀬森林鉄道の人びと」旅の文化研究所編『「小さな鉄道」の記憶――軽便鉄道・森林鉄道・ケーブルカーと人びと』七月社、一二一―一五七頁。
西裕之　二〇一四『特撰　森林鉄道情景』講談社。
農林省山林局　一九三四『森林鉄道軌道ノ便乗者及民貨輸送ニ関スル調』。
桝本成行　二〇〇一『魚梁瀬森林鉄道』ネコ・パブリッシング。
松田陽　二〇一八「保存と活用の二元論を超えて――文化財の価値の体系を考える」小林真理編『文化政策の現在三　文化政策の展望』東京大学出版会、二五―四九頁。
矢部雄三　二〇二一「林業の近代化を担った森林鉄道とその遺産活用」『グリーン・エージ』四八（七）：一二―一六。
山口明日香　二〇一五『森林資源の環境経済史――近代日本の産業化と木材』慶應義塾大学出版会。
吉本珖編　一九七五『新安田文化史』安田町。
林野庁　二〇一九「特集　木材輸送の近代化を担った森林鉄道」『林野＝Rinya――人と森をつなぐ情報誌』一五〇：三―七。
――　二〇二一「特集　現在に活きる森林鉄道――その文化的価値と利用」『林野＝Rinya：人と森をつなぐ情報誌』一七〇：三―七。

第Ⅳ部

山村の未来
——他者とともにある景観

私たちは未来を事前に知ることはできない。だからこそ、未来について想像し、予測し、その結果に期待あるいは絶望し、その実現や阻止にむけて活動しようとする。その意味で未来は、「現在」の社会や生活に関係している。言い方を変えれば、未来について考え、活動をおこなう主体は、今を生きる私たちに他ならない。世界各地の人間はこれまで、さまざまなやり方で未来について思いをめぐらせてきた。だが近代以降の人間は、未来を物事が段階的に進化・発展する不可逆的な時間の流れとして捉えるようになった。そして二〇世紀後半以降は、未来をリスクや絶望が支配する時代として捉える見方もあらわれた。

明治維新の頃の日本の総人口は三千万人強だった。その後二〇〇四年にピークを迎え、一億三千万人近くに達した。この時には、人口の首都圏一極集中と地方の過疎高齢化が進行していた。それ以降の総人口は減少を続けており、二一〇〇年には約六千万人から四千万人、高齢化率約四〇%になるという予想がある。現在の日本は、世界的にも人口縮小社会のトップランナーとして知られている。この事態は、人口やそれを背景にした経済が右肩上がりに伸びていくという未来観を大きく揺る

がせている。とりわけ地方の人口減少と過疎高齢化は著しい。そのようななかで四国山地の景観はどのように変化していくのだろうか。

重要なことは、「未来とは、今を生きる人間による想像力の産物である」という点である。このことに気がつくことで、私たちは「他でもありうる未来」に思いをめぐらせることができる。それは、思いもよらない方法で地方の人口を増やすといったストーリーではない。そうではなく、思いもよらない他者とのつながりにもとづく未来像である。具体例のひとつは「関係人口」のように、地域外部のさまざまな人間による思いもよらない関与のあり方を認めることである。すでに見てきたように、四国山地の景観は国や市場あるいはグローバルなつながり等の空間や価値観を異にする他者との相互作用によって創られてきた部分がある。すなわち四国山地の景観は空間そして価値観を越える他者とともにあった。

四国山地の景観とともにある「他者」には、大地や木のような人間とは時間（リズム）を異にする存在も含まれている。たとえば四国山地北側の山村景観を構成する傾斜畑は、人間が管理する草地とともにあった。それゆえ草地の減少は、景観の大規模な変化を意味する。それゆえ現在、景観を維持するために「草」をまもる取り組みをしている人びとがいる。また、国連の世界農業遺産制度を活用して景観を維持する取り組みもある。また人間活動の影響で絶滅した多くの生物種と同様に、四国山地のツキノワグマの地域個体群が絶滅の危機に瀕している。いま全国の里山で、野生動物との関係をめぐるこれまでにない問題が頻発している。そのようななかで、「クマもいる四国山地」という未来を目指す取り組みもある。この部では、さまざまな他者とともに景観の未来を創ろうとする取り組みについて考える。

高橋五月　二〇一八「福島沖に浮かぶ『未来』とその未来」『文化人類学』八三（三）：四四一－四五八。

第16章　草地から〈自然〉へ
——剣山系における半自然草地の近代

鎌田磨人

1. 剣山系の草原・草地

剣山系の山頂、稜線には雄大な草原が広がる（写真16‐1）。そして、その下の急斜面に森林、続いて集落が現れる（写真16‐2）。集落に入ってみると農地が広がり、ところどころに茅葺き屋根の家屋を見ることができる。農地の中には、刈り取られた茅を積み重ねて作られる「コエグロ」（写真16‐3）。集落の景観を特徴づける茅葺き屋根とコエグロ、どちらも作り上げるのに欠かせないのが茅、すなわちススキである。ススキは全国いたるところで生育するイネ科の多年草で、秋の七草の一つであり、また、月見に団子とともに添えられる植物なので知らない人はいないだろう。日本人にとってそのくらい身近な植物であるススキは、祖谷山地域のような山間農村の生活を支えるうえで欠かせない植物であり、ススキを得るための草地が生活域の周辺に作られ、維持されてきていた。

一方、山頂や稜線部の草原は、自然の作用によって作られたように見える。一定高度以上になると寒さのために森林ができず草原になる、もしくは、強風のために森林形成が阻害されるとの見方である。しかし、剣山系は森林限界を超える

写真 16‐1　剣山系の稜線に広がる草原
（2016 年 5 月 31 日）

写真 16－2　急斜面に分布する集落
(2016 年 5 月 31 日)

写真 16－3　(a) 落合集落、(b) 茅葺き民家、(c) 斜面に作られる農地、(d) コエグロ
(2021 年 8 月 22 日)

標高ではなく、自然のみの力で草原が成立・維持されてきたとは考えにくい。寒さや強風という自然条件もさることながら、木地師などの人の暮らしが大きく関わっていると考えられている。

本章では、旧東祖谷山村に見られる、コエグロの材料となるススキの採取地である茅場、屋根の材料としてのススキの採草地、そして、頂上・稜線部に広がる草原の三つの草地・草原生態系の成立や維持、そして変化が、人の暮らしとどのように関係してきたのか紹介する。

2. 畑と茅場の結節点としてのコエグロ

「コエグサ」としてのススキとその採取

一九五〇年頃の祖谷山地域の主要作物は麦類、芋類、雑穀類（ソバ、ヒエ、キビ、アワ、モロコシ、シコクビエ等）、豆類（ダイズ、アズキ等）、ミツマタ、煙草等であった。麦、芋、煙草は、集落内で定常的に維持される「常畑」で栽培されていた。一方、雑穀類や豆類は、周辺の雑木林を伐採して燃やすことで作られる「焼畑」で栽培されていた。焼畑では、ヒエ、アワ、キビ、アズキ、ソバ、シコクビエ、ミツマタ等が順々に栽培された。そして、その後に放置（休閑）され、再び森林に戻された。約二〇年の休閑期間を経て再生した森林が再び伐採され、火入れされた（福田・鎌田　一九九三）。常畑で栽培される作物には施肥が行われた。換金作物であった煙草には干鰯等が肥料として購入されたが、自家消費用のムギやジャガイモの肥料にはススキが用いられた。肥料としてのススキは「コエグサ」とも呼ばれた（徳島県立博物館編　一九九四）。一方、焼畑では基本的に施肥は行われなかった（日鷹ら　一九九三）。焼畑は、祖谷山地域で広く行われ（佐々木　一九七二）、一九五〇年には東祖谷山村（当時）における経営耕地三八八haのうち水田が四九ha、常畑が二九三ha、焼畑が三二haであり、村内の農家八九七戸のうち二七三戸の農家が焼畑を営んでいた（福田・鎌田　一九九三）。

かつて焼畑が経営されていたときは、それぞれの農家が所有する山林内の茅場（草地）や、焼畑後の休閑初期の土地、また、焼畑の周囲など、個人所有の土地に生えたススキが常畑の肥料として使われた。一九五〇年には、東祖谷山村内で二二五haの

写真 16－4　茅場でのススキの刈り取り（a～c）と畑に撒き出されたススキ（d）（2021 年 8 月 22 日）

採草地が維持されていた。この時、刈り取ったススキをすぐに降ろすと荷が重いため、乾燥させて運びやすくするためにコエグロをつくったのだという（福田・鎌田　一九九三）。

焼畑が盛んに行われていた頃のコエグロ作りは次のように行われた（福田・鎌田　一九九三）。九月はじめ、ススキの穂が出た頃に刈り取りが始められる。この草刈りは、家族単位で行われるが、時には集落構成員の共同作業である「イイ（結）」として行うこともあった。鎌で刈り、束にしたススキはひとまずその場に置かれ、その後に積み重ねられた（写真16‐4a～c）。一ヶ月くらいすると発酵しはじめるので、そのまま翌春の作付け前まで置いておき堆肥化した。そしてジャガイモを植える時やムギを蒔く時などに、刻んで土にすきこんだり、地表面を被覆するように撒いたりした（写真16‐4d）。

ススキをとおして得られる生態系サービスとコエグロの役割

祖谷山地域の一集落（栗枝渡（くりしど）、図16‐1）を例として、茅場からコエグロに集められ、常畑に投入されるススキについて、地域内における物質供給あるいは物質循環という

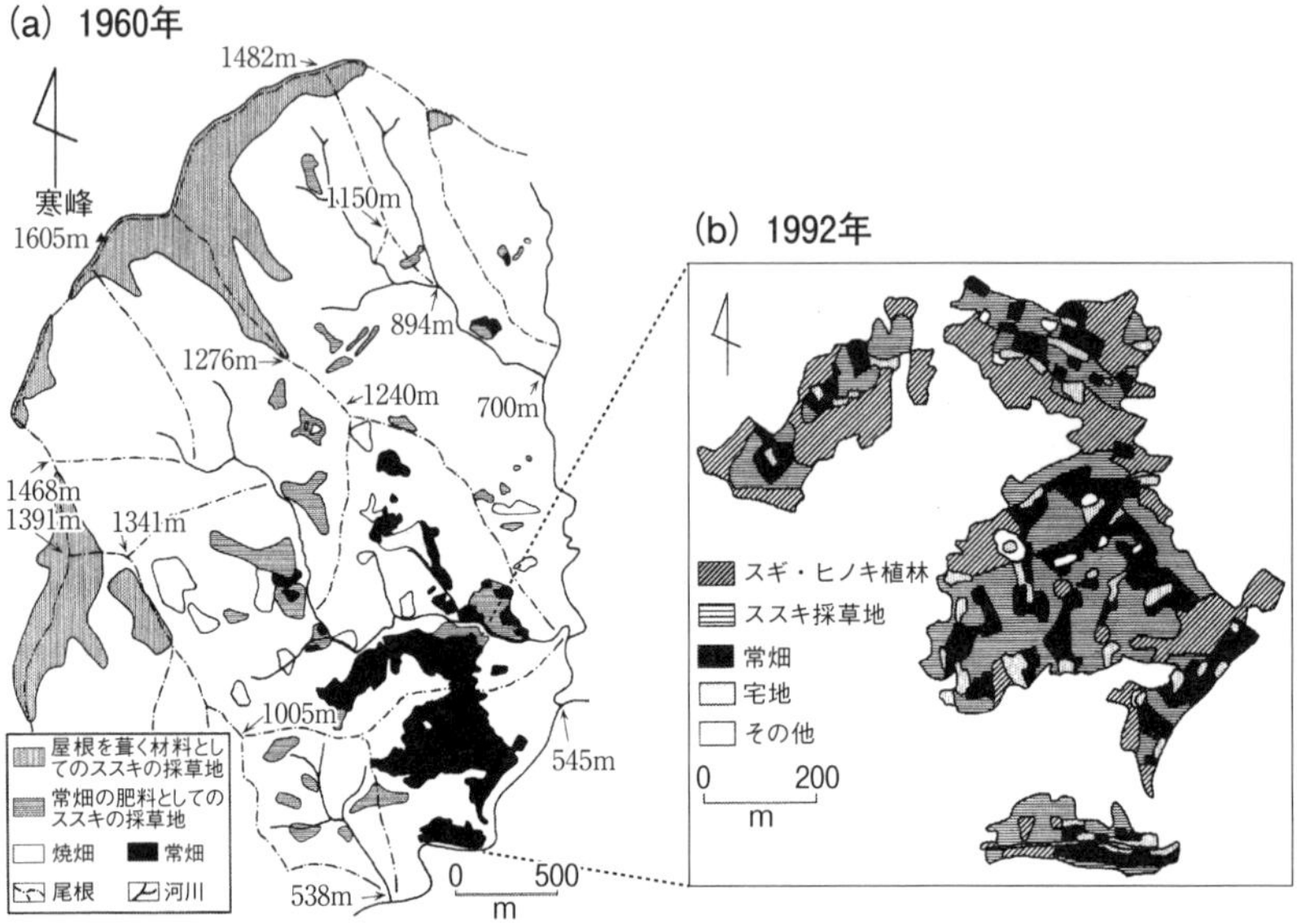

図16－1　栗枝渡集落の土地利用

(a) 1960年には稜線に屋根材料としてのススキを採取するための草地、斜面に焼畑や常畑に投入するススキを採取する茅場として利用された休閑地が分布していた。
(b) 1992年には1960年に常畑であったところに植林地や茅場が作られるようになっていた。
（出典）鎌田（1999：38-39）を一部改変して作成。

観点からみてみよう（鎌田　一九九九）。一九六〇年（図16・1a）には二八・九haの茅場が分布していた。農家が刈り取りを行う九月のススキ地上部の乾燥重量は一・〇九kg／㎡であったことから、当時の茅場では三一五t程度のススキを採取できたと思われる。これを耕作されていた四二haの常畑に投入すると、常畑一ha当たりに投入可能なススキの量は七・五t程度であったと推定される。

コエグロによって堆肥化されたススキは、肥料としてどのくらい効果があったのだろうか。ススキが刈り取られる九月には、乾燥重量の約〇・五％の窒素、約〇・二五％のリン酸が蓄積されている。これを堆肥化すると、窒素は一％程度に、リン酸は〇・二七％程度に増加する（福井・久保田　一九六二）。結果として、畑には七五kg／haの窒素、二〇kg／haのリン酸を供給できていたと考えられる。コエグロは、重量を軽くすることのみならず、緑肥を堆肥化することで肥料効果を高めることにもつながっていたようだ。実際、堆肥化したススキを四年間投入すると、ムギの収量は一・一倍程度、サツマイモの収量は一・三倍程度まで増加することが示されている

（福井・久保田　一九六二）。

見過ごされがちではあるが、剣山系のような急峻な傾斜地で耕作するとき、畑地にススキを投入して地表面を被覆することは土壌侵食の防止という面でも多大な効果を発揮する。傾斜角二五度の畑地に五ｔ／haの稲藁を撒いて被覆した場合、土壌侵食量は何もしなかった時の一五％以下に抑えられるとの実験報告もある（細川ら　一九八二）。祖谷山地域ではコエグロに置かれたススキを三〇cm程の長さに切った後、それを畑地の地表面に覆いかぶせるように撒いていたこと、また、一九六〇年当時に投入可能であったススキの量は五ｔ／haを超えていたと推定されることから、実験で示されたのと同様の土壌侵食防止効果を発揮していたと考えられる（鎌田　一九九九）。

農家は、茅場に生えるススキを刈り取り常畑に投入することで、施肥と土壌侵食の防止を同時に達成していた。近年の考え方に従うと、茅場という草地生態系は、農家にとって肥料や土壌侵食を防止するための材料がストックされた「自然資本」であり、その資本から取り出されるススキをとおして、農家は複数の「生態系サービス」を同時に得ていた、と言い換えることができる。コエグロは、資本から取り出された物質としてのススキを、価値（サービス）に転換するための結節点であった。

３．茅葺き屋根を支える草地

屋根材料としてのススキとその採取

かつて、ほとんどの家が茅葺きであった頃、地区を挙げての屋根葺き作業が年に一、二度行われた。屋根葺きは、屋根屋と呼ばれる職人を中心に、「組」の構成員の共同作業（イイ「結」）で行われた。組とは、二〇～三〇戸の世帯からなる集落内の単位である。肥料にも屋根の材料にもススキが利用されたが、前者は焼畑跡地等の個人所有地で採取されたのに対して、屋根材料としてのススキは、組で所有する採草地で採取された（福田・鎌田　一九九三、鎌田　一九九九）。その採草地は海抜一二〇〇～一三〇〇ｍくらいの尾根沿いにあった（図16‐１ａ）。標高の高い寒冷な場所で生育するススキは茎が硬く、屋根材料に適しているのだという（鎌田　一九九九）。屋根材料を得ていた場所は比較的自由に利用できる場所であり、屋根を葺くためのススキの採取を基本的な目的としながらも、残ったススキは肥料としても利用された（福田・鎌田　一九九三）。

屋根材料となるススキの採取は、組の共同作業として、毎年一一月中旬の「オイノコサン（陰暦一〇月の亥の日）」が過ぎた頃から始められた。刈り取ったススキは背負って下に降ろしていた。ススキの刈り取り、運搬は最もきつい仕事の一つで、「肥刈唄（こえかりうた）」や「肥負唄（こえおいうた）」を歌いながら仕事にはげんだという（福田・鎌田　一九九三）。

屋根材料となるススキの多くは秋に刈り取って集落周辺まで降ろして調整されて蓄えられたが、一部は山中で越冬させて雪にさらして春先に刈り取られた。後者は「シノ」と呼ばれ、茎だけ残った上質なもので、屋根の隅などの美しさを左右する重要な部分に使われた（徳島県立博物館編　一九九四）。

採草地の維持管理

火入れをして地上部の植物体を焼失させることで、遷移初期の植生である草地を維持することは、阿蘇や秋吉台、春日山等、今でも日本各地で行われている草地の管理技法である。祖谷山地域でも、尾根上のススキ採草地を維持するために、八十八夜以降の五月か六月頃になると火がつけられ、燃やされていた（福田・鎌田　一九九三）。毎年、この時期になると尾根沿いに走る「火道（ひみち）」が、あちらこちらの夜空に浮かんだという。このようにして尾根筋が燃えることを、村人は「天火（てんび）」と呼んでいた（福田・鎌田　一九九三）。火入れされてから一週間から二週間も燃え続けた、ともいわれる（鎌田　一九九四）。この火入れは無届けで行われ、また、火入れした人も特定しないものであった。尾根沿いには、組の共有地とは別に、どこにも所属しない土地があり、そこは採草地などとして誰でも利用することができた（鎌田　一九九四）。火入れの際、肥料用として置いておいたコエグロが焼失しても文句は言えなかった（福田・鎌田　一九九三）。

二〇～三〇戸からなる組の全員でススキを刈り取って火入れを行い、組の全員で茅葺き作業を行うという相互扶助の仕組みによって、二〇～三〇年に一回の頻度で各世帯の屋根の葺き替えを行うことができ、また、採草地が維持されてきたのだった（鎌田　一九九九）。

図 16－2　祖谷山絵巻「木地挽小屋全図」［渡辺広輝筆、1828 年］
（出典）徳島県立博物館所蔵。

4．高標高域の草原とその成り立ち

木地師による高地の土地利用

祖谷山地域には、農業を生業とする集落とは別に、木地師集落がより標高の高いところにあった。木地師は、ブナ、トチノキ、クリなど、木器を作るのに適した樹種を求めて移動生活を行った者をさす。山中に簡単な小屋を建て、周囲の森林から必要な材を切り出して木地を挽き、適当な材となる木がなくなると他所に移動していった。一八二八年に渡辺広輝によって作られた「祖谷山絵巻」に含まれる「木地挽小屋全図」（図16‐2）から、尾根筋の切り開かれたところに家屋が建てられ、その周りに焼畑と思われる耕作地が作られていたことが確認できる。また、周辺の森林には広葉樹とモミやツガと思われる針葉樹とが混生していることから、この小屋がブナ林帯上部、一五〇〇ｍ程度の標高の稜線に作られていたことも推察できる。木地師は、稜線沿いを様々な形で利用していたのだ。

標高一五五〇ｍほどにある落合峠で行われた花粉分析では、七七〇年前～一九〇年前の間に、モミやツガの花粉量が減ること、その一方で炭片が増えること、つまり森林火災が増えること、それに先立って微量ではあるが焼畑の作物であったソバ属の花粉が出現し始めることが示されている（図16‐3、三宅ら　二〇〇五）。また、木地師の存在を示す「徳善文書（一三五六年）」から、祖谷地域では少なくとも中世には木地師が集落を形成していたと考えられている（小串ら　二〇〇五）。

近世になると、近江国小椋郷（滋賀県東近江市）にある筒井神社と金龍寺が日本各地の木地師を統治し、「木地師文書」を手渡して、各地の高山で自由に仕事ができる特権を認

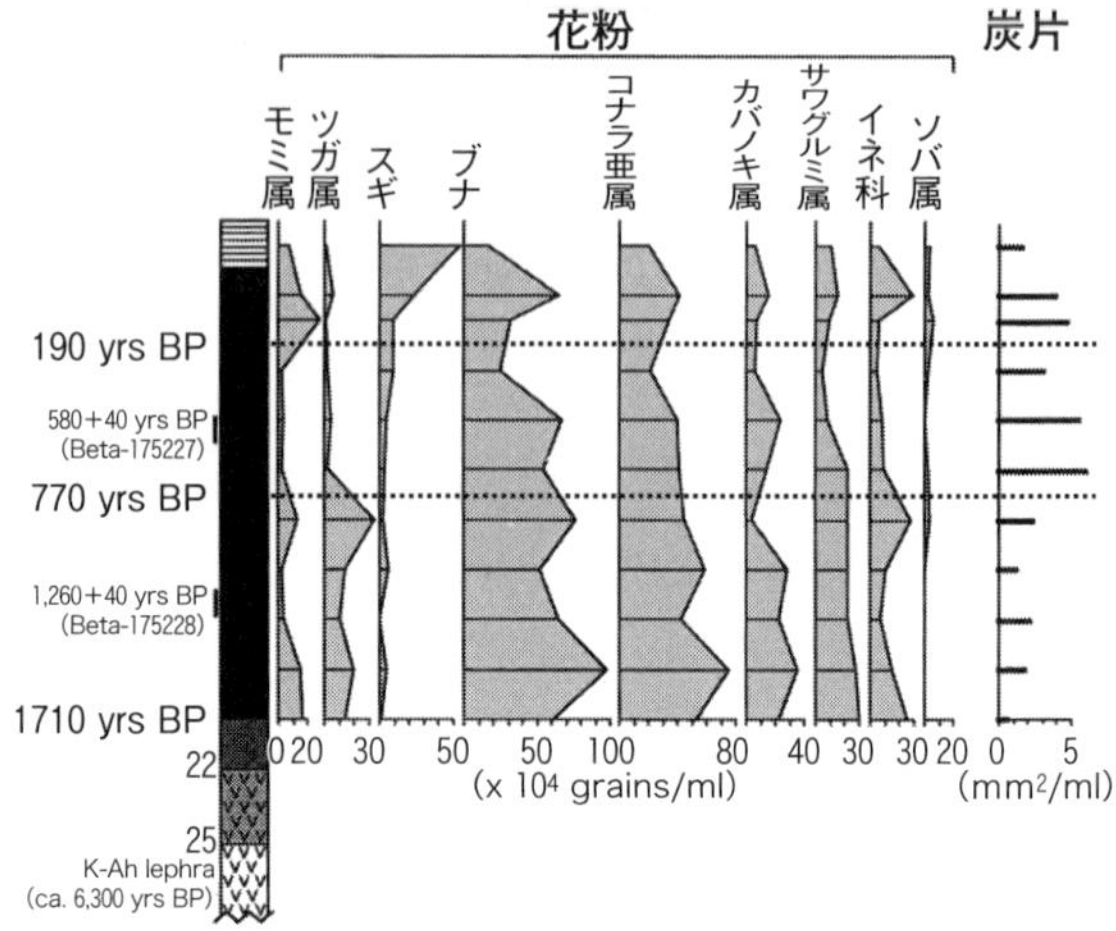

図16－3　落合峠での花粉分析の結果

（出典）三宅ら（2005：8）を一部改変して作成。

めた。徳島県では「山の上八丁は切り食い」という、高山の八合目以上での森林については木地師が自由に利用する権利を持つとする言葉が残っている。このように、中世から始まった木地師による稜線付近の利用は、近世に最も盛んになり、明治期に戸籍制度が強化によって山林所有権が確定されるまで続いた（徳島県立博物館編　一九九四）。

　木地挽小屋全図、花粉分析、文書の情報を統合すると、落合峠のような一五〇〇m程度の稜線については、中世の頃に渡ってきた木地師による森林の伐開、焼畑等による耕作地の造成と作物栽培、周辺森林での抜き切りといった活動や、生活に乗じて発生する森林火災が、草原を作り、拡大することになったと推測される。

交通路の確保、山菜採取を目的とした火入れ

「祖谷山絵巻」の「祖谷塔丸絶頂望菅生名諸山」では、塔丸（とうのまる）山頂（標高一七一三m）から続く稜線は針葉樹が点在する草地として描かれている（図16-4）。このことから、塔丸山頂周辺では、少なくとも江戸時代後期には草原が広がっていたことを知ることができる。

　標高の高い山頂やそれに続く稜線では、山菜採りを目的とした火入れも行われた。山頂部および稜線で火入れが行われていたとされる場所は、三嶺から天狗塚に至る稜線、京柱峠、寒峰、落合峠、サガリハゲ山、小島峠、塔丸で（図16-5）、その目的はワラビの生育を促してそれを採取することであったという。また、一九二〇年に県道祖谷街道が開通するまでは、三嶺から天狗塚に至る稜線鞍部の躄峠、京柱峠、寒峰の西側稜線の鞍部、落合峠、小島峠、塔丸の稜線東側の鞍部は、高知や徳島との往来に使われた主要な経路であり（福井　一九五一）、落合峠では道を確保するために火入れが行われてきたことも知られ

図 16－4　祖谷山絵巻「祖谷塔丸絶頂望菅生名諸山」［渡辺広輝筆、1828 年］
（出典）徳島県立博物館所蔵。

ている（小串ら　二〇〇五）。人の移動、物資の運搬のための道作りや、それにあわせての山菜採りなどのために火入れが行われてきたと推察される。これらの稜線には草原が広がっているが（鎌田・曽宮　一九九四）、その維持過程にはこのような火入れも関与しているようだ。

5. 草地・草原の変容・消失

焼畑の消滅と採草地の変容

祖谷山地域での焼畑は一九九三年頃まで細々と行われていたが（日鷹ら　一九九三）、ほとんどは一九六九年頃には姿を消した（福井　一九七四）。焼畑地であった場所は、放棄後の自然遷移によって落葉広葉樹林になったり、放棄の際に植林されたことでスギ・ヒノキ林になったりしている（鎌田・曽宮　一九九九）。

集落内の常畑も人口減少の進行や若者の建設業等への職業転換によって農業を行う人手がなくなったため、維持することが困難となった（鎌田　一九九九）。畑での耕作を放棄するとススキが侵入して繁茂し、草地となる。かつて焼畑後の休閑地を茅場にしてきた農家は、集落内に生じた草地を茅場に転嫁し、ススキを刈り取ってコエグロをつくり、残存する畑での作物栽培に役立てている（写真16‐3、4）。

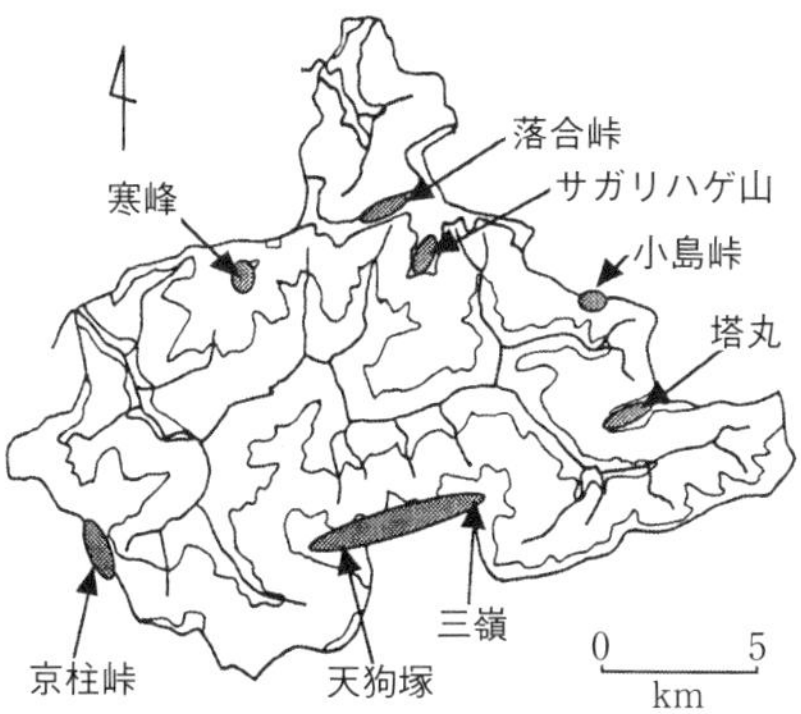

図 16－5　旧東祖谷山村で火入れが行われたとされる稜線
（出典）鎌田（1994：105）。

化学肥料等の購入が簡単になった今では、ススキを肥料とする必要はなくなってきている。にもかかわらず集落内に茅場が維持され、毎年、ススキが刈り取られているのは、ススキを肥料として栽培したジャガイモやソバの味が良いこともあるが、最も大きな理由は、地域外に出ている子どもが地元に帰ってきた時にすぐにでも農地として利用できるようにしておくためだとのことであった。刈り取りをやめてしまうと、即座にウツギ等の低木が侵入して、再び農地として利用することが困難になるからだ（鎌田　一九九九）。ススキを刈り取る手間もままならなくなった農地跡地には、スギ等が植えられてもきた（図16‐1b）。人口減少に歯止めがかからず、農地や茅場の維持がますます困難になってきているようだ。

かつては組で行われていた屋根の葺き替えも、一九六〇年頃より後は継続が困難となった。茅で葺かれた屋根はトタンで被われるようになり、また、瓦屋根へと変化した。ススキの採取が行われなくなった草地は遷移が進み、消失した。

落合峠と塔丸にみる稜線の草原の変化

落合峠では、明治期以降も一九四〇年頃まで木地師による立木の利用が行われていたことが知られている。こうした利用に加え、一九六〇年頃まで火入れや樹木伐採が不定期に行われてきたことで、草原が維持されてきた（小串ら　二〇〇五）。一九六〇年頃の様子（写真16‐5）は「緩やかな起伏にススキが一面に茂り」（阿部ら　一九六一）、「これほど雄大な大草原はまず県下にはあるまい」（川内　一九六一）と記述されている。

一九六〇年以降、人による草原への働きかけは全く行われなくなり、その場を草原として留めておく力が失われた。その結果、草原にはウラジロモミや落葉広葉樹が急速に侵入し、成長している（写真16‐5）。草原の樹林化は落合峠に限らず塔丸でも同様に進行していて（図16‐6）、落合峠では一九五四年に九三haあった草原は二〇二〇年には二五haにまで、塔丸では九二haから三一haにまで激減している。風で種子散布するウラジロモミ等は、生育するのに適した場所に次々と侵入してその場を占有していく（小串・鎌田　二〇〇八）。近年は、環境の厳しい場所しか残っていないため樹木の侵入・拡大速度は小さくなっているものの、雄大であった草原の姿はこれからも失われていくと思われる。

自然にのみ込まれる草地・草原

祖谷山地域にあった草地・草原は、人の営みの中で作られ維持されてきたものであった。そのため、その姿は人の営みの変化とともに変わってきた。特に、一九六〇～一九七五年に起こった農村から都市への人口流入は、日本の産業構造を変革しながら高度経済成長をもたらした。そして、その動きは農山村の姿をも劇的に変容させることとなった（鎌田　二〇一四）。祖谷地域に見られた草地や草原の変貌は、このような大きな社会変動の中で生じたものである。人の働きかけによって作られ、人と自然との相互作用で維持されてきた草原や草地は、人の働きかけが消失することで自然の過程が卓越し、樹林へと姿をかえつつある。この様子は、永きにわたる地域の人と自然との関わりの終焉を告げるものであり、地域に蓄積されてきた自然資源を管理するための技術や知恵の消失を予言するものである。

写真 16－5　落合峠の草原へのウラジロモミの侵入・成長

（注）1960 年は福永泰久氏撮影。

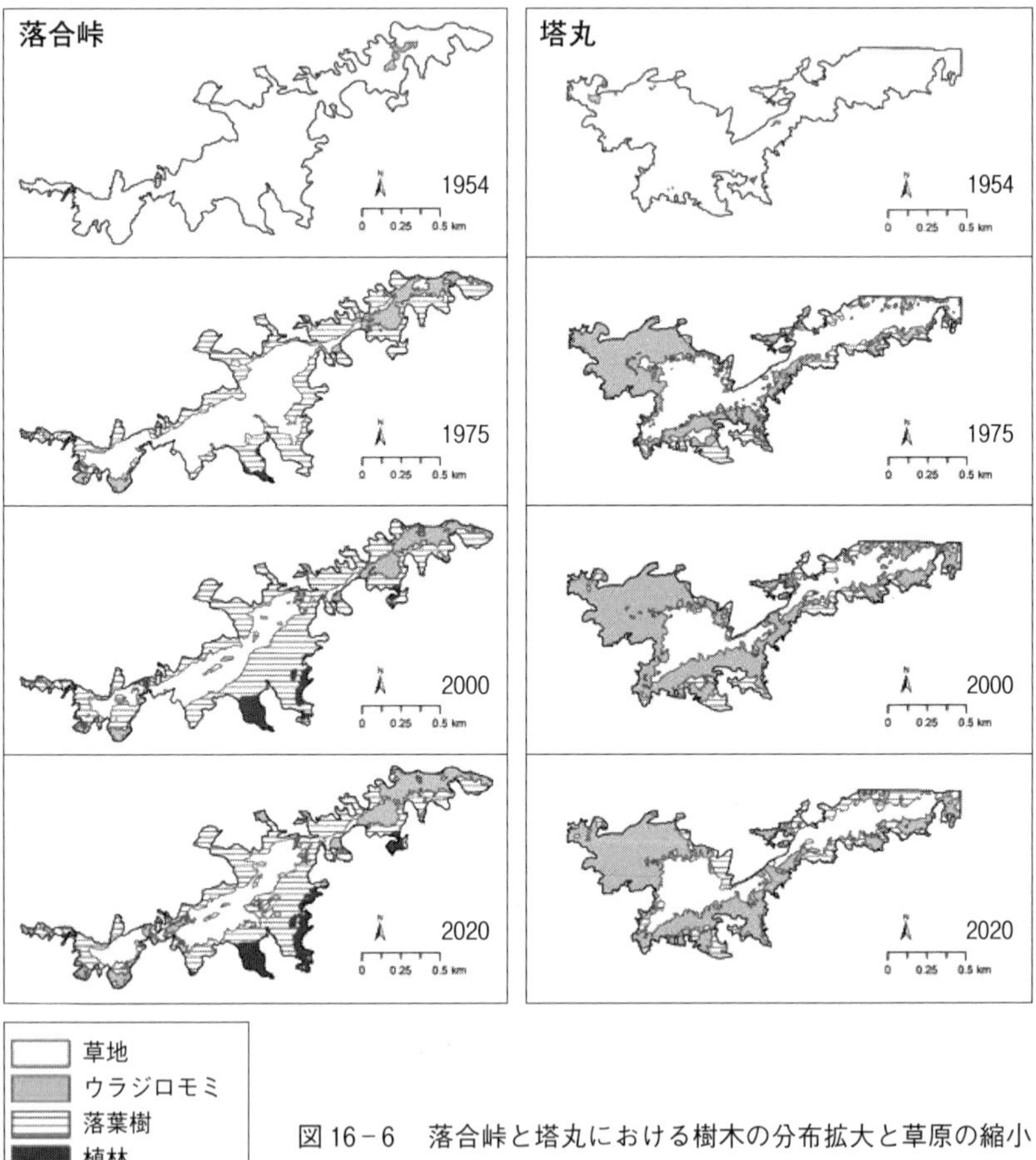

図 16－6　落合峠と塔丸における樹木の分布拡大と草原の縮小
戴帰航作成。

参考文献

阿部近一・森本康滋・木村春夫・中井清　一九六一「東祖谷の植物」徳島県教育会・徳島県植物同好会・読売新聞社編『阿波の自然・特集号、第二回学術総合調査・東祖谷山調査報告書』三七―五一頁。

鎌田磨人　一九九四「徳島県剣山系におけるササ草原の成立と維持過程」『徳島県立博物館研究報告』四：九七―一一三

――　一九九九「カヤ場の利用と景観生態」『遺伝』五三（一〇）：三七―四二。

――　二〇一四「里山の今とこれから」日本生態学会編『エコロジー講座　七　里山のこれまでとこれから』六―一七頁。[https://www.esj.ne.jp/esj/book/ecology07.html]

鎌田磨人・曽宮和夫　一九九四「徳島県東祖谷山村の現存植生図」『徳島県立博物館研究報告』四：一一五―一二八＋付図。

――　一九九九「東部四国山地における景観構造の空間的および時間的比較」『野生生物保護』一：七七―九〇。

川内満治　一九六一「秘境を行く」徳島県教育会・徳島県植物同好会・読売新聞社編『阿波の自然・特集号、第二回学術総合調査・東祖谷山調査報告書』八〇―八六頁。

小串重治・鎌田磨人・長谷川賢二　二〇〇五「徳島県東祖谷山村落合峠における利用・管理形態の変化とそれに伴う植生の変化」『徳島県立博物館研究報告』一五：一―二〇。

小串重治・鎌田磨人　二〇〇八「ウラジロモミの侵入に伴う草地消失リスク評価のための要因分析」『景観生態学』一二：一―一五。

佐々木高明　一九七二『日本の焼畑』古今書院。

徳島県立博物館編　一九九四『祖谷――その自然とくらし』。

日鷹一雅・鎌田磨人・福田珠己　一九九三「徳島県東祖谷山村における自給的焼畑農法　I　技術体系の概要」『徳島県立博物館研究報告』三：一―二四。

福井勝義　一九七四『焼畑の村』朝日出版社。

福井春雄・久保田正光　一九六三「四国の畑土壌生産力に関する研究」『四国農場試験場報告』八：一四七―一五六。

福井好行　一九五一「東祖谷山村に於ける交通路の変遷」『人文地理』三（三）：六八―七三。

福田珠己・鎌田磨人　一九九三「旧焼畑村落における植物の利用――徳島県東祖谷山村の場合」『民具マンスリー』二六（一）：一一―一九。

細川幸之助・松岡正信・長江十一　一九八二「傾斜地新植茶園の敷草が茶樹の生育と土壌侵食に及ぼす影響」『徳島県農業試験場試験研究報告』二〇：八六―九六。

三宅尚・野村敏江・井上麻衣子　二〇〇五「四国山地における完新世の植生変遷――植生への人為インパクトと火災撹乱を中心として」鎌田磨人編『二次草地の保全に向けた施策立案のための学際的・保全生態学的研究――平成一四年度～一六年度科学研究費補助金（基盤研究Ｂ１）

研究成果報告書』徳島大学、一―一五頁。

第17章 世界農業遺産の景観
——徳島県西部の山村景観を産業資本主義の跡地として捉える

内藤直樹

1. 四国山地の山村景観

桃源郷の向こう側

二〇一四（平成二六）年九月二九日に開催された第一八七回臨時国会の所信表明演説のなかで、安倍首相（当時）は東洋文化研究家アレックス・カーの言葉を引き合いに、徳島県祖谷（いや）地方を「桃源郷のような別世界」と評した。「地方創生演説」とも呼ばれるこの演説では、外国人観光客の増加が見込まれるなかで、過疎化が進む地方が自然、文化や歴史などを活かした観光・ブランド開発をすすめることが称揚された。そして、大歩危（おおぼけ）・小歩危（こぼけ）の断崖絶壁や急流、そしてそこに植物の蔓で架けられたかずら橋や山肌に張り付くような農村からなるこの地域の景観が「秘境」や「日本の原風景」として、国内外の注目をあつめるようになっている。

こうした景観を写真で見たり、実際に訪れたりすると「このような地域に、なぜ人が住み着くことになったのだろう」という疑問をもつだろう。実際に観光の文脈では、祖谷の山村景観は岐阜県白川郷や宮崎県椎葉村とならぶ「日本三大秘境」として位置づけられてきた。こうした地域には平家の落人伝説が生き残っている。源氏との闘いに敗れた平家一門が、この地域に落ちのびて隠れ住んでいたという。すなわち、「秘境」として語られるような山村景観がある地域は、ある意味で国家からのアジール（逃避地）として語られてきた。これは、平地から離れたアクセスの悪い「秘境」になぜ人が暮らしてきたのかという直感的な疑問に答えるし、実際に地域住民のなかにも自分たちが平家や源氏の子孫であると認識している者もいる。

観光で祖谷を訪れると利用する谷底沿いの国道四三九号線には、行政、農協、駐在所や診療所、ガソリンスタンド、商店、レストランや観光施設等が集まっている場所が点在する。そこから山を見上げると、山の中腹に集落が点在している。このように国道から遠望する分には、「日本のどこにでもある山村風景」に見えるかもしれない。だが、よく見ると、これらの山村集落がほぼ同じ標高に位置していることに気がつく（第2章参照）。

山村集落を遠くから眺めているうちに、すぐ近くに見える集落にたどり着くための道はどこにあるのだろうと不思議に思ってくるかもしれない。国道を通るときに気をつけていると、ときどき道路脇に乗用車が通るのがやっとに思える細い道が急角度で上に伸びていることがわかる。それが山村集落へと続く道である。たいていの場合は標識も無い。急傾斜で上に向かう細い道をあがると杉やヒノキが生い茂って昼でも暗い森を抜ける細い道が続いている。およそ人家に続いているとは思えないような道を、つづら折れのカーブに苦労しながら登っていくと突然、視界が開けて山村集落が姿を現す。

四国山地の山村景観

山村集落に入ると、時には立っていることさえままならないような傾斜畑がある独特の景観を見ることができる。祖谷を含む徳島県西部（美馬市・つるぎ町・三好市・東みよし町）は、四国山地の東部に位置している。中央構造線の南側に位置するこの地域には日本最大の破砕帯（大地の動きによって岩盤が砕けているために多くの隙間をもち、水分を含む地層）が走っているため、土砂崩れが多い地域である。山村集落は、大規模な土砂崩れの跡地に立地していることが多い（第1章）。その一方で、こうした岩の隙間を水が通るため、山の中腹からも湧水する。また、山村集落のすぐ上にある峠は、国道が整備される以前が交通の要衝だった。他方で険しい峡谷を流れる川は、大雨の際に氾濫しやすい。それゆえ、この地域の人々は土砂崩れが発生しにくく、飲用水を入手しやすく、水害に遭いにくく、交通の便が良かった標高五〇〇〜八〇〇m程度の山の中腹〜上部に居住してきた。つまり「山で暮らすこと」は生態環境、防災、交通に配慮したライフスタイルだった。

本章の対象は、二〇一八年に国連食糧農業機関（ＦＡＯ）による世界農業遺産に認定された「にし阿波の傾斜地農耕システム」を構成する徳島県三好市・東みよし町・つるぎ町・美馬市である。人口は四市町村合わせて約八万人であり、過疎高齢化が進

写真17－1　山村の傾斜畑での耕作風景。左下には谷川と併走する県道が見える（2014年7月）

行している中山間地域である。この地域の山村集落は標高四〇〇～八〇〇m程度の山の中腹より上に形成されている。そこでは斜度二五～三五度の目がくらむような傾斜畑が構成する独特の山村景観を見ることができる。

祖谷を含む徳島県西部の山村は、平野部の人々からソラと呼ばれていた。ソラに暮らす人々は、時には斜度二五度以上もの極急傾斜地を常畑として利用してきた（写真17-1）。だが傾斜地は、乾燥地や寒冷地などの農耕に適さない環境の一つである。なぜなら傾斜地を常畑にすると、重力と風雨で表土が失われる土壌流亡が発生する。傾斜という環境に適応する技術としては、石垣等でつくった水平面を利用する棚田や段畑が一般的である。なぜ、この地域ではあえて傾斜を残したままで耕作を続けているのだろうか？　また、なぜ、このような傾斜環境で暮らしているのだろうか？　そして、こうした傾斜地農耕を持続させる技術体系はいかなるものだろうか？　そして、こうした山村景観から、私たちは何を学ぶことができるだろうか？

2．世界農業遺産の景観

世界農業遺産とはなにか

世界農業遺産とは、世界的に重要な農業遺産システム（GIAHS: Globally Important Agricultural Heritage Systems）の略であり、二〇〇二年にヨハネスブルクで開催された「持続可能な開発に関する世界首脳会議」ではじまった。世界農業遺産は農業に限らず、狩猟採集や漁撈、牧畜、養殖、林業、製塩等の多様な食料生産システムを含む。このプログラムの目的は、グローバリゼーションのなかで大きく変容しつつある家族農業（family farming）[1]や、持続可能性が高い伝統的な食料生産システムの保全にある。社会や環境に適応しながら何世代にもわたって形づくられてきた食料生産上の土地利用や、伝統的な食料生産に関わって育まれた文化、景観、生物多様性などが一体となったシステムのなかで、世界的に重要なものをFAOが認定する仕組みである。(2)

世界農業遺産制度の特徴は、創始者であるパルヴィス・クーハフカンが「化石化した景観(fossil landscape: Koohafkan & Altieri 2016: 28)」と呼ぶ、人間と環境との共進化プロセスが停止した状態に批判的な点にある。そうではなく、農民が環境や社会経済的な変化に対応して食料生産システムを変えていくことを積極的に評価し、推奨している。世界農業遺産は伝統的な食料生産システムの保全をおこなうが、昔の農業や農法をそのまま残したり、博物館の展示品や文献資料として陳列・保存するわけではない。この点で世界農業遺産の目的と手段は、UNESCOの世界遺産制度と大きく異なる。世界農業遺産が注目するのは、博物館に陳列されているような「過去の遺物」としてではなく、社会的、経済的、生態学的な変化に適応して変化しながら継承されている「生きている遺産」としての食料生産に関わる知識や技術である。それゆえ世界農業遺産の登録には、地域の関係者が協力し、環境の変化に適応しながら伝統的な知識と実践を次の世代に継承していく「動的保全(dynamic conservation)」が重要となる。(3)

にし阿波の傾斜地農耕システム

徳島県西部の美馬市、三好市、つるぎ町、東みよし町は二〇一四年から山村集落に見られる傾斜畑を含む農耕システムを世界農業遺産に申請するための準備をはじめた。そして二〇一六年の日本農業遺産(4)を経て、二〇一八年に世界農業遺産「にし阿波の傾斜地農耕システム」に認定された。(5)

「にし阿波の傾斜地農耕システム」では、粘土、シルト、礫からなる傾斜畑を耕作している。こうした傾斜畑では、サトイモ、ジャガイモ、コンニャクイモなどのイモ類、ソバ、モロコシ、コキビ、アワ、ヒエ、コムギ、トウモロコシといった雑穀やマメ類、野菜類が栽培されている。傾斜畑を一mほど掘ってみると、農耕に適した表土層(A層)は五〜一〇cmほどで、その下の二〇cmは粘土と細かい礫で構成された層(B層)、それより下(C層)は大小の礫で構成されている(写真17-2)。ここで農耕を継続するためには、表土層を維持・創出するとともに土壌流失を防ぐ仕組みの存在が不可欠である。それは①採草地で

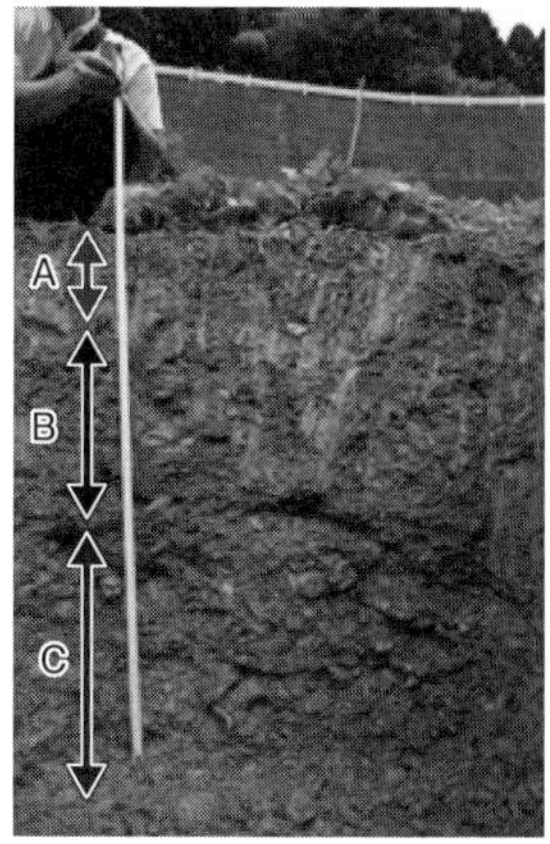

写真17－2　つるぎ町一宇のある農家が所有する傾斜畑の土壌断面（2015年8月）

採集した敷草の施用、②深い耕起による粘土・シルトの創出、③流亡した土壌の復元によって構成されている。

このように、にし阿波の傾斜地農耕システムの特徴は、標高・植生・降水量等の環境条件に応じて四国山地（阿讃山地を含む）の多様な斜面環境を総合的に利用することで、傾斜地の持続的な利用を可能にしてきた点にある。それは①テラス（棚田・段畑）だけでなく傾斜を残したままの常畑（傾斜畑）、等高線に沿った畝建てや草地帯、そして排水システムからなる在来の農業土木技術体系、②採草地で集めた敷草を傾斜畑にすき込むことで土壌流亡を最小化する耕作技術、③在来の農具によって深く耕起することで新たな作土を供給し、流亡土壌を回復させる物質文化と耕作技術からなる。以下では、②土壌流亡を最小化する耕作技術と③土を創りまもる物質文化と耕作技術を概観する。

3．土壌流亡を最小化する耕作技術

コエグロ――草を干す文化

傾斜地農耕システムは、ススキを中心とした草本を堆肥にすることなく乾燥させ、それを細かく刻んだものを敷草として土にすき込むとともに畑の表面を覆う技術によって支えられている。敷草を土に敷き込んだり畑の表面に施要する作業は、年に二回（春と秋の耕作前に）おこなわれる。そのために現在では集落付近の耕作放棄地に敷草を採る採草地が設けられており、秋から冬にかけてススキを中心とした草本が採取される（第16章参照）。刈った草は畑付近に運搬し、そこで円錐状に積み上げて乾燥する。円錐状にストックされた敷草は、コエグロあるいはグロと呼ばれている。このコエグロで乾燥させた敷草が、おもに春と夏の二度の耕作前に刻まれて傾斜畑全体にすき込まれる。また播種後には畝間にも敷きつめられる。

このため敷草を施用する際、オシギリという刃が上向きに組み込まれた農具を用いて細かく裁断する。この地域のオシギリに特徴的なことは、敷草を施用する傾斜畑で本体を水平に保ち作業効率を上げるための足が付属している点である。また敷草は、霜害や乾燥から作物を保護すること等を目的にして随時施用される。したがってコエグロは一年を通じて観察でき、この地域特有の景観を構成する重要な要素となっている。

敷草の効果

傾斜畑での農耕には、風雨や重力による土壌流亡というリスクがある。そのためこの地域では、敷草の効果の中でも、土壌流亡を防止する効果が最も重要である。たとえば、山本ら（一九九五）は傾斜角一五度の圃場を「敷草のない区画」、「0.3t／10ａの敷草を施用した区画」、「1t／10ａの敷草を施用した区画」に区分して土壌の流亡を調査する実験をおこなったところ、「敷草のない区画」では土壌流亡が甚大であったのに対して、敷草の量が多い区画ほど土壌流亡が少ないことを明らかにした。特に「10t／haの敷草を施用した区画」では、土壌流亡の影響がほとんどないほどに防止されていた。これは細かく裁断されて土にすき込まれた敷草が、雨天時には土と絡まり合い塊を形成することで、土壌流亡を最小化させているものと考えられる。裁断された敷草は、土壌の腐植含有量を高め、団粒構造を保持する効果をもつ。敷草は長い年月かけて破砕され腐食することで、肥沃度の高い表土層となる。このように敷草の施用は、土壌への有機物の供給源としても重要である。傾斜畑では、最大で畑一haに対し一年に一九・三tもの敷草を投入している（徳島県立博物館　一九九四）。これを肥料として利用し得る窒素量に換算すると、一年間に一ha当り一三〇kgの窒素源に相当すると推定される。

また敷草は、地温の安定にも役立っている。二〇一四月四月一四日～七月九日にかけてカヤを投入した区画と投入していない区画それぞれの地温を記録した。するとカヤを投入した区画は、投入していない区画よりも地温の変動が少なかった。このように敷草を畑の表面に敷き詰めることで、特に冬場の霜害等の地温の急激な変化の影響から作物が守られる。

すなわち、この地域の傾斜畑で施用された敷草は、まず土壌流亡の防止や地温安定の効果を発揮しながら徐々にさらに細かく破砕・腐食していく過程で団粒構造の保持や有機物の供給源として機能している。

4．土を創りまもる物質文化と耕作技術

在来農具の多様性

傾斜地での持続的な農耕を可能にするためには、様々な農具の存在が不可欠である。二〇一九年につるぎ町一宇地区を中心とする一六軒の農家が保有する鍬や鋤の種類と数を調べると一八種類、四〇七個が確認できた。そのうち三九一個は野鍛冶が制作したものであった。各農家が保有する農具の平均個数は二五・四個、平均種類は一〇・四種類だった。

次に、代表的な農具を概観する。最も多く観察されたミツクマデやフタツバは、除草やカヤの刈り取りに用いられる。スコップ状のササバは、除草、播種、畝たて以外にイモの収穫などにも用いられる多目的農具である。ササバに似た形をした除草用の農具にクサケズリがある。サラエは、傾斜地で流亡した土壌を畑の上部に戻すための農具である。サキビロやサキトンガリは、それぞれピッケルのブレードやピックのような形状で、双方ともトンガという穴を掘る農具の一種である。特にサキビロは、イモ類を傷つけずに収穫するために用いられる。サキトンガリのかわりにツルハシを用いる農家も多かった。フロ、ジョレン、アゼケズリは水田、ウネヒキは畑の畝をひいたり畦をつくるために用いられる。ビッチュウは、耕起をする鍬の一種である。ミツゴ、フォーク、ヨツゴ、イツツゴは歯の数が異なるものの、すべて堆肥生産用の道具である。シンコウグワは、鋭い鋼の歯が二本突き出した鍬で、切っ先の鋭さと重さで、硬い土を耕すために用いられる（写真17-3）。

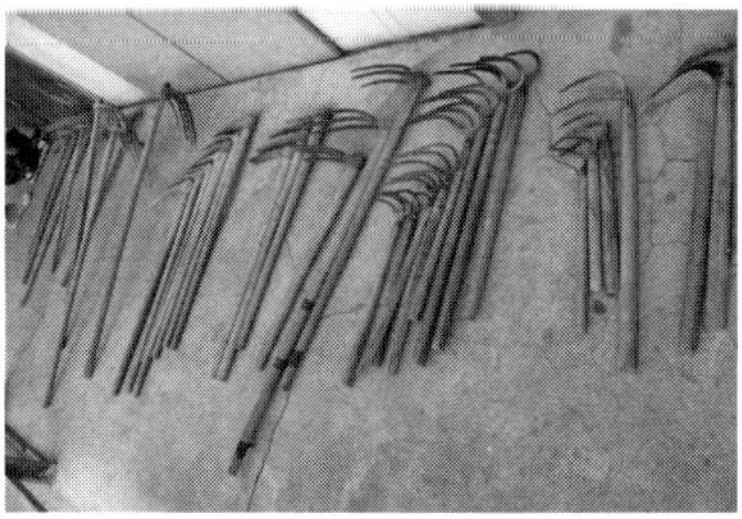

写真17－3　1軒の農家が所有していた農具の一部。右からフタツバ、ミツクマデ、ミツゴ、サキビロ、サキトンガリ、サラエ、その他（2019年4月）

土をまもるための協働

傾斜地という地質環境における持続的な農耕を可能にするためには、これらの農具が不可欠である。それらは、かつては集落ごとに存在した野鍛冶が、畑の傾斜角度や

所有者の筋力などを考慮して制作していた。また、礫を多く含む畑を深く耕起する農具の先端はすぐに摩耗するため、たびたび刃先を付け替えてもらう必要があった。だが、過疎化とともに野鍛冶の数は激減し、一時期は完全に消滅した。二〇一七年から、若い頃に農具づくりを習った老年者が野鍛冶を再開している。

たとえばシンコウグワの役割は、鍬とは思えないほど鋭い二本の鋼の切っ先と重量によって、礫が多い硬い土を深く耕すことにある。この農具を用いることで、人々は地中深くまで鍬を入れている。鋭く重い農具は、礫が多い土壌で深く耕起するのに適している。傾斜畑の薄い表土層の下は大小の礫で構成されており、深くなるほど礫が大きくなる。これらの礫の多くは片理しやすい片岩である。人々はシンコウグワにように重く、切っ先が鋭い農具で深く耕起することで、礫を砕き、新たな土を創出しようとしている。こうした深耕をすることで、農具の歯はすぐにすり減ってしまう。このため、野鍛冶に切っ先の鋼を付け足してもらう。この作業を「サイ」という。ある農家は、「シンコウグワは重い方が（土への）刺さりがいいから、昔のものをサイ（修理）しながら使っている」と説明していた。

またサラエは、傾斜畑を持続的に利用し続けるために欠かせない農具である。人々はこのサラエをシャベルのように用いて、傾斜畑での農作業で流亡した土壌を畑の上部に戻している。この作業はツチアゲと呼ばれる。ツチアゲは畑の上部からはじめ、水平に移動しながら下の土を上にあげていく作業が繰り返される。傾斜畑の表土すべてを人力で上にあげる作業は重労働である。かつて多くの人々が葉タバコ畑でサラエを用いたツチアゲをおこなっていた。その頃には、青壮年男性は柄が長く重いサラエを使って大量の土をあげていたという（写真17‐4）。

サラエは六本の歯で構成された大きなクマデのような形状であり、先端部分には鋼が接合されている。流亡した土壌をシャベルのようにすくって、畑の上部に戻すために用いられている。この作業はツチアゲと呼ばれる。ツチアゲは畑の上部からはじめ、水平に移動しながら下の土を上にあげる作業が繰り返される。傾斜畑の表土すべてを人力で上にあげる作業は重労働である。このように人々は傾斜畑を持続的に利用するために、上からはカヤを投入し、下からは岩を砕いて土を創っている。そのうえでツチアゲによって土壌流亡を最小限に留めようとしている。サラエは他の農具に比べて重くて柄が長いが、この重さや形状は、傾斜地での一回の動作でより多くの土を上げるために歯を土に刺さりやすくするためである。サラエの柄と歯のあ

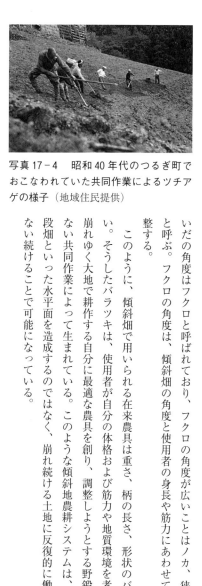

写真17－4　昭和40年代のつるぎ町でおこなわれていた共同作業によるツチアゲの様子（地域住民提供）

いだの角度はフクロと呼ばれており、フクロの角度が広いことはノカ、狭いことをカギと呼ぶ。フクロの角度は、傾斜畑の角度と使用者の身長や筋力にあわせて、野鍛冶が調整する。

　このように、傾斜畑で用いられる在来農具は重さ、柄の長さ、形状のバラツキが大きい。そうしたバラツキは、使用者が自分の体格および筋力や地質環境を考慮しながら、崩れゆく大地で耕作する自分に最適な農具を創り、調整しようとする野鍛冶との絶え間ない共同作業によって生まれている。このような傾斜地農耕システムは、斜面に棚田や段畑といった水平面を造成するのではなく、崩れ続ける土地に反復的に働きかけをおこない続けることで可能になっている。

5. 産業資本主義の跡地としての山村

焼畑と雑穀栽培

この地域では、かつて焼畑がおこなわれていた。たとえば三好市東祖谷では、火入れをして一年目がソバとヒエ、二年目にアズキやダイズ、三年目以降にミツマタを植え、六年目にはスギを植樹するというサイクルで焼畑が行われた時期があった。だが一九七〇年代を境にほとんど行われなくなり、畑作は傾斜地での常畑でのみおこなわれるようになった。ただし、ソバ・ヒエ・アワ・キビ・モロコシ・シコクビエといった雑穀は、その後も傾斜畑で栽培され続けている。こうした雑穀栽培は、世界農業遺産「にし阿波の傾斜地農耕システム」を構成する重要な要素のひとつである。

　人文地理学の佐々木（一九七一）が唱えた「照葉樹林文化論」は、四国・九州地域と東南アジアの環境や文化の類似性にヒントを得て、四国山地の山村で栽培されてきたような雑穀やコンニャク栽培といった生業形態等に縄文以前の文化という「日本文化の基層」を見いだそうとした。照葉樹林文化のなかでは水田稲作導入以前の「雑穀」やそれを生産するための「焼畑」に焦点があてられていた。だが、佐々木らが一九七〇年代に観察した四国山地の山村景観は、江戸時代から平成にかけての集約的な葉タバコ生産の影響を受けている。

近世以降のにし阿波におけるタバコ耕作

ナス科タバコ属に分類されるタバコ（*nicotiana tabacum*）は、約八〇〇〇年前に先住民によって南北アメリカ大陸に広められた。人間の神経伝達物質に類似した作用をする植物性アルカロイドのニコチン接種のために、喫煙や鼻や口腔粘膜を通して接種される（グッドマン　一九九六）。そして一五世紀末以降に、ヨーロッパを経由して全世界に広まった。

ここでは『阿波池田タバコ史』（阿波池田タバコ史編集委員会　一九九二）にもとづき、にし阿波地域における葉タバコ栽培の歴史を検討する。日本で葉タバコが栽培されはじめたのは、慶長年代（一五九六～一六一四年）であると言われている。当初は幕府や藩が葉たばこの栽培・取引・使用を禁止していた。だが、こうした禁令にもかかわらず、嗜好品であるタバコはひそかに栽培されていた。一六八二（天和二）年になると、この地域の山村で二〇〇斤（一二〇kg）のタバコが「年貢にあてられた」と記録されている（前掲書：五）。そして一六八六（貞亨三）年になると喫煙習慣が一般的になり、にし阿波山村での葉タバコ栽培も盛んになってきた。

その後、にし阿波地域ではタバコを細かく刻む機械の開発や葉たばこ品種改良およびブレンドの工夫がおこなわれ、全国的にもお夏たばこや阿波葉として一定の知名度を得るに至った。現在の徳島県三好市池田町は、こうした葉タバコの加工や流通の中心だった。そして池田町で加工される葉タバコの生産はすべて、にし阿波の山村でおこなわれていた。阿波藩では、少なくとも一八六四（天和二）年には、米のかわりにタバコでの納税が認められていた（前掲書：一九）。こうして池田町はタバコの加工・流通拠点の都市として、にし阿波地域の山村はそこに原材料となる葉タバコを供給する生産地として発展していった。そして近世後期になると阿波藩も、タバコ産業を公的に保護・奨励するようになっていった。

池田町を拠点とするにし阿波のタバコ産業は、明治三〇年代前半に全盛期を迎える。当時、にし阿波の葉タバコは北海道や東北地方に流通していた。あるタバコ商人の明治二二年の年間売上額の九八％は北海道が占めていた（前掲書：六六）。また明治二七年には、池田町における成人の約五五％がタバコ関連の仕事に従事していた。こうしたタバコ加工・流通がもたらした富の一部は、池田町の上下水道等のインフラ整備に充てられた。

一八九六（明治二九）年三月に葉煙草専売法が交付され、葉たばこの栽培・加工・流通・販売は国の管理下におかれて収入源とされた。そして一八九八（明治三一）年四月に池田専売所が、山城谷・西宇・東祖谷の三支所とともに開所された。管轄区は、本章の対象と重なる旧三好郡および美馬郡である。また、現在のつるぎ町にも貞光専売所が開所された。池田専売所の収納実績は、四国全体の三分の一に至っていた（前掲書：九〇）。一九〇二（明治三五）年になると、池田専売所は池田専売支局と名称変更し、貞光専売支局を合併して徳島県下全体を管轄するようになった。同年一〇月に全国の専売支局の統廃合がおこなわれた際には、池田専売支局は全国二〇支局のひとつとして残った。翌一一月には高知県を管轄していた後免専売支局を合併し、池田専売支局は徳島・高知両県を管轄するようになった。また、一九〇五（明治三八）年二月に池田製造所が開設された。その目的は品質の全国的な統一や管理が可能なタバコ生産システムを構築することにあった。そこでは全国的な製品と各製造所固有の地域的な製品（池田製造所では「阿波刻」）が生産された。専売制以降の葉タバコ生産は、一九二二（大正一一）年をピークに漸減傾向にあり、二〇〇九年には日本タバコ産業（JT）による買取が打ち切られた。

写真 17－5　池田製造所でのタバコ生産風景（金森・新居 1952）

タバコ産業の街として栄えていた池田町に原料となる葉タバコを供給していたのは、この地域の山村であった。幕政末期には葉タバコを生産していたのは、標高六〇〇～七〇〇mに位置する山村だった（前掲書：二三四）。また一九四二（昭和一七）年の徳島新聞には、「徳島県下における葉煙草の耕作地域は、七郡四一ヶ町村の一六〇〇ヶ所の山腹丘陵地に分布し、高度一〇〇〇mのところでも耕作されている」という記録もある。すなわち、約四〇〇年間にわたるタバコ産業を支え続けてきた葉タバコは山村の傾斜畑で生産されてきた。

こうした山村での葉タバコ栽培のマニュアルである『阿波葉耕作手引』（一九五七年）によれば、葉タバコ生産に適しているのは山麓にあって傾斜があり、排水が良い土地であるという。礫や砂が多く、肥沃度が低く、傾斜した土地は、葉タバコの栽培に適していた。こうした土地には、明治中期頃までは道路も十分に整備されておらず、物の運搬は人力か畜力に依存していた。そうした土地では、いかに高価で貴重であっても、木材のような重量物や新鮮さが重要な野菜を流通にのせることができなかった。山村で「商品」となる価値がある生産物は、軽量あるいはかさばらずに換金できるものに限定される。干すことで軽量化できて、腐らず、換金可能な葉タバコは、山村での暮らしに欠かせない商品作物だった。

また、山村の傾斜畑での葉タバコ栽培は、しばしば雑穀栽培と組み合わせられた。葉タバコを植えた翌年にソバを植え、その翌年に大麦を植えるパターンや、葉タバコを植えた翌年にモロコシを植え、その翌年にコムギを植えるパターンなどがあった。

現在六〇歳以上の方からの聞き取りによれば、葉タバコ農家はツケ買いを許されたという。なぜなら山村の葉タバコ農家は、年に何度かの出荷による確実な現金収入があったからである。また近代以降の葉タバコは専売制であったということは、山村での農の営みが国家による管理の対象でもあったことを意味する。むしろ私たちが現在観察できる山村景観は「国家からの逃避の地」や「縄文文化の名残」というよりも、池田を中心とする葉タバコ栽培システムとともに、市場や国家との強い結びつきのなかで形成されたと考えることができる。

生きがいとしての農業へ

専売制への移行後の葉タバコ生産は、一九二二（大正一一）年をピークに衰退した。その後、養蚕や畜産等の振興も試みられたものの、全体としては葉タバコにかわるような商品作物はみつかっていない。そのようなかで、戦後の都市部への人口流出もあいまって過疎化の一途をたどってきた。とりわけ山村集落では、商業的な生産農家の数も激減した（cf.平井ら二〇〇七）。

結果的に山村集落で暮らすのは高齢者ばかりになっている。ただ、ある独居高齢者の二〇一五年の一週間の活動内容をみると、一日平均四・五時間を農作業に費やしていた（吉田　二〇一六）。彼らは「畑は人生やけん、元気なうちはずっとこの田舎の山奥でおってしよりたいわ」や「帰ってきた子供や孫につくいよる野菜食べてもろうて、美味しいて言われたら、ほなけん身体が元気なうちはずっと（畑を）しよろうとおもとる」というように、生きがいとして農作業をおこなっている。現在の山村景観は、商品作物生産というよりも、生きがいとしての自給的な農業によって維持されている。

皮肉なことに、タバコ生産が廃れ、「生きがいとしての農業」だけが実践されるようになった山村集落の景観が研究者や国連そして日本の地方創生やインバウンド観光の目玉として注目されるに至ったのである。過疎化した山村で独居高齢者がおこなう小規模な農業は、いかにも伝統的な自給的生産システムにみえる。だが私たちが見ているのは、近世以降の葉タバコ生産システムの跡地でおこなわれている農業実践である。

6. 未来としての山村景観

地すべり発生のリスクが高い山間部で暮らすことは、現代の観光客から見ればいかにも不合理である。「平家の落人伝説」のように、国家から逃避してきた人々が隠れ暮らしてきた土地という言説は、こうした不合理性をうまく説明できるようにみえる。だが、山の中腹に位置する集落は、過去の地すべりによって形成された比較的安定した場所に立地している。すなわち、この地域の山村で暮らすことは、国家からの逃避ではなく、環境や防災に配慮した積極的な選択であった可能性がある。また、近世から平成の長期にわたりタバコ生産地を支えた山村の葉たばこ栽培は、傾斜が強く礫や砂が多い環境にこそ適していた。そして傾斜畑の施肥や土壌流亡の防止・回復のために広大な採草地のマネジメントや独特の農具による耕作がおこなわれてきたし、そこに雑穀栽培等も組み合わされてきた。このように、この地域の山村景観は大地の動き、タバコや雑穀といった植物の生、産業資本主義的活動、人々の生きがいの追求、国連や行政による農業遺産制度等が絡み合うことで構成されている。つまり景観は不変のものではなく、様々な要因が絡まり合うなかで変化するものである。

こうした山村景観は徳島県最大の観光地である秘境・祖谷のイメージを構成してきたし、食糧安全保障と生物や文化的多様性の保全に資する食料生産に関わる景観を評価する世界農業遺産に認定されたり、地質と人間活動の関係の歴史を評価し、保全・活用を行う日本ジオパークへの認定準備が進んでいる。ところが、葉たばこ生産そのものはすでに衰退しており、見ることができない。それゆえ、山村での長期にわたる葉たばこ生産が景観生成に果たしてきた歴史的役割は捨象されてしまう。

一見すると草木山川のなかに埋没しそうな日本の山村での現地調査では、そこにかつて商店や宿そして鉄道、時には映画館まで備えた景観が存在していた、という話を聞くことはそれほど珍しくない。こうした産業化や工業化および都市化の多くは明治以降に発展したが、その前駆的な状態は近世以降に発展していたものも多い。その意味で日本における山村景観には、産業資本主義の影響が及ばなかった場所というよりも、その「廃墟（ruin）」として見なした方が妥当なものがある（cf.ツィン二〇一九）。それは現在の山村景観を、国家や資本の論理から縁遠い場所ではなく、それらの影響が累積した歴史的空間として見なすということに他ならならない。

別な言い方をすれば、山村景観は「過去」ではなく、産業資本主義を越えたある種の「未来」の像を示しているのかもしれない。私たちは現在、気候変動といった地球規模の環境問題と産業資本主義の関係について再考し、次のライフスタイルを模索する時期に来ている。すこし見方を変えれば、様々な産業資本主義の「跡地」が日本の至る所に存在する。そうした跡地の景観には、私たちが産業資本主義を乗り越えるためのヒントが隠されているかもしれない。

［追記］本稿は内藤・殿谷（二〇二三）に加筆修正を加えたものである。

注

（1）統一的な定義は困難だが、家族によって経営・実施されている農業、林業、漁業、牧畜、養殖業等をさす。家族農業においては、家族と生産場所（farm）が結合し共進化してきた。この両者は経済的、生態学的、家族の再生産、社会・文化的機能を結びついてきたとされる。家族農業は世界の約八割の食糧を生産し、労働力の四割に達すると推計されている。このため家族農業が果たしてきた機能を維持することは、人類の食料安全保障と環境保全を維持するために重要とされている。このため国連・国際家族農業年（二〇一九〜二〇二八年）延長が正式決定された。

(2) 二〇二三年二月現在の認定地は二四ヶ国七四ヶ所で、地域別の内訳はアフリカが一一、アジアが四四、ヨーロッパが八、中東が七、ラテンアメリカが四である。

(3) 世界農業遺産の申請にあたっては、農業だけではなく、それに関連した生態系、文化、社会組織等に関する広範な資料が必要となる。その保全も、これまでの農業に関わる広範な知識・技術・社会・文化・経済・生態系・景観を、いかに現代の市場経済と接続させながら再編させていくかという意味で未来志向的である。具体的には、まず候補地が、現地の農民を含む関係者の合意を得ながら世界農業遺産としての価値を科学的に説明する申請書と保全に関する行動計画を策定し、国を通じてFAO事務局に提出する。そこで申請内容に関する確認や修正をした後に、科学委員会(Scientific Advisory Group: SAG)による評価を経て認定に至る。評価にあたっては、①食料及び生計の保障、②農業生物多様性、③地域の伝統的な知識システム、④文化、価値観及び社会組織、⑤景観という五つの認定基準および保全に関する行動計画の内容が審議される。特に行動計画では、在来知や伝統文化の保全・継承や生物多様性の保全だけでなく、農産物の市場での販売促進や農村ツーリズムの振興等を含めた、農村のグローバルな状況への適応や発展を考慮することが重要である。

(4) 二〇二三年五月現在、国内には一三ヶ所の世界農業遺産認定地が存在する。日本では二〇一一年に佐渡と能登で世界農業遺産が初認定された。その後、二〇一三年に三ヶ所、二〇一五年に三ヶ所、二〇一七~一八年に三ヶ所、二〇二二年に二ヶ所が認定されるに至っている。当初は里山景観を強調した地域が目立ったが、草地、河川、山地、水田等、様々な環境を利用するシステムも認定されている。また、二〇一六年からは日本農業遺産という国内制度も開始しており、二〇二三年五月現在で二四ヶ所が認定されている。日本農業遺産とは、重要かつ伝統的な農林水産業が営まれ、固有の農文化や農業生物多様性が育まれている国内の地域を「農林水産業システム」として、日本農業遺産の認定基準に基づいて農林水産大臣が認定するものである。日本農業遺産の認定基準には、世界農業遺産と同じ五つの認定基準に加えて、日本が独自に定めた⑥、変化に対する強靭性(レジリエンス)、⑦多様な主体の参画、⑧六次産業化の推進、がある。これは世界農業遺産の認定基準は開発途上国の現状を重視しているため、日本の伝統的な農林水産業の継承という観点にもとづく認定をおこなうためである。このように世界農業遺産と日本農業遺産の認定基準はまったく同じではないが、多くが重なっているため、両方に認定されている地域も存在する。

(5) 著者は文化人類学を基盤とする「無料コンサル」としての立場で、世界農業遺産「にし阿波の傾斜地農耕システム」の構想や申請準備に当初から関わってきた。世界農業遺産申請に文化人類学的知見がどのように活用し得たのかについては、別稿(内藤　二〇二一)を参照のこと。

参考文献

阿波池田タバコ史編集委員会　一九九二『阿波池田たばこ史』徳島県三好郡池田町教育委員会。

金森均・新居治信　一九五二『阿波葉耕作手引』徳島県タバコ耕作組合連合会。

グッドマン、J.　一九九六『タバコの世界史』和田光広・森脇由美子・久田由佳子訳、平凡社。

佐々木高明　一九七一『稲作以前』日本放送出版協会。

ツィン・アナ　二〇一九『マツタケ――不確定な時代を生きる術』赤嶺淳訳、みすず書房。

徳島県立博物館　一九九四『祖谷――その自然とくらし』

内藤直樹　二〇一六「自然を読む〝桃源郷〟の向こう側――徳島県つるぎ町の傾斜地農耕」『ビオストーリー』二五：七二―七五。

――　二〇二一「ジンルイガクのトリセツ――世界農業遺産が生まれる現場から」清水展・小國和子編『職場・学校で活かす現場グラフィー――ダイバーシティ時代の可能性をひらくために』明石書店、一〇三―一二四頁。

内藤直樹・殿谷梓　二〇二三「崩れ続ける大地での暮らし――徳島県西部における産業資本主義の跡地としての山村景観の力学／動態」『文化人類学』八八（二）：二四三―二六三。

平井松午・豊田哲也・田中耕市・萩原八郎・木内晃　二〇〇七「三好市『東祖谷山村』における土地利用の変化」『阿波学会紀要』五三：一九五―二〇五。

山本博・遅澤省子・石原暁・花野義雄　一九九五「四国の急傾斜畑地におけるマルチングの土壌浸食防止効果」『土壌の物理性』七一：四一―四六。

吉田早希　二〇一六「現代日本の過疎山村地域における福祉文化の（再）創造――地域独自の『いきいきサロン』の運営に着目して」徳島大学総合科学部社会創生地域創生コース卒業論文。

Koohafkan, P. & Altieri, M. A. 2016. *Forgotten Agricultural Heritage: Reconnecting food systems and sustainable development* (Earthscan Food and Agriculture). Routledge.

第18章 四国山地の集落の景観を支える価値観

市川昌広

1. なぜこの景観に感銘をうけるのか

四国山地の真っただなかにある山村からの景観を望んでいる（写真18－1）。剣山系の西端、行政区でいえば高知県長岡郡大豊町の東側に位置する東豊永地区にいる（図18－1）。ここに来る途中に通ってきた国道は、V字谷の川沿いにあり、そこからは人々の暮らしの様子はさほどうかがえない。国道から分かれ、細い道で山の斜面を上り中腹に至ると、傾斜はやや緩やかになってくる。その辺から人家がぽつぽつと現れはじめ、そのまわりに棚田や畑が広がる集落がみられる。そこからの景観を眺めている。

写真 18－1　山の中腹のやや緩やかな傾斜地に広がる集落（2019 年 7 月）

図 18－1　東豊永地区の位置。四国山地のなかで剣山系の西端に当たる

谷川をはさんで対岸の山の斜面にも集落が開けている。そして、そのまた向こうに連なる山々の斜面にも、同様に集落が点在している。傾斜地が向かいあっているので、対岸の集落全体の様子がドローンからみたように俯瞰できる。集

落とそれを取り囲むように広がる濃い緑色のスギ・ヒノキの植林とがコントラストをなしている。私がはじめてここを訪れたのは、高知大学に赴任してきた直後だったので、一三年前のことである。そのときも高所感のあるなかに広がる雄大な景観に圧倒されたのを覚えている。歳月が経った今でも、この景観には心がうごかされる。私ばかりでなく、実習ではじめてここを訪れる学生たちも、山村暮らしにあこがれ移住先を探しに訪れる都会人も、その多くがはじめにこの景観に心をうたれるようだ。

人々に感銘を与えるこの景観は、どのように形作られてきたのだろうか。本稿の前半では、そのことについて自然、文化、社会的な背景の一端を述べていく。東豊永地区を含む日本の山村における昨今の問題は、過疎・高齢化による衰退である。それに伴い、この景観の将来、すなわち東豊永地区の今後はどうなっていくのだろうか。後半ではその課題を、山村が有する現代的な価値について触れつつ考えていく。

東豊永地区は一三の集落からなる。商業集落である落合は地区の中心を東西に流れる南小川沿いに列状に分布するが、それ以外の集落は先述のように山々の斜面に広がっている。地区の歴史は古く、古文書などに記録がある場合に限っても一五〇〇年代中ごろにはすでに人々が住んでいた（氏原　二〇一二）。現在の人口は集落によって三人〜六九人（二〇二一年）と差がみられ、地区全体では三六二人が暮らしている。五〇年前は一八三四人（大豊町資料）だったので、今日では五分の一ほどに大きく減少し、高齢化している。全国的にも過疎・高齢化が進む有数の地区である。

2. 東豊永地区の地すべりと文化・社会

東豊永地区における地質と土地利用

私が東豊永地区にたびたび通うようになって、雄大な景観のなかに次第に目につくようになったのは、地すべりを防ぐためだという大規模な工事の跡である。何本ものアンカーが埋め込まれた擁壁、コンクリートで三面張りされた長い水路、直径三m余りもある水抜き用の井戸などが集落のそこここで目立つ人工物になっている。住民からも地すべりの災害の話しをよく聞く。その一方、地すべりは災害だけをもたらすのではなく、農業を含めて暮らしに恵みを与えることを文献などから知るようになった。四国山地の地質・地形と地すべりや人々の暮らしについては、本書の第1章に詳しいので、参照していただきたい。ここでは、おもに東豊永地区での地すべりと人々の生活との関係について述べていこう。

一般的に地すべりは、災害をもたらすと考えられやすい。それに対して、地質学や地形学では異なったみかたをする研究者もいる。急性型の地すべり地でなく、東豊永地区でみられるような慢性型の地すべり地の場合、家や施設などは被害を受けるが、人命が失われ、財産が根底まで破壊されるほどの危険はかなり小さい（小出 一九七三）。日本においても山村は、山地農業を基盤としたものが慢性型地すべり地に集中してみられるが、そこ以外では谷筋を除いて発達していない（小出 一九七三）。これは地すべりにより、その頭部には急な崖が現れるが、下方部には移動した地塊がたまり傾斜の緩やかな土地が形成される。さらにそこは、地下水が豊富なことに加えて、表層の地質がかく乱されることによって肥沃な土壌が形成されるからである（高浜 一九九三）。

地すべりが起きやすい地質は、三波川変成体（以下、三波川帯）と御荷鉾（みかぶ）変成体（以下、御荷鉾帯）であり、特に御荷鉾帯で多くみられる（第1章）。二つの地質体は、東豊永地区では地区を南北に二分する南小川を挟んで両側にみられる。南小川より北側が北岸、南側が南岸と呼ばれるが、北岸側には三波川帯が、南岸側には御荷鉾帯がおもに分布している（古谷 一九九七）。北岸側では、集落での傾斜度は二〇度以上とやや急で（夕部ら 二〇〇〇）、三波川帯では地下水位が低くおもに畑地が開けており、田はほとんどない。五つの集落がみられ集落あたりの人口は一五人と規模が小さい。一方の御荷鉾帯の広い南岸側には、大きな地すべり地が密に広がっている（図18-2）。集落での傾斜度は一五〜二〇度と比較的緩やかで、地下水位が高く水が豊富なことから棚田が広い（夕部ら 二〇〇〇）。棚田ののり面は土羽が多い。七つの集落があり、集落あたりの人口は三四人と北岸側と比較して規模が大きい(1)。

住民は、この土地利用の違いを地質に由来して土質が異なるためだとする。すなわち、南岸側に田が多いのは、粘土質のカマ土が多いためで、北岸側に畑が多いのは赤土が多いためである。また、集落の背後にある山体の大きさが違うためだとも考えている。北岸側の山は標高一〇〇〇m以下で小規模なのに比べて、南岸側では標高一四〇〇mの山々が集落の背後に連なっ

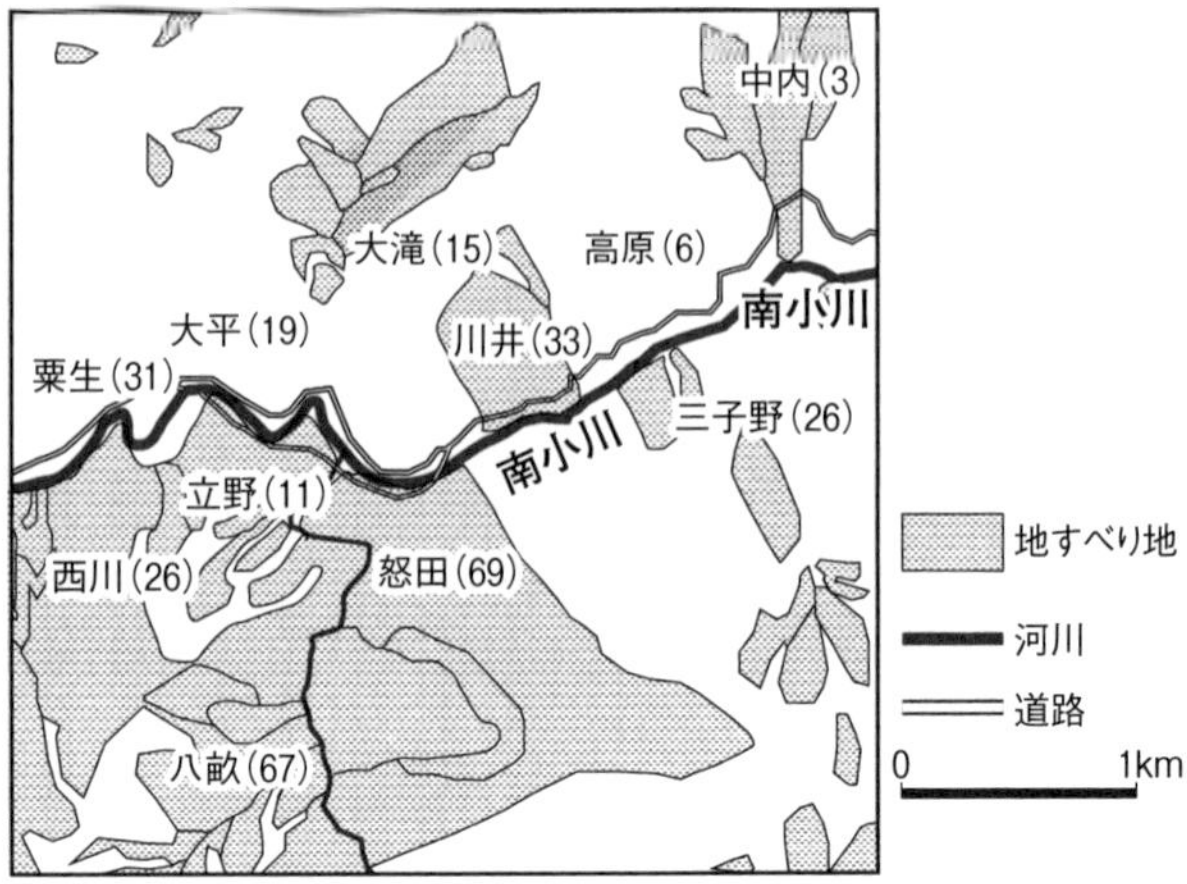

図18－2　東豊永地区における地すべり地形の分布

（注）集落の中心あたりに集落名と人口を記した。川沿いに落合集落が、怒田のさらに南に南大王集落がある。
（資料）『地すべり地形分布図』
https://gbank.gsj.jp/geonavi/geonavi.php#12,33.75716,133.97631

ていて集水域も広い。このため南岸側は水が豊富で棚田が広く、米がよくとれるため集落の規模も大きくなると説明する。

住民から話を聞いていると、同じ集落でも場所によって土は異なるという。たとえば、怒田集落（図18-2）には御荷鉾帯が広がり、棚田が多いが、米のできは土の違いに大きく左右されるらしい。同じ怒田集落内に嫁いだ女性から聞いた話では、嫁ぎ先は実家から三〇〇mほど離れただけであるが、そこでとれた米がおいしくなく、同じ集落でこんなにも違うものかと驚いたという。住民の認識では、粘土質のカマ土のところでは、地すべりは起きやすいがおいしい米ができる。一方の赤土のところでは、地すべりは起こりにくいが米はまずい。米に粘りと香りがないという。赤土にはいくら肥料をやっても効きにくいのに対して、カマ土ではたとえ肥料をやらなくてもおいしい米ができる。ただし、いい米を作るにはカマ土だけではだめで、赤土も適度に混じっている必要がある。

ここまでは、長年人々が生活を送ってきた東豊永地区の基盤にある地質と地すべりとの関係、さらに地すべりと土地利用との関係について述べてきた。この基盤の上で人々は、今日みられる景観をどのように創ってきたのであろうか。そこには当地の人々の文化や社会が強く関連している。

東豊永地区にみられる生活様式と変化

◎草取り文化

私は以前、おもに東豊永地区の例をあげつつ、そこには草取り文化とも呼べる生活様式があることを指摘した（市川二〇一二）。草取り文化は、集落の景観を形づくるうえで鍵となるので以下にその内容を簡潔にまとめておこう。

東豊永地区が含まれるモンスーン・アジアは、気温が高い夏に雨が多いため、農作物の栽培に適している。加えて、地すべり地では先述のように土が肥沃で、水も豊富にあるという好条件に恵まれている。しかし、これらのことは雑草の生育にとっても格好の環境を提供することになる。特にかつては、住民の生活の糧がおもに農業を通してえられていた。旺盛な雑草の生育がみられるなか、農作業の中心的な仕事は過酷な草取りになる。

農業において草取りは、除草すなわち作物の生育を邪魔する草を取ることだけを指すのでない。雑草の生育を抑制する、土を肥やす、役畜のえさとするためにも草が利用されてきた。東豊永地区でもかつてカヤ（おもにススキ）は、集落から離れた採草地で刈られ、それは雑草の発芽・生育を抑え、緑肥にするためにクワ畑に敷きつめられた。今日では集落内の耕作放棄地に茂ったカヤが刈られて田畑にすき込まれたり、ユズ畑に敷かれたりしている（写真18‐2）。クズ草（クズやその他の柔らかい草）は、きざんで田の準備のときに緑肥としてすき込まれた。かつての農業にとって役畜は大切で、一家に牛馬が一頭はおり（多くの家では牛）、エサのために草があぜなどで刈られた。

写真18－2　晩秋になるとカヤが刈られ、円錐状に積みあげられたコエグロが集落のあちこちにみられる。春になると耕作地にすきこんだり、敷いたりする（2015年12月）

草は農業以外の仕事や住民の生活のなかでも利用されていた。東豊永地区ではかつて木炭作りが盛んで、スゴと呼ばれる木炭の出荷に使う袋がカヤを編んで作られた。各家の屋根もカヤでふかれていた。暮らしのそこここで草が利用されていたのである。

草取りが個々の住民の身体に染みついているようなところもある。高齢者たちが道ばたでしゃがんでおしゃべりをしているようなとき、地面に草が生えていると半ば無意識のうちに手が動いてそれをむしっている。個々の住民が共有してる草取りについての規範のようなものもある。道路まわりでも、田畑でも草が除かれあるいは刈られて、すっきりときれいな状態に対しての共通する基準を住民たちは有している。たとえば、田のあぜや法面では、草が短く刈り込まれた状態にされていないと気持ちが悪いし、周りの住民から怠けているという目でみられるのを嫌う。

除草のための社会的な仕組みも集落にはみられる。道役という共同作業では、集落内の道路を維持管理するために、年に一、二回、各世帯から必ず一人は参加して、道路沿いの草木を刈り、溝をさらう。イイ（結）といって、世帯単位で労働を交換しながらおこなわれた作業がかつてあった。草取りに関しては、たとえば数世帯が集まって各々の世帯の田を順番に皆で除草して回るという仕組みであった。

このように住民の日々の暮らしの場である集落では、草は除かれ、あるいは刈られて整然としていなければならない。そうしなければ、これまで集落を築きあげてきたご先祖様に申し訳ないという気持ちがある。これまで何世代にもわたって住民の生存を支えてきた核には草取りがあり、それに関連してみられる集落の住民や社会の価値観、規範、仕組みなどを含む生活様式を草取り文化と呼んだのである（市川　二〇二一）。この文化に支えられて、整えられた「草（農作物を含む）」を基調とした景観が集落にみられるのである。

◎集団化を促す仕掛け

地すべり地は、山地農業や人々の生活の場としての適地であるとしても、傾斜地での作業には苦労が伴うし、ときに前述のような災害をもたらす。そこに住む人々は、豊かな恵みを享受しつつも、同時に厳しい試練を受ける。東豊永地区の住民は、そうした厳しい環境に対し、個々人ではなく集団化して適応する社会をつくってきた（市川・松本　二〇一八）。この社会は、景観を形づくるうえでも重要な役割を果たしてきた。

住民の暮らしのなかで、集団化を促す仕掛けはそこここにみられる。右で述べた共同作業の道役やイイ（結）もそうであるし、今日、年三回ほど開かれ、集落の運営について合議する総会もそうである。以下では別の例として、住民にとって精神的に重要である神仏への思いに関連した仕掛けを紹介しよう（市川・松本　二〇一八）。

東豊永地区では、集落ごとに神社（お宮と呼ばれる）と、仏がまつられる堂（お堂と呼ばれる）がみられる。お宮では年三回の神祭あるいはお祭りと呼ばれる祈祷祭祀が神官を迎えて、お堂では年二回のお祭りが近隣の寺から住職を迎えて開かれ、全住民が参列する。お祭りの終了後には参列者全員が会食する（写真18－3）。

こういったお祭りが開かれる陰には、当屋と呼ばれる世話役をする世帯の存在がある。当屋は、その順番が回ってくると、お祭りの開催の準備としてお宮やお堂の清掃、当日のお供物の用意や神官や住職の受け入れ、そして終了後のあとかたづけなどを中心となっておこなう。こうした仕事は、その世帯が直前の当屋や近隣の同じ班の住民と相談しながら、失礼がないようにおこなわれる。

かつての神祭には、今日より多くの人々を集め、集落を越えて交流させる仕掛けがあった。高知県では宴会のことをお客と呼ぶ。以前は旧暦の九月におこなわれる神祭の後には、当屋の家でだけではなく、そのほかの家々でもどぶろくが用意され、無礼講でのお客があった。東豊永地区のなかでも、集落ごとに神祭の日どりが数日ずつずらされているので、住民たちは近隣の集落の神祭を訪ね、家々のお客を訪ね歩いた。家々では、多種の品を一つの大皿に盛りつける皿鉢（さわち）料理が用意され訪問客がもてなされた。

写真18－3　怒田集落での神祭のあとの会食（2015年3月）

このように神仏の思いに関係することの一端だけを覗いても、人々の集団化を促すいくつもの仕掛けがあり、集落社会を維持する役割を果たしてきたといえる。仕掛けには、今日みられなくなってきたものもある。一方で、のちに述べるように、新たな仕掛けを作りだそうとする試みもでてきている。

◎過疎・高齢化にともなう生活様式の変化

東豊永地区で育まれてきた前述の草取り文化や集団化を促す仕掛けは、ここ五〇～六〇年の間に進んできた過疎・高齢化にともなって、変容・衰退してきた（市川二〇二一、市川・松本　二〇一八）。たとえば草取り文化については、集落に耕作放棄地が増え、草や木々あるいはタケが茂りヤブになる場所が増えている。かつての農地にスギやヒノキが植えられ、うっそうとしたところもある。道役での人手が足りずに、道路まわりの管理がままならない集落がでてきている。側溝がごみや落ち葉でつまり、道端のほうからコケや落ち葉、草で徐々に覆われ埋もれていく道路が増えてきている。

集団化の仕掛けの一つであったお宮やお堂のお祭りに、高齢で足腰が不自由となり参列できなくなる住民がどの集落でも増えている。お祭りの準備、運営や後片づけの一切を任される当屋の負担感が増していることもあって、開催回数を減らす集落が増えてきている。こうしたことによる影響は、冒頭で述べた景観の変化に少しずつだが確実に現れてくる。田畑は荒れてヤブになり、家や道を含む生活の場である集落は、スギやヒノキあるいはタケに覆われて狭まっていく。住民の数が少なくなるにつれて、景観のなかで集落の部分が小さくなっていく。

しかし、地区はただ一方的に衰退してはいない。地区を再興させようと頑張っている住民もいるし、外部からの新たなかかわりもみられる。以下では、東豊永地区でみられる再興の動きについて述べていこう。

3. 山村再興への挑戦

再興への動き

◎Uターン者による活動

大豊町において東豊永地区は、地区の再興に向けての活動が比較的さかんにおこなわれていると認められていて、私はそこでの活動についてこれまでいくつか報告してきた(2)。それらの活動がこれまでどう展開してきたのか概要を述べ、報告以降の最近の様子について補足していこう。

東豊永地区における活動の特徴の一つは、高知大学との協働である。こうした活動が始まったのは、二〇〇六年以降のことである。氏原学さんという東豊永地区の出身の方が、四〇年ほど働いた高知大学の事務の仕事を退職し、Uターンした。彼は過疎・高齢化によって衰退した故郷がなんとかならないかと、元の職場で知りあいだった人文学部(当時)の教員に相談した。その教員が学生たちを引き連れ、東豊永地区で集落調査や実践をおこなったことが大学との協働の事始めであった。その後、農学部(当時)や理学部(当時)の教員や学生たちもかかわるようになり、近年では二〇一五年に新設された地域協働学部の教員と学生たちも加わっている。

氏原さんは大学とばかり協働をしているのではなく、もちろん住民とともにいくつもの活動をおこなってきた。たとえば、Uターンした氏原さんがさっそく始めたことは、集落内の邪魔な木々の伐採である（市川 二〇一八）。集落がうっそうとした木々に覆われ、飲み込まれていくのを防ぐためである。有志の住民数名で作られたチームによる作業が、今日でも地道に続けられている。伐採されたところは、明るくなり、かつてのように遠くまでみわたせるようになった。日当たりがよくなったので冬の凍結が減ったり、道路に積もる落ち葉が少なくなった。

東豊永地区の再興に向けて取り組んでいるのは氏原さんばかりではない。大平集落にUターンした都築さんご夫妻も集落の景観を良くしようと取り組んできた（市川 二〇二二）。妻の将子さんは油絵を描かれる。作品を展示するギャラリーを、ヤブになって荒れ果てた放棄農地や空き家まわりを刈り払って建て、その周りを庭園として整備してきた。ご夫妻はその場所を夢来里（むらざと）と名付け、休憩所を建てたり、新たに庭園を拡張したり日々の作業に余念がない。その広さは、今日では東京ドームほどにまで広がっている。来訪客も増え、年間延べ一五〇〇人を超える人々が訪れるまでになった。最近では、氏原さんが庭園周囲のヤブと木々を伐採し、そこに都築さんご夫妻が花木や野草を植えていくという連携がみられ、庭園はますます広がっている。

◎再興に向かっての組織化

夢来里の管理について新たな動きがある。これまでのように都築さんご夫妻が個人としておこなうのではなく、より多くの人を巻き込んでいこうとNPO法人を高知大学の教員とともに二〇二二年初めに設立した。今後はこの法人を拠点にして、夢来里へのリピーター、東豊永地区の住民、高知大学の学生や教員といった人々がかかわりつつ管理していくことになろう（写真18-4）。

NPO法人といえば、地区の再興を目指して、以前、怒田集落へのIターン者によって設立されたものもある（市川・松本 二〇一八）。その後、その移住者は東豊永地区を離れたが、今日、法人の活動は怒田集落の住民たちによって継続されている。ここ二年ほどはコロナ禍により多くの活動が縮小・中止されてしまったが、七名ほどのメンバーが中心となりつつ毎月の定例

写真18－4　NPO法人「夢来里の風」が設立され、都築さんご夫妻や大学生、高知大学希望創発センターの教員らと開催イベントについて話しあっている（2022年1月）

会議で議論し、他の住民や大学生らを巻き込みつつ地道な活動を続けている。

これまでの集落単位になりがちな活動から、広く東豊永地区全体にかかわる活動をおこなう仕掛けとして、氏原さんが中心となり進めていた集落活動センター設置に向けた動きについて以前、紹介したことがある（市川・松本 二〇一八）。集落活動センターは高知県の事業で、過疎・高齢化により集落の衰退が進むなか、いくつかの集落が集まった地区（たとえば、（旧）学校区）内の集落が協働して生活の維持と向上をはかる。氏原さんは、東豊永地区の一三集落が協働する集落活動センターの設置を目指した。ところが人口が少なくなり、高齢化が進むなか、いくつかの集落からはこの事業に参加することへの積極的な返事は得られなかった（市川・松本 二〇一八）。参加しても事業のために十分に貢献できないという理由からである。

その後、二〇一八年に賛同の得られた七集落からなる集落活動センターの立ちあげに至り、現在、地区を維持し、元気づけるための活動がおこなわれている。数年前に一度途絶えてしまった福寿草まつりの復活、皆伐後に新植がなされていない造林地での杉苗の植林、東豊永地区の文化祭の開催、人手がなくなった集落の道路の清掃・整備などである。

このように地区の再興に向けての活動は、U・Iターンしてきた住民が中心となり、大学の教員や学生たちとの協働を進めながら、少しずつではあるが確実に前進している。

伝染し広がる希望の灯

私が東豊永地区に通いだしてこの一三年ほど、地区の再興に向けた動きに接していると、それは人から人へまるで伝染するかのように、少しずつだが広がってきたようにみえる。

Uターンした氏原さんが活動を始めた当初、彼を手伝ったのは、当時八〇歳前後であった集落のいわゆる長老たちだった。

氏原さんが高知大学の学生たちを受け入れ、最初に彼らとおこなったのは、集落でかつてみられた焼畑の再現だ。長老たちから昔の焼畑の話を聞いた学生が興味を持ったのである。長老たちは、学生を指導しつつ焼畑作業に携わった。その後、学生による集落での活動の幅は広がり、長老たちとの協働もさらに深まっていった。長老たちは、自らの故郷を再興したいとそれまでも願っていたが、具体的な活動には至らなかった。そこに氏原さんが戻ってきて動き始めた。彼らの子供の年齢ほどの氏原さんが一生懸命に活動する姿をみて、協力したいと考えるようになったといっていた。

今日では、その長老たちのほとんどは鬼籍に入った。そのあとを継ぐように、氏原さんとともに活動をしているのは、彼より一世代若い五〇〜六〇歳代のUターン者たちである。彼らは、Uターンしてくる前から氏原さんの活動について興味を抱いていて、帰郷を後押しする一つの要因になっていたようだ。彼らは、氏原さん同様、長年、都市での仕事に携わっていたが、ときどき帰郷しては集落の仕事にかかわってきた。だから土地勘があり、草刈りや樹木の伐採など機械を使い技術を要する仕事にもなじみがある。帰郷後、まもなく氏原さんらと地区再興に向けた活動にかかわり始めた。

氏原さんの活動は、Uターン者ばかりでなく、地区にずっと住み続けてきた人々にも影響を与えている。住民にとって、周りを覆っていたうっそうとした木々が除かれたあとの解放感は格別のようだ。氏原さんが集落内の木々を伐採したときのことである。そこに隣接して住む高齢の女性は、昔のように遠くまで見晴らせるようになったことに感激した。その状態を維持しようと自ら草刈り機を購入し、草を刈り始めたそうである。

氏原さんばかりがまわりの人々に希望の灯をともしてきたのではない。前述のIターン者によって設立され、その後、住民によって活動が続けられているNPO法人では、特に女性たちが元気である。集落を美化するために花会という部会を作って、ヤブを刈り、花木や草花を植えている。女性たちは、集まって一緒に何かをすること自体が楽しいようである。作業の計画をたてる集まりでは、お茶を飲みながらワイワイと盛りあがっている。

東豊永地区出身の夫とともに移ってきた川崎美和さんは、夢来里を造った都築さんから希望をもらったという。美和さんは、当初、夫の東豊永地区へのUターンには乗り気ではなかった。彼女はジブリなどのアニメが好きで、その世界観を表現したいという希望があった。しかし、保守的な山村では彼女の世界観はとても受け入れてはもらえず、表現するなどとんでもないことだと考えていた。

そのような折に、都築さんご夫妻の夢来里を訪ねた。美和さんは、都築さんが自らの個性をギャラリーや庭園で思う存分に表現し、多くの来訪者に喜ばれている姿をみて、眼からうろこが落ち、考え方が逆転したという。ここで自分の世界観を自由に表現してもよいのだ。しかも、こんなにも優れた山村の景観を背景に表現できる。山村は最高の自己表現の場である。そう考えるようになった。その後、それまでの高知市での仕事をやめ、今では東豊永地区に農家民宿を開いている。民宿の周りには収集してきたフィギュアなどが配置され個性的な空間が現れつつある。

住民ばかりでなく、学生たちも氏原さんや地区の人々から大きな影響を受けてきただろう。氏原さんとともに汗を流す集落での労働は、学生たちにとっては相当きつい。そうした仕事や作業の合間に交わされる会話を通じて、何か大切なものを学生たちは感じとっていく。なかには東豊永地区に住み込んで活動する者がでてくるし、卒業後に移住してくる者もいる。若い彼らが集落で暮らしていくのは、経済的にも精神的にも必ずしも容易なことではないが、東豊永地区に希望を抱き、自らの生を充実させようとやってくる学生たちがいる。

都市企業人のみかた

最近の東豊永地区では、これまでとは少々異なる動きがみられる。都市の企業人がしばしば訪れるようになり、活動を始めようとしている。こうした動きについて紹介していこう。

◎ポスト産業社会に向けての人材育成の場

高知大学に希望創発センターという部署が二〇一八年に開設された。今日、私たちを取り巻く社会は、あまりにも経済偏重になってしまった。いま一度、立ち止まって希望ある未来の創造について、大学だけではなく企業とも協働しつつ探っていくことを目的としている（高知大学希望創発センターＨＰ）。事業の一つに明日の日本を支える人材の育成があり、左に述べるような問題意識と狙いをもった研修プログラムが、トヨタ自動車㈱やパナソニック㈱、新日鉄ソリューションズ㈱などで人事に長年かかわってこられた企業人が中心となって練られてきた。私も希望創発センターの兼務教員として携わっている。

研修プログラムは、今日の産業社会を支える資本主義のあり方を課題としている（趣意書（未公表）より）。そもそも資本主義の精神の原点には、利潤の獲得を目指す産業の論理と、隣人愛の実践を目指す人間の論理の二つの中心があった。ところがその後、人間の論理は追いやられ、産業の論理ばかりが優先されるようになった。ポスト産業社会に向けて人間の論理を取り戻す必要があり、そのことに気づき、実践していく人材を育てることがプログラムの狙いである。

東豊永地区は、そのための研修の場として着目された。人間の論理を取り戻すには、隣人愛の実践を目指すことになる。まずはその大切さを感得することが必要だが、前述のように東豊永地区では、厳しい自然環境の下でみられる人と人、あるいは人と祖先とのつながりといった隣人愛が色濃く残っているからである。今日、私たちの社会を駆動させる基盤にある資本主義のあり方が問われており、それを解決する鍵が山村にあるのではなかろうか。研修プログラムを構想してきたグローバル企業の人々はそう考えている[3]。

◎小林製薬㈱によるＣＳＶ（共通価値の創造）

小林製薬㈱は、生薬の原料となる薬用作物の栽培についての知見の獲得を目指して、二〇二一年に東豊永地区において薬用作物の試験栽培を始めた。同時に、社会と企業の両者に共通する価値（共通価値）を創造しようとするＣＳＶ[4]を目指している。企業による社会課題の解決は、従来からＣＳＲ（企業の社会的責任）で取り組まれてきた。ただし、ＣＳＲは本業の周辺に位置づけられる活動によって社会価値をつくろうとするため、景況に左右される。この弱点を補うためにＣＳＶでは、本業を通じて社会価値とともに経済価値を同時に追求する。小林製薬㈱の場合には、同社が有する生薬についての知見や技術によって社会（地域）の課題解決に貢献するのと同時に、経済価値も得ようというものである。

限界集落とも呼ばれる東豊永地区の課題はすでに明らかなとおり、過疎・高齢化による地区の衰退である。今後の地区の継続を小林製薬㈱の強みを生かしてどのように探っていくのか。逆に小林製薬㈱は、自らの取り組みを通して同社にとっての価値をどのように創出するのか。取り組みは始まったばかりである。さっそく同社の六、七人が東豊永地区をよく知ろうと地区で泊まり込みの合宿をしたり、地区で実習をしている高知大学の学生たちとの協働を探ってワークショップを開くなど（写真18-5）、具体的に何をおこなっていくかを検討している。

写真 18－5　小林製薬㈱の社員と大学生が東豊永地区での活動について話しあう（2021年 12 月）

ただし、ＣＳＶによる社会価値（地域の価値）の創造は、企業の競争基盤の強化に目的があり、必ずしも地域が求める価値の実現には至らない可能性がある。池田（二〇二二）は、企業が社会の公器となるために、ＣＳＶは新しく変わっていく必要があるとする。利己的に共通価値を追うのではなく、利他性に基づいて社会価値を追求するべきである。その成果を、本来は利己的である経済価値（企業の価値）の獲得に結実できる経営イノベーションが必要であるという。つまり、社員は地域において利他的に活動したことにより、感性が変化し、真の地域課題を感得する。利他性の大切さに気づいた社員が、企業経営のあり方を改革する担い手になり、社会と企業の持続的な発展をもたらすということである。

池田（二〇二二）は、東豊永地区のような過疎地には社員が利他的に取り組まざるを得ない課題が山積する。同時にそこは、農林業や文化・社会など社員が人間の理性で物事を考える機会を提供する場であり、新しいＣＳＶにとって望ましい対象地であると主張する。ただし、ＣＳＶの成功には、社員と住民両者が互いに存在を認めあうマインドが醸成されていてこそという。高知大学は東豊永地区に近く、そこをよく理解しているのと同時に、外部者である小林製薬㈱のＣＳＶへの理解度も高い。小林製薬㈱が東豊永地区において新しいＣＳＶに向かっていくよう、両者を結びつける役割を果たしていきたい。

昨今ではＳＤＧｓ（持続可能な開発目標）が声高に叫ばれている。企業は財を生産するにあたり、自らばかりでなく、地域や国、ひいては地球の持続性について考慮することが求められている。現代社会は、今日、大きな曲がり角にある。企業による右の二つの事例は、山村には未来に向けて現代社会を問い直すという新たな価値があることを示唆しているのではなかろうか。

4. 銭金ではない生きかた

本章ではここまで、人々を大いに引きつける東豊永地区の景観の背後には何があるのかを探ってきた。

人々の生活を支える基盤には、地すべりがかかわっていた。四国山地の急峻な地形を緩やかにし、豊かな土と水を提供してきた。それでも自然は厳しい。そこで生きる人々は、旺盛に繁茂する植物に適応して、草取り文化を一つの生活様式として育んできた。雑草の生育を制御することによって作物を生産し、生活する場を維持するのと同時に、様々な場面で草を活用してきた。さらに社会的には、住民が生存するために集団で協力しあう必要があり、暮らしのそこここに集団化を促す仕掛けを設けてきた。こうした自然、文化、社会的な背景の下、住民が生存するための生産活動が営々と継続されてきた。その結果が景観として現われていた。

その景観は、近年の過疎・高齢化によって衰退してきている。きれいに整えられた「草」主体の景観が、荒れたヤブや管理のいきとどかないスギ・ヒノキ林や竹林といった「木」主体の景観に代わりつつある。衰退の流れは速く、勢いがあるが、ただ一方的に流されているわけではなかった。住民たちは皆、先祖から受け継いできた田畑や林を荒らさないようにと、日々、身体に鞭を打って作業をしている。

特に移住者たちを中心に、衰退の流れを押しとどめようとする動きがみられた。それぞれの個性を生かした景観を創り、そのための組織を作りだしている。彼らの活動が生みだす希望の灯は、徐々に住民のあいだに伝染していった。昨今、企業人による新たな動きも東豊永地区にはみられる。彼らは、企業活動の基盤である資本主義や産業社会のあり方には課題があると考えており、その解決に向けてのヒントが東豊永地区のような山村にあるとみている。そこでの研修や活動を通じて、そうした課題に気づき、その解決を目指す人材を育てようとしている。現代社会が直面した課題について考え、その解決を目指すための鍵が山村にある。山村に新たな役割が求められ始めている。

だが現実は厳しい。この原稿を書いているうちにも山村の人口は着実に減少している。先日も東豊永地区のひとりのおばあさんが亡くなられた。九六歳であった。私や学生たちもよくお世話になった方だ。お葬式の最後に甥で喪主の森一芳さんによるあいさつにでてきた故人のエピソードが印象に残っている。

二年ほど前のことだという。夜の八時ごろ同じ集落に住む一芳さんが電話をしたが出ない。心配になり訪ねてみると、家の裏手の水場で野菜を洗っていた。聞くと、つぎの日の早朝に直売所にだす野菜を取りにくる人がいるからだという。一つ何十円かの野菜のためにこんなに夜遅くまで作業せずとも、という一芳さんに対し、「こんなばあさんが作る野菜でもあてにして来てくれる。無ければその人が困るかもしれん。一芳よ、銭金ではないぞよ」と諭されたそうだ。

東豊永地区の住民には、こうした考えかたが身についていると思う。銭金は生きていくうえで大切である。しかし、人々は銭金だけで動いているのではない。人として、他の人々とのことを思いながら生きることが大切である。そういう価値観を持つ人々による仕事の積み重ねによって、東豊永地区の景観は造られてきた。

［謝辞］東豊永地区での聞き取りでは、多くの住民の方々にお世話になった。草稿段階では、笹原克夫教授（高知大学理工学部）より地質や地すべりについて、池田啓実教授（高知大学地域協働学部）よりCSVについて貴重なご意見をいただいた。記して謝意を表します。

注

（1）落合は、南小川沿いに分布する商業集落なので集計から除いた。人口は二〇二一年のもので、資料は大豊町のホームページより引用（大豊町ＨＰ）。
（2）市川（二〇二一）、市川（二〇一九）、市川（二〇一八）および市川・松本（二〇一八）を参照。
（3）研修プログラムの実施は、コロナ禍により大幅に遅れているが、二〇二三年の開始を目指し検討している。
（4）Creating Shared Value の略。

参考文献

池田啓実　二〇二二「企業と過疎地の縁起生成モデル」『Collaboration』一二：一―一二。

市川昌広　二〇一八「巻き込み、巻き込まれる――「木を伐る男」氏原学さんと高知大学」『フィールドぶらり「怒田」六　超学際主義宣言――地域に人どう巻き込むか?』総合地球環境学研究所、一二―一六頁。

――　二〇一九「関係外部者を受け入れる地域の体制の形成――高知県大豊町東豊永地区での経験から」『Collaboration』九：一一―一六。

――　二〇二一「山間地集落を支える草取り文化」『Collaboration』一一：三一―三六。

市川昌広・松本美香　二〇一八「山村を未来に継ぐ」山田勇・赤嶺淳・平田昌弘編『生態資源』昭和堂、二三一―二五四頁。

氏原学　二〇一一「怒田（布田）がない」大豊町文化協会文芸部『ともしび』二二：九七―一〇二。

大豊町　HP　https://www.town.otoyo.kochi.jp/（二〇二二年一月七日閲覧）。

小出博　一九七三『日本の国土　下』東京大学出版。

高知大学希望創発センター　HP　http://www.kochi-u.ac.jp/kibou-souhatsu/index.html（二〇二二年一月七日閲覧）。

高浜信行　一九九三「地すべりと生活と地質学」『地学教育と科学運動』二二：七―一七。

夕部雅丈・岡村眞・矢田部龍一・八木則男・横田公忠・佐藤修　二〇〇〇「四国中央部御荷鉾帯の緑色岩の風化と地すべり（一）」『地すべり』三七（三）：四一―四九。

第19章　クマもいる四国山地をめざして
——自然との対立から共存へ

安藤喬平

1．絶滅の時代に生きる

日本では、明治期以降に四九種の動物（哺乳類七種、鳥類一五種、汽水・淡水魚類三種、昆虫類四種、貝類一九種、その他無脊椎動物一種）と六一種の植物（維管束植物二八種、藻類四種、地衣類四種、菌類二五種）が絶滅した。実際、このように多くの生物種が短期間で絶滅する現代は、地球の歴史上六度目の大量絶滅期であると指摘する研究者もいる（Kingford et al. 2009; Barnosky et al. 2011）。これまでの五度の大量絶滅は火山の噴火、隕石の衝突、寒冷化、大気組成の変化等によって引き起こされた。だが、六度目の大量絶滅を引き起こしている要因は人間活動である可能性が高い。

絶滅のおそれのある野生生物のリストをご存じだろうか。国際的には国際自然保護連合（International Union for Conservation of Nature and Natural Resources: IUCN）、国内では環境省や地方公共団体・NGO等が作成している「レッドリスト」である。たとえば環境省が日本に生息・生育する野生生物の絶滅リスクを種ごとに評価してまとめたレッドリスト二〇二〇によれば、絶滅危惧種（絶滅危惧Ⅰ類および絶滅危惧Ⅱ類）は合計で三七一六種に達する。その内訳は絶滅危惧Ⅰ類二一一〇種、絶滅危惧Ⅱ類一六〇六種であり、その他にも、準絶滅危惧種一三六四種、情報不足五四四種、絶滅のおそれのある地域個体群六三種などが掲載されている（環境省　二〇二〇）。『環境省レッドリスト』では、種ごとに絶滅のおそれの程度に応じてカテゴリー分けをして評価されている。「絶滅（我が国ではすでに絶滅したと考えられる種）」、「野生絶滅（飼育・栽培下あるいは自然分布域の明らかに外側で野生化した状態でのみ存続している種）」「絶滅危惧Ⅰ類（絶滅の危機に瀕している種）」、「絶滅危惧Ⅱ類（絶滅の危険が増大している種）」、「準絶滅危惧種（現時点での絶滅危険度は小さいが、生息条件の変化によっては「絶滅危惧」に移行する可能性のある種）」、「情報不足（評価するだけの情報が不足している種）」、「絶滅のおそれのある地域個体群（地域的に孤立している個体群で、絶滅のおそれが高いもの）」。

日本には既知の生物種数が九万種以上、分類されていないものも含めると三〇万種を超える生物が生息していると推定されている。そのうち絶滅した生物種は一一〇種、危惧種は三七一六種である。「たったそれだけか」と感じる読者も少なくないだろう。むしろ私たちは、ある生物種が絶滅した、あるいは絶滅の危機にあるという情報に慣れてしまっているのかもしれない。だが、そうしたニュースに触れた際に、そもそも人間活動の影響で「ある生物種が地球上から根こそぎいなくなる」という現象がいかなる過程で起こり、何を意味するのかについて考えたことはあるだろうか。

読者の多くは、ニホンオオカミやニホンカワウソが絶滅種であることや、ジュゴンやトキが絶滅危惧種であることについて知っているかもしれない。それらは目立ち、保護に対する社会的な関心の高い生物種である。それに比べると、オオイワヒメワラビという植物やエンザガイという貝が絶滅種であることや、アカハネバッタという昆虫やヨコタカラタチゴケという菌類が絶滅危惧種であることについて知っている読者は少ないだろう。もしかしたら、日本のどこかで、まだ新種として発見されていない生物が、ひっそりと絶滅しているかもしれない。つまり私たちは、生物種が絶滅することについて、それほど多くのことを知らないのかもしれない。だが、六度目の大量絶滅の原因は人間活動にある。だとすれば「絶滅」という現象を、「起こってはいけないこと」とだけ捉えるのではなく、現代における人間と他の生物との関係のあり方を映し出す鏡として捉えなおすきっかけにできるかもしれない。

そのためにこの章では、レッドブックで「絶滅のおそれのある地域個体群」に指定されている、四国山地のツキノワグマ（*Ursus thibetanus japonicus*）と人間の関係史およびクマと共存する未来の実現に向けたこころみを検討する。そのために四国山地に生息してきたツキノワグマの絶滅や保全活動に関係する人びとや地域住民の活動やその思いを描きだす。そこには、ある生物種が減少あるいは絶滅するということだけではない、人間と生きものとの間の生々しいやりとりの歴史についての物語（「ナラティブ」（ヴァン・ドゥーレン　二〇二三）がある。そこに目を向けることを通じて、四国山地における人間と生きものの関係について考えなおすきっかけにしてみよう。

2. ツキノワグマがたどってきた歴史

四国にわたってきたツキノワグマ

ツキノワグマが日本に渡ってきたのは第四紀後期の五〇〜三〇万年前ごろ、海水面が低下して日本列島と大陸が陸続きであった氷期の時代であった（Dobson and Kawamura 1998）。大陸にいたツキノワグマは現在の朝鮮半島を経由して九州あたりにたどり着き、さらに陸続きであった本州、四国へと分布を広げていった。それ以降も大陸と日本列島が陸続きとなる時代はあったが、日本にツキノワグマが渡ってきたのはこの一度きりだったと考えられている（Ohnishi et al. 2009）。そして大陸との間で個体同士の交流が断たれた結果、独自の遺伝的特徴を保持するニホンツキノワグマという日本の固有亜種が形成された。日本に移り住んだツキノワグマの集団のなかではさらに遺伝的分化が進み、比較的早い時期に琵琶湖から東の「東日本グループ」、琵琶湖から中国地方の「西日本グループ」、そして紀伊半島と本稿の主役である四国の「南日本グループ」の遺伝的に異なる三系統に分かれた（Ohnishi et al. 2009; Yasukochi et al. 2009）。さらに南日本グループでは、紀伊半島と四国の集団の間に遺伝的な違いがあることも明らかになっている。

ツキノワグマは植物食に偏った雑食性の動物で、利用する食物は果実だけでも九〇種類以上にもおよぶ。ツキノワグマは季節によって得られる恵みを巧みに利用して森林での暮らしを維持している。その食性を季節ごとに紹介すると、春季は草本類や芽吹いた直後の新芽や葉、花を中心に食べ、夏季には草本類や液果（例えば、サクラ類の果実）のほかにハチ類やアリ類などの社会性昆虫も利用する。食欲亢進期にあたる秋季には、採取効率が高いブナ科の堅果（ブナやミズナラのどんぐり）を中心に、ミズキやヤマブドウなどの様々な液果もひたすら食べ、冬眠に備えてエネルギーを蓄える。このように、ツキノワグマの生存には、多様な樹種が入り混じり、四季を通じて豊富な食物を提供してくれる落葉広葉樹林が欠かせない。

他方で、ツキノワグマは森林の生物多様性に貢献している。その代表的な例に、採食した果実の種子を糞と一緒に排泄し、自分自身で移動できない植物が新たな環境に分布を広げることを手助けする「種子散布者」としての役割がある。同所的に生息する他の種子散布者（哺乳類や鳥類）と比べ、ツキノワグマは大量の種子を時には数十キロの範囲にまで散布する能力を備えている（Koike et al. 2011）。また、標高の差により開花や結実の時期が異なる植物を利用するために、垂直方向にも移動をおこなう。このような移動をおこなうツキノワグマは、長期的な気候変動（地球温暖化）に植物が対応していくうえで、より寒冷な高標高地に種子を避難させることができる重要な存在であることが指摘されている（Naoe et al. 2016）。このように、ツキノワグマは落葉広葉樹林の恵みを利用しながら、自らもまたその再生産に寄与している。

　落葉広葉樹林の分布は、ツキノワグマが日本に渡来して以降、数万年から十数万年おきに繰り返される気候変動の中で進退を繰り返してきた。例えば、現在の四国で海岸線から標高一〇〇〇mあたりまでを占める自然植生は照葉樹林である。だが、氷期の最も寒冷な時代にはこれらのほとんどが落葉広葉樹林に置き換わっていた。数十万年にわたり広大な落葉広葉樹林と安定的な食物供給が維持されたこの地域では、独自の遺伝的構造を保ったツキノワグマの集団が長期間繁栄してきたと考えられる。こうした状況は、人類が日本列島に渡来し、大型哺乳類を始めとする生物の生息に影響を与え始めた約四万年前まで続いていたことだろう。

写真 19－1　四国で撮影されたツキノワグマ（2011 年 8 月）

　今に続く温暖な気候の時代（完新世）になると、四国は瀬戸内海によって本州と九州から孤立した島嶼となった。ツキノワグマにとってはこれまでの氷期・間氷期のサイクルの一環であったはずだが、今回は少し様相が異なっていた。人間による強度の森林利用によりツキノワグマの生息地は縮小し、さらに狩猟や駆除により個体数が減少していった。かつては四国に広く生息していたはずのツキノワグマは地域的に分断化・小集団化していった。さらに、四国各地で細々と残っていた小集団も段階的に消失していき、最終的には四国東部の剣山系周辺に残された落葉広葉樹林のまとまりが現在の唯一の生息地となった。数十万年をかけて四国の森林環境で適応進化してきたツキノワグマだが、おそらく過去に経験したことないほどわずかな個体数となり、小さな島の限られた

図19－1　四國に於けるクマの分布
（出典）岡（1940）。

地域に押し込まれているのが現状である。

生息分布域の変遷

有史以来、四国のツキノワグマの分布はどのような変遷を辿ったのだろうか。断片的ではあるが、古文書から過去の生息状況をうかがうことができる。例えば、阿波藩政時代の主な生産物を記した「阿波藩林政資料木頭ノ部」には現在の徳島県那賀郡那賀町木頭地区の生産物として熊胆（乾燥させたクマの胆嚢で、古くから最高級の医薬品として高値で売買された）が記されており、当地でツキノワグマが生息していたことが示唆される（木頭村誌編集委員会　一九七一）。また、石鎚山系を含む四国山地中央部では、一七五一年から一七五二年に記された寺川郷談（春木　二〇〇二）や一八四二年に編纂された西条誌（矢野　一九八二）、本川村史（本川村編　一九七九）にそれぞれツキノワグマに関する記述がある。西条誌によると、ツキノワグマは一人の猟師が一生に何度も打てる獲物ではなかった旨が書かれており、狩猟の対象でありながら、江戸時代中期の石鎚山系周辺ではすでに生息数が限られていた様子がうかがえる。

四国全域の生息範囲を示した最も古い資料としては、「四國に於けるクマの分布」がある（図19-1）。この資料によると、執筆された一九四〇年の時点で四万十川上流域（A）と剣山系（B）（図中の剣山と石鎚山の表記が入れ替わっていることに注意）の二地域に分断・孤立化した集団が残るのみとされている。また、a、b、cの地域はそれぞれ執筆された一九四〇年の三〇～八〇年前までは生息していたが姿を消した地域と論じられている。著者の岡藤蔵は「クマは容易に人前に姿を現さず、僻遠の高山密林地帯に棲み、従って高俊にして原始林に富む四国の尾根は彼等が絶好の棲家である。然し乍ら時勢と共に文化の嵐は彼等の本拠をも容赦なく荒らしてその生活圏は次第に狭小となり今は只東西二ヶ所にその余脈を保つに過ぎない」と語っており、当時からクマの存続が危惧されていた様子を綴っている。その後の二〇〇〇年代前半には、四国西部の生息記録は途絶え、四国東部の剣山系にほぼ限定された（環境省自然環境局生物多様性センター　二〇〇四）。

生息数がこれほどにまで減ってしまった原因は主に二つある。一つは森林資源の利用のための森林開発である。四国は古くから林業が盛んな土地であり、江戸時代にはすでに広範囲で自然林が伐採されていた。たとえば石鎚山系でも一七〇〇年代には天然林を伐採しており、愛媛県から高知県側まで盗伐に来た記録が残されているほどである（春木　二〇〇二）。そして戦前・戦後になると国内の木材需要は一気に高まり、一九六〇年代からは造林事業が国策として強力に推し進められた（拡大造林）。また、奥地に残る天然林はパルプ用材や製材用材として広域に伐採され、伐採跡地では再造林が強力に推進された。そうした積極的な造林事業は四国では一九九〇年代まで続けられ、現在、四国四県を合わせた国土面積（一万八八〇四㎢）の約七四％が森林に覆われており、そのうちの六〇％が人工林となっている（林野庁　二〇一七）。これは全国で最も高い人工林率である。こうした森林開発により、ツキノワグマの生息に適した落葉広葉樹林は失われていった。

二つ目の原因は林業の害獣として強度の捕獲圧がかけられたことにある。ツキノワグマはスギやヒノキの針葉樹の表皮を剥ぎ、内側の幹の形成層をこそぎ取る行動をする。一般的に「クマ剥ぎ」と呼ばれるこの行動は、長期間かけて育てた木材の価値を低下させるため昔から林業家を大いに悩ませてきた（羽澄　二〇〇三）。過去のツキノワグマの被害状況を表す資料として一九七七年の徳島新聞の記事を引用すると、県が剣山系周辺地域での林業被害額を調査したところ、推定三〇頭のクマにより五万二三〇〇本のスギ・ヒノキが被害にあい、一億七〇〇〇万円もの損害であったと報道されている。当時どのような基準でクマ剥ぎを調査したかは不明ではあるが、クマによる被害はとにかく甚大であり、林業従事者にとって許容できないものであったに違いない。

四国の山村地域を支える基幹産業の発展を妨げるツキノワグマに対して、当時の人々は徹底的に対抗した。当時まだツキノワグマが生息していた四国西部について書かれた一九三六年の新聞記事（『南予時事新聞』一九三六年三月七日）には、「宇和島、宿毛、中村の営林署が連携してツキノワグマの大巻き狩りを実施し、当地のクマの撲滅に主力を注ぎ、今年度に少なくとも三〇頭の捕獲をし得るものと期待する」とある。さすがにこの短期間に三〇頭もの数を捕獲することはできなかったが、

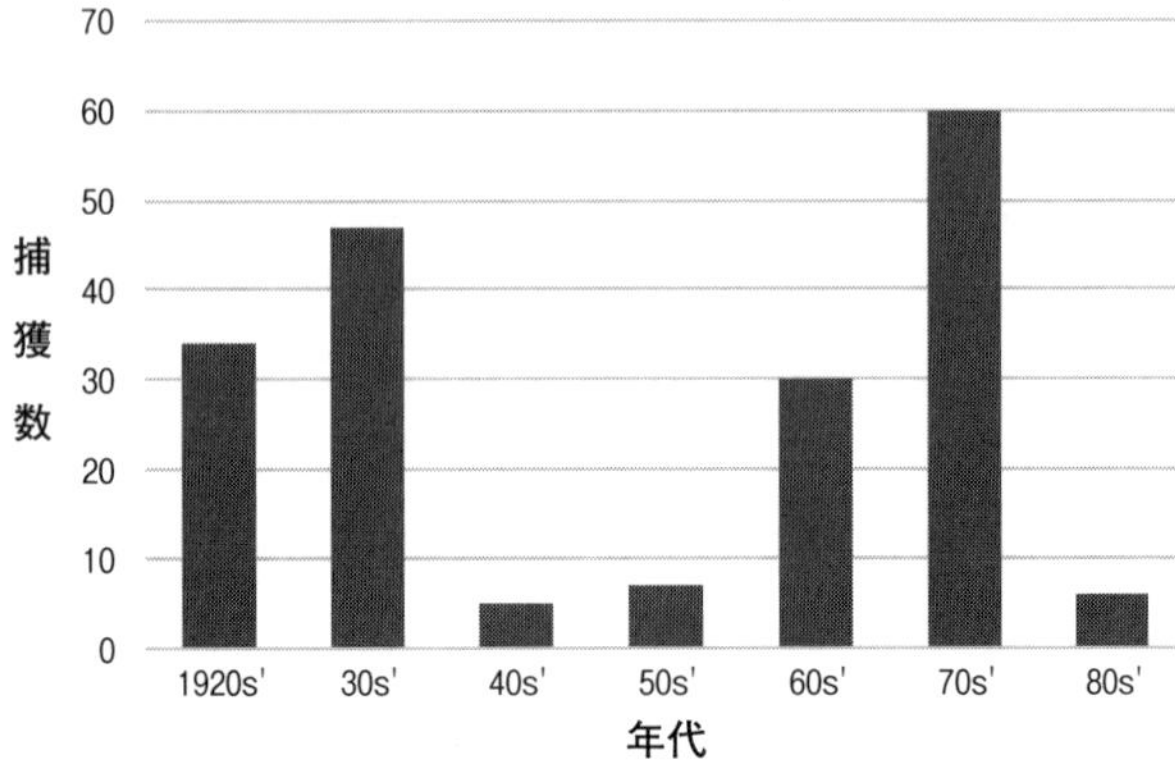

図19－2　四国地域におけるツキノワグマの捕獲数の推移

（出典）ツキノワグマ四国地域個体群の保全に係る広域協議会（2020）。

一九二三年以降に整備された狩猟統計によると、四国地域（徳島県、愛媛県、高知県）では一九二三年〜七九年までに計一八三頭ものツキノワグマが捕獲されている（図19 - 2）。一九二〇〜三〇年代および一九六〇〜七〇年代にかけては報奨金を活用して捕獲が奨励されていたことも捕獲増に拍車をかけたと考えられる。一九五八年には徳島県の旧木沢村と那賀林業事務所が「熊狩り隊」を組織して、一頭五万円の報奨金をかけて駆除を奨励した記録が残っている。また、報奨金の最高額としては、一九七七年に旧木沢村で捕獲されたツキノワグマに四〇万円もの高額な報奨金が交付された。この報奨金は、村内外の山林地主により結成された「クマ被害対策協議会」から三〇万円、木沢村および徳島営林署から各五万円が出されたようで、まさに村を挙げてクマの捕獲に乗り出し、被害の軽減を図っていた。

　このように近世の早い段階から続けられた強度の森林利用はツキノワグマの生息環境の質と面積を低下させ、前出の分布図で示したようにそもそもの生息数は多くなかったと想像される。そこに追い打ちをかけるようにして、林業被害防止のための強い捕獲圧がかかることで生息数はさらに減少し、四国各地に残っていた小さな集団も次々と姿を消したと考えられる。

3. ツキノワグマの保護をめぐる地域の軋轢

保護対象としてのツキノワグマ

長く林業の厄介者とされてきツキノワグマであったが、一九八〇年代に入ると捕獲数や林業被害に関する情報は激減した（亀

山　二〇二〇）。そして一九八六年に高知県で狩猟によって捕獲されたことを契機に、世の中は一気に「保護」の論調に変化した。当時は全国的に自然保護の機運が高まっていたことも後押し、四国のツキノワグマを保護すべきとする議論が盛り上がり、同年中に高知県は県下全域でツキノワグマの捕獲を禁止した。これ続き、一九八七年には徳島県、一九九四年には四国全域でツキノワグマの捕獲禁止措置が決定された。

四国全域で捕獲が禁止されてから約三〇年が経過した今、人為的な死亡要因がなくなれば個体数は回復に転じるはずである。しかし、二〇一七年時点の推定生息数は一六頭から二四頭と算出され（鵜野ら　二〇一九）、近年の調査結果からは生息数が回復する兆候は一向に見られていない（小池・山田　二〇二〇）。ツキノワグマの単独孤立集団が一〇〇年後に九〇〜九五％の確率で存続するための人口学的ＭＶＰ（minimum viable population size 存続可能最小個体数）は一〇〇頭以上と試算されていることからも、四国のツキノワグマは深刻な絶滅のリスクに直面していると言える（三浦・堀野　一九九九）。個体群が回復を妨げている要因はまだ解明されていないが、環境収容力の限界や、遺伝的多様性の低下等の要因により死亡率が高い可能性が考えられる。「なぜ増えないのか」という疑問を明らかにするために科学的知見をさらに蓄積していく必要がある。現行の捕獲禁止の保護施策だけでは個体数が回復する見込みが低いと判断される場合は、個体群救済のための具体的な保護対策の実行が検討されなければならない。

四国のツキノワグマのように孤立化した小個体群を回復させる取り組みは、世界各地で事例がある。具体的には、遺伝的に近い他地域の個体群から個体を導入し、遺伝的多様性を確保することで個体数の増強を図る「補強（augmentation）」、食物資源の不足が個体群の回復を妨げている場合において管理・効果検証が可能な体制の中で実施する「給餌（supplemental feeding）」による食物資源状況の改善、自然下での繁殖が不可能と判断されるときに対象個体群を飼育下に置き、「生息域外保全（ex-situ conservation）」により遺伝的資源や将来的な導入個体の確保を目指すなどの選択肢が挙げられる。例えば、韓国に生息するツキノワグマや、フランス―スペイン国境に生息するヒグマなどは、補強により個体群を回復させている（Jeong et al. 2010; Palazón 2017）。また、モンゴルのゴビヒグマでは、食物資源の不足が個体群の存続に危機的な影響を与えていることを踏まえて、人工的な給餌ステーションの設置による栄養状態の向上が図られている（Tumendemberel et al. 2015）。こうした施策を実際に四国でも実施すべき段階にあるのか否かについては、科学的データを基にした検証が必要となる。とはいえ他国の事例は、然るべき保護施策をおこなえば個体群を回復に向かわせる可能性が残されていることを示している。

クマの生息がもたらす地域住民の不安

ツキノワグマは人身被害や農林業被害などの側面を持つ野生動物であり、上記の施策は人身事故や農林業被害を抑制する体制がなくては地域の理解が得られず、絵に描いた餅に終わってしまう。個体群が四国で長らく存続するためには、地域社会がクマの存在を許容し、共存を前提とした態度・行動を保てるかどうかにかかっている。

ツキノワグマは他の野生動物種と比較して、人身事故等の大きな被害に繋がる可能性がある。最近では全国のツキノワグマによる人身事故件数は年間五〇〜一〇〇件を超えており、人身事故に関するニュースを目にする機会も多い。特に二〇一六年に秋田県鹿角市で発生した四件の連続死亡事故は記憶に新しく、「クマは人を襲う動物である」という認識が改めて日本中に広がった。ショッキングな人身事故は人々に強烈な印象を与え、クマが存在するだけで怖いという感情に結び付く。

生息地域に含まれる高知・徳島県の八市町二三八五世帯（回答率：三五・七％）を対象に二〇二〇年に行った郵送アンケート調査の結果によると、四国でのクマの生息を約九割の人が認識し、半数近くが「四国で生息し続けてほしい」と回答した。その一方で、回答者の市町にクマがいた方がよいとする考え方はわずか二割程度であった。絶滅が危惧されている状況は理解するが、身の回りのリスクとして考えたときにはその存在を許容できないというのが地域住民の意識である。

しかしながら、四国ではツキノワグマが人里に出没することはきわめて稀である。これは、人里周辺を占める人工林が人とクマの生活空間を分断するバッファーのように配置されていることで、人の居住地域とクマの生息地の重複が避けられているからだろう。近年の人里付近での出没事例と言えば、二〇〇四年に徳島県三好市池田地区で一〇〜一一月にかけて相次いで目撃された事例くらいである。生息の中心部から離れた人里における出没事例は極めて珍しく、人に危害を与える可能性が高いと判断され、県や市は有害鳥獣駆除のための捕獲檻の設置や注意喚起などの対応に追われた。だが目撃情報はすぐに収まり、この年以降に再び出没情報が寄せられることはなかった。この池田地区での出没騒動を受けて、徳島県は同年中に「ツキノワグマ対応指針」を策定し、出没に際する対応の基準を定めることとなった（徳島県 二〇〇四）。二〇二〇年には関係行政機関により構成される「ツキノワグマ四国地域個体群の保全に係る広域協議会」により「ツキノワグマ四国地域個体群広域保護指針」が策定され、その翌年には同協議会から、「出没対応ガイドライン」が策定された。あくまで指針とガイドラインであるため、より具体的な実施体制は各行政機関により今後整備されるものと期待される。このような軋轢解消のための施策の展開や、民間団体等でもツキノワグマの生態に関する正しい知識を提供することで、クマに対する受容性を底上げすることが、この地域とツキノワグマが共存するための大事な第一歩になる。

4. ツキノワグマとの共存に向けて

クマの保護をとおした地域振興

地域の受容性を底上げするためには、マイナスの側面に対処するだけでなく、プラスの側面にも目を向けることも必要である。絶滅が危惧されるツキノワグマが剣山系のみで存続しているという事実は、それだけ豊かな自然環境が当地域に残っているとも捉えることができる。どこにでもある「自然が豊かな地域」から、「絶滅寸前のツキノワグマが唯一生息する自然が残る地域」といった風に発想を転換するだけで、地域の自然環境の特色を具体的に発信し、付加価値を付けた地域の産物を生み出すことも可能となる。

世界的には、野生動物の保全と地域経済を両立させる試みは盛んに展開されている。例えば、クマ類では南ヨーロッパのLIFE DINALP BEARプロジェクトの事例が挙げられる。ディナル・アルプス山脈を有するスロベニア、クロアチア、オーストリアなどの国々では、ヒグマによる養蜂被害、畜産被害、農作物被害などがクマに対する許容度を低下させる要因となっている。同プロジェクトではこうした軋轢を解消するための取り組みや個体群の保全に寄与する商品に対してbear friendly認証を与えて、商品の付加価値を高めている。この地域では認証を受けた多数の事業者が、「ヒグマとの共存」というメッセージ付きの商品を販売している。こうした取り組みは、事業者と利用者の意識向上を促し、現地雇用や地域への誘客といった観光産業への好影響ももたらすことで、地域がヒグマと共存にするためのインセンティブを与えることに成功している。

地域の事業者と連携した取り組みは地域経済への波及効果が高く、四国でも参考にできる余地は十分にある。観光等による交流人口の増加によって、ツキノワグマに対する外部の評価を知ることができれば、それが地域の自慢になったり、地域内のツキノワグマへの評価を高めたりする効果も期待できるかもしれない。また、絶滅寸前のツキノワグマが地域資源として地域に利活用されることで、地域住民がツキノワグマの存在価値を再考するきっかけとなる可能性がある。ツキノワグマとの関わりが一旦途絶えてしまい、利害関係者が極めて少ない四国だからこそ、ツキノワグマと地域の関係性を再構築する可能性がある。だからこそ、国内で類を見ないツキノワグマ保全の形を目指せる余地がある。

ツキノワグマと養蜂の共存のストーリー

四国山地では在来種のニホンミツバチを利用した伝統的養蜂が盛んに行われている。産業化されたセイヨウミツバチの養蜂とは異なり、ニホンミツバチの蜜の収穫量は少量であるため希少性が高く、市場での流通は限られている。養蜂がいつごろから四国に定着したのかは定かではないが、前出の「阿波藩林政資料木頭ノ部」（木頭村誌編集委員会　一九七一）に、藩政時代の主な生産物として「蜂蜜」が記載されていることから、遅くとも江戸時代には当地の生産物と認識されるくらいの経済的意義があったと考えられる。

徳島県那賀町木頭地区での蜂群の飼養には、ミツドウと呼ばれる人工の巣箱が用いられる（写真19‐2）。ミツドウの素材、形状は養蜂者によって様々で、木の胴の内側をくり抜いた筒状のものや、板材を張り合わせて長方形に加工したものが一般的である。ミツドウは居住地周辺や道脇の斜面の平坦な場所を利用して離散的に置かれ、空のミツドウに分蜂群が自ら営巣するのを待つ方法がとられる。大抵の場合、四月下旬から五月下旬にかけての分蜂時期には分蜂群を誘引するキンリョウヘンというラン科の花が巣箱の入り口に据えられる。早ければその年の梅雨明けごろにはミツドウが蜂蜜で満杯になる。営巣が確認された年に採取することも可能だが、「二年もの」の蜂蜜はより濃厚な味わいになるようで、翌年まで採取を待つといったこだわりを持つ養蜂者も多い。

写真 19－2　ミツドウの設置風景（2018 年 5 月）

写真 19－3　電気柵で囲ったミツドウにおびき寄せられたツキノワグマ（2018 年 8 月）

ミツバチは様々な植物の花蜜や花粉を集めて蜂群を維持する。特に、多様な蜜源を供給することができる落葉広葉樹の存在は重要で、木頭地区の養蜂者たちは、落葉広葉樹林などの蜜源植物が豊富な自然林の山中では採取できる蜜の量が増えることを経験的に知っているようだ。そのため、山奥に続く林道はそうした環境に最も近づくことができるため、至る所にミツドウが置かれて飽和状況になっている林道もあるほどである。

自然下でもハチ類を好んで食べるツキノワグマにとって、ハチミツをたっぷりため込んだミツドウが林道に無防備に置かれていれば、遠慮なく食べてしまうのが当たり前である。さらに、ミツドウは林道上に連続的に置かれることで、ミツドウを探索するツキノワグマが居住地に接近するきっかけを作ってしまう危険性もある。木頭地区では二〇年ほど前から養蜂被害が起きていたというが、具体的な被害対策を行うことはなかったようで、被害の状況は放置され続けていた。木頭地区で養蜂を行ってきているA氏によると、二〇一七年に林道に設置した四つのミツドウがツキノワグマに壊され、その前年にも同じ林道で八個のミツドウがクマにやられたと言う。A氏はツキノワグマに対するフラストレーションを募らせ、何度も役場や県に駆除を要請したが、クマの仕業か定かでないということでまともに取り合ってもらえなかった。いくつか自作の対策を試みてみたものの、どれもいずれは突破されてきたという。おそらくこの林道では、ハチミツを簡単に得ることができると学習した個体が、度々養蜂被害を起こしていたのだろう。クマがこの地域で今後も存続するためには、有効な防除手段があることを知ってもらい、クマとの共存が可能と思ってもらえる体制を整備する必要があった。

そこで、私たちは、電気柵を使った被害対策の実施をA氏に提案した。ツキノワグマの保護を願う私たちとA氏では、クマに対する考え方は対極的であったが、被害をなくしたいという共通の目的でタッグを組むことができ、二〇一八年からこの林道での被害対策を試験的に行うことができた。試行錯誤の末なんとか電気柵を設置し、対策初年目には電気柵を設置した三ヶ所のミツドウで見事にクマの侵入を防ぐことができた（写真19‐3）。しかし翌年には、何度も同じミツドウを訪れる執着した個体が現れ、最終的には電気柵の下を掘られてできた隙間から侵入されてしまった。A氏は意気消沈しつつも、現在も電気柵の設置を継続している。

被害対策の取り組みと同時に、被害を回避して収穫したハチミツをツキノワグマと共生する「Island Bear Friendly ハチミツ」として販売した。ハチミツを通常よりも高値で購入し、販売することでA氏の経済的負担を軽減し、継続的に被害対策が実施できる体制の構築を図ろうとしたのだ。また、ツキノワグマと共生する取り組みが付加価値を創出し、地域の経済活動にプラスを生み出すことができるという実例として、一般に情報発信する狙いもあった。

この取り組みは、イギリスの化粧品メーカーのLUSHの目に留まり、同社が販売する化粧品の原材料にA氏のハチミツが採用された。LUSHではリジェネラティブ・バイイング（再生的購買）という考え方による原材料調達を行っている。これにはサステナビリティ（持続可能性）の追求だけでは不十分であり、「原材料の購入を通じて環境を再生させる」という哲学が込められている。絶滅が危惧されるツキノワグマと、中山間地域に根付いた生産活動の双方を再生させるA氏の取り組みは、LUSHによって評価され、原材料として利用されることになった。

また、木頭地区で木工製品の加工販売を行う株式会社 Wood Head は、放置人工林に対する懸念から、製品に地域のスギ材を積極的に利用している他、かつて木頭地区に広がっていた自然林の景観を再生することを目的とした「山櫻プロジェクト会」を主宰してきた。同社は近年、LUSHからの支援を受け、ツキノワグマの生息地の広葉樹林化を目指す取り組みを始動した。

このようにツキノワグマの地域個体群絶滅の歴史をめぐる「過去の森林開発や害獣としての駆除」、「絶滅危惧」、「地域との軋轢の解消」、「山村の営みの維持」等の様々な物語は、ツキノワグマの保護と養蜂とを結びつけた。そしてそれは、木頭地区という過疎地域とグローバル企業であるLUSHを結びつけて、新たな価値を生み出しつつある。たしかにツキノワグマと人間の関係は一筋縄ではいかない。だが、ツキノワグマによるハチミツの食害を受けた人びとによる「ツキノワグマと共生する取り組み」は、地域外から評価される活動になった。生物の保護活動は害／益あるいは、存在を許容する／しないという二者択一的な議論に終始しがちだが、絶滅の歴史をめぐる物語は思わぬ形で地域再生・創生の鍵になる可能性を秘めている。

参考文献

鵜野・小野寺レイナ・山田孝樹・大井徹・玉手英利　二〇一九「四国で捕獲されたツキノワグマの血縁関係と繁殖履歴」『保全生態学研究』二四：六一―六九。

岡藤蔵　一九四〇「四國に於ける熊の分布」『四不像』五：三四。

ヴァン・ドゥーレン、T　二〇二三『絶滅へむかう鳥たち――絡まり合う生命と喪失の物語』西尾義人訳、青土社。

亀山明子　二〇二〇「過去の記録に見る四国の人々とツキノワグマの関係」日本クマネットワーク編『四国のツキノワグマを守れ！――五〇年後に一〇〇頭プロジェクト　報告書』二六―三五頁。

環境省自然環境局生物多様性センター　二〇〇四『第六回自然環境保全基礎調査　種の多様性調査　哺乳類分布調査報告書』。

環境省　二〇二〇『環境省レッドリスト二〇二〇』https://www.env.go.jp/content/900515981.pdf（二〇二三年五月八日閲覧）。

木頭村誌編集委員会　一九七一『木頭村経済誌』原田印刷所。

小池伸介・山田孝樹　二〇二〇「四国のツキノワグマの現状のまとめ」日本クマネットワーク編『四国のツキノワグマを守れ！――五〇年後に一〇〇頭プロジェクト　報告書』二三―二五頁。

ツキノワグマ四国地域個体群の保全にかかる広域協議会　二〇二〇『ツキノワグマ四国地域個体群広域保護指針』。

徳島営林署編　一九七二『徳島のクマ』。

徳島県　二〇〇四『ツキノワグマ対応指針』。

羽澄俊裕　二〇〇三「林業の未来とツキノワグマの被害」『森林科学』三九：四―一二。

春木次郎八繁則　二〇〇二『寺川郷談』森本香代訳、本川村。

本川村編　一九七九『本川村史』。

三浦慎悟・堀野眞一　一九九九「ツキノワグマは何頭以上いなければならないか――人口学からみた存続可能最小個体数（ＭＶＰ）の試算」『生物科学』五一（四）：二二五―二三八。

矢野益治　一九八二『注釈　西条誌』新居浜郷土史談会。

林野庁　二〇一七「都道府県別森林率・人工林率（平成二九年三月三一日現在）」https://www.rinya.maff.go.jp/j/keikaku/genkyou/h29/1.html（二〇二三年五月一日閲覧）。

Barnosky, A. D., Matzke, N., Tomiya, S., Wogan, G. O. U., Swartz, B., Quental, T. B., Marshall, C., McGuire, J. L., Lindsey, E. L., Maguire, K. C., Mersey, B. and Ferrer, E. A. 2011. Has the Earth' s Sixth Mass Extinction Already Arrived ?. *Nature*, 471（7336）, 51–57.

Dobson, M. and Kawamura, Y. 1998. Origin of the Japanese Land Mammal Fauna Allocation of Extant Species to Historically-based Categories. *The Quaternary Research*（Daiyonki-Kenkyu）37（5）：385–395.

Jeong, D. H., Yang, D. H., Lee, B. K. and Gurye, H. R. M. M. 2010. Re-introduction of the Asiatic black bear into Jirisan National Park, South Korea. *GLOBAL RE-INTRODUCTION PERSPECTIVES: Additional case-studies from around the globe*, 254.

Kingford , R. T., Watson, J. E., Lundquist, C., Verner, O., Hughes, L., Johnston, E. L., Atherton, J., Gawel, M., Keith, D. A., Mackey, B. G., Morley, C., Possingham, H. P., Raynor, B., Recher, H. F. and Wilson, K. A. 2009. Major Conversation Policy Issues for Biodiversity in Oceania. *Construction Biology* 24（4）：834–840.

Koike, S., Masaki, T., Nemoto, Y., Kozakai, C., Yamazaki, K., Kasai, S., Nakajima, A., and Kaji, K. 2011. Estimate of the seed shadow created by the Asiatic black bear Ursus thibetanus and its characteristics as a seed disperser in Japanese cool-temperate forest. *Oikos* 120（2）：280–290.

Naoe, S., Tayasu, I., Sakai, Y., Masaki, T., Kobayashi, K., Nakajima, A., Sato, Y., Yamazaki, K., Kiyokawa, H. and Koike, S. 2016. Mountain-climbing bears protect cherry species from global warming through vertical seed dispersal. *Current Biology* 26（8）：R315–R316.

Ohnishi, N., Uno, R., Ishibashi, Y., Tamate, H. B., and Oi, T. 2009. The influence of climatic oscillations during the Quaternary Era on the genetic structure of Asian black bears in Japan. *Heredity* 102（6）：579–589.

Palazón, S. 2017. The importance of reintroducing large carnivores: the brown bear in the Pyrenees. In J. Catalan, J. Ninot and M. Aniz（eds.）, *High Mountain Conservation in a Changing World*, Springer, cham, pp. 231–249.

Tumendemberel, O., Proctor, M., Reynolds, H., Boulanger, J., Luvsamjamba, A., Tserenbataa, T., Batmunkh, M., Craighead, D., Yanjin, N. and Paetkau, D. 2015. Gobi bear abundance and inter-oases movements, Gobi Desert, *Mongolia. Ursus* 26（2）：129–142.

Yasukochi, Y., Nishida, S., Han, S.-H., Kurosaki, T., Yoneda, M. and Koike, H. 2009. Genetic Structure of the Asiatic Black Bear in Japan Using Mitochondrial DNA Analysis. *Journal of Heredity* 100: 297–308.

終章　日本の地域を見ることの面白さ
――東南アジアで再発見する四国

片岡　樹

1．海外フィールドの「逆さ読み」

私の専門は文化人類学である。文化人類学というのは、一般には、異文化理解の学だということになっている。そのため私もご多聞にもれず、これまで主に海外を調査地として研究活動を行ってきた。具体的に言えば東南アジアが私のフィールドなのだが、東南アジアを見てきた目で日本を見直していると、意外におもしろい発見がたくさんあることに最近になって気づいた。特に四国がおもしろいと感じている。なぜ四国に興味を覚えたのかと言えば、少なくとも当初は、母が愛媛県出身だった（私自身は東京生まれ）というまことに単純な理由からであった。しかし東南アジア経由で日本のおもしろさに気づいて四国に通うようになってから、やはり四国に視点を定めたのは正解だったと改めて認識している。

海外フィールドの経験から日本のおもしろさを再発見する上で役に立つのが、桑山敬己（二〇〇八）の「民族誌の逆さ読み」という提案である。桑山がそこで例に挙げるのが、アメリカ人人類学者ベネディクト（二〇〇五）による『菊と刀』である。これは言わずと知れた日本文化論の古典なのだが、これをアメリカ文化論の本として読むこともできるのだと桑山は指摘する。この本では、「アメリカ人はこう考えるが日本人はこう考える」という説明が続く。これはアメリカ人読者に向けて日本文化を説明しようとするからそうなるのであるが、これを日本人読者が見れば、アメリカ人によるアメリカ文化の自画像にも見えてくる。これが「逆さ読み」である。

ならば、こうも言えないだろうか。我々が日本人の読者を相手に行ってきた海外文化の説明というのは、実は裏返しの日本文化論だったのだ、と。私の場合で言えば、東南アジアのフィールドで異文化との出会いに心を弾ませた経験は、それ自体のなかに日本文化への発見が含まれていたはずなのである。

というわけで本章では、東南アジアでの驚きを日本に持ちかえることで、何が見えてきたのかについて説明しようと思う。それが四国でなぜ正解だったのかについても、この章を読み終わる頃にはわかってもらえるだろうと思っている。

2. 神と仏を再発見する

廟と神社

まずは神と仏の話から。一〇年ほど前から、私はタイ国の中国廟などの調査を始めている。中国廟とは何か。関帝とか媽祖とか土地神とかを祀っている施設のことだと思ってもらえればよい。タイ国を含め、東南アジアの都市部には中国系の住民が非常に多いため、中国廟は都市景観の重要な一部をなしている。私が調べていたのは、それぞれの廟の法的な位置づけがどうなっていて、どんな神様や仏様が祀られているのかとかなど、それ自体としては地味な研究である。

もっとも、実際にいろいろ調べていくと、なかなかおもしろいものが見えてくる。たとえば法的位置づけについては、中国廟がそもそも宗教施設として認められていないことがわかってきた。一九世紀以来の近代化の過程で、西洋由来の religion という言葉を法律用語として翻訳する必要が生じ、それにもとづいて宗教行政の枠組みを整備した結果、「廟は宗教に非ず」ということになり、内務省の管轄下の世俗施設ということになってしまったのである（片岡 二〇一四a）。

この話、どこかで聞き覚えがないだろうか。

そう。近代日本の神社行政と非常によく似ているのである。あのときも、西洋から来た religion を法律用語に翻訳して宗教行政を整備していく過程で、神社がやっていることは宗教ではない、という批判が仏教界などから出て、結果的に「神社ハ宗教ニ非ス」という神社非宗教説が成立していったのであった(1)。

もう一つ調べていて気づいたことがある。実はタイ国の廟で、非宗教施設として内務省に登録しているのはごく少数で、実際にはほとんどの廟がそもそも未登録で、国の行政網の捕捉から洩れていることがわかってきた。いわゆる脱漏施設である。非宗教施設であれ脱漏施設であれ、国の宗教行政の外に出てしまうことは、デメリットばかりではない。もし仏教施設としてみなされてしまえば、「仏教かくあるべし」「宗教かくあるべし」という法律用語や行政用語の網にとらえられることになる。むしろその外に身を置くことで得られるフリーハンドもあるのである。

中国廟というのは多くの場合、実に雑多な神や仏が祀られている。そこには仏教の仏や護法神だけでなく、強いて言えば道教や中国の民間信仰に属する神々、それらがタイ人の民間信仰と習合した神々、さらに場合によってはヒンドゥー教やイスラム教に由来するとされる神々までが祀られているのである。では中国廟は、そもそもどの宗教に属するものなのか？「それってなに教の施設なの？」と聞かれると、我々は返答に窮してしまうのだが、実際にそこで拝む人たちが困るわけではない。自分にとって霊験のある神様や仏様を拝めさえすればよいのであって、それがどの宗教的伝統に属するかを詮索するのはあくまで外部の研究者の都合にすぎない。そもそも中国廟は宗教施設ではないのだから、いずれかの宗教に帰属する必要はない。中国廟が非宗教施設や脱漏施設だというのは、神仏の雑多な習合状態を放置してもらえるという点ではメリットですらある。

これはおそらく、日本についても同じようなことが言えるはずである。それが仏教なのか神道なのかよくわからない祠というのはいくらでもある。しかしそれが脱漏施設として公権力の捕捉の外に出てしまえば、習合状態に目くじらを立てる人はいなくなり、仏教と神道のいずれを選ぶか、という踏み絵を踏まずにすむのである。

神仏習合というカルチャーショック

神仏習合について、もう少し話を続けたい。中国廟の中で神と仏が雑然と祀られている状態というのは、実は私にとってはかなりのカルチャーショックだった。系統の違う神や仏がぐちゃぐちゃに合祀されていて、それが仏教の施設なのか道教の施設なのかわからない。こちらとしては、廟というのは日本でいえば神社にあたるものだろうと考えていただけになおさらである。しかも廟が念仏会の会場になって人々が神前で阿弥陀経や観音経を唱えたり、廟の行事に僧侶が招かれて般若心経や大悲咒を読み上げたり、という場面にひんぱんに出くわすのである。神社とお寺、神主と僧侶、神と仏はそれぞれ別のものだと考えていた私にとっては、まったく混乱させられることばかりであった。

この戸惑いが実は、東南アジアのフィールドを「逆さ読み」する契機になっていたことに気づいたのは、しばらく後のことである。神仏習合や神前読経の場面を前に私は当惑するが、当事者たちは一向に不便を感じていない。ならばそこに当惑する自分は、何か色眼鏡をかけて東南アジアの現実を見ているに違いないのである。このことに気づけば、色眼鏡の正体はおのずと見えてくる。ここでは、神と仏はそれぞれ別個に扱われなければならない、という自分の思い込みが揺さぶられているのである。この思い込みがさほどあてにならないのだとしたら、なぜ我々はこの思い込みに縛られているのだろうか。

その答えはおそらく、近代日本の経験の中にある。明治期のいわゆる神仏分離令と呼ばれる一連の法令により、神仏習合が否定され、仏教と神道があくまで別個の実体である、ということになった。要するに私は、この近代日本にのみ特有の神仏分離イデオロギーを内面化して外国の神や仏に接して勝手に驚いていたわけである。これこそが色眼鏡の正体にほかならない。

顕密体制論で読み解く東南アジア

ひとたび呪いが解けてしまえばいろんなものが見えてくる。神仏分離が決して当たり前でなく、そもそも日本の古来の伝統でさえない、ということに気づいたおかげで、以前より自由に神や仏を見ることができるようになった。少しだけ自由になった頭で日本と東南アジアを見直してみると、さらに新しい発見が視野に入ってくる。

その一つが、顕密体制論の再発見である。これは日本中世史を専門とする黒田俊雄（一九八〇）が展開した学説で、そこでは、中世日本においては現在の我々が想像するような状況、すなわち、仏教と神道が、また仏教内では各宗派が、それぞれ独立した対等の存在として並立していたわけではなかったと指摘される。中世においては南都六宗と天台、真言の兼修による、顕教と密教の融合こそが正統だったのであり、これら権門寺院が全国の寺社をその傘下に系列化していた。黒田はこれを顕密体制と総称する。この視点からすれば、鎌倉新仏教というのは顕密体制の枠内におけるやや異端的な分派にすぎないことになる。また神仏習合についても、あらかじめ仏教と神道という別々の宗教があったという理解は斥けられる。中世における神道というのは、むしろ顕密体制の世俗部門としてその一環を構成していたのだ、というのが黒田の理解である。

顕密体制を、荘園（全国の寺社領）の支配に基礎を置く権力システムとみるならば、それは織豊政権期に荘園とともに消滅するということになるが、顕密体制下で作り上げられた神仏習合自体は明治維新まで存続する。神仏習合のもとでは、顕密仏教を頂点とし、様々な仏や神や鬼、あるいは僧侶、山伏、神官などがそれぞれ異なるチャネルを通じてそこに包摂されるというかたちで宗教が多配列的に組織されていた（白川　二〇〇七）。黒田の顕密体制論によるかぎり、純粋神道というのは明治以降のイデオロギーとしてしか存在しないものなのである。

こうして、東南アジアでの経験の「逆さ読み」から顕密体制論の再発見にたどり着いてみると、この図式がタイ国における神や仏の位置づけを理解するにも役立つことに気づく。タイ国においても、国家が保護する正統な仏教教団は、南方上座部仏教の二派のみであり、その他の仏教系新宗教（タンマカーイなど）は独立の地位を認められずあくまで既存教団内の分派としての地位に留まっている。中国系、ベトナム系の大乗仏教教団は、幹部僧の人事権を通じて上座部仏教教団の従属部分を構成する。このシステムにおいて廟というのは、儀式の執行に際し僧侶の派遣を受ける世俗施設という意味で、仏教教団の世俗部門における施主としての役割を果たす。こうしたピラミッドの中に、仏教系の神仏のみならず、タイ系、中国系、インド系の様々な神々が、広義の仏教システムのレパートリー（McDaniel 2011）として包摂されている。つまりタイ国における仏と神の位置づけというのは、顕密の多配列システムと非常によく似た構図を描いているわけである（片岡　二〇一八）。

いしづちさんとこんぴらさん——お寺に引っ越す神仏習合

神仏分離イデオロギーをいったん脇に置くことで、日本と東南アジアの意外な類似点が見えてきた。ところで神仏分離というのは、神祇崇拝を仏教の影響から引き離すことを目的に明治初年に打ち出された、権現号など神仏習合に由来する神名を用いることや仏像を神体として祀ることの禁止、僧侶が神前に奉仕することなどの禁止、および修験の廃止といった一連の措置をさす。しかし我々が神仏分離イデオロギーを無条件に内面化することをやめてしまえば、現代においても実はそれは見かけほどには貫徹していないという現実に気づかされるのである。

ここで舞台を四国に移し、石鎚（石鉄とも書く）崇拝と金毘羅崇拝の事例から、いま述べた問題を掘り下げてみたい。

明治以前の石鎚山は、蔵王権現（石鎚権現。阿弥陀如来を本地仏とする）を祀る山岳修験の聖地であった。石鎚山の周辺には多くの寺社が存在するが、それらはおおむね山麓の前神寺を中心に、末寺や先達としてその傘下に編成されていた。しかし明治初年の神仏分離政策のもとで、石鎚権現は神であって仏ではないとの政府の判断により、石鉄山蔵王権現は石鉄（石鎚）神社に改称され、新たに石土毘古命が古籍を根拠に祭神の中心に据えられた。いっぽう前神寺については、還俗（復飾）を求められた住職がそれを拒否していたところ、折悪しく失火で寺が焼失してしまい、その敷地が石鉄神社に引き継がれることになった。それを受けて旧前神寺は、神社の隣接地に移転して細々と活動を継続し、明治末年にようやく公式に前神寺としての再興を認められて現在に至っている（宮家　一九七九：二八一―二八三）。

ようするに石鎚権現の崇拝が否定され、その中心であった前神寺は境内地を召し上げられて、新たに創設された神社が明治政府によってその跡に据えられたわけである。では石鎚権現は神道の神に置き換えられて消え去ったのか、というと、実はそうではない。火災での焼失を免れた石鎚権現は、再興された前神寺内の権現堂に場所を移して、現在でも祀られ続けている。毎月の御開帳日には寺僧たちが権現像を柏手で迎え、参集した山伏たちがその権現像を手に、参拝者たちにお加持を行っている。権現像を迎えてからお加持が終わるまで、寺僧や山伏や参拝者はともに不動明王真言を唱和し続ける。たしかに明治期の前神寺がたどった運命は過酷なものであったが、しかし権現崇拝自体は廃絶されたのではなく、依然として仏教寺院の境内に生き続けているのである。

金毘羅崇拝の近代史も石鎚とよく似ている。金毘羅崇拝の中心となるのは、言わずとしれた金刀比羅宮であるが、ここもまた明治以前は神仏習合の修験寺院であった。民謡の「こんぴらふねふね」で「回れば四国は讃州那珂の郡、象頭山金毘羅大権現」と歌われるように、近世庶民の信仰を集めたこんぴらさんというのは、山号を有する権現崇拝の拠点だったのである。金刀比羅宮の敷地内にはかつては多くの伽藍が配置されていたが、その中核をなしていたのが、十一面観音を本尊に据える象頭山松尾寺である。ここもやはり明治初年の神仏分離政策の標的となり、金毘羅権現は大己貴命に置き換えられて松尾寺は金刀比羅宮に改称され、山麓にある傘下の寺院群も相次いで僧侶が復飾して金刀比羅宮の神職に転身していった。修験寺院から神社への衣替えに伴い、金毘羅権現像も破却の憂き目に遭いかけたが、ひとり復飾を拒んでいた旧松尾寺傘下の普門院の院主が参道の隣接地に権現像を引き取り、象頭山松尾寺を再興して現在に至っている（白川　二〇二〇）。

四国の山から神仏分離を再考する

こうしてみてくると、明治の神仏分離というのが、神仏習合や権現崇拝を（かなり強く）圧迫はしたものの、それらの根絶には至らなかったことがわかる。石鎚権現も金毘羅権現も、その本拠地が神社とされて国家から退去を命じられはしたものの、結局は旧境内の隣接地に丸ごと引っ越して命脈を保っているのである。

ここで神仏分離令と呼ばれる一連の布告を読み返すと、あることに気づく。これらの布告は、例外なく神社内での仏教的要素を問題視しているのである。言い換えれば、神社から仏を放逐しろと言っているのであって、お寺から神を取り除けとは書いていない。もちろん中心となる神仏習合寺院には復飾への圧力がかかり、復飾して神社に改めればそこから仏の要素は一掃される。しかし仏教寺院として再興してしまえば、そこで権現を祀って本地仏を云々しようが、僧侶が神前読経で奉仕しようがお咎めはなかったのである。

つまりはこういうことなのではないのだろうか。神仏分離と聞くと我々は、あたかも明治国家が純粋神道と純粋仏教を創出しようとしたように理解してしまうが、実際に為政者の関心事だったのは純粋神道だけであり、明治初年の一連の布告はそもそも仏教の純化にはまったく関心をもたなかった。そのため神社境内から一掃された神仏習合の権現たちはこぞって仏教寺院境内に安住の地を求め現在に至る。ならば神仏分離というのは、神社神道という限られた空間のなかでだけ貫徹するフィクションであり、それは単に習合的な神々の寺院境内への転居を促しただけだったのではないだろうか。東南アジアのフィールドで自分の頭の呪いを解いてもらうことで、四国を舞台とするもう一つの近代史への想像が視野に入ってくるのである。

3. 周縁の社会秩序と国家権力

東南アジアの前近代国家

東南アジアから四国を再発見するもう一つのきっかけになったのが、東南アジア国家と周縁社会との関係をめぐる問題である。東南アジアの伝統的国家や前近代国際関係については、興味深い議論がいろいろと積み上げられてきた[2]。そこでほぼ一致して指摘されているのは、前近代の東南アジア国家というのが、現在の我々が想像するような近代国家とはあらゆる面で対照的な性格をもっていたという点である。

前近代の日本社会を基礎づけていたとされる封建制度というのは、土地を媒介とした主従関係のことであり、そこでは一所懸命、すなわち土地所有のために命をかけることが基本的な道徳理念とされていた。人が自分の土地を守るために死ぬことが当然視されたのは、人よりも土地の方が希少資源だったからである。それに対し、人口希薄な東南アジアでは、土地ではなく人こそが希少資源であり、それゆえに国家間の争いもまた、土地よりは人の取り合いとして展開される傾向にあった。

土地よりは人が希少資源であるのなら、無住の森に線を引いて領土を取り合うことよりは、いかにして権力者の目が届く範囲に多くの人を集住させるかが重要となる。そのため東南アジアの前近代国家においては国境の概念が希薄で、国家は中心によって規定され、その影響力は中心から遠ざかるにつれて漸減し、最周縁部は国家の未統治領域や、あるいは隣国の影響圏との重複領域となっていた。また、そこでは大国とその周辺の小国のあいだに主権が重層的に配置され、小国はしばしば、国際関係のリスクヘッジとして複数の大国に服属していた。

極論として言えば、東南アジアの前近代国家というのは地理的な単位であるよりは、属人的な主従関係の束の結節点なのであり、そこでは階層化された主従関係のなかで大小様々な単位が自ら国家や王を名乗り、しかもこれら国家や王が複数の上級権力と属人的な主従関係を取り結んでいた。たとえば大国Aと大国Bがあり、両者の中間に小国Cがあったとして、この小国Cの支配者は、A国王とB国王の双方に臣下の礼をとり、なおかつ自らもまたC国王を名乗る、というような状況が常態であったわけである。

無法者たちの東南アジア周縁世界

東南アジアのユニークさは、国家の最周縁においてさらに顕著になる。今見たように、そこは国家の支配は希薄化するか、あるいは複数の主権が重層的に競合する空間となっていた。そうした空間を活躍の場としたのが、山や海の民である。

まずは山から見ておこう。東南アジア（特に大陸部）の山岳地帯では、平地国家の担い手とは異なる民族が、主に焼畑農耕に従事し、総じて移動性の高い生活を営んできた。こうした山地民族の多くは、平地国家とのゆるやかな主従関係を維持し、その一部は平地国家の模倣として、山地焼畑民の村落連合を一種のミニ首長国として発展させてきた（リーチ　一九九五）。

ただし平地国家にとっての山地社会は、従順である以上に両義的な空間であった。アクセスが困難な山岳地帯でしばしば集落を移転させる山地民族は、平地国家にとって掌握することの困難な存在であり、そのため両者の主従関係というのは、山地からの特産品の献上と平地王権からの称号の授与など、あくまで名目的なものに留まることがしばしばであった。平地国家の統治がじゅうぶんに及ばない山地は、平地での無頼漢やお尋ね者が国家権力の追捕を逃れるには絶好の空間でもあった（スコット　二〇一三）。しかもなおかつ平地国家は、こうした向背の定かでない山地の人々から、最小限の忠誠をとりつけておかねばならなかった。山地というのは国と国との境界ともなっていたため、平地国家にとって山地の支配者との敵対関係は通商路の遮断を意味し、しかも彼らが隣国に寝返った場合はただちに敵国の道案内人に転ずることになるためである。

山地の住人たちが、平地国家を模倣しながら自らの国家観を発展させたとして、しかしそこでいう国家というのは、我々のイメージと大きく異なっている。たとえばカチンという民族のミニ首長国というのが、しばしば首長一族の傍系メンバーが従者を引き連れて遠隔地に新規に開墾（建国？）した、人口わずか数戸の村落であったり（リーチ　一九九五）、ラフという民族にとっての国家が、実際には宗教者のカリスマと、それにひきつけられた門弟たちの村落群を結ぶ本末関係を意味していたり、という具合である（片岡　二〇一四b）。いずれの場合でも、山地の国家というのは往々にして、固定した版図によって縁取られる面的・地縁的な実体ではなく、移動性の高い属人的ネットワークの束として表現されていたといえる。

同じことは海の周縁についてもいえる。東南アジアの多島海においては、大きく言えばマレー人の系統に属する大小様々な王国が栄えていた。これらマレー諸王国は、旧マラッカ王国の王族の系譜を最も正統とみなしていたが、その系統から外れる王たちや、さらには身分上は王に従属する宰相クラスの支配者の領地などが重層的に混在し、それぞれが上位権力にゆるやかに服属しながら独自の軍事・外交を行っていた。またマレー諸王国は交易ルート上の港市を支配することで権力を維持したため、政治的・経済的環境に応じて、王が従者を引き連れて王国を移転するということもしばしば見られた(3)。

マレー諸王国のさらに周縁を取り巻いていたのが、海民と呼ばれる移動性の高い人々である。彼らはしばしば海賊として文献に登場するが、それは国家の統治者側からの価値判断を反映している。その活動が国家から非正統的とみなされれば海賊と呼ばれ、国家からの認知度を高めれば海の王(ラジャ)と呼ばれるようになり、海域港市国家の通商ネットワークの一環を構成するようになる。また海の周縁部は、そうした国家との両義的な関係を反映して、海の傭兵の供給源であるとともに、国家からの逃亡者たちの逃げ込み先としても機能していた(Lapian 2010)。

村落ミニ政体の属人的統治——四国山地

ここでみてきたような話というのは、いずれも東南アジアのユニークさの例として引き合いに出されるものである。私自身、授業などの場では、受講生に東南アジアのおもしろさを知ってもらうために、こういう話題を好んで取り上げてきた。しかし、これは本当に東南アジアのユニークさなのだろうか? 四国について調べ始めてから、この素朴な疑問が自分の頭のなかでだんだん大きくなってきた。

まずは山から見てみよう。四国山地東部に属する高知県の物部村(現香美市)においては、峻険な山岳地帯に位置を占めたことから、平地権力を背景にしつつも、そこから一定の自律性を維持しながら独自の焼畑民集落が営まれてきた。物部地域のミニ政体は「名(みょう)」と呼ばれていた。これはようするに、中心村とそこに従属する小村落を含む村落群のことであるが、しかしこれらの名は、支配者である名主と、その家臣である名子によって構成される身分制社会であった。この身分制社会のもとでは、名主一族がそれぞれの名を排他的に所有し、それ以外の人々は、土地所有や兵力の動員など、あらゆる面において名主に人格的に隷属していた。ただしこれは中世戦国期までの状況であり、近世になると名主も名子もともに百姓身分とされたために、封建的な隷属関係は解消されていくことになる（小松　二〇一一：一三六—一三九）。

ただし近世になっても、物部では平地社会とは異なる独自の社会結合が維持されていたようである。千葉徳爾（一九八六）の調査によれば、近世における物部の諸村落が、地縁原理とは異なるかたちで編成されていたことが明らかになる。それぞれの旧名の中心村落と、そこに属する小村とは、必ずしも隣接しておらず、複数の村落群を構成する小村がモザイク状に交錯している。これは焼畑に伴う耕地の移動や分村の形成によるとみられ、焼畑集落の村落帰属は平地村落のような地理的近接性によるのではなく属人的な原理（だれがどこの出身か）によって行われていたことを示している。

海の重層的権力——瀬戸内の海賊たち

今確認したのは、四国山地の焼畑村落の社会結合というのが、少し見かたを変えれば、東南アジアの山地焼畑民のミニ首長国と実はあまり変わらないのではないのか、という発見である。よく似たことは、四国の海の辺境からも指摘できる。山内讓（二〇一五：一二—一七）は著書『瀬戸内の海賊』において、海賊には①土着的海賊（通行する船舶を襲撃する）、②政治的海賊（国家権力の威令に従わない）、③安全保障者としての海賊（通行する船舶の安全を保障する）、④水軍としての海賊（周辺の大名に軍事力を提供する）の類型があることを指摘し、それらが必ずしも厳密には区別できない点に、中世瀬戸内の海賊の特徴を見いだしている。

同書で主な事例としてあげられるのが、戦国期の芸予諸島で活躍した村上氏（特に能島村上氏）である。文字通り安芸・伊予両国のはざまに位置する芸予諸島は、両国の陸上権力の境界領域であり、なおかつ瀬戸内海の交通を扼する要衝にも位置していたため、村上氏はまさにそうした環境を最大限活用して自己の生存を確保していた。因島、能島、来島の三派に分かれる村上氏のうち、後二者は伊予に属し、形式上は伊予の守護大名である河野氏の傘下に位置づけられるが、その海軍力を背景に独自の外交を行い、安芸の毛利氏から知行地を受けとって毛利水軍の一角を構成したり、あるいは、瀬戸内海航路の安全を求める豊前の大友氏と連携したり、といった活動にも参加していた。このかぎりでの村上氏というのは、河野氏、毛利氏のいずれにも属し、なおかつ独自の軍事・外交を行う大名でもあったという、先に見た小国Cのような立場にあったことがわかる。

当時の瀬戸内海には「上乗り」という制度が存在した。これは瀬戸内海を横断する船舶が礼銭を支払って現地の海賊衆に同乗してもらい、道中の安全を確保するというものである。たとえば商船が村上氏に上乗りを依頼し、村上氏の旗を掲げて航行すれば、他の海賊衆は手出しができない。海賊から守るためには海賊に守ってもらうのが一番、というわけである。つまり中世瀬戸内の海賊というのは、盗賊集団であり、海上の安全という公共財の提供者であり、大名に仕える海軍部門であり、かつまた自らが海の大名でもあったのである。

日本と東南アジアは対照的なのか？

東南アジアの国家のありかたは、我々から見ればきわめてユニークなものだ、と先に述べておいた。中近世の四国を見ていると、そうした確信が怪しくなってくるのだが、しかしこの四国での発見は、おそらく四国だけにはとどまらないだろう。

中国史学者の上田信（一九九五）がおもしろいことを書いている。彼によれば日本、東南アジア、中国の社会結合の論理にはそれぞれ顕著な特徴が見いだされるという。日本の場合、社会関係はその人の帰属や属性によって規定されるため名詞的となり、東南アジアでは集団の輪郭が曖昧で、個別の互酬関係（与える／与えられる）によってその都度社会関係が設定されるという意味で動詞的となり、中国社会では親族集団内での相対的な長幼の序列が重視されるため形容詞的な社会関係となる、というのが上田の指摘である。ここでおもしろいのは、日本社会が名詞化したのは近世幕藩体制以降のことであり、中世までの日本社会はむしろいちじるしく動詞的な（つまり東南アジア的な）結合の論理にもとづいていた、と指摘されていることである。ここでは名詞的社会、動詞的社会、形容詞的社会という概念のそれぞれには深く立ち入らないが、この発見は、中世までの日本は東南アジアとよく似た社会を発展させてきたのかもしれない、という予感に我々を導いていく。

一つだけ例をあげると、主権の重層性という東南アジア国家の特徴は、はたして日本の対極にあるものだったのだろうか。戦国期のイエズス会宣教師であるルイス・フロイス（一九六三）が書いた『日本史』を読むと、「王」と呼ばれる大名と、「殿」と呼ばれる大名が混在していることに気づく。これには一定の基準があって、守護クラスやあるいは大国の大名には前者を、事実上の独立状態にあるが地位においては前者に従属する城主たちには後者の名称を使い分けているのである。現在の我々が戦国地図を塗り分けるときには、あたかも対等の大名が並立しているように描きがちであるが、そこに参加していたのがランクの異なるプレイヤーたちであったことを、むしろ同時代の宣教師が正確に認識しているのが興味深い。

当時のイエズス会文書を網羅的に渉猟した松本和也（二〇二〇）は、宣教師の王権認識に関して興味深い指摘を行っている。彼によれば、戦国期のイエズス会宣教師は、天皇を最高位の国王と認めつつも、序列ではその下位にある将軍も国王と呼び、さらには各地の戦国大名をも国王と呼んでいた。彼らが何かを混同していたわけではない。近代国家の常識にとらわれない当時の宣教師が、王権の重層的な配置を偏見抜きに描いた結果として、前近代の東南アジアとよく似た国家や王権のあり方が見えてくることこそがおもしろいのである。

当時の宣教師が日本について書いたものを一種の民族誌として読むならば、これもまた「逆さ読み」が可能になってくるはずである。そしてそこからは、東南アジアとよく似た日本の重層的王権を違和感なく記述できた当時のヨーロッパ人もまた、そうした同時代の常識を共有していたことが見えてくる。だとすると、ひとたび固定観念を取り去ってしまえば、近代国家システム以前の日本と東南アジアの類似は、はるか遠くのヨーロッパをも射程に含むものなのかもしれない。

4. 共振する東南アジアと日本

これまで、東南アジアのフィールドを「逆さ読み」することで、日本の文化や歴史を従来とは違った角度でとらえ直すことができるのではないかという視点から、そこでの四国のおもしろさを考えてきた。そこからは、近代以前の日本と東南アジアとが、かなりの程度まで共通のモデルで説明できるのではないか、という発見が導かれる。しかも先に見たように、もしかするとその共通性は日本と東南アジアだけに限られないのかもしれないのである。

この点で参考になるのが、東南アジア史学者のリーバーマンによる『奇妙な並行現象』（Lieberman 2003）である。彼によれば、東南アジアにおける国家の成長と衰退の周期が日本やヨーロッパと共通のパターンを示していること、そうした共通点が、これら地域がユーラシア内陸部の政治的変動から一定程度隔離されていた点に由来することなどを指摘している。ここからは、世界史的な視野で、東南アジアと四国ひいては日本の前近代における共通性を考える可能性がひらけてくる。

もちろんここでただちに思い出すのが、梅棹忠夫（一九七四）の『文明の生態史観』である。そこでは、日本と西ヨーロッパを第一地域、それ以外（中国、インド、中東、ロシアなど）を第二地域と区分している。この図式によれば、第一地域は古代文明の発祥地から離れた中緯度温帯に位置し、大文明の影響から一定程度隔離された環境で封建制から高度資本主義へと順調に発展した地域であり、それに対し第二地域は古代文明やそれを背景とした中央集権的帝国を生み出したが、そこからは封建制や資本主義は自生的に発展せず、大帝国の破壊と再生を繰り返して近現代に至っているとされる。この両者の差を生み出したのが、ユーラシア大陸を横切る乾燥帯である。古代文明はいずれも乾燥帯との接点で生じ、それゆえに乾燥帯からの（遊牧勢力などの）暴力的侵入にさらされやすいことが、第二地域の特徴を生み出したのに対し、乾燥帯の暴力から遮断されていた第一地域は、文明を生み出したり、大帝国を建設したり破壊したりしない代わりに、教科書通りの発展ルートを順調にたどることができたのだ、というのが梅棹の説明である。

一見すると、この図式はリーバーマンのそれと非常によく似ている。しかし一つ、大きく異なる点がある。それは東南アジアの取り扱いである。梅棹が東南アジアを躊躇なく第二地域に分類するのに対し、リーバーマンはむしろ東南アジアと日本やヨーロッパとの並行現象を強調する。ここで私が見てきた事例による限り、封建制の有無とは別に、日本と東南アジアとの並行関係を論じる価値は大いにありそうである。ここからは、さらに検討すべき課題が出てくる。もし日本と東南アジアが中世・近世において多くの共通点をもつとすれば、なぜ二〇世紀に入って、梅棹の目（我々の目でもある）に両者が対照的な世界に属するように見えてしまうほどの相違点が生まれたのだろうか。もし現在の日本と東南アジアに対照性が目立つとして、その分水嶺はどこだったのだろうか。

ここからは、我々にとっての次なる宿題が見えてくる。四国の山と海から、日本と東南アジアの並行関係を見いだした我々は、イエズス会士やリーバーマンの目を介して、それがユーラシア史における歴史の動態と連動していることを発見したわけである。そうした視点をもって、いかにして新たな「文明の生態史観」を四国のフィールドから描いていけるだろうか。この宿題へのヒントは、おそらく本書のこれまでの各章にちりばめられているはずである。本書の読者の中から、二一世紀版の「文明の生態史観」への新たな挑戦が出てくることを願ってやまない。

〔追記〕本稿は片岡（二〇二三）に加筆修正を加えたものである。

注

（1）明治期の宗教概念の翻訳と政教関係については多くの研究がある。阪本（一九八七）、磯前（二〇〇三）などを参照。
（2）東南アジアの前近代王権の解説としては関本（一九八七）が、また東南アジアの前近代国際関係の整理としては白石（二〇〇〇）がわかりやすい。
（3）前近代東南アジア海域の港市国家の盛衰については、弘末（二〇〇四）がその概略をよくとらえていてわかりやすい。

参考文献

磯前順一　二〇〇三『近代日本の宗教言説とその系譜――宗教・国家・神道』岩波書店。
上田信　一九九五『伝統中国――〈盆地〉〈宗族〉にみる明清時代』講談社選書メチエ。
梅棹忠夫　一九七四『文明の生態史観』中公文庫。
片岡樹　二〇一四a「中国廟からみたタイ仏教論――南タイ、プーケットの事例を中心に」『アジア・アフリカ地域研究』一四（一）：一―四二。
――　二〇一四b「山地民から見た国家と権力――ラフの例から」クリスチャン・ダニエルス編『東南アジア大陸部山地民の歴史と文化』言叢社、二五―五三頁。
――　二〇一八「功徳がとりもつ潮州善堂とタイ仏教――泰国義徳善堂の事例を中心に」志賀市子編『潮州人――華人移民のエスニシティと文化をめぐる歴史人類学』風響社、三五一―三八七頁。
――　二〇二三「源流の向こうにあるもの――山茶の事例から照葉樹林文化論を景観論に読み替える」『文化人類学』八八（二）：三〇八―三二六。
黒田俊雄　一九八〇『寺社勢力――もう一つの中世社会』岩波新書。
桑山敬己　二〇〇八『ネイティヴの人類学と民俗学――知の世界システムと日本』弘文堂。

小松和彦　二〇一一『いざなぎ流の研究――歴史のなかのいざなぎ流太夫』角川学芸出版。
阪本是丸　一九八七「日本型政教関係の形成過程」井上順孝、阪本是丸編『日本型政教関係の誕生』第一書房、五－八二頁。
白石隆　二〇〇〇『海の帝国――アジアをどう考えるか』中公新書。
白川琢磨　二〇〇七「神仏習合と多配列クラス」『宗教研究』八一（二）：二五―四八。
――　二〇二〇「金毘羅さんの謎①」『めぐみ』一四六：二四―二七。
スコット、J・C　二〇一三『ゾミア――脱国家の世界史』佐藤仁監訳、みすず書房。
関本照夫　一九八七「東南アジア的王権の構造」伊藤亜人・関本照夫・船曳建夫編『現代の社会人類学　三　国家と文明への過程』東京大学出版会、三―三四頁。
千葉徳爾　一九八六「焼畑集落の行政的所属について――土佐物部川上流の事例」上野福男先生喜寿記念会編『農業地理学の課題』大明堂、九四―一〇六頁。
弘末雅士　二〇〇四『東南アジアの港市世界――地域社会の形成と世界秩序』岩波書店。
フロイス、L　一九六三『日本史――キリシタン伝来のころ（一～五）』柳谷武夫訳、平凡社東洋文庫。
ベネディクト、R　二〇〇五『菊と刀――日本文化の型』長谷川松治訳、講談社学術文庫。
松本和也　二〇二〇『イエズス会がみた「日本国王」――天皇・将軍・信長・秀吉』吉川弘文館。
宮家準　一九七九「石鎚山の歴史」宮家準編『大山・石鎚と西国修験道』名著出版、二六七―二八三頁。
山内譲　二〇一五『瀬戸内の海賊――村上武吉の戦い』新潮選書。
リーチ、E・R　一九九五『高地ビルマの政治体系』関本照夫訳、弘文堂。
Lapian, A. B. 2010. Violence and Armed Robbery in Indonesian Seas. In John Kleinen and Manon Osseweijer (eds) *Pirates, Ports, and Coasts in Asia: Historical and Contemporary Perspectives*. Singapore: Institute of Southeast Asian Studies, pp.131-146.
Lieberman, V. 2003. *Strange Parallels: Southeast Asia in Global Context, c. 800-1830 (Vol. 1)*. Cambridge: Cambridge University Press.
McDaniel, J. T. 2011. *The Lovelorn Ghost and the Magical Monk: Practicing Buddhism in Modern Thailand*. New York: Columbia University Press.

あとがき

本書の企画は、東アフリカと東南アジアという異なる地域でフィールドワークをしてきた文化人類学者が四国山地の山村を訪れたことから始まりました。ここでは、その時の舞台裏をすこし明かしながら、本書のもつ意味を振り返ってみたいと思います。

数年前に編者二人は四国徳島県三好市の祖谷渓谷を車で移動しながら、美しい山里をめぐりました。中央構造体によってつくりだされた壮大なランドスケープを目の当たりにしながら、会話の中心になったのはジェームス・スコットの『ゾミア――脱国家の世界史』でした。この本は、東南アジア大陸部に拡がる山地（Zomia）を一つの社会生態的な場として注目し、高地という生態環境とそこで生きる人々の関係、そして山地と平野の関係などを論じています。車窓越しにいくつもの「天空の里」を眺めながら、いつしか私たちは新しいゾミア論を、四国を舞台として考えたくなりました。

本書で私たちが望んだのは、四国山地の通分野的な民族誌、森羅万象の理解です。これは昨今の人文社会科学における non-human（人間以外）の世界への注目や more-than-human、すなわち人間よりも大きなものとの関係を理解することにもつながります。考察対象をミクロな微生物叢（マイクロバイオータ）からマクロな造山運動までの大小のシステムや構造との関係や時間（リズム）のなかで考える。そのために草、茶、森などの生き物に加えて、土や石、傾斜地といった無機質なもの、さらにそれらの集合体であるランドスケープ、そして市場などのシステムまで拡げる可能性を二人で語りあいました。おそらく眼前に広がる雄大な祖谷の風景、傾斜地の農地、美しい石積みで守られた宅地、そしてその石垣とともにある茶畑が、そんなことを私たちに考えさせたのだと思います。このように祖谷渓谷探訪は、私たちにさまざまな気づきを与えてくれました。その結果として、人間社会の因果の関係性のなかでのみ山地社会を考えるのではなく、ミクロからマクロまでの様々な関係に注意しながら、四国山地を丸ごと、そしてグローバルな関係性のなかで考える本書を構想するに至りました。

私たちが考えたことは、ゾミア、すなわち「山地」をあくまでも出発点の「コンセプト・メタファー」としながら山地に関する新しい議論をすることです。そのために、さまざまな分野の専門家とともに、学際、通分野的な視点から議論を試みました。このようなアプローチは山地のみならず様々な環境での森羅万象のはたらきや関係を考えるために有効であると思います。読者のみなさんも本書とともに自分の立っている場所、そして自分のフィールドについて考えていただければ編者として嬉しい限りです。

本書に関わる研究では、下記の助成を受けました。

・京都大学東南アジア地域研究研究所「東南アジア研究の国際共同研究拠点」二〇一九―二〇年度共同研究課題「東―東南アジアにおける世界農業遺産登録地域の生態学的および歴史的な特性に関する比較研究――国家・市場経済・生態系」
・日本学術振興会科学研究費補助金　挑戦的研究（萌芽）（2020728）「ゾミア的空間の地球史にむけたプレリサーチ――非人間中心主義的転回への人類学的応答」
・国立民族学博物館共同研究（二〇一八―二〇二三）「カネとチカラの民族誌――公共性の生態学にむけて」
・公益財団法人トヨタ財団 二〇二〇年度国内助成プログラム「雑穀と若者のつながりで豊かになる地域社会をつくる」
・味の素食の文化センター 二〇二一年度食の文化研究助成事業「『食べるお茶』のエスノグラフィ――四国における番茶の生産・流通・消費に関する広域調査と保全」

二〇二四年一月一一日

石川　登・内藤直樹

●ま行

●や行

●ら行・わ行

●た行

●な行

●は行

●さ行

索　引

●あ行

●か行

増田和也（ますだ・かずや）　第14章

高知大学農林海洋科学部准教授。専門は環境人類学、東南アジア地域研究。主な著書に、『焼畑が地域を豊かにする――火入れからはじめる地域づくり』（共編、実生社、2022年）、「在地住民によるアブラヤシ栽培への参入過程と生計活動の再編――リアウ州内2地域の比較から」（林田秀樹編著『アブラヤシ農園問題の研究Ⅱ【ローカル編】――農園開発と地域社会の構造変化を追う』、晃洋書房、2021年）等がある。

岩佐光広（いわさ・みつひろ）　第15章

高知大学人文社会科学部教授。専門は、文化人類学。主な著作に、「人間と非人間の「固有の時間」の絡まり合いにみる山地景観の動態――高知県東部・魚梁瀬山における国有林森林鉄道の導入を事例に」（共著、『文化人類学』88巻・2号、2023年）、「良い死、悪い死、普通の死――ラオス低地農村部に暮らす人びとの死生観」（『季刊民族学』47巻・2号、2023年）等がある。

鎌田磨人（かまだ・まひと）　第16章

徳島大学大学院社会産業理工学研究部教授。専門は、景観生態学。主な著作に、『景観生態学』（責任編集、共立出版、2022年）、『エコロジー講座 7 里山のこれまでとこれから』（責任編集、日本生態学会、2014年）等がある。

市川昌広（いちかわ・まさひろ）　第18章

高知大学地域協働学部教授。専門は、農山村資源論。主な著作に、「山間地集落を支える草取り文化」（『Collaboration』11、2021年）、「山村を未来へ継ぐ――高知県大豊町の過去と未来」（松本美香との共同執筆、山田勇・赤嶺淳・平田昌弘編『生態資源』昭和堂、2018年）等がある。

安藤喬平（あんどう・きょうへい）　第19章

特定非営利活動法人四国自然史科学研究センター主任研究員。専門は保全生物学。

片岡　樹（かたおか・たつき）　終　章

京都大学大学院アジア・アフリカ地域研究研究科教授。専門は、文化人類学、東南アジア研究。主な著作に、『はじめての東南アジア政治』（共著、有斐閣、2018年）、『アジアの人類学』（共編、春風社、2013年）等がある。

堀江祐範（ほりえ・まさのり）　第7章

国立研究開発法人産業技術総合研究所健康医工学研究部門研究グループ長。専門は微生物学。石鎚黒茶について NHK「あさイチ」、E テレ「小雪と発酵おばあちゃん（愛媛 石鎚黒茶）」に出演。

山口　聰（やまぐち・さとし）　第8章

農水省研究フェロー。元玉川大学農学部教授。専門は、花と茶の育種、遺伝資源研究。主な著作に、「照葉樹林文化論再考」（佐藤洋一郎監修・木村栄美編『さまざまな栽培植物と農耕文化』臨川書房、2009年）、「日本緑茶遺伝資源の渡来とその経路」（高橋忠彦編『浙江の茶文化を学際的に探る』汲古書院、2023年）等がある。

今石みぎわ（いまいし・みぎわ）　第9章

（独）国立文化財機構東京文化財研究所無形文化遺産部主任研究員。専門は、民俗学。主な著作に、「塩と砂糖――白い結晶への憧憬」（石垣悟編『日本の食文化 5』吉川弘文館、2019年）、「近代における石鎚黒茶の生産と利用」（『石鎚黒茶製造技術調査報告書』2022年）等がある。

磯本宏紀（いそもと・ひろのり）　第10章

徳島県立博物館専門学芸員。専門は、民俗学。主な著作に、「大規模漁業の漁業者による移動の超世代的継承――以西底曳網漁業と徳島県南部出身者」（『日本民俗学』315、2023年）、「阿波晩茶製造技術と動力機械の導入――茶摺り機・茶捌き機・選別機とその変遷過程」（『徳島地域文化研究』19、2021年）等がある。

赤池慎吾（あかいけ・しんご）　第11章

高知大学次世代地域創造センター准教授。専門は、森林政策・林業史、地域連携。主な著作に、『地域コーディネーションの実践：高知大学流地方創生の挑戦』（共編、晃洋書房、2019年）。研究紹介サイト：https://lifehistory-kochi.jimdofree.com

町田　哲（まちだ・てつ）　第12章

鳴門教育大学大学院学校教育研究科教授。専門は日本近世史。主な著作に、『近世和泉の地域社会構造』（単著、山川出版社、2004年）、「近世の「山里」における社会変化――景観・生業・政治権力の関わりのなかで」（石川登・内藤直樹との共著、『文化人類学』88-2、2023年）等がある。

田中　求（たなか・もとむ）　第13章

高知大学地域協働学部教授。専門は、環境社会学。主な著作に、『地域資源を活かす・生活工芸双書――楮（こうぞ）・三椏（みつまた）』（共著、農文協、2018年）、『環境の社会学』（共著、有斐閣、2009年）等がある。

執筆者紹介（執筆順、＊は編者）

＊内藤直樹（ないとう・なおき）　序　章・第17章

徳島大学大学院社会産業理工学研究部准教授。専門は、食・景観・エネルギーに関する文化人類学やアフリカ地域研究。主な著作に『社会的包摂／排除の人類学――開発・難民・福祉』（共編、昭和堂、2014年）、『コロナ禍を生きる大学生――留学中のパンデミック経験を語り合う』（共編、昭和堂、2022年）等がある。

＊石川　登（いしかわ・のぼる）　序　章

京都大学東南アジア地域研究研究所教授。専門は、文化人類学、東南アジア地域研究。主な著作に、『境界の社会史――国家が所有を宣言するとき』（単著、京都大学学術出版会、2008年）、*Between Frontiers: Nation and Identity in a SoutheastAsian Borderland* (NUS Press, 2010), *Anthropogenic Tropical Forest: Human-nature Interfaces on the Plantation Frontier* (Springer, 2019) 等がある。

殿谷　梓（とのたに・あずさ）　第1章

三好市役所ジオパーク推進室ジオパーク地質専門員。徳島大学大学院社会産業理工学研究部専門研究員。専門は、地球惑星科学。

石川　初（いしかわ・はじめ）　第2章・第3章

慶應義塾大学環境情報学部教授。専門は、造園学、地図学。主な著作に、『思考としてのランドスケープ』（単著、LIXIL出版、2018年）、『ランドスケール・ブック』（単著、LIXIL出版、2012年）等がある。

真田純子（さなだ・じゅんこ）　第4章

東京工業大学環境･社会理工学院教授。専門は、景観工学、土木史。主な著作に、『誰でもできる石積み入門』（単著、農文協、2018年、『風景をつくるごはん』（単著、農文協、2023年）等がある。

北野真帆（きたの・まほ）　第5章

京都大学大学院アジア・アフリカ地域研究研究科アフリカ地域研究専攻。
専門は、文化人類学、地域研究。主な著作に、『コロナ禍を生きる大学生――留学中のパンデミック経験を語り合う』（共編、昭和堂、2022年）等がある。

内野昌孝（うちの・まさたか）　第6章

東京農業大学生命科学部教授。専門は、応用微生物学、食品化学。主な著作に、『食品加工技術概論』（高野克己・竹中哲夫編、共同執筆、恒星社厚生閣、2008年）、『新食品理化学実験書』（共著、三共出版、2016年）等がある。

四国山地から世界をみる
——ゾミアの地球環境学

2024年3月15日　初版第1刷発行

編　者　内藤直樹
　　　　石川　登

発行者　杉田啓三

〒607-8494　京都市山科区日ノ岡堤谷町3-1
発行所　株式会社　昭和堂
TEL（075）502-7500／FAX（075）502-7501

印刷　亜細亜印刷

ISBN978-4-8122-2303-1
＊乱丁・落丁本はお取り替えいたします。
Printed in Japan

北野真帆・内藤直樹 編

コロナ禍を生きる大学生

——留学中のパンデミック経験を語り合う

留学中に、コロナが来た。その試行錯誤＝パンデミックのノイズを、人類学者である教員らも巻き込んで共に振り返り、その意味を考える。

二七五〇円

内藤直樹・山北輝裕 編

社会的包摂／排除の人類学

——開発・難民・福祉

先住民、難民、移民、障害者、ホームレス……。私たちは「隣りにいる他者」と、どう向き合うのか？

二七五〇円

四国大学 新あわ学研究所 編

大学的徳島ガイド

——こだわりの歩き方

「新あわ学」の特徴である、歴史と現代の両方を見つめる視点から徳島を紹介する。

二五三〇円